공동체의
삶

시대의 여러 문제

8 문화의 안과 밖

시대 상황과 성찰

공동체의
삶

시대의 여러 문제

이재열

박명진

이태수

김문조

고세훈

박명림

이삼성

민음사

머리말

문화의 안과 밖 8권의 주제는 '시대의 여러 문제'다. 이런 시대적 문제에는 거대정보 세계와 학문의 위치, 여론과 지성/지식인의 관계, 교육의 이념과 제도, 행복과 평등 그리고 복지의 문제가 있다. 그리고 이 모든 국내적 문제는, 조금 더 시각을 넓히면, 한반도를 포함하는 전체 그리고 그 테두리의 문제, 즉 통일과, 동아시아의 평화와 안보의 국내외적 세계적인 주제와 연결된다.

첫 번째 글은 이재열 교수의 「경계 짓기, 네트워크의 질서, 그리고 위험」이다. 이 교수는 방대한 양의 정보가 생성되는 오늘날의 디지털 환경에서는 실체론적 사고가 아니라 '관계론적 사고'가 필요하다고 전제한 후, 정보든 사람이든 대상을 하나의 단일하고 통합된 시각이 아니라 다원적이고 유동적인 시각에서 개방적으로 대하는 것이 중요하다고 강조한다. 그가 거대정보 세계를 해독해 낼 수 있는 세 개의 방법 — '관계론'과 '복잡계적 질서 읽기' 그리고 '네트워크 사회론'을 소개하는 것은 이런 이유에서다.

이재열 교수는 우선 네트워크와 시스템 이론을 소개하고,(1장) '네트워크의 해석학'이라는 제목 아래 사회 체계를 유형적으로 보여 주면서 동서양의 차이를 논의한다.(2장) 그러면서 '세월호 참사' 이후

5

대두된 이른바 '관피아' 문제 — 관료들의 부패 사슬을 검토하고, 남북문제를 관계론적 다차원의 시각 아래 논의한다. 이런 시각을 복잡계의 중층적 관점에서 재구성한 것이 '관계의 기하학 — 복잡계 네트워크'라고 할 수 있다.(3장) '네트워크 사회론'은 사회 구조와 그 변화를 관계론적 관점에서 이해하려는 입장이다. 여기에서 주로 인용되는 것은 카스텔스의 네트워크 사회론이다.

이 거대정보 사회에서 학문은 어디에 자리하여, 어떤 역할을 해야 하는가? 이재열 교수는, "사회학뿐 아니라 모든 분야는 서로 연관된다"는 것, "모든 것이 그물망"이고, 따라서 "모순은 존재 그 자체를 말한다"는 소설가 박경리 선생의 통찰에 기대어, 대상을 하나의 총체 — 모든 요소요소가 유기적으로 얽혀 있는 하나의 전체로 보는 것이 필요하다는 것, 이런 전체성의 인식에는 무엇보다 '균형 감각'이 필요 불가결하다는 내용으로 강연을 마무리한다.

박명진 교수의 글 「인터넷과 SNS 시대 한국 사회의 여론과 지식인」은 여론과 지식인의 관계에 대한 것이다. 박 교수는 우선 이것을 사회학자 타르드와 퇴니에스의 관점에서 검토한다. 두 학자에게 공통되는 것은, 여론이 '도덕적 심판'이라면, 이 여론으로서의 시대적 이성을 이끌어야 하는 것은 저널리스트가 아니라 지식인이라는 점이다. 지식인의 이 같은 덕목을 실천적으로 보여 준 상징적 인물이 드레퓌스 사건의 에밀 졸라다.

지식인들이 보편적 가치 아래 집단적으로 개입한 최초의 정치적 사건이 드레퓌스 사건이라면, 이러한 '공공 지식인'은 졸라 이전에도 있었다. 볼테르가 그 좋은 예다. 이때 이후 보편적 가치를 위해 사회적 문제에 개입하는 공공 지식인은, 영미 지역을 포함하여, 차츰 역사 현실에 등장한다. 1800년대를 지나면서 여론 개념도 생겨난다. 여기에서 주로 언급되는 것은 사르트르와 푸코 그리고 부르디외 등의 지식인 논의이다.(2장) 이어 '여론은 객관적으로 존재하는가?', '여론 조사는 정당한가?'라는 물음 아래 대중 매체 시대의 여론의 위치와 지식인의 역할이 개괄적으로 검토된다.(3장)

우리 사회의 지식인 풍경은 어떠한가?(4장) 그것은, 박명진 교수에 따르면, '비판적 지성'이 형성된 것으로 간주되는 1960년대부터 각 시대마다 조금씩 다른 모습을 보여 준다. 1960년대에서 1980년대까지 한국 사회의 갈등이 민주 대 반민주/독재의 대립 구도였다면, 그래서 각 분야의 자율성과 독자성이 대체로 유지되었다면, 1980년 광주 항쟁 이후에는 모든 활동의 목표를 정치적 투쟁에 종속시킴에 따라 각 분야의 자율성/전문성이 크게 희생되었고, 1987년 이후에는 정치적 민주화로 인한 집단적 국가적 이슈가 사라지면서 '지식인 사회의 분화'가 일어나기 시작한다. 공론장의 다변화도 이 무렵 이뤄진다. 그리하여 여론에서의 핵심 주제가 정치와 통일 그리고 노동에서 환경과 페미니즘, 성과 가족, 정보화와 세계화, 인터넷 문화 등으로 다채롭게 변화되는 것이다.

이런 사회적 이슈의 다변화가 초래한 탈정치적 경향은 2000년대 들어와 더 심해진다. 이제는 소비문화와 인터넷, SNS, 한류 등이 더욱 중요해지는 것이다. 그럼에도 지식인 사회는, 박 교수의 진단에 의하면, 여전히 진보 대 보수라는 구태의연한 이분법으로 대립각을 세우

7

는 데 주력한다. 그리하여 우리 사회의 공론장은 이성이 지배하는 소통의 장이 아니라 "억지와 무원칙과 비타협이 판치는 장"이 되어 버렸다. 박 교수는 적고 있다. "양극화를 얘기하지만 실은 가치의 양극화가 아니라 내 편, 네 편의 양극화 양상이 두드러져 보인다. 원칙과 신념보다 그때그때 섬기는 주인에 맹종하는 용병형 지식인들이 공론장에서 더욱 큰 목소리를 내고 있는 양상이다."

한국 사회에 미만(彌滿)한 병폐들 — 특히 대중 매체 공간을 지배하는 "정보 편식과 의견의 쏠림 현상"은 어떻게 완화할 수 있는가? 박명진 교수는 이 시대의 여론을 주도하는 SNS의 유력자나 '토크 콘서트 시스템', 그리고 이른바 위키피디아 같은 '집단 지성' 등을 분석하면서, 과연 여기에서 비판적 지식인들의 중요한 덕목들 — 사실 존중, 객관성의 추구, 이성의 옹호가 제대로 이뤄지고 있는지, 그럼으로써 여론이 바르게 형성되는 데 기여하는지를 묻는다. 그러면서 지식인들이 기존의 딱딱하고 무거운 지식 양식에서 벗어나 인터넷 가상 공간에서 이뤄지는 담론 형식에 대해서도 적극적으로 대응하는 것이 필요하다고 결론 내린다.

이태수 교수는 「사람과 사람이 만나는 일」에서 교육이 '인간과 인간의 만남을 통해 이루어지는 일'이라는 자명한, 그러나 쉽게 잊히는 사실의 확인에서 논의를 시작한다. 교육은, 그에 따르면, 사람과 사람, 사람과 짐승 사이에서도 일어날 수 있는 '가르침'과는 달리 단순한 지식 전수의 차원을 넘어선다. 그것은 '인성 교육'을 포함한다. 그렇다는 것은 교육에는 긴 시간과 집단적 노력, 사려와 인내와 성숙이 필요하다는 뜻이 된다.(우리나라에서 이뤄지는 교육적 관심이란, 정확하게 말하면, 교육의 본질에 대한 관심이라기보다는 입시 같은 교육 제도에 대한 관심이라고 그는 지적한다. 여기서는 시험이 곧 교육의 목표가 된다.)

이 교수가 인성 교육을 강조할 때, 이 인성 교육은 그러나 감성적 차원에 국한되어선 곤란하다. 왜냐하면 그것은 '반(反)지성주의'로 흐를 수 있기 때문이다. "우리나라의 반지성주의는 무엇보다도 인문 지성을 극도로 위축시키는 데 한몫을 단단히 하고 있다. …… 우리나라의 현실을 고려하면 나는 오히려 지성적 측면을 더 강조해서 부각하고 싶다."

이태수 교수는 플라톤의 『향연』에 기대어, 인간의 영혼은 아름답고 훌륭한 것에 대한 갈망을 가지고 있고, 이 갈망이 바로 에로스라고 언급한다. 마치 생물학적 에로스가 사랑을 통해 자식을 낳듯이, 교육자는 피교육자의 영혼에 더 나은 것에 대한 갈망을 심어 줌으로써 그의 삶이 새롭게 태어나게 해야 한다는 것이다. 그러니까 참된 교육은 보다 아름답고 훌륭한 것을 자기 자신의 삶 속에 받아들여 결국 자신의 것으로, 자기 삶의 양식적 자양분으로 향유하는 과정을 뜻한다. 이것이 교육의 에로스고 교육의 이념이다. 교육은 결국 아름답고 훌륭한 삶을 사는 데서 완성된다.

김문조 교수의 글은 「한국 사회에서의 행복의 자리」이다. 그에 따르면, 서구 사회에서 행복이 시대적 화두로 대두하게 된 것은 1960년대 후반인 데 반해, 한국 사회에서 행복의 담론은 1980년대 말부터 언급되기 시작하다가 2000년대 초반 이후 빈번해진다.(1장) 이렇게 된 배경에는 크게 두 가지 내외적 변화가 있다. 첫째, 우리 사회의 외적 변화가 '근로 중심'에서 '여가 중심'으로 바뀌었다는 것, 둘째, '탈물질주의적 가치관'이 확산되었다는 것이다.(2장)

행복을 간단히 '마음의 긍정적 상태'라고 한다면, 이것 역시 두 가지 —— 육체적 물질적 감각적 행복과 정신적 지적 행복의 상태로 나눌 수 있을 것이다. 앞의 것을 에피쿠로스주의자들이 강조하는 쾌락주의 행복론이라면, 뒤의 것은 아리스토텔레스가 강조하는 고귀한 즐거움의 행복론이라고 할 것이다.(3장) 중세 시대 이후 근현대에 이르기까지 서구의 행복 담론도, 크게 보면, 이 두 가지 행복론에 대한 다양한 해석적 변주라고 할 수 있다. 또 행복의 결정 요소로는 경제적 요소(소득과 재산) 이외에 개인적 요인(건강과 기질), 인구학적 요인(연령과 성), 가족적 요인(결혼과 가족 관계), 직업적 요인(직무와 직위), 제도적 요인(참여와 복지), 상황적 요인(위험 요소) 등이 고려된다. 여기에서 흥미로운 사실의 하나는 '없으면 불행하고 많아도 행복하지 않다'는 이른바 '이스털린의 역설'이다.(4장)

이어서 한국 사회의 행복 지수(5장)과 한국인의 행복관(6장)이 논의된다. 한국인의 정신세계는, 김문조 교수에 의하면, 크게 세 가지 —— '관계주의'와 '현세주의' 그리고 '배상주의'로 특징지어진다. 이 세 경향은, 다시 줄이면, "아는 사람들끼리 한평생 만복을 누리며 살아가는 것"으로 재번역될 수 있다. 그리하여 한국인이 추구하는 복은 자유와 평등 혹은 정의 같은 보편적 가치도 아니고 신적 초월적 이념도 아니다. 그것은 재산과 권력, 건강과 명예 혹은 자식 복처럼 철저하게 세속적인 차원에 얽매여 있다. 이것을 김 교수는 '속(俗) 삼위일체'라고 지칭한다. '끈'이나 '빽', '일류'와 '출세'에 대한 한국인의 거의 병리적인 집착이나, 이런 집착으로 인한 과도한 경쟁과 그로 인한 열패감, 그리고 이 열패감에서 오는 전반적으로 낮은 행복감은 바로 사회 전반적 성격에서 나온다. "(알 만한 사람들) 끼리끼리", "(살아생전에) 빨리빨리", "(챙길 수 있는 한) 많이많이"로 요약되는 한국인 특유의 습성은 세계 최고 수준의 자살률과 이혼율과 음주량 그리고 고소율 등으로 선명하게 입증된다.

그렇다면 어떻게 해야 하는가? 최근 한국 사회에서 가장 주목되는 변화는 "진정성의 에토스가 피상성의 에토스로 대체되"어 가는 데 있다고 김문조 교수는 통찰력 있게 분석한다. 고통이나 실존, 사회나 역사에 대한 고민 대신 '삶을 요령껏 재미있게 살려는' 풍조가 만연하게 되었다는 것이다. 그래서 '성찰' '공공성' 혹은 '윤리'가 아니라 '개체'와 '즉흥성', '편익'과 '영민성'이 중시된다. 여기에는 스마트폰 같은, 가볍고 날렵하고 간편한 이동 통신 기기가 큰 몫을 한다. 그러나 우리에게 필요한 것은, 그는 이렇게 결론짓는데, 적극적 가치 부여를 통해 깊은 행복을 창출하는 일 — "창조적 행복의 심실(心室)을 확장하는 일"이다.

고세훈 교수는 「담론과 전망」에서 평등과 복지에 대해 말한다. 이 글에서 중심에 놓인 것은 사회 경제적 불평등의 문제이고, 이 불평등을 어떻게 민주주의라는 제도적 틀 안에서 해결할 것인가라는 문제이다.

고 교수는 우선 불평등이 한 사회의 갈등 요인 가운데 얼마나 결정적인 것인가를, 불평등의 사회 경제 정치적 영향에 대한 실증적 분석의 사례를 통해, 상세히 보여 준다. 1인당 국민 소득이 대략 2만 5000달러를 넘어서면 불평등이 단일 요인으로서 건강이나 빈곤, 교육과 범죄 등 거의 모든 사회 문제에 악영향을 미친다는 것이나,(윌킨슨/피킷) 불평등이 사회 자본의 손상을 초래함으로써 시장의 성장 잠재력 자체를 위기로 몰아간다는 것이다.(돌링) 이어 그는 이렇게 강조한다. "그러나 불평등의 가장 큰 해악은 그것이 시장을 넘어서 불평등 교정의 마지막 보루인 민주주의를 위기에 빠뜨린다는 점이다." 그러니까 사회권의 올바른 확립 없이는 민주주의의 작동 자체가 불가능하게 되고, 그럼으로써 다시 거꾸로 "불평등이 제도화"된다. 이런 식으로 그는 신자유주의적 세계화라는 미명 아래 불평등을 정당화하는 담론들을 비판적으로 검토하고, 우리 사회가 나아갈 수 있는 복지 정책의 방향을 성찰한다.

한국의 소득 불평등 정도가 세계 최상위권 수준이라는 사실은, 고 교수에 따르면, 여러 통계에서도 쉽게 드러난다. 예를 들어 국민 소득에서 차지하는 공공 사회 지출 규모는 OECD 34개국의 평균의 절반에도 못 미치고, 국가의 복지 의지 역시 1996년 이래 최하위의 지위다. 공공 부문의 인적 규모도 2004년을 기준으로 OECD 최하위이고, 자선 실태 역시 어떻든 GDP의 0.05퍼센트 정도로 추정되는데 ― 우리나라의 경우 기부는 대체로 일부 사람들에 의해 비정기적으로 이뤄져서 통계가 제대로 잡히지 않는다고 한다. ― 이는 미국과 영국의 각각 33분의 1, 15분의 1에 해당한다. 사회적 약자에 대한 일차적 책임을 국가가 우선 떠맡아야 하고, 이것이 어려운 경우, 가족이나 시민사회가 책임져야 함에도, 우리의 경우에는 두 가지 모두 어렵다는 것이다. 그래서 그는 지적한다. "우리는 복지 '국가'는 말할 것도 없고 그 이전에 복지 '사회'를 구축하는 데도 실패했다." 한국이 보여 주는 OECD 1위의 이혼율과 저출산율, 비정규직 비율과 산업 재해율 그리고 교통사고 사망률은, 앞서 김문조 교수도 지적했지만, 이런 맥락에서 이해될 수 있다.

이런 상황에서 고세훈 교수는 불평등의 공고화에 기여한 대표적인 반(反)복지 담론의 몇 가지 사례를 비판적으로 검토한다. 첫째는 긴축을 강조하는 복지 국가 위기론이고, 둘째는 성장 결정론이며, 셋째는 복지 민영화 대세론이고, 넷째는 생산적 복지 혹은 사회투자론이며, 다섯째는 반(反)정치 담론이다. 이러한 주장에 대해서 그는 조목조목 사례를 들어 가며 그 허위성을 드러낸다. 예를 들어 복지 국가 위기론과 관련하여, 대부분의 서유럽 국가에서 복지 관련 지출은 정부 예산의 3분의 2 전후이고, 또 복지 관련 지출의 증가율은 둔화되었다고 해도 그 절대 규모 자체는 꾸준히 늘어났다. 더 중요한 것은 이른바 복지 국가의 '위기론'은, 복지 국가가 자유주의와 보수주의 그리고 사민주의의 실험을 거치고 난 이후에 도달한 역사적 구조물인 만큼, 복지 체제가 '상당한 정도로' 갖춰진 나라들에서나 거론될 수 있는 개념이라는 사실이다. 따라서 '복지 국가의 문턱도 넘지 못한' 한국 같은 복지 후진국에서 위기론 운운하는 것은 자가당착이라고 그는 말한다.

탈규제와 민영화 혹은 긴축 같은 반정치적 담론이 일상화되고, 빈곤과 불평등의 문제가 정치 사회적 어젠다에서 계속 배제되고 있는 한국의 이 현실 앞에서 고세훈 교수는 결론적으로, "대표 없이는 복지가 없다"는 것, 복지 국가를 새롭게 추동하기 위해서는 "민주주의 개념이 오히려 공세적으로, 즉 시장 영역으로 확대되어야 한다." 라고 역설한다. 즉 시장의 문제를 "복지 구상의 내부로 포괄"하여 그 "권력의 행사 자체를 민주적으로 규율하는 제도적 틀을 정립하는" 것이 중요하다는 것이다. 이를테면 재산권과 소유권의 행사의 제한을 골자로 하는 시장 구조의 개혁은 앞으로 한국 정치가 떠맡아야 할 가장 중요한 과제의 하나가 된다. 한 나라의 민주주의의 수준은, 그 나라의 정치가 공동체 전체의 구조적 불평등을 얼마나 완화할 수 있느냐에 달려 있기 때문이다.

박명림 교수는 「우리 시대 한국의 세계(사)적 향방」에서 평화가 삶의 모든 가치 가운데 가장 소중한 것이지만, 한국 현실에서는 남북 대치와 북핵 문제 그리고 이념 갈등이 여전히 존재하는 사실부터 지적한다. 그러면서 1953년 정전(停戰) 이후 전쟁 재발의 방지에는 성공했으나 체제의 평화에는 왜 이르지 못했는지, 한국에서의 삶은 어떻게 평화로워질 수 있는지를 묻는다.

박 교수는 한반도 분단이 전후 세계 정치의 산물이었듯이, 통일 문제 역시 남북 사이의 내부 정치적 문제이면서 동시에 세계 정치의 문제이니만큼, 국제적 시각에서 접근해야 한다고 말한다. 그러면서 무엇보다 "내부에서 이견 세력을 인정하고 포용하며 갈등 세력과 타협하고 공존하는 그 자체가 평화 실천이요 통일 준비"이기 때문에, 이런 "민주적 타협의 수준과 역량"을 기르는 것이야말로 "통일 준비의 요체"라고 강조한다. 그런 의미에서 남한 내에 편재하는 진보-보수 혹은 좌우파의 갈등은 통일 및 평화에 아무런 도움이 되지 않는다. 그러니까 통일 문제는, 그것이 남한이든 북한이든, 각 체제 안에서 얼마나 상호 인정과 상호 존중을 통한 공존의 의지를 실현하느냐에, 대화와 타협의 민주적 가치를 얼마나 제도적으로 내면화하느냐에 달려 있게 된다.

이어 박명림 교수는 동아시아(한국과 북한, 일본, 중국)에서의 평화가 내부 민주주의의 후퇴와 보수화 그리고 강경 민족주의의 등장과 함께 점차 위협받고 있다는 사실에서 이른바 '동아시아 패러독스'를 읽어 낸다. 역내의 무역과 경제 협력은, 특히 한중일 사이의 그것은 유럽과 북미 수준임에도 불구하고 과거사 갈등이나 전쟁 범죄, 영토 분쟁과 인권 문제(위안부 등)에서는 세계 최악을 드러내기 때문이다. 그러면서 유럽의 사례에서, 특히 한반도에서의 전쟁사와 중국 역대 전쟁사의 요약을 통해 한국의 장기 평화와 생존이 어떻게 가능했는지, 근대 세계 체제에의 진입 이후 한국 문제는 어떻게 급변했는지가 분석된다. 여기에서 초점은 "세계 분할 및 지역 분할"의 교차점으로서의 한국 분단 문제이고, 이 분단이 결정된 '일반 명령 1호 체제'다. 박 교수는 한국 전쟁이 '세계적 시민전쟁(global civil-war)'이 아닌 '세계시민적 전쟁(global-civil war)'이었다고 진단한다.

박 교수는 한국 전쟁 이후 동아시아-한반도 안보 체제의 중심축으로서의 중국의 전면적 부상과 그 역사적 추이를 다루고, 제2의 한국 전쟁의 불/가능성을 검토한다. 그러면서, 서두에 언급하였듯이, 통일 문제는 내부 민주주의 수준의 연장임을 다시 한 번 역설한다. 이것은 특히 스물세 번에 걸친 연립 정부를 통해 내부의 이견 세력을 통합하고 그 이념적 갈등을 최소화하는 가운데 결국 분단 체제를 극복한 독일/서독의 사례에서 구체적으로 드러난다. 통일 문제는 '제도와 이념의 문제'가 아니라 상호 인정과 양보 속에서 평화로운 공존을 추구하는 '정치와 타협의 문제'인 것이다.

이삼성 교수는 「천하체제, 제국체제, 대분단체제」에서 기원전 3세기 이후부터 현재에 이르는 동아시아 국제 질서를 세 개의 개념, 이를테면 '천하체제', '제국체제' 그리고 '대분단체제'라는 개념 아래 설명한다.(1장) 그 가운데 제2차 세계 대전 이후의 동아시아 질서를 왜 '대분단체제'로 말할 수 있는지를 논의한 다음,(2장) 동아시아 대분단체제의 역사적 형성 과정을 고찰한다.(3장) 대분단체제란, 그에 따르면, 근본 축으로서의 중국 대 미국/일본의 대립 구조와 그 아래 한반도와 타이완 그리고 인도차이나라는 소분단체제가 국지적으로 자리하는, "중층적 분단의 구조"를 뜻한다. 그는 이 대분단체제가 2차 대전을 겪으면서 어떻게 변해 왔는지, 전후 대분단체제의 형성 시 미중 관계와 미일 관계는 어떠했는지, 그리고 무엇보다 한국 전쟁이 이 대분단체제의 공고화에 어떻게 기여하게 되는지를 면밀하게 분석한다.

이어 동아시아 대분단체제를 특징짓는 '긴장의 다차원성' ── 지정학적 정치 사회적 이념적 심리적 긴장이 논의되고, 이 긴장의 상호 작용이 어떤 결과를 초래하는지를 언급한다.(4~5장) 이때 타이완과 오키나와, 인도차이나와 한반도는 냉전 체제 아래, 그것이 타협적 국면 혹은 비타협적 국면에 따라, 현격한 위상적 차이를 보인다.(6장)

예를 들어 오키나와는 1950~1960년대의 비타협적 시기에 미국의 대중국 봉쇄 전초 기지였던 반면에 — 그래서 그 당시 오키나와의 형식적 주권도 미국에 속했다. — 1970년 이후 타협적 시기에는 그 주권이 일본에 귀속된다. 대분단체제는 1990년대 들어와서도 여러 차원의 긴장 속에서 크고 작은 변화를 겪는다.

이삼성 교수는 2000년대 들어 중국이 본격적으로 부상하면서 동아시아·태평양 지역에서 "미일 동맹과 중국 사이의 지정학적 긴장"이 구체화되었다면서(7장) 이 대분단체제에서 지정학적 군사적 긴장을 완화하여, 제주와 오키나와 그리고 타이완을 잇는 '동아시아 평화 지대'를 구축하자고 제안한다. 지역의 '탈군사화'를 지향하는 이 평화 지대화는 한반도 평화 체제 구축이라는 보다 직접적인 기획의 일부이기도 하다.(9장)

결국 중요한 문제는 어떻게 동아시아 각국이 평화 공동체를 구축할 것인가다. 이런 구축을 위해, 이삼성 교수에 따르면, '동아시아 진실연구위원회'의 구성이 필요하고, 이런 기구를 통해 첫째, 전쟁과 범죄의 과거사를 어떻게 객관적으로 해명하고, 둘째, 이때의 규명이 국가 권력의 정치적 수단으로 동원되는 것이 아니라 관련 국가 간의 상호 화해를 촉진하는 방식으로 모색되어야 하며, 셋째, 이를 위해서는 무엇보다 "보편적 설득력을 지닌 동아시아 공동의 인식과 담론 구조"의 형성이 절실하다고 강조한다. 이 같은 역사적 진실의 참여에서 중요한 하나의 기본 원칙은 "권고하되 강요하지 않는" 것이다.

이렇게 이어지는 사회과학적 현실 분석에서 드러나는 것은 한국 사회의 구조적인 병리학이다. 전례 없이 압도적인 거대정보 세계에서 이 땅의 학문을 제 방향을 잃고 있고, 곧잘 휘둘리는 여론 아래 사회의 공론장은 취약하기 그지없으며, 교육의 의미는 깊은 이념적 토대 없이 입시 제도적 차원에서만 논의되며, 사회 경제적 불평등은 신자유주의라는 반정치적 담론의 위세 아래 더욱 고착화되고 있고, 한반도에서의 평화와 안정은 국내외적 요인 때문에 그 어느 때보다 위협을 받고 있다.

우리는 어떻게 해야 하는가? 이 다극적 국제 질서 안에서, 이 긴장에 찬 국내외적 상황 속에서 우리는 평화로운 삶을 이어 갈 수 있는가? 그 해법이 간단할 수는 없다. 분명한 것은 깨어 있는 현실 감각이고, 이 현실 감각에서의 어떤 균형 유지일 것이다. 오늘날처럼 복잡다기한 사회에서 많은 현상은 유동적이고 다층적이어서 결국 모순까지도 포용하는 어떤 자세 ── 보편성으로의 지향을 잃지 않는 현실적 균형 의식이 그 어느 때보다 절실한 것으로 보인다. 그러면서도 이 균형 감각은 좋고 나쁜 것, 바르고 틀린 것 사이의 어떤 기계적 중간의 고수가 아니라, 현실의 모순과 차별 그리고 그 불평등을 개선하는 방향으로 나아가야 할 것이다. 그 점에서 국가나 정치의 역할이 어느 때보다 요청된다.

사회 경제적 불평등을 치유하고 건전한 공론장을 구축하는 것은 현 단계 한국 사회의 가장 긴급한 과제가 아닐 수 없다. 그러나 정치 경제적 개혁이 곧바로 문화의 성숙으로 이어지지는 않는다는 것도 자명하다. 거기에는 좀 더 근본적인 조건 ── 보편적 가치의 추구라는 근본 원칙이 전제되어야 한다. 바른 교육의 이념도 이 근본 원칙의 하나다. 물질적 경제적 토대가 아무리 중요하다고 해도 인간의 삶에는 세속적 차원을 넘어서는 고귀한 가치 — 신성하고 초월적인 가치에 대한 갈망도 자리하기 때문이다. 그러나 그렇다고 해도, 다시 한번 더 강조하여, 지금의 전반적 불평등을 시정해 가는 것은 여전히 결정적이다.

우리의 사회는 사회 정치적 갈등이나 경제적 결핍 그리고 이념적 분열을 넘어 행복의 공동체를 실현할 수 있을까? 아마도 인간의 자유는, 삶의 보다 넓고 깊은 지평 — 보편성의 지평을 잊지 않은 채로, 크고 작은 눈앞의 불행과 비참을 줄여 가는 데서 조금씩 실현될 것이다.

문화의 안과 밖 자문위원 문광훈

차례

경계 짓기, 네트워크의 질서, 그리고 위험

거대정보 세계에서의 학문

이재열

서울대학교 사회학과 교수

1

 '거대정보 세계'는 정의를 필요로 하는 새로운 개념이다. 정보 기술의 발달로 인해 정보의 생성과 유통 및 저장에 관한 기술이 비약적으로 발전하게 된 결과 나타난 정보 사회의 등장이 그 배경이 된다. 특히 기술 발전이 가져온 쌍방향화와 멀티미디어화, 매체 융합, 그리고 이 모든 것을 가능케 한 인터넷의 등장은 정보의 성격과 내용을 급속하게 바꿔 나가고 있다. 더구나 빅데이터를 수집하고 가공할 수 있는 능력이 향상되면서 과거에는 상상할 수 없었던 방대한 정보에 대한 접근과 분석이 기술적으로 가능해졌다. 따라서 거대정보 세계란 '정보 통신 기술의 발달로 인해 정보의 생산과 유통 및 처리의 범위가 무한히 확장되고, 그 속도는 빨라지는 세계'라고 잠정적으로 정의할 수 있겠다. 디지털 환경에서 생성되는 방대한 양의 데이터로서 그 양과 생성 속도, 그리고 형태의 다양성이 매우 큰 빅데이터의 등장은 과거에 불가능했던 일들을 가능하게 하고 있다. 인터넷의 강자인 구글은 실제로 독감과 관련된 검색어의 빈도를 분석해 독감 환자의 수와 유행 지역을 예측하는 서비스를 개발한 바 있고, 국내에서도 트위터의 트윗 양을 분석해 선거 결과를 예측하기도 한다.

경계 짓기, 네트워크의 질서, 그리고 위험

빅데이터 시대의 등장은 모집단에 대한 정보(빅데이터)가 없거나 이를 구하는 데 너무 많은 비용이 들기 때문에 피치 못하게 표본의 정보(스몰데이터)에 의존하던 전통적인 통계학의 역할을 급속히 축소할지 모른다는 예상을 낳는다. 관찰하고 측정할 수 있는 대상의 범위가 확장되었고, 이를 분석할 수 있는 기술적 가능성이 열렸다는 점에서 과거와는 질적으로 다른 변화를 가져올 것이라는 점은 충분히 예상 가능하다.

그러나 거대정보 세계를 빅데이터의 등장과 동일시할 수는 없다. 폭발적으로 증가하는 정보가 곧 지식으로 전환되지는 않기 때문이다. 정보는 인간의 상상력과 통찰력으로 빚어낸 온톨로지(ontology)라는 그물망으로 걸러질 때 그 안에 숨겨진 연관성이 드러나고, 새로운 질서를 부여받는다. 따라서 거대정보 세계가 전통적인 데이터를 해독하는 학문적 논리와 전혀 다른 논리를 필요로 한다고 할 수는 없다.

경계와 연결, 네트워크, 위험 등의 이슈를 엮어 낼 관점과 논리의 출발은 전통적 세계에서 연결되지 않던 것들이 연결되는 초연결성의 문제다. 거대정보 세계의 확장은 인지적 측면 이외에 존재론적 특성이나 사회 구성론적 관점에서도 여러 가지 논란을 불러왔다.

흘러넘치는 정보는 전통적 경계의 소멸을 낳으며, 정보의 분출은 새롭게 경계를 형성한다. 경계는 하나의 체계를 이루는 하위 단위 간의 상호 작용에 따라 생겨나기도 하고 없어지기도 한다. 안과 밖의 경계가 분명한 닫힌 시스템에서 안과 밖의 경계가 사라지는 열린 시스템으로의 전환은 네트워크에 대한 해독 능력을 요구한다. 경계의 생성과 소멸에 의해 구체화되는 시스템의 특성 변화는 사물의 본질에 주목하는 '실체론' 대신 연관성을 통해 동태적인 정체성을 드러내는 '관계론적 사고'를 요구한다. 또한 전통적 경계의 소멸은 새로운 긍정적 가능성의 지평을 열지만, 동시에 다양한 위험의 징후도 낳는다.

실체론적 접근은 잘 통합된 자아를 가진 개인이나 집단, 혹은 명확한 경계를 갖는 국가 등의 행위 주체를 설정한다. 그러나 내부와 외부의 구분은 많은 경우에 법률적이고 형식적이며, 정체성과 실재는 부유하는 다양한 관계들에 의해 유동적으로 작동하는 내·외부의 다양한 채널로 연결되어 있다. 반면에 실체론과 대비되는 관계론의 특징은 다음과 같은 것들이다.

첫째, 경계가 분명할수록 정체성도 분명해지며, 동시에 불변의 상수가 된다. 그러나 경계가 불분명해지면 정체성은 보다 복합적인 양상을 띤다. 관계론적 시각은 정체성을 딱딱한 각질이 아닌, 밀가루에서 돌을 골라내는 체, 혹은 삼투 현상을 통해 정보와 에너지가 오갈 수 있는 세포막과 같이 매우 유동적이고 부드러운 경계에 의해 끊임없이 변화할 소지가 있는 것으로 파악하게 해 준다. 정체성이란 불변의 것, 혹은 개념적 범주라기보다는 다양한 사건이나 행위들의 연쇄적 맥락 속에서 반복적으로 나타날 때 비로소 '실체'로 드러난다.

두 번째, 관계론은 행위자의 속성이나 판단보다는 행위자 간 관계의 복잡한 양상 속에 내재해 있는 기회와 제약의 구조에,[1] 그리고 가시적 관계와 비가시적 관계 모두에 대해 주목한다. 사회는 서로 중첩적으로 교차하는 사회적-공간적 네트워크들의 구성물이며, 개인의 정체성도 개인이 참여하는 관계들 속에서 역동적으로 재생산된다는 것이다.

셋째, 관계론은 사회적 통합의 주체가 누구이며 어떤 정책을 택할 것인가에 대해 상이한 함의를 도출하게 해 준다. 실체론은 의사 결정을 담당하는 개인, 특히 정책 결정자의 정치적 역할에 과도한 비중을 두는 경향이 있다. 반면에 관계론적 시각은 행위자의 다양화가 필요함을 인식하게 해 준다. 민간이나 자발적 조직의 역할이 매우 중요하며, 정치적 통합 못지않은 사회·문화·심리적 통합이 중요하다는 것을 인식하게 해 준다.

넷째, 실체론과 관계론은 규범적 혹은 실천적으로도 서로 상이한 함의를 갖는다. 실체론은 대개 개인이나 집단을 인종, 계급, 성 등의 단일하고 통합된 정체성에 기반을 둔 것으로 이해한다. 이러한 본질주의적 해석은 인종주의, 성차별, 배타적인 민족주의 등으로 이어지기가 쉽다. 그러나 관계론적 접근에서는 정체성을 물화된 범주가 아니라 다차원적이고 유동적인 총체성으로 파악하기 때문에 훨씬 개방적인 태도나 정책을 취하게 된다.

거대정보 사회에서 네트워크는 형태로 보면 상호 연결된 점과 선들의 집합이지만, 어떤 내용이 담기느냐에 따라 무궁무진하게 해석할 수 있다. 점을 개인으로, 선을 인간관계로 설정한다면, 한국과 동아시아 사회는 인격주의적 관계를 중시하는 사회라는 점에서 '관계 지향 사회'라고 할 수 있다. 그러나 현재 한국 사회가 급속한 정보화의 과정에서 직면하는 현실을 가장 잘 보여 주는 것은 '네트워크의 네트워크'라고 불리는 인터넷이 가져온 총체적인 변화이다. 인터넷은 지구 상에 작동하는 컴퓨터들을 유무선으로 연결한 네트워크이지만, 첨단 전자공학, 원격 통신 기술 등과 결합하여 네트워크 사회의 기술적인 토대로 자리 잡고 있다. 아울러 초고속 인터넷 보급률 세계 1위를 점하고 있는 한국이야말로, 정보 통신 혁명이 가져다줄 사회 변화를 최첨단에서 경험하고 있다. 다양한 SNS의 확산, 온라인을 중심으로 한 신경제(new economy)의 확대, 그리고 네티즌의 참여와 동원을 통한 새로운 정치 운동의 확산 등은 모두 한국이 네트워크 사회의 증상을 선도하고 있음을 보여 주는 사례라고 할 수 있다.

이 글에서는 거대정보 세계의 질서를 해독해 낼 세 가지 색깔의 네트워크, 즉 (1) 문화 문법으로서의 관계론, (2) 복잡계적 네트워크의 질서 읽기, 그리고 (3) 정보 시대의 정치경제학이라고 할 만한 네트워크 사회론을 소개한 후, 각 네트워크에서 어떻게 위험이 문제되는지를 논의하고, 그 함의에 대해 토론하고자 한다.

1 네트워크와 시스템 이론

사물의 경계는 연결과 쌍대적이다. 연결된 것은 경계 안에 있고, 연결이 끊긴 곳에 경계가 만들어진다. 시스템에 대한 일반 이론은 연결과 경계의 문제에 대한 근본적인 분류 기준을 제공한다. 고정적인 경계를 갖는 것이 닫힌 시스템이라면, 유동적 경계를 갖는 것이 열린 시스템이라는 것이다.

일반 시스템 이론의 토대를 제공한 보울딩(Kenneth Boulding)에 따르면, 시스템에는 모두 아홉 가지 다른 유형이 있지만, 가장 질적

　　　　경계 짓기, 네트워크의 질서, 그리고 위험

인 차이는 닫힌 시스템과 열린 시스템 간의 차이다.[2] 안과 밖의 경계가 분명한 닫힌 시스템과 달리, 열린 시스템은 외부와의 경계가 불분명하다. 그래서 정보와 에너지가 드나들 수 있는, 삼투 현상이 가능한 유동적 경계를 가지며, 기계적인 내부 특성보다는 외부 환경과의 연관성에 의해 시스템의 특성이 결정된다. 열린 시스템은 외부 환경으로부터 정보와 자원을 가져오고 배출할 수 있는 능력을 갖는다는 점에서 생명 현상과 밀접히 관련된다.

1 닫힌 시스템과 열린 시스템

닫힌 시스템은 실체론과 통하고, 열린 시스템은 관계론과 통한다. 대체로 열린 시스템은 기계적이기보다는 유기체적이고, 구조가 복잡하며, 하위 시스템이나 구성 요소들이 상대적으로 느슨하게 연결되어 있고, '구조'보다는 내부의 '과정'이 중요하며, 조직의 경계가 비정형적이고, 또한 목적이 끊임없이 전환되는 집단들에 의해 발전되기 때문에, 외부 환경으로부터 큰 영향을 받는 등의 특징을 보인다.

관계가 맺어지는 방식에는 규칙이 있다. 복잡 적응 시스템(complex adaptive system)에서는 신호와 표식에 규칙이 녹아 있다고 설명한다. 열린 시스템에서 집합적 정체성은 환원 불가능한 개체의 속성에 의해 결정되기보다 끊임없이 신호와 정보를 주고받는 다른 개체들과의 관계 양상 속에서 차별화된 경계를 구획해 낸 연후에 그 모습을 드러낸다.

자연 현상이나 사회 현상 모두 열린 시스템의 특성이 강해지게 되면, 단순성보다는 복잡성이, 긴박한 결합(tight-coupling)보다는 느

슨한 결합(loose-coupling)을 통한 비일관성의 증대가, 구조보다는 성
장과 분화가, 그리고 고정된 특징보다는 자율적인 변화가 중요해진
다. 정보의 중요성이 커지는 것이다. 이러한 여러 특징을 고려해 볼
때 거대정보 세계는 대표적인 열린 시스템이며, 그중에서도 복잡 적
응 시스템이라고 할 수 있다. 끊임없이 변화하는 신호와 관계에 의해
경계가 만들어지고 변화하는 체계들, 예를 들면 세포, 열대 우림, 시
장, 언어, 인터넷 등이 모두 복잡 적응 시스템에 해당한다.[3]

　복잡 적응 시스템은 신호를 주고받는 주체와 신호의 내용에 따
라 다양한 시스템을 구성한다. 세포에서는 세포 기관(organelles) 간
에 신호 단백질(signaling protein)을 교환하며, 면역 체계에서는 항체
(antibody)가 항원 조각(antigen fragments)을 교환하고, 생태계에서는
생물 종들이 소리나 냄새를 교환하며, 시장에서는 구매자와 판매자
가 주문을 교환하고, 인터넷에서는 컴퓨터가 서로 메시지를 교환한
다. 또한 재벌가에서는 결혼을 통해 사돈 관계를 교환한다. 이러한 교
환의 결과 비교적 높은 밀도의 상호 작용을 하는 개체 간에는 두드러
진 집합적 정체성이 드러나게 되며, 외부와의 경계도 선명해진다. 이
런 점에서 보면, 신호를 주고받는 주체들 간의 관계는 누구와 어떻게,
얼마나 자주 어떤 신호를 주고받느냐에 따라 특징이 드러나고, 그 결
과로 적소(niche)와 형태 형성(morphogenesis)이 가능해진다.

　따라서 적소는 생존을 위해 이러한 교환에 의존하는 다양한 주체
들의 집합이라고 정의할 수 있으며, 어떤 신호를 사용하느냐에 따라
상호 작용의 과정에서 정체성과 경계 변화의 방향과 내용이 달라진다.

2 단일 순환 학습과 이중 순환 학습

닫힌 시스템과 열린 시스템의 경계에 존재하는 것이 사이버네틱 시스템으로서 자기 조절 능력을 가장 중요한 특징으로 한다. 사이버 네틱 시스템은 사전에 예정된 행동에 대한 정보를 설정한 '프로그램'에 따라 움직인다는 점에서 시스템을 '구조'가 아닌 '과정'으로 이해하는 장점이 있다. 그러나 사이버네틱 시스템이 열린 시스템으로 발전하기 위해서는 외부 환경 변화에 적응할 수 있는 학습 능력을 필요로 한다. 아지리스(Chris Argyris)는 단일 순환 학습과 이중 순환 학습을 구별하는데, 단일 순환 학습이란 정해진 목표를 달성하기 위해 노력의 정도(degree)를 조정하는 방식의 적응 학습을 의미한다.[4] 온도가 떨어지면 히터를 켜고, 온도가 설정치보다 올라가면 히터를 끄는 온풍기가 좋은 예가 될 것이다. 반면에 이중 순환 학습은 환경의 변화로 인해 시스템의 내부 조정 기능만으로는 적응에 문제가 있다는 것을 깨닫고 노력의 종류(kind)를 바꾸는 방식의 적응 학습을 의미한다. 예를 들어 시장에서 아날로그 카메라의 공급을 늘리거나 줄이는 방식으로는 대응하기 어렵다는 것을 깨닫게 된 기업이 새로운 형식의 디지털카메라로 품목을 변경하는 것과 같은 변화를 의미한다.

이런 의미에서 본다면, 지난 20여 년간 한국 사회를 괴롭혀 온 대형 재난들에도 불구하고[5] 다시 2003년에 대구 지하철 화재 참사를 겪고, 2014년에 세월호 참사를 겪게 된 배경에는 단일 순환 학습에만 머문 닫힌 시스템의 한계를 지적할 수 있다. 닫힌 시스템에서는 문제를 내부에서 찾는 경향이 강하다. 그래서 희생양을 찾아 문책하고, 새롭게 조직을 개편하고, 문패를 바꾸어 달지만, 시스템의 근본적 특징은 바뀌지 않는다. 달리 말하면 내재화된 해법을 찾는 단일 순환 학습에 그치는 것이다. 그동안 한국 사회가 겪은 대형 재난에서 드러난 대응 방식들은 전형적인 단일 순환 학습으로서, 내재화된 해법은 다음과 같은 근본적인 문제들에 대해 의문을 제기하지 않았다.[6]

첫 번째, 빠른 성장을 추구하다 보니 외형 확장과 결과만을 중시하는 속도 전쟁에 매달렸다. 속도에 집착하면 안전에 대한 지출은 비용이라 생각된다. 안전 비용 지출을 억울한 이자 지불쯤으로 여기는 분위기가 바뀌지 않았다. 그러나 이자를 내지 않는다고 해서 지불이 유예되는 것은 아니며 탕감되는 것은 더더욱 아니다. 만기가 되어 몰려온 지불 청구서들이 모여 나중에 한꺼번에 터진 것이 1990년대 중반의 재난들이다.

두 번째, 집단과 제도 간 조정의 실패가 여전하다. 공적인 조직 간에도 조율이 제대로 되지 않는 대표적인 사례는 지하철 운영에서 드러난다. 서울시와 경기도의 경계를 넘나드는 지하철에서 관할 기관에 따라 직류와 교류, 좌측과 우측통행의 기준이 다르다 보니 전동차가 스스로 교행과 전원 교체를 상시적으로 해야 운영되는 서울 지하철 4호선은 대표적인 조정 실패의 사례다. 재난 긴급 통신망의 기준을 11년째 통일하지 못하고 있는 정부 기관 간의 조율 실패는 지난 20년간 별로 달라지지 않은 현실을 보여 준다.

세 번째는 대부분의 재난이 기술적 요인보다는 조직이나 규제의 실패로 인해 나타났다는 사실이다. 이미 한국의 토목과 건축 기술은 세계적인 수준이고, 국제적 감리 제도하에서는 중동이나 아시아 여러 지역에서 기념비적 작품을 만들어 낸 바 있다. 세계 1위의 조선 산업을 자랑하는 한국에서 선박의 건조와 운영에 관한 기술은 손색이 없다. 그러나 한국의 규제 시스템하에서는 붕괴와 침몰 사고가 반복적으로 일어나고 있다. 기술의 문제가 아니라 규제와 조직의 문제인 것이다.

네 번째, 규제 실패는 대부분 부패의 문제와 밀접한 관련이 있다. 비현실적인 법규를 만들어 대부분의 피규제자들을 잠재적 위반자로 만든 후 집행권자에게 자의적인 권한을 부여하여 선택적으로 적용하는 방식이야말로 최악의 시스템이 될 수 있다. 이런 상황에서는 정작 꼭 필요한 규제와 불필요한 규제가 뒤섞이고, 규제의 총량을 줄이는 것을 선(善)으로, 규제를 강화하는 것을 악(惡)으로 여기게 되는 착시 현상이 생긴다.

이는 앞에 언급한 바와 같이 과거의 실패로부터 배우지 못하는 조직 학습의 문제점을 잘 보여 준다. 즉 위험에 대한 관용도가 여전히 높았고, 사전 학습을 통한 예방 노력이 부족했으며, 기존의 전제나 가정을 재검토하여 새롭게 시스템을 개혁하는 '외재화' 전략보다는 위험 통제 방식을 '내재화'하여 말단의 관리자를 희생양 삼아 책임을 추궁하는 데 그쳤다는 것이다.

위험을 더 이상 허용하지 않겠다고 할 경우 시스템이 전제해 온 가정을 근본적으로 재검토해야 한다. 이것을 외재화 전략이라고 하는데 핵심은 문제를 외부에 명백히 드러내는 것이다. 외부 전문가까지 참여해 재난의 원인을 철저히 규명하고 그에 걸맞게 조직의 전략과 체질까지 바꾸는 것, 즉 닫힌 시스템의 엔트로피를 줄이는 것이 근본적인 해결책이다. 그래서 외재화는 이중 순환 학습을 의미한다.

2 네트워크의 해석학

관계론은 정체성의 형성과 관련한 문화 문법이자 사회 문법이다. 문법 체계에 의해 얽힌 현실을 이해하는 데는 해석학(analytics)이 필요하다. 인간관계에서는 문화적인 요소들에 의해 신호와 표식을 해독하는 방법이 결정된다. 사회를 관계론으로 이해하고 설명한다는 것은 동양적 사고의 특징이기도 하며, (개인의 합리적 선택을 강조하는 경제학과 대비된다는 점에서) 사회학적 사고의 토대가 되기도 한다. 그래서 어찌 보면 사회학자들에게는 전혀 새로운 접근법이 아니라고 할 수도 있을 만큼 당연한 것이기도 하다. 최근 들어 관심의 대상이 되고 있는 신뢰나 사회적 자본에 대한 연구들은 이러한 관계성에 내재한 도덕적 자원의 발현적 속성에 대한 활발한 연구로 이어져 성과를 내고 있다.

1 동서양의 차이

동서양의 차이를 예로 들어 보자. 사실상 태어나면서부터 선험적인 자아와 자율 의지를 가진 독립된 인간을 상정하는 서구의 인간관과 달리, 모든 것을 사람들 사이의 관계로 이해했던 동양의 인간관에는 관계론적 세계관이 깊숙이 자리 잡고 있다.

서구는 철저히 개인주의적인 전통에 기반을 두고 있다. 키르케고르의 표현을 빌리자면 "신 앞에 선 단독자"라는 매우 극단적인 절대 자아 관념이 개인주의의 토대가 되고 있다. 독립된 실체로서의 개인적 자의식과 판단력, 그리고 이들 간의 계약에 의해 만들어지는 사회 질서, 그 궁극적 존재 근거인 개인에 대한 강조는 서구의 오랜 철학적 전통이기도 하며, 동시에 사회 질서의 토대가 되기도 했다. 따라서 서구적 전통에서 시장과 위계는 형태는 다르지만, 명시적 규칙과 계약에 의해 맺어지는 섬과 바다라는 점에서는 일맥상통하는 명시적 개인성에 기초하고 있다.

반면에 동양적 인간형은 관계형이며, 사유는 보다 직관적이고 총체적이며 변증적이다.[7] 개인보다는 개인을 둘러싼 가족, 친구, 공동체가 더 부각된다. 동서양 간의 차이가 가장 두드러지는 것은 윤리 사상이다. 동양, 특히 유교적 전통을 강조하는 중국철학은 인간학에서는 가족주의와 인도 정신, 의리관에서는 도의론(道義論), 인성관에서는 덕성주의(德性主義) 등이 유기적으로 결합되어 있다. 이와 반대로 서양 근대 윤리 사상의 특징은 인간학에서 개인주의와 이기주의, 의리관에서 공리주의(功利主義), 인성관에서 자연주의다. 동양이 가족으로 대표되는 소속 집단과 구성원 간의 관계를 최고의 윤리적 기반으로 삼았다면, 서양은 개인주의적 색채가 강한 원칙을 고수했다.

비교문화심리학자인 니스벳(Richard Nisbett)도 동서양의 심리 차이를 유사한 방식으로 이해한다. 즉 서양이 세상을 이해하는 방식에서 부분을 중시한다면 동양에서는 전체를 중시하고 배경을 함께 고려한다는 점, 서양에서 홀로 사는 개인을 중시한다면 동양에서는 더불어 사는 삶을 중시한다는 점을 강조한다. 이러한 차이는 논리와 형식을 중시하는 서양과 경험과 직관을 중시하는 동양적 사고와도 연결된다고 본다.[8]

이러한 비교를 통해 볼 때 동양적 사고나 인간관은 관계형 인간에 훨씬 근접해 있다. 따라서 네트워크에 대한 논의는 비록 서구의 사회학자들에 의해 시도되었지만, 문화적으로나 사회 문법적 측면에서는 아시아적 전통과 훨씬 문화적 상호 감응력이 뛰어난 것으로 판단된다.

2 사회 시스템의 유형화

조금 도식적이라는 느낌을 지울 수 없지만, 논의의 전개를 위해 개념적 구성물을 만들고, 이것을 토대로 하여 차후의 논의를 전개해 보도록 하자. 사회 시스템의 유형화를 위해 (1) 행위자의 성격이 이기적인지 호혜적인지, (2) 관계의 불평등성의 정도가 위계적인지 수평적인지, 그리고 (3) 관계를 규제하는 규칙이 투명한지 혹은 불투명한지 등의 세 가지 차원에 주목했는데, 그 이유는 이들이 비교론적 관점에서 한 사회의 특성을 가장 잘 드러내는 요인이라 판단했기 때문이다.[9] 세 가지 축을 교차하면 그림 1-1과 같이 모두 여덟 가지의 사회 시스템의 이념형을 구별해 낼 수 있다. 그리고 각각의 유형론에 기초해 시스템의 장단점을 논할 수 있을 것이다.

먼저 우리가 상정해 볼 수 있는 사회는 홉스가 제시한 계약 이전의 사회이다. 즉 선천적으로 능력의 차이가 존재하지 않는 이기적인 개인들이 서로 신뢰하지 못하고 경쟁하는, 이들의 관계를 규제할 합의된 규칙도 존재하지 않는 상황을 의미한다.(홉스주의 사회)

그다음으로 상정할 수 있는 것은 서로 간에 신뢰도 존재하지 않고, 관계를 규제하는 보편적인 규칙도 없는 상태에서 서로 다른 능력을 갖춘 행위자 간에 거래나 경쟁이 이루어지는 경우이다. 이러한 상

경계 짓기, 네트워크의 질서, 그리고 위험

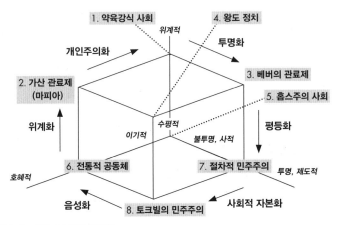

그림 1-1 사회 시스템의 이념형

황은 약육강식의 원리가 정착된 동물의 세계에서 발견되는 것이겠지만, 현실주의 국제정치이론이 묘사하는 국가 간 관계, 혹은 마키아벨리안의 시각에서 본 정치 세계, 혹은 주먹이 지배하는 뒷골목의 질서 등이 이러한 질서에 근접한 것이라 생각할 수 있다.(약육강식 사회)

한편 행위자 간에 호혜성에 기반을 둔 신뢰는 존재하지 않으나 동등한 개인들이 보편적 규칙을 준수하면서 서로 거래하거나 경쟁하는 상황도 생각해 볼 수 있다. 1인 1표를 행사하는 '평등한 권한을 가진' 유권자들의 선택으로 공동의 이슈를 결정하고 대표를 선출하는 형식 민주주의가 여기에 근접해 있다. 형식 민주주의의 요체는, 사람은 누구든지 기회주의적으로 행동할 가능성이 있다는 것을 전제로, 선출된 공직자가 공중의 이익에 반할 때를 대비해 다양한 견제 요소를 규칙으로 제정한 시스템이라고 정의할 수 있다. 피선출자의 임기를 정하여 주기적으로 재신임을 묻고, 임기 내일지라도 명백한 과실이 있으면 소환할 수 있도록 하는 것 등이 이러한 정신을 반영한 것이다. 또한 입법부와 사법부, 그리고 행정부로 하여금 권력을 분점하고 상호 견제하도록 하는 제도적 규칙도 같은 원리다.(절차적 민주주의) 내용상으로는 전혀 다르지만, 신고전경제학이 상정하는 시장도 민주주의와 같은 원리로 이해할 수 있다. 경제학자들은 시장을 상대방에게 서로 강요하거나 강요당하지 않는 독자적 판단력을 갖춘, 자신의 효용을 극대화하는 데 관심을 가진 이기적인 개인 간의 자발적인 선택에 의해 거래가 이루어지고 그 결과가 거시적인 균형을 이루는 상황으로 정의한다. 여기서 강조할 것은 이러한 교환의 규칙이 단순히 자발적인 데서 그치는 것이 아니라 명백한 규칙에 기반을 두어야 한다는 점이다. 이러한 점을 강조하는 사람들이 신제도학파 경제학이다. 즉 시장 교환은 그것을 가능케 하는 제도적 맥락 위에서 가능하다는 주장인데, 그 요지는 '재산권'과 같은 투명한 규칙이 개인 간 교환의 배경이 되어야 한다는 것이다.(이념형적 시장)

한편 전 사회적으로 적용되는 보편적인 규칙은 존재하지 않으나, 한 집단에 속한 개인들은 신뢰로 얽혀 있으며, 상호 호혜적인 인격주의 원리가 작동하는 사회를 우리는 '공동체'라고 부른다. 그런 의미에서 공동체는 직접적인 면 대 면 관계와 호혜성으로 얽혀 있는 '신뢰의 섬'이라고 할 수 있다. 왜냐하면 개인적이고 호혜적인 신뢰로 묶일 수 있는 관계는 폭과 깊이가 제한될 수밖에 없기 때문이다. 따라서 공동체는 공통의 요소들, 즉 종교나 지역, 혈연관계 등을 중심으로 하여 묶이게 된다. 전통 시대에 공동체의 기반은 자연 부락이었고, 자연 부락에서는 반촌(班村)의 경우에는 동족 마을과 향약(鄕約), 그리고

경계 짓기, 네트워크의 질서, 그리고 위험

민촌(民村)의 경우에는 두레 등과 같은 조직 원리들이 공동체적 결속을 강화하는 요소로 작동했다.[10](공동체)

보다 흥미로운 것은 단순한 한 가지 차원이 아니라 최소한 두 가지 요소가 결합된 유형들이다. 먼저 살펴볼 것은 위계적인 구조와 인격주의적 원리가 결합된 조직 유형이다. 이러한 유형의 대표적인 사례는 아마 가산 관료제(patrimonial office)가 아닐까 한다. 권력을 독점한 보스와 추종자들이 상호 신뢰와 의리로 결합된 마피아 조직도 이에 해당한다고 할 수 있다. 공동체적 질서는 많은 사람에 의해 이상적인 것으로, 혹은 낭만적인 것으로 이해되고 있지만, 순수한 형태의 공동체보다는 불평등한 위계와 결합된 신뢰 체계가 경험적으로는 더 빈번하게 발견되는 유형이다. 유교적 관점에서는 신분 체제와 불평등을 당연시하는 경향이 있는데, 그런 연유에서 유교적 전통에 기반을 둔 공동체의 현실태는 가산 관료제적 특성을 강하게 띤다. 후견주의 전통은 어느 사회에나 존재하겠지만 이탈리아에서 가장 두드러진다. 국가의 후견이 제공되는 변형주의 체제(transformismo)는 이탈리아 남부 지역에서 특히 위력을 발휘했는데, 수직적인 후견-피후견 관계로 지역 정부와 정당이 시민들을 동원해 내곤 했다. 안토니오 그람시가 탄식했듯이 남부 이탈리아는 '거대한 사회적 해체 상태'에 놓여 있었는데, 이러한 배경에서 마피아가 등장한다. 마피아는 전통적인 후견-피후견 관계에 기반을 두고 있으며, 또한 국가의 취약한 행정 및 사법 구조에 대한 대응으로 발생했고, 이로 인해 공식적인 구조가 더 손상되는 악순환을 낳았다는 것이 일반적인 평가이다. 즉 법과 계약을 신뢰할 수 있도록 만드는 국가 능력의 결여가 마피아 출현의 첫

째 조건인 것이다.(가산 관료제)

　그렇다면 위계적인 불평등과 투명한 규칙성이 결합하면 어떻게 될까? 합리적 위계는 베버(Max Weber)의 관료제론에서 정점에 달한다. 관료제는 수평적으로 분화되지만, 수직적으로는 위계화된 명령의 고리로 연결된 직무의 체계를 의미한다. 관료제의 가장 두드러지는 특징은 위치를 점하고 있는 개인과 개인이 점한 위치를 명백하게 구별하여, 누가 그 위치를 차지하든 간에 동일한 방식으로 조직이 운영될 수 있도록 직무 간의 관계를 명시적으로 문서화해 규정한다는 것이다. 어떤 직무를 누가 점하든 간에 정해진 규칙과 절차에 따라 권한을 행사하면 거대한 조직이 본래 의도한 목적을 달성할 수 있도록 구성한 것이 관료제적 조직의 영속성과 효율성의 원천이다.(베버의 관료제)

　아시아적 전통에서 공동체는 분산된 신뢰의 섬으로 작동했지만, 거시적인 수준에서 정당성을 갖춘 통치 체제와 결합하는 경우에는 강력한 효율성을 발휘하기도 했다. 그 비결은 위계적인 신분 차별을 정당화하는 강력한 권위의 형성과 밀접한 연관이 있다. 유교적 질서에서는 그 권위를 '왕도 정치'로, 플라톤은 '철인왕'으로 불렀다. 권위의 원천은 보통 사람의 능력을 뛰어넘는 강력한 카리스마일 수도 있고, 다른 한편으로는 도덕적인 모범과 교화의 능력일 수도 있다. 지도자가 도덕적인 모범을 먼저 보이고, 일반 백성들이 마음으로부터 흠모하여 따르는 유교적 교화 정치의 이상향은 조선 시대에 향촌 사회를 주자학적 질서를 따라 헤게모니적으로 지배하려는 향약 운동으로 드러나기도 했는데, 이러한 운동의 모범이 바로 왕도 정치라고 할 수 있다.(왕도 정치)

반면에 서구의 이상은 평등 지향적이었다. 평등한 개인 간의 계약 관계로 절차적 민주주의와 계약에 기반을 둔 시장을 형성하는 것이 초기 단계에 해당했지만, 절차와 계약만으로는 인간적인 사회를 실현하는 것은 불가능했다. 끊임없는 혁명과 개혁에도 불구하고 권위주의로의 복귀를 거듭 경험한 프랑스의 사회과학자이자 외교관 토크빌(Alexis de Tocqueville)에게 초창기 미국의 민주주의가 준 해답은 절차적 민주주의로 만들어진 공간을 채울 수 있는 풀뿌리에서의 시민의 참여, 즉 공동체 정신을 부활시킬 수 있는 풀뿌리 결사체의 존재 여부였다. 민주주의를 실질적으로 공고하게 하는 토대가 절차와 계약을 뛰어넘는 신뢰 형성에 있다고 본 것이다.[11] (토크빌의 민주주의)

풀뿌리 민주주의는 경제적으로는 공동체적인 신뢰와 시장 경제가 결합된 에밀리아형 생산 방식과 대응된다. 이 모델은 이탈리아 북부의 공업 삼각 지대와 낙후한 남부 사이에 있는 제3의 이탈리아를 대상으로 한다.[12] 프라토 주변의 고급 패션용 섬유 공장, 브레시아의 소규모 제철소, 볼로냐의 오토바이 산업, 사수올로의 세라믹 타일 공장 등이 이에 해당하는데, 이들 산업의 특징은 분권화되어 있으면서도 수평적으로 통합되어, 서로 모순적으로 보이는 경쟁과 협력을 결합한다는 점이다. 즉 기업들은 행정 서비스, 원자재 구매, 금융 및 연구 등에서 서로 협력하면서도 새로운 스타일과 효율성을 추구하는 데서는 치열하게 경쟁한다. 소기업들의 이러한 네트워크는 기회주의를 차단함으로써 경쟁이 협력과 공존할 수 있도록 하는 일련의 제도적 메커니즘에 기반을 두고 있다. 이 지역에서는 사회적 이동성이 매우 높고, 노동자들은 쉽게 자영업자로 이동하기도 하고, 상호 협력은 흔한 일이며, 기술 혁신은 기업 간에 빠르게 확산된다. 즉 이 기업들은 전통적인 규모의 경제 이외에 범위의 경제를 동시에 활용할 수 있는 것이다.[13](에밀리아 모델)

3 관피아와 위험 관리의 실패

이처럼 동서양 간의 맥락이 다르다 보니, 사회적 관계의 수준을 뜻하는 '사회적 자본'이라는 개념도 의미는 전혀 다르게 사용된다. 경제적 합리성이 지나치면 생활이 각박해지고, 개인주의가 지나치면 공동체가 피폐해진다. '사회 자본'은 그런 황량함을 경험한 서구 사회학자들이 발견한 놀라운 비방(秘方)이다. '기회주의로 가득 찬 시장'과 '권위로 숨 막히는 위계'의 이분법을 풀어 갈 제3의 대안으로 '신뢰와 호혜의 네트워크'가 주목을 받게 된 것이다. 프랜시스 후쿠야마의 『트러스트(Trust)』와 로버트 퍼트넘의 『사회적 자본과 민주주의(Making Democracy Work)』가 출판된 후 서구 사회과학계에서는 신뢰와 사회 자본의 영험한 효능에 대한 찬탄이 끊이지 않았다. 사회 자본이야말로 경제 성장, 민주화, 시민사회의 성숙과 복지 사회 건설 등 널린 문제들을 풀어 줄 만병통치약이 된 느낌이 들 정도다.

그러나 조금만 주의를 기울이면 우리 주위에서는 사회 자본과 동일한 현상을 형상화하는 데 전혀 다른 색깔의 개념들이 더 자연스럽게 사용되고 있음을 깨닫게 된다. 인화와 의리라는 밝은 색깔도 있지만, '우리가 남이가'로 압축 표현되는 연고주의, 정실주의, 파벌, 세몰이 등의 어두운 색깔이 더 흔하다. 하지만 위계적이고 집단주의적 성격이 강한 한국 사회에서 '연고주의'가 갖는 의미는, 수평적이고 개

경계 짓기, 네트워크의 질서, 그리고 위험

인주의적 성향이 강한 서구 사회에서 '사회 자본'이 갖는 함의와는 전혀 다르다. 황량함 속에서 찾아낸 따뜻한 공동체의 추억이 사회 자본이라면, "정의를 세우려니 의리가 울고 의리를 지키자니 합리에 반(反)하더라."라는 한 법조인의 고백처럼 우리에게 연고주의는 미시적 인간관계의 문법이면서 동시에 거시적 균열과 갈등의 원천이기도 하다. 특히 위계적이고 집중성이 강한 권력과 결합할수록 뒤탈도 더 컸다. 서구 학자들이 자기들의 '관계 건조증' 치료제로 '사회 자본'이라는 돈 냄새 물씬 풍기는 연고(緣故 혹은 軟膏)를 만들어 팔고 있다면, 대척점에 서 있는 우리 문제, 즉 '연고 과다형(緣故過多型) 습진'을 치료할 땀띠약은 공정성과 투명성이라는 분말이 아닐는지 생각해 볼 일이다.

이렇게 볼 때 한국적 사회 시스템의 이상형은 왕도 정치 모델이, 그리고 최악의 현실태는 마피아형 조직이 됨을 알 수 있다. 세월호 침몰로 주목받게 된 소위 관피아의 문제는 한국 사회가 소위 '전환의 계곡'에서 헤어나지 못하고 있음을 잘 보여 준다. 과거 권위주의 체제에서는 투명성의 수준이 매우 낮았음에도 불구하고, 위계적이고 일사불란한 통제를 통해 거버넌스의 수준을 유지할 수 있었다. 그러나 민주화 이후 권위주의는 효과적으로 해체했지만 권위도 모두 실종된 상황에 처해 있다. 권위주의 시대 한국은 낮은 투명성에도 비교적 높은 일반적 신뢰와 제도적 신뢰를 유지했다. 지금의 중국이나 베트남에서 보는 바와 같은 위계적 권위주의 모델이 작동했고, 카리스마적 지도자를 따라 의기투합하여 '돌격 앞으로' 방식으로 고지 탈환전을 하는 사회였다. 박정희 모델이 그랬고, 정주영 리더십도 다르지 않았다.

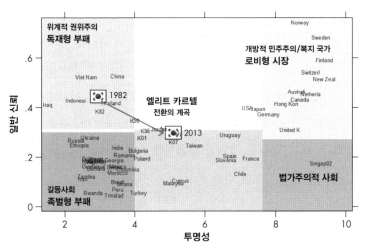

그림 1-2 일반 신뢰와 투명성: 체제 유형과 한국의 진로(1982~2013)

출처   Yee Jaeyeol and Chang Dukjin, "Transparency, a Key Factor to Improve Social Cohesion: A Review of the Korean Experience in the Context of Social Quality Research", *Development and Society*, Vol. 38, no. 2(2010)의 내용을 토대로 데이터를 업데이트한 것임.

그러나 민주화 이후 제도에 대한 신뢰는 급속히 추락한 반면, 투명성은 제자리를 맴돌고 있다. 아직 서구 선진국들과 같은 높은 수준의 제도 신뢰와 높은 투명성이 결합한 사회, 민주적 절차의 권위가 인정받는 개방적 사회로 가지 못하고 있다. 향후 혁신적인 방법으로 투명성을 제고하지 못하면 헤어나지 못할 '전환의 계곡'에서 헤매고 있는 것이다.

관피아의 문제는 바로 이러한 전환의 계곡에서 발생하는 부패의 전형이다. 과거 권위주의시대 최고 정치 지도자의 독점적인 부패 사슬이, 분권화된 '엘리트 카르텔'로 바뀌어 사회 각 부문으로 확산되고 있다. 관피아의 문제는 연안 해운업만이 아니라 사회의 거의 전 영역에서 문제가 되고 있다.

일본의 원전 사고 후 대응도 기술의 문제가 아니라 조직과 문화의 문제였다. 미국 TMI(Three Mile Island) 원전과 후쿠시마 원전 사고는 대응 과정에서 결정적인 차이를 보인다. TMI 원전 사고에서는 정보가 투명하게 공개됐으나 후쿠시마는 그렇지 못했다. 일종의 비밀주의였다. 원전 사고 후 방대한 보고서를 작성했지만, 사실을 감추기 급급하다 보니 국민적 신뢰를 잃었다. 그 원인은 두 가지다. 첫째 '원자력 마을', 즉 일본식 관피아 때문이다. 동경대 원자력과 출신들이 규제 기관, 산업 분야, 학계에 서로 얽혀 있었다. 두 번째 원인은 잘못된 애국주의다. 관계자들은 나라를 위해 일한다는 믿음을 갖고 있었고 그 애국심에 의심의 여지가 없었다. 그러나 맹목적인 애국심이 나라를 훨씬 더 위험하게 만들 수 있다는 사실도 기억해야 한다.

4 관계론적으로 해석한 통일과 민족 통합[14]

관계론으로 이해할 때, 통일보다는 민족 통합 개념이 더 현실적이다. 이를 그림으로 표현하면 그림 1-3과 같다. 통일은 독일의 사례에서 보듯 갑자기 찾아올 수 있다. 그러나 통합은 하루아침에 되지 않는다. 이념과 행위, 물질 차원에서 남북한 간 관계의 빈도와 강도가 증가하면 양자 간의 통합이 증대한다고 할 수 있고, 반면에 양자 간 관계의 빈도가 약화되고 부정적 차원의 관계가 증가하면 이질화가 증대한다고 생각할 수 있다.

현재까지의 남북한 관계를 평가하는 데 위의 모형은 다차원적 접근을 가능케 한다. 일례를 들면 한국 전쟁 이후 행위적 차원의 관계

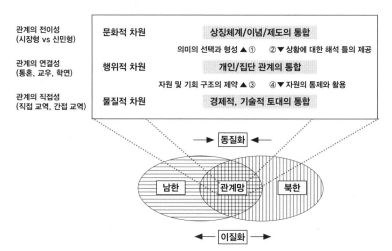

그림 1-3 관계론적 민족 통합의 논리

형성은 최근 들어 급속히 증가하기 전까지는 거의 전무했다 해도 과언이 아닐 것이다. 그러나 물질적 차원의 관계 형성은 부분적으로 진행되어 상당한 수준에 이르고 있다. 이념적 차원의 관계 형성은 정치적 이데올로기의 측면에서는 단절이 심각한 반면, 언어나 문화, 역사의식 등에서는 비교적 높은 동질성을 유지하고 있다고 할 수 있다.

남북한 간 접촉의 증대는 남과 북 모두에 변화를 가져올 것으로 생각된다.

첫째, 적대적 상호 의존이라는 '분단 체제'의 구도는 향후 변화의 추세에서도 상호 의존성이 작동하리라는 예상을 하게 한다. 북한식의 동원 체제를 유지하기 위해서는 외부로부터의 위협 요인이 전제되어야 한다. 그러나 남측의 정치적 민주화와 다원화, 그리고 주변 열강, 특히 미국과의 관계 정상화는 북한 체제의 근본적인 동원 원리에

경계 짓기, 네트워크의 질서, 그리고 위험

변형을 가져올 것이다. 그러한 환경적 변화는 단기적이고 가시적인 변화를 보이지는 않겠지만, 지금까지의 동원 구조와 북한 내 집단 간, 세력 간 관계의 재편을 가져올 것이다.[15]

둘째, 남북한 간의 접촉의 확대, 특히 당국자 간의 접촉을 넘어서는 다원적인 접촉은 남북한 모두에 변화를 가져올 것이다. 단기적으로 이러한 변화는 다원적인 남측 집단 간의 구조적 등위성(structural equivalence)이 높아져 생기는 내부 경쟁으로 인해 북측에 제3자의 이득, 혹은 어부지리를 가져다줄 가능성이 높다. 지금까지 북한과의 접촉이 심화될수록 남측의 사회단체나 기업들은 외형적으로는 다양한 창구에도 불구하고 실질적으로는 결국 중앙에서 잘 조율된 '당' 조직을 만나게 된다는 문제에 부딪쳐 왔다. 일사불란하게 움직이는 북측과 창구 단일화를 이루지 못한 남측의 카운터파트가 만나는 상황은 남측의 기업이나 사회단체, 그리고 언론사들 사이의 경쟁을 심화시켜 북측에 유리한 결과를 가져온다. 경쟁적으로 북한 진출을 꾀한 재벌 그룹 간의 경쟁이 북측과의 협상에서 남측의 위치를 불리하게 만들었으며, 남측 언론사 간의 경쟁 때문에 북한은 손쉽게 '남한 언론 길들이기'를 할 수 있는 위치를 점하게 되었다. 따라서 다원주의 사회와 전체주의 사회의 직접적인 접촉의 확대는, 단기적으로는 중앙에서 모든 것을 통제하는 북한에 더 많은 이득을 가져다줄 것으로 전망된다.

그러나 장기적으로도 반드시 북측의 체제 유지에 긍정적인 효과가 있으리라고 결론짓기는 힘들다. 접촉의 확대는 필연적으로 남북 체제에 공히 기능적인 동형화의 압력을 행사하게 될 텐데, 그 변화의 압력이나 변화에 따른 파급 효과는 북측이 더 클 것이라 예측되기 때문이다. 통제된 사회에서 단일화된 창구를 통해 수용할 수 있는 접촉의 수는 제한되어 있다. 거대한 관료 조직을 운영하는 데 들어가는 조직 비용이 매우 클 것이며, 유연성도 떨어진다. 따라서 외부와의 접촉이 증가할수록 의사 결정과 집행의 분권화에 대한 기능적 필요성이 증가할 것이며, 기능의 분화는 필연적으로 조직 간의 이해의 분화, 그리고 그에 따른 갈등을 수반할 것이다. 결국 시간이 지날수록 남북 간 접촉의 증대는 북측의 내부 구조를 변화시키는 압력으로 작용할 가능성이 커진다.

세 번째, 북한의 개방은 접촉의 증대로 나타나며, 이는 곧 외부와의 호환성을 증대해야 하는 압력으로 작용할 것이다. 철도를 연결하려면 철도 규격을 외부 세계와 호환 가능하게 만들어야 하는 것처럼, 무역 거래가 증대되면 국제적인 거래 기준을 받아들여야 하고, 외부의 투자가 늘어나면 투자 보장이나 재산권 등 각종 제도적 인프라에 대한 수정과 변화를 피할 수 없게 된다. 따라서 외부와의 접촉이 증가하면 기존에 폐쇄적인 체제를 유지하는 토대가 되었던 내부 결속과 정체성의 기반이 도전받게 될 것이며 북한 사회 내부의 비공식적인 제2사회의 영역이 확대될 것이다. 설사 북한 체제가 지금과 동일한 제도와 규정을 유지하더라도 실질적으로, 혹은 기능적으로는 상당히 변화된 연성 체제로 성공적으로 진화하거나, 혹은 공식적인 조직 구조와 비공식적인 행위 규범 사이의 불일치로 인해 불안정한 변화의 소용돌이에 휩싸일 수도 있을 것이다.

3 관계의 기하학 ─ 복잡계 네트워크

열린 시스템은 일반 시스템 이론에서 복잡성의 수준이 높은 것을 의미한다. 인공 지능 시스템을 넘어서는 생명 현상들이 여기에 해당하는데, 동식물계뿐 아니라 스스로 신호를 발산하고 수용하는 능력을 갖춘 생명체나 이들 간의 네트워크로 구성되는 집단을 모두 포괄한다. 그래서 그 범위는 생물들의 생태계를 모두 포함하며, 인간과 집단, 그리고 사회를 모두 포괄한다. 거대정보 세계가 특히 중요한 이유는 집단 간 경계의 축이 되는 네트워크의 중요성이 매우 커졌고 그것이 복잡계적 특성을 나타내기 때문이다.[16]

1 네트워크 분석과 복잡계

네트워크 분석(network analysis)은 관계의 형태에 대한 분석 도구로 발전해 왔다. 특히 행위자 간 상호 작용의 양상 속에서 드러나는 다양한 행위의 맥락과 구조적 효과에 주목할 수 있도록 함으로써, 사회 구조, 혹은 구조화의 문제에 보다 체계적인 접근이 가능해졌다. 네트워크 분석에 대한 기존의 연구들, 특히 미국을 중심으로 이루어진 연구들은 눈부신 방법론적 혁신에 크게 의존한 바 있다. 그래프 이론(graph theory)이라고 불리는 이 영역은 쾨니히스베르크의 다리에 대한 오일러(Leonhard Euler)의 연구에 잘 드러나 있듯이 대상이 되는 관계의 양상을 점과 선으로 표현한 후, 최단 거리와 경로 등을 찾는 수학의 한 분야이다. 최근 들어서 이루어진 방법론적 혁신은 행렬을 이용한 계산이 용이해진 데서 기인한다. 1970년대 해리슨 화이트

(Harrison White)가 쟁쟁한 분석가들을 배출한 이후 네트워크 분석은 사회학 분야에서 독창적인 분석의 방법론으로 뿌리내렸고, 최근에는 물리학과 생물학 등에서 네트워크 분석의 방법을 도입하여 복잡한 자연 현상의 이면에 존재하는 심층적인 질서와 구조를 파헤치는 방법으로 각광받기에 이르렀다.

특히 급속히 빨라진 컴퓨터의 계산 속도와 메모리 증가로 과거에는 상상할 수 없었던 복잡한 계산도 가능해졌다. 행렬 분석은 노드 수가 커지면 계산 시간이 기하급수적으로 증가하기 때문에, PC가 처음 대중적으로 보급되기 시작한 30여 년 전만 해도 간단한 네트워크 자료를 분석하려면 100여 개의 노드를 대상으로 하는 계산이 꼬박 하루 종일 걸리는 경우가 허다했다. 그러나 요즈음 컴퓨터로는 거의 순간적으로 계산이 끝난다.

사회학에서 시작한 네트워크 분석 방법론이 물리학자들에 의해 적극적으로 받아들여진 이후 20여 년 동안 수천 편의 논문이 발표되었다는 사실은 매우 의미심장하다. 물리학자들은 특유의 분석적 사고와 계산 능력을 기반으로 실험실 상황의 네트워크 분석을 벗어나서 전 세계의 인터넷 구조나 인간 유전자 배열의 네트워크, 혹은 자연 현상에 내재한 규칙성 등에 대해 풍부한 연구 결과를 쏟아 내고 있다. 특히 물리학자들이 참여한 이후 빅데이터를 다루는 기술이 발전하고 거대한 용량의 네트워크 자료를 분석할 수 있는 기술적 진보가 이루어지면서 복잡계적 특성에 대한 실질적인 연구도 진화하고 있다. 그 대표적인 사례는 좁은 세상(small world)의 문제를 실제 데이터를 통해 구현해 낸 최근의 다양한 연구 성과들이다.[17]

지금까지 네트워크 분석은 정태적인 구조 분석에 가까웠다. 시간 적 단면에서 확인되는 노드 간의 관계 양상을 마치 엑스레이로 촬영 하듯이 그려 내는 것이 네트워크 분석의 최대 성과로 인식되어 왔다. 그러나 네트워크의 구조는 끊임없는 변화의 과정에 있다. 그리고 그 변화의 양상을 이끌어 가는 것은 노드 간의 관계를 규정하는 사회적 문법과, 네트워크의 진화를 규정하는 다양한 규칙들이다.

네트워크의 구조 변화에 대한 논의들은 사회학에서는 아직 시 작 단계에 불과하지만, 몇 가지 중요한 이론적 자원을 찾을 수 있다. 그 대표적인 것이 네트워크의 성장과 진화를 설명하는 이론인데, 특 히 정보의 확산을 다루는 분야에서 잘 드러난다. 전통적인 경제학 모 형에 따르면, 투입이 증가하면 수확 체감의 법칙이 작용하기 때문에 시간이 지날수록 산출이 증가하는 속도가 감소하고, 일정 시점이 지 나면 투입이 아무리 증가해도 산출은 더 이상 늘어나지 않거나 오히 려 감소하는 경향이 생겨난다. 반면에 네트워크의 변화를 설명하는 논의 중 하나인 수확 체증의 법칙은 거꾸로 투입이 늘어날 때 산출은 기하급수적으로 증가하는 쏠림 현상이 일어날 수 있음을 보여 준다.

수확 체증의 원인에는 여러 가지가 있을 수 있는데 대표적인 것 은 네트워크 외부성(network externality)의 존재 여부이다. 팩스나 휴대 전화를 보면 그 효과를 알 수 있다. 이들 통신 기기의 사용자 숫자가 많지 않을 때는 기기를 사용해서 얻을 수 있는 효과가 매우 제한되어 있다. 그러나 사용자의 숫자가 늘어나게 되면 통화할 수 있는 상대방 의 숫자가 많아지기 때문에 점점 효용성이 증가하게 된다. 이러한 논 리로 해서 네트워크의 변화는, 특히 그것이 거래 비용이 들지 않는 선호적 연결(preferential attachment)이 가능해진다면, 매우 짧은 시간 안에 소수의 행위자나 노드로 연결이 집중되는 현상이 나타나게 될 것이다. 이러한 쏠림 현상이 시작되는 상태를 '뜨는 점(tipping point)'이라고 한다.[18]

물론 사회적 네트워크의 진화 과정을 이러한 물리적 원리만으로 설명하기는 어려울 것이다. 그러나 인터넷을 통한 사이버 군중의 형성이나, 인터넷 군대의 등장, 싸이월드의 미니홈피 열풍과 같은 급속한 유행과 쏠림 현상의 등장 등은 네트워크의 변화가 점진적이고 비례적인 것이 아니라, 어느 시점에선가는 질적으로 다른 차원으로 갑자기 변화하는 것과 같은 상전이(phase transition)를 경험할 수 있다는 것을 의미한다.

2 위험 사회와 돌발적 재난

과거 우리가 경험하고 익숙했던 위험은 태풍, 홍수 같은 자연재해나 건물의 붕괴 같은 인위적 재난이었다. 그러나 이제는 우리가 만든 문명의 이기가 또 다른 위험의 원천이 되는 시대에 살고 있다.

오늘날 과학 기술의 총아는 네트워킹 기술이다. 웬만한 사람이면 지구 어디서나 휴대 전화나 노트북을 통해 얼굴을 마주 보며 대화할 수 있게 되었다. 인터넷뿐 아니라 지구를 뒤덮은 항공망, 그물처럼 얽힌 해상 원유 수송로, 그리고 원자력 발전소에서 각 가정과 거리의 가로등을 이어 주는 송전로, 지하를 채우고 있는 가스관과 하수도관처럼 우리 생활을 가능케 하는 핵심적인 기반 시설들의 공통점은 모두 네트워크라는 점이다. 네트워크는 연결을 상징한다. 떨어져 있는 시골의 할머니와 도시의 손주를 이어 주는 4세대 이동 통신(LTE)망은 고맙기 그지없는 존재다. 우리 생활 깊숙이 침투한 정보 기술은 유비쿼터스 사회의 장밋빛 미래를 약속한다. 그러나 어느 날 나의 의료 기록, 신용 정보, 교통카드 승하차 기록, 휴대 전화 통화 내역, 신용카드 사용 내역들이 주민등록번호 하나로 단숨에 꿰어진다고 가정해 보자. 자연 분해되지 않고 펄펄 살아서 돌아다니던 디지털 정보 쓰레기들이 어느 날 한 천재 데이터마이너에 의해 순식간에 연결되는 장면을 상상하면 두렵기도 하다.

글로벌하게 연결된 파생 상품의 고리가 한꺼번에 연쇄 부도를 가져온 자본주의 심장부의 혼란이나, 철새를 따라 움직이는 조류 인플루엔자(AI)의 놀라운 이동성, 억척스럽지만 사랑받던 한 연예인을 자살로 몰아간 인터넷의 주홍 글씨, 이런 사례는 네트워크가 편리함과 효용을 주는 도구이면서 동시에 돌발적 위험의 원천이 될 수도 있음을 보여 준다.

'위험사회론'은 공간적, 시간적, 사회적 차원에서 전통적인 경계가 소멸된 새로운 형태의 위험의 도래에 대해 날카로운 직관을 제공한다. 가시적인 위험의 통제를 의도한 근대적 과학 기술 문명은 발전이 될수록 '통제할 수 없는 위험'을 키워 왔다는 것이다.[19]

새로운 위험은 국민 국가라는 공간적 경계를 무력화한다. 환경 오염과 지구적 기상 이변, 대규모 쓰나미는 국경의 존재를 무색하게 한다. 우리가 경험했듯이 태국의 통화 위기는 순식간에 한국에도 전이되었다. 따라서 그 해결도 한 나라의 노력만으로는 불가능하다.

시간적 경계의 소멸로 인해 위험의 원인과 결과 사이의 시간적 간격이 점점 늘어나는 경향이 있다. 중금속이나 유전자 변형 식품 등은 상당 기간 체내에 누적되었다가 임계점을 넘으면 뒤늦게 질병으로 나타나기도 하고, 아예 다음 세대로 넘어가 기형아를 낳기도 한다. 후손들의 삶을 위태롭게 할 위험 요소들이 폭증하고 있기 때문에 현재로 끌어당겨 고민해야 할 미래의 범위도 점점 커지고 있다.

사회적 경계의 소멸은 고도의 분화된 분업 체계에서 책임의 소재를 명확히 밝히지 못하게 한다. 모든 사람이 위험의 원인 제공자이자 피해자가 되어 서로 얽히게 된다. 벡(Ulrich Beck)의 표현을 빌리면 "중금속에 오염된 논밭에서 재배된 농산물이 식탁에 올랐을 때, 이를 책임져야 하는 것은 농부인가, 유통업자인가, 인근의 공장인가, 정부인가, 아니면 소비자 자신인가?" 하는 조직화된 무책임성의 문제에 대해 즉각적으로 대답하기 어려워지는 것이다.

문명의 발달이 가져온 딜레마는 자연 재난을 훨씬 위협적으로 만들었으며, 아울러 인적, 기술적 재난의 가능성을 크게 높였다는 점이다. 이러한 가능성을 페로우(Charles Perrow)는 정상 사고(normal accident)의 개념을 이용해 설명한다.[20] 예를 들면 현재 인류가 보유하고 있는 핵무기의 수가 많아지면, 아무리 방공망 관리 체계가 복잡하고 정교해져도 의도치 않은 사고가 났을 때 파국적인 상황을 맞게 되고, 결국 우리는 재앙으로부터 자유로울 수 없다는 논리이다. 실제로 1980년대 미국에서는 북미 방공 사령부의 컴퓨터가 오작동해서 미군이 핵전쟁 경계 태세로 들어가는 사고가 세 차례나 발생했다.

페로우의 직관은 복잡계 이론과 결합해 볼 때 신종 재난의 구조를 잘 설명해 준다. 인터넷이나 전력망, 항공망, 혹은 인간관계의 네

경계 짓기, 네트워크의 질서, 그리고 위험

트워크는 모두 소수의 행위자나 거점을 통해 연결 거리가 짧아지는 멱함수 분포를 보인다. 그런데 이처럼 몇 단계 거치면 모두가 서로 연결되는 '좁은 세상'에서는 매우 짧은 시간에 위험의 요소가 전체로 파급되는 '네트워크 도미노'도 발생하기 쉽다.

예를 들면 2003년의 북미 동부 지역을 암흑으로 만든 정전 사태는 나이아가라 폭포에 떨어진 벼락에 의해 촉발되었으며, 같은 해 전세계적인 인터넷 대란은 간단한 웜 바이러스에 의해 촉발되었다. 섭씨 100도 근처에서 액체 상태의 물이 갑자기 기체인 수증기로 질적 전환을 하듯이, 임계점을 넘으면 안전하던 시스템이 갑자기 붕괴하는 파국이 현실화하는 것이다.

짧은 시간에 한 여성을 세계적 악녀(惡女)로 만든 '개똥녀 사건'이나 배아 줄기세포를 둘러싼 논란 등은 인터넷을 통한 여론의 쏠림과 무차별 공격이 가진 위험성을 잘 드러내 준다. 그런 점에서 유비쿼터스 사회는 밝은 면만 있는 것은 아니다. 연결된 모든 것을 위협할 거대한 재앙의 원천이 될 수도 있는 것이다.

4 네트워크의 정치경제학 — 네트워크 사회론

네트워크 사회론은 초연결이 가져온 사회 변화를 실재론적으로 이해하는 입장이다. 인류가 당면하고 있는 가장 큰 변화인 '정보화 혁명', 즉 컴퓨터와 통신 기술의 비약적 발전은 삶의 조건을 근본적으로 바꾸면서 역사상 농업 혁명, 산업 혁명에 비견되는 충격을 주고 있으며, 인류의 미래를 근본적으로 바꿀 것이라는 주장이다.

이러한 변화를 가장 체계적으로 정리한 사람은 카스텔스(Manuel Castells)이다. 카스텔스의 네트워크 사회론의 요지는 그의 3부작에 잘 드러나 있다. 1권은 『네트워크 사회의 도래』로서 네트워크 사회의 주요 특성에 대해 소개하고 있으며, 2권 『정체성 권력』에서는 사회 변화의 내용을, 3권 『밀레니엄의 종언』에서는 역사적 변화의 과정을 소개하고 있다. 그의 3부작은 전 지구적 자본주의화가 진행되어 온 과정에 대한 거대한 서사라고 할 수 있다.[21]

네트워크 사회론은 기술적인 연결, 특히 정보 통신 기술에 의한 시공간적 제약을 뛰어넘어 '좁은 세상'이 만들어지는 과정에서 작동하는 권력관계와 문화 및 정체성 등의 역할에 대해서 주목한다는 점에서 정치경제학과 사회구성론을 결합하고 있다.

이러한 관점에서 카스텔스는 소련의 붕괴와 외환 위기, 그리고 새로운 사회 운동의 대두 등에 대해 분석하고, 전통적인 시간·공간 개념이 소멸되는 자리에 '시간 없는 시간'과 '흐름의 공간'이 들어서서 기존의 권력과 사회 질서를 대체한다고 주장한다. 그는 19세기 자본주의적 산업 혁명기의 사회 변화에 비견하는 새로운 경제적 질서가 정보화 사회의 도래를 통해 현실화되고 있다는 것을 방대한 자료를 동원해 입증하고 있다.

카스텔스는 자본주의적 생산 양식이 유지되는 현재에도 정보 통신 기술의 발전을 통해 발전의 양식(mode of development)이 산업주의(industrialism)에서 정보주의(informationalism)로 이행하고 있다고 주장한다. 정보화 시대에는 자본주의적 생산 양식이 유지된다 하더라도

경계 짓기, 네트워크의 질서, 그리고 위험

네트워크가 사회 구조의 기본 형식이 된다는 것이다. 네트워크가 새로운 것은 아니지만, 정보화의 기반 위에서 작동하는 경우에는 전혀 새로운 결과를 낳는다는 것이다. 여기서 정보적 발전 양식은 기존의 위계적 공장 구조가 아닌 수평적 네트워크 구조를 가진다는 점을 가장 큰 조직적 특성으로 한다. 그래서 정보적 발전 양식에서 생산성의 원천은 지식 생산, 정보 가공, 상징적 의사소통 등 지식 자체라고 한다.

카스텔스는 사회적 관계(생산 양식)와 기술 진보(발전 양식) 간에 변증법적 상호 작용이 존재한다고 주장한다. 그러나 하부 구조를 강조한 마르크스의 견해와는 달리 사회 집단이 정체성을 정의하는 방식이 곧 사회 제도를 형성한다고 본다. 생산 양식과 발전 양식의 구분이 매우 중요한데, 생산 양식이란 생산 과정이 사회적 관계로 반영된 것, 즉 계급 관계를 의미한다. 특히 자본주의 체제와 제도는 특정 사회적 관계를 체현해 낸다고 본다. 자본주의는 잉여 생산과 분배를 통제하는 제도를 갖추며, 이는 자본주의적 논리에 의해 규율된다고 한다. 반면에 발전 양식은 노동을 생산으로 전환하는 기술적 전환의 양식을 일컬으며, 그 전환의 주요 메커니즘은 정보적이라고 본다. 정보적인 메커니즘이 중요한 이유는 과학 기술과 조직이 새 지식을 통합하는 방식 간에 독자적인 정보화의 논리를 갖는 인터페이스가 만들어지기 때문이다.

네트워크 사회에서는 네트워크를 중심으로 조직된 사회 과정의 중요성이 커진다. 그래서 생산이나 권력, 경험 등에서 구조적 전환이 이루어지는데, 권력의 흐름(flows of power)보다 흐름의 권력(power of flows)이 강해진다. 즉 사회적 관계의 형태가 사회적 행위의 내용을 상당 부분 규정짓는 유동형 사회가 등장하는 것이다. 카스텔스는 이것을 일컬어 흐름의 공간(space of flows)이라고 정의한다. 기술(인프라)이 장소(허브와 노드)의 성격을 규정하고, 형태(topology)가 편입과 배제, 상호 작용의 강도 등을 결정하기 때문이다. 흐름의 공간은 시간 없는 시간(timeless time)과 장소 없는 장소(placeless space)에 의해 결정된다. 전통적 개념으로서의 조직은 장소에 기반을 두나, 조직의 논리는 '장소 없음(placeless)'의 논리를 따르게 된다. 오히려 정보 네트워크는 흐름의 공간에 의존한다. 그러므로 증가하는 네트워크의 복합성은 장소 독립적인 구조적 분열증(Structural schizophrenia)의 증가를 의미한다.

흐름의 공간은 사회의 물질적 토대가 '흐름'에 의존하게 됨을 뜻한다. 대부분의 정보의 흐름은 비대칭적이며, 또한 권력을 함축하고 있다. 금융, 정보, 기술, 이미지 등의 흐름은 권력의 흐름보다 중요해진다. 공간은 대개 시간 내 실천을 통합하는데, 흐름의 공간과 장소(physical place)의 공간을 대비해 볼 때, 조직은 공간 속에 놓이나 논리는 무공간적이 되는 불일치가 발생한다. 예를 들면 메가시티(megacity)란 동시에 전 지구적으로 연결되나, 지역적으로는 단절된 도시를 의미한다.

네트워크 사회의 구조는 물질적, 상징적 차원에서 지식 정보의 자유로운 흐름을 전제한다. 이러한 흐름의 공간은 네트워크 사회의 특성을 산업 시대의 사회적 특성과 여러 가지 측면에서 구별짓는다.

네트워크 사회에서는 물적 자산보다 아이디어나 재능이 보다 중요시되며, 따라서 물질 생산을 위주로 하는 전통적 산업보다 지식 정

사회 유형	산업 사회	네트워크 사회
주요 활동 영역	도시	네트워크
구조적 특성	노드 중심적	링크 중심적
양상	고정적, 확정적	가변적, 유동적
규정적 요소	지역성(Territoriality)	정보성(Inforability)
공간의 정의	"정주적 공간(Space of Stay)"	"흐름의 공간(Space of Flow)"

표 1-1   산업 사회와 네트워크 사회의 비교

보에 바탕을 둔 서비스 산업이 융성한다. 그런데 물질처럼 생산되고 보유되고 축적되는 것이 아닌 서비스는 실행되는 순간에 가치를 드러내는 수행적 산물이므로, 서비스 산업이 확대되는 네트워크 사회에서는 사람과 사람, 조직과 조직, 혹은 지역과 지역 간의 연결이 보다 중요시된다.

　카스텔스는 정보화 사회의 가장 핵심적인 변화를 신경제의 등장에서 찾는다. 신경제에서는 네트워크가 수직적 위계 기업 조직이나 표준화된 공장 체제를 대체하고, 노동력을 유연하게 통합하며, 지식 정보가 생산성과 경쟁력을 결정한다. 특히 인터넷으로 대표되는 정보 기술의 혁명적 효과는 산업 혁명기 때 전기(電氣)의 역할과 비견할 만한 것으로서 인류 역사상 처음으로 인터넷과 정보 통신에 의해 실시간에 연동되는 전 지구적으로 상호 의존적인 시장이 생겼다는 점을 강조한다.

　신경제의 특징은 분명한데, 생산성을 측정할 적절한 방법이 아직 자리 잡지 못했다고 본다. 여전히 산업 사회의 통계 범주를 쓰기 때문이다. 또한 시장은 경제적인 범주이면서 동시에 온갖 비경제적인 요인들이 작용하는 장인데, 금융 시장이 온갖 종류의 '정보의 교란'에 의해 영향을 받게 되었다. 인터넷을 통해 즉각적으로 온갖 종류의 정보가 확산되며, 시장은 극도로 예측 불가능해지고 정보 교란이 시장을 지배하게 된 것이다. 그런 점에서 '거품'이라는 개념은 잘 맞지 않으며 오히려 끝없이 퐁퐁 솟아오르며 포말을 일으키는 샘물이라고 보는 것이 더 적절하다고 주장한다. 우리가 목도하는 것은 아무도 통제할 수 없는 자동 장치(automaton), 즉 전 지구적인 금융 시장의 형성인 것이다.

이는 조지 오웰이 말한 새로운 '빅 브라더'가 출현했다는 의미가 된다. 그러나 문제는 이 빅 브라더에게 정치나 경제 논리가 없다는 점이다. 우리의 삶이 전 지구적 정보 통신으로 연결된 금융 시장의 '무작위의 논리'에 의해 결정된다는 점에서 예측 불가능성이 높아지고 문제가 더 심각해지는데, 이러한 전 지구적 무작위 논리의 지배는 여러 차례의 글로벌 금융 위기를 통해 현실화되었다.

카스텔스는 1997년 한국 외환 위기의 원인은 '발전주의 모델'에 익숙했던 한국 정부와 은행이 세계화한 한국 경제의 내용을 경영할 능력을 상실했기 때문이라고 진단한다. 한국은 국제 금융의 변덕스러움을 휘어잡을 방법을 배우기 전에 그 희생물이 되었다는 주장이다. 또한 전통적으로는 '생각은 지구적으로, 행동은 지역적으로' 해야 한다고 말했으나, 이제는 '생각은 지역적으로, 행동은 지구적으로' 해야 하는 시대가 되어 가고 있다. 세계화 반대 운동에서 보듯이 문제 제기는 자신이 속한 사회를 기반으로 하되, 행동은 인터넷을 통해 전

세계적으로 연결할 수 있게 된 것이다. 그런 점에서 인터넷과 네트워크가 시민사회와 사회 운동을 부흥시키고 있는 반면, 대의 민주주의는 큰 위기에 처해 있다. 대부분의 국가들은 세계화를 통제하려 하기보다는 세계화에 적응하는 데 급급하며, 더구나 국가는 점차 미디어 정치, 스캔들 정치의 포로가 되어 가고 있다. 국민 국가가 소멸하는 것은 문제가 아니지만, 정치적 정당성이 소멸하는 것은 큰 문제가 될 것이다.

카스텔스는 새로운 정보화 시대에 대해 어두운 전망을 주로 했지만, 변화를 이끌어 낼 희망 또한 네트워크에서 찾을 수 있다고 주장한다. 경제, 기술, 권력, 정보 등의 차원에서 이루어지는 세계적 변화를 '네트(the Net)'라고 하고, 사람들이 다양한 문화적 정체성을 통해 자신의 의미를 확인하는 문화적 경험을 '셀프(the Self)'라고 정의한다면, 민족주의, 종교적인 근본주의, 페미니즘, 그리고 다양한 환경 운동 등은 모두 자신을 규정하는 세계의 변화에 대한 문화적 정체성의 대응 결과라는 것이다. 그래서 네트를 비판하는 운동, 예를 들면 반(反)세계화 운동, 신사회 운동 등을 통해 우리는 네트와 셀프 간의 새로운 관계를 만들어 가고 있으며, 그것이 우리의 희망이기도 하다고 주장한다. 즉 갈등 없는 사회는 죽은 사회이며, 우리가 진입하고 있는 정보화 시대를 두려워하지 말고 이해하도록 노력해야 한다고 주장한다. 역사적으로 모든 기술은 그것을 채택하고자 하는 사회가 있어서 비로소 가능해졌기 때문에, 변화를 두려워하지 말고 주도해야 한다는 것이다.

5 네트워크와 상상력

다시 처음의 문제의식으로 돌아가서, 거대정보 사회에서 학문은
어떤 내용을 가질 것인가를 생각해 보자.[22] 이는 무한히 확장되고 있
는 '네트워크'에 대한 해명을 요구한다. 네트워크를 이해하는 방법은
학문 분야에 따라 매우 다양할 것인데, 다양한 분야의 학자들을 대상
으로 강연에 나선 고 박경리 선생의 해법은 매우 특이했다.[23] 그는 네
트워크 분석 방법이나 이론에 전혀 오염(?)되지 않은 소설가의 방식
으로 네트워크에 대한 이해를 드러냈는데, 이 점은 그가 네트워크를
'그물망'으로 번역했다는 데서 잘 드러난다. '그물망'을 사물의 총체
성과 연관성을 드러내는 은유(metaphor)로 사용한 것이다.

그물망을 좁히면, 조그만 날파리에도 그물망이 있다고 할 수 있고,
넓히면 우주에도 세포가 있다고 할 수 있습니다. 사회학뿐 아니라 모든
분야는 서로 연관됩니다. …… 모든 것을 총체적으로 보아야 합니다. 사
회학은 바로 모든 것이 그물망이라는 데서 출발할 수 있습니다. 동양의
샤머니즘 전통에 따르면, 그물망은 인간에게만 아니고, 동식물에도 있
고, 저승과도 통신하고 교신하려는 열망이 있고, 이것이 모두 그물망이
라고 봅니다. 그런 뜻에서 서양 것이라고 특별이 다르다고 보지 맙시다.
약간의 차이는 있지만 사람이 하는 일이므로 서양과 동양에서 근본은
같을 것이라 생각합니다. 사람뿐 아니라 생명의 측면에서는 다를 바가
없습니다. 능동성을 갖고 스스로 뿌리를 내리고 자라는 생물의 총체성
을 한 덩어리로 생각하지 않으면 인류의 생존이 어렵습니다. 어떤 철학

경계 짓기, 네트워크의 질서, 그리고 위험

이나 사상이나 태도나 인간만을 위해서는 곤란합니다. 능동적 힘을 가진 모든 생물은 똑같습니다. 먹이 사슬에서 빠지는 것이 생겨나면 전체가 몰락할 수 있기 때문입니다.

그물은 한편으로 물고기를 잡는 도구지만, 동시에 새로운 사회 현상을 포착하고 걸러 내는 개념 틀로도 이해할 수 있다. 개념적 상상력은 그물망을 먹이 사슬로 확장시킨다. 먹이 사슬의 요체는 생명의 연쇄이다. 인간과 동물과 자연, 이들이 서로 얽히고설킨 총체적 연관성이 곧 생태적 그물망이라는 것이다. 환경 문제를 대하는 작가의 사고는 생태에 대한 현대 과학의 인식과 정확히 일치한다. 서로 연결되어 있기 때문에 하나라도 빠지면 전체가 몰락할 수 있다는 인식은 작은 부분의 변화가 전체 네트워크의 변화를 촉진한다고 보는 현대 물리학의 직관과도 일맥상통한다.

그물망 은유는 '모순'의 해석으로 이어진다. 말 그대로 '어떤 창이라도 막을 수 있는 방패'와 '어떤 방패라도 뚫을 수 있는 창'은 서로 모순(矛盾)이다. 자유와 평등도 원리상 서로 모순이다. 자유를 주장하다 보면 평등을 잃을 수 있고, 평등을 주장하다 보면 자유를 제약받을 수 있다. 그래서 두 가지 대표적인 가치를 모두 용납하기 위해서는 균형감이 절대적인데, 그러한 균형감은 전체성에 대한 인식에서 출발한다.

그물망은 시간과 공간이 만드는 것은 아닙니다. 그것은 사람이든, 물고기든, 나무든, 하여간 살아 있는 생물이 만듭니다. 살아 있다는 것은 능동성입니다. 생명 없이는 능동성이 없습니다. 이 능동성에서 그물망이 쳐집니다. 무한과 유한, 절대와 모순 속에서 능동적 생물이 어떻게 전체를 이해하느냐가 중요해집니다. 환경 문제뿐 아니라, 정치, 경제 모든 영역에서 해당됩니다. 저는 아는 것이 별로 없고, 일제 시대에 자랐으므로, 동양학에 대해서도 약합니다만, 동양에는 여백이 있다고 느낍니다. 모순이란 말도 지식인들은 부정적으로 쓰나, 모순은 존재의 본질을 이야기하는 것입니다. 하나를 택하는 사람에게는 해결책이 없습니다. 어떤 창이라도 막을 수 있는 방패, 어떤 방패라도 찍을 수 있는 창, 이것이 모순입니다. 여기서 하나만 택하려 하면 모순은 부정적이 됩니다. 그러나 두 개가 존재해야만 존재를 구성합니다. 모순은 존재 그 자체를 말합니다. 구심력이나 원심력도 마찬가지입니다. 구심력이 강하면 지구가 온갖 쓰레기를 모을 것이고, 원심력이 강해도 폭발할 것입니다. 두 가지가 서로 같을 때, 이것이 모순인데, 그래야 지구가 온전합니다.

박경리에게 드러나는 은유의 절정은 모순을 균형과 연결시키는 통찰력이다. 모든 것이 서로에게 연결되어 있다는 점, 그리고 그러한 총체적 연결의 모습을 부분적으로만 파악하면 모순으로 비칠 수밖에 없지만, 부분적인 모순이 총체적인 구도 속에서는 오히려 서로 용납되어야 하는 것이며, 그 용납의 비결은 균형에 있다는 것이다.

그래서 우리는 두 가지를 용납해야 합니다. 그러나 지금 한국에서 그렇게 하지 않습니다, 하나만 주장합니다. 여기서 두 개를 용납하기 위해서는 균형 감각이 필요하다고 봅니다. 모순이 존재를 드러내듯이, 균형이 모든 것을 존재하게 합니다. 돌이 굴러가도 균형이 잡힐 때 정지합니다. 균형이 깨지면 정지할 수 없습니다. 예술도 균형을 잡는 작업입니다. 균형에 가까워질 때 예술이 살고, 정치도 균형에 접근할 때 살아납니다. 그래서 정치도 예술이고 창조입니다. 그런데 현실을 보면 너무 균형 감각이 없는 듯합니다. 지도자나 역대 대통령 모두 균형 감각이 없습니다. 이는 평등과는 다릅니다. 평등이란 똑같은 장기판이나 바둑같이 같은 것을 나열하는 것입니다. 균형은 다릅니다. 큰 돌도, 작은 돌도, 화려한 돌도, 초라한 돌도 있는 것이 현실입니다. 같은 것이 없습니다. 그런 것을 한데 놓고 지구는 균형을 이룹니다.

박경리 선생의 발언으로 이 글을 마무리하는 이유는 거대정보 사회에서 네트워크에 대한 이해가 우리의 상상력에 의해서만 제한될 수 있다는 점을 지적하고 싶어서이다.

인터넷과 SNS 시대
한국 사회의 여론과 지식인

여론과 지성

박명진

서울대학교 명예교수

오늘날 우리 사회에서 여론은 대개 유권자들이 어느 당이나 어느 후보를 지지하는지 혹은 대통령이나 여, 야당에 대한 지지도가 어떻게 변화하는지, 중요한 정책 이슈가 발생했을 때 찬반의 의견 분포는 어떤지 등을 짐작하게 해 주는 조사 수단 정도로 인식되어 있다. 유권자인 국민의 동의를 얻어야 하는 정치인, 그리고 소비자를 움직여야 하는 기업가에게는 돈과 시간과 전문가를 동원해서 관리해야 하는 공학적 대상이기도 하다. 사실 1930년대 여론 조사 방법이 개발된 이후 최근까지 조사 방법이나 관리 활용 방법 같은 기능적 관심 외에 여론에 대한 이론적 논의는 지극히 한정되어 왔다. 여론은 애초에 계몽주의 지성의 산물로 탄생했고 그 변천 과정을 볼 때 지성사의 문맥 안에 놓인 문제로서 지식인의 역할에 대한 첨예한 고민이 수반된 주제였지만 그런 문제의식은 여론이 수단화되면서 오랫동안 잊혀 왔다. 여론과 지식인의 문제가 새삼 관심의 대상이 된 것은 근래에 들어 매체 환경이 획기적으로 변하면서부터이다. 매스 미디어의 세계 속에서 적당히 관리되어 오던 여론은 인터넷 시대에 이르러 힘은 막강해진 반면 방향은 종잡기 어려워졌으며, 대중 매체의 영향권 밖에서 네티즌들이 크고 작은 여론을 좌지우지하고 그들 가운데서 새로운 유형의 오피니언 리더와 함께 중간 지식인(Middlebrow Intellectuals),

시민 지성, 집단 지성, 대중 지성, 다중 지성 등의 여러 가지 명칭으로 불리는 새로운 지식인들이 등장했다. 인터넷과 SNS 시대가 도래하면서 지식 생산 환경의 변화, 여론 형성 방식의 변화가 여론과 지식인에 대한 새로운 관심과 논의를 요구하고 있는 것이다.

지성(intelligence)은 간단하게는 어려운 문제를 해결하는 절차를 통해서 지식을 생산하고 전파하는 인간의 능력을 말한다. 그러나 좀 더 가치 지향적 의미를 따져 보면 합리적이고 이성적인 방법에 따라 판단해서 장애물을 극복하고 목표를 얻어 내는 능력이라고 말할 수 있다. 힘이나 우격다짐으로써가 아니라 주변에 대한 배려와 함께 논리적인 근거와 대안을 제시하는 방법으로 문제의 해결을 도모하는 것이 지성적 행동이다. 이런 시각에서 지성이란 말은 흔히 지성을 발휘하는 사람들을 가리키는 집합 명사적 의미, 즉 '지성을 갖춘 지식인'의 의미로 쓰이기도 한다. 특히 우리나라에서는 그렇다.("우리 시대의 지성, ○○○선생님을 모시고⋯⋯.") 서구에서는 지식인(intellectuel, intellectual)이라는 말이 그 모든 것을 담고 있다.

이 단어는 19세기 말 드레퓌스(Dreyfus) 사건을 계기로 프랑스에서 처음 생겨났다.[1] 그렇기에 지식인이라는 말에는 애초부터 비판적 기능이 함축되어 있다. 우리나라에서 지식인이라 할 때는 지식을 생산 전파하는 사람이라는 중립적인 의미로 주로 쓰이고 프랑스식의 비판적 지식인을 일컬을 때는 지성이라는 용어가 더 많이 쓰인다. 김병익은 지성을 "권력에 대한 비판적 태도와 저항성을 지닌 지식 계층"으로 정의하면서 한국 근대사의 지성이 1960년대(구체적으로는 4·19)에 시작되었다고 본다. 이전에는 고등 교육을 받은 사람의 수도 적고 그들이 대개 관(官)에 종사하고 있어서 지성이 가동할 가능성이 없었기 때문이라는 것이다.[2] 송건호는 저항적, 비판적 지성을 민중적 지성이라 부르며 우리 민족의 지성 활동에 자유를 얻은 8·15 광복을 민족 지성사의 큰 계기로 본다.[3] 어떤 시각에서 우리 지성사를 보든 지성의 표시는 무엇보다 권력 비판에 있음을 확인할 수 있다.

18세기 중반 유럽 계몽주의의 산물인 여론(l'Opinion Publique)은 장자크 루소(Jean-Jacques Rousseau)가 만든 표현으로 공중이나 공동체에 의해 공유된 감정이나 사고를 의미했지만 실제로 당시의 공중이란 부르주아 엘리트를 의미했다. 즉 여론은 18세기의 교육받고 재산을 가진 부르주아 엘리트들의 민주적 가치와 갈망을 반영하는 정치적인 함의가 실린 개념이다. 절대 왕조의 권위가 회복 불능 상태로 침식되고 그것을 대신할 새로운 정치적 정통성이 시급했던 시대에 여론은 전통적 권위를 대신할 대안으로 부상했다. 전통적 권위인 군주와 불안하기 그지없는 군중을 동시에 통제할 수 있는 수단적 의미가 강했으므로 여론은 18세기의 민주주의적 이상을 실현하기 위해 만들어진 계몽주의의 개념적 무기 중 하나라고 할 수 있다.

이처럼 여론과 지성(혹은 지식인)은 모두 계몽주의 시대에 뿌리를 둔 개념이며 이 둘은 불가분의 관계이기도 하다. 지식인은 적극적으로는 여론의 주체, 소극적으로는 여론 지도자였으며 여론을 이끌어가는 존재로서 중세의 '성직자'에 비유되기도 했다.(콩트, 방다 등) 지식인은 특정 사상, 계급, 정파 이익에 초월하는 인류의 보편적 가치를 수호하는 자로서 높은 수준의 도덕과 막중한 책임을 부여받았으며 그 상당 부분은 여론과의 관련 속에서 시작되었다 할 수 있다. 19세기 말~20세기에 들어오면서 민중 세력이 성장하고 여론의 주체로서 자리 잡기까지 여론과 지식인은 민주주의 추진체의 핵심을 구성하는 요소로서 분리 불가능한 관계였다.

그러나 시대가 변하면서 여론의 개념도 많은 변화를 겪었다. 많은 대중 매체가 등장하면서 매체들이 단순히 여론이 형성되는 공론장의 역할을 하는 것인지 여론을 조작하고 만들어 내는 것인지에 대한 사회적, 학술적 시비도 많아졌다. 동시에 여론을 측정하고 조종할 수 있는 다양한 기술과 제도가 개발되고 그것을 활용하려는 정치적, 상업적 시도가 가세하면서 예전의 빛나던 민주적 이상의 후광을 잃고 기능적인 수단의 의미를 띠게 되었다. 지식인들도 정치적 지향, 권력과의 관계에서 다양한 모습으로 분기되면서 '성령'에 버금갔던 힘의 원천을 잃고 왜소해졌다.

우리나라에서 여론이라는 용어는 1950년대 후반부터 대학에서 언론학 관련 강의가 시작되면서 등장했다. 언론학 이전에 정치학에서도 여론은 학술적 관심 대상이었지만 우리나라에서는 지난 20~30년 사이 정치 커뮤니케이션 전공자들이 등장하기 전까지 정치학적으로 큰 관심사는 아니었던 것 같다. 여론은 '특정 이해관계나 관심으로 묶인 공중의 공유된 의견'이라는 학술적 정의는 있었지만 전통적으로 존재해 왔던 '민심'이라는 매우 느슨하고 포괄적인 범주와 명백히 구분되지 않은 채 가끔씩 사용되어 왔다. 군사 통치하에서는 자유로운 여론 형성의 필수 조건 중 하나인 표현의 자유가 확보되지 않아 여론에 관한 논의 자체가 어려웠다. 민주화 운동을 위한 비판적 지식인들의 공론장이 형성되어 매우 활발하게 움직였지만, 민주 대 반민주라는 선악의 전쟁을 치르는 중이라고 생각했던 그들에게 다양한 의견을 존중하고 수렴해서 얻어지는 여론이란 너무 한가하고 무용한 것으로 보였을 수도 있다. 여론이라는 용어가 널리 사용되기 시작한 것은 30여 년간의 군사 통치가 종식된 1990년대에 들어서이다. 정상적인 선거 제도가 정착되고 여론 조사 기관들이 생겨나 정당, 정파들의 선거 민심을 측정해 주는 역할을 본격적으로 수행하게 되면서부터이다. 여론 조사가 선거 운동과 정파 간의 정쟁에서 정치 공학의 수단으로 쓰이고 정치 보도에서 언론사들의 입장을 지원해 주는 수단으로 활용되면서 여론이 지녔던 민주적 이상도 많이 퇴색한 감이 있다.

지식인의 개념과 범위도 달라지고 있다. 지식인이란 19세기 이래 전통적으로 학자와 의사, 변호사 등의 전문인으로 좁게 한정되어 왔다. 그러나 오늘날 지식의 범위가 확장되고 예전에 사적 영역에서만 다루어지던 생활 영역의 정보와 이슈들이 공적 영역으로 진입하면서 이미 지식이나 정보의 범위도 많이 확장되었고, 고등 교육의 확대로 지식의 생산과 유통에 종사하는 사람들의 범위도 확장되었기 때문이다. 특히 웹 2.0의 오늘날에는 천재적이고 도덕적으로 훌륭한 소수의 지식인 전문가보다 보통 사람들 집단의 통합된 지성이 올바른 결론에 이를 수 있다는 집단 지성의 개념이 상당한 설득력을 얻고 있다.

전통적 지식인의 역할과 위상에 대해 급진적인 입장을 제기하는 학술적 논의도 활발하다. 예컨대 주형일은 최근 우리 지식인 사회의 주목을 끌고 있는 랑시에르(Jacques Rancière)에 공감하며, 대중을 이끄는 지도자로서의 계몽적 지식인은 설자리가 없어진 지 오래이며 대중을 가르치는 지식인과 가르침을 받는 무지한(?) 대중이라는 이분법적 사고에서 벗어나야 할 필요성을 제기했다. 지식인과 대중을 분리하면서 대중을 계몽의 대상으로 삼거나 아니면 반대로 따라야 할 준거로 여기는 포퓰리즘적, 대중 추수적 생각 모두를 배격하는 것이다.[4] 민중들의 '아래로부터의 지성사'에 주목하는 천정환 역시 '지식인'과 '대중', '노동 계급'이나 '민중'과 같은 오래된 이름을 해체하여 새로운 주체와 지력(知力)을 찾아낼 것을 주장한다.[5] 노명우는 그람시(Antonio Gramsci)가 부르주아 공론장의 대안으로 제안했던, 일반 민중이 주인이 되는 공론장의 싹을 '대중적 지식인'에서 보기도 한다. '대중적 지식인'은 제도적 인정 절차를 거친 전통적 학자와 달리 인터넷 시대에 전개되는 새로운 공론장에서 대중의 지지에 의해 부상한 새로운 지식인으로 대중의 언어를 사용하며 대중과 직접적으로 소통하고 공감할 수 있는 능력을 갖춘 이들이다.[6]

이 같은 상황에서 좋은 의미로든 나쁜 의미로든 오랫동안 엘리트 의식 속에 살아온 전통적 지식인들은 변화된 질서에 적응하고 새로운 위상을 찾아야 할 필요가 절실해졌다. 이제 신문, 방송, 인터넷 등 미디어들이 열어 놓은 수많은 공론장에서 무엇을 하고 또 해야 하는 것인지, 그리고 집단 지성과 웹의 시대에 과연 전통적 지식인들이 태생적으로 부여받은 의무와 책임은 어디까지 유효한 것인지 등의 문제가 지식인 사회의 새로운 이슈가 되었다. 일각에서는 우리 사회에서 지성 세계가 붕괴되고 있으며 신자유주의 질서 속에서 지성 세계의 재생산 구조 역시 해체되고 있다는 우려의 목소리도 커지고 있다.

그렇다면 계몽주의의 민주적 이상이 엮어 준 여론과 지식인의 관계는 150여 년의 시간 속에서 많은 변화를 겪은 끝에 이제는 해체되

어야 할 유산이 된 것인가? 지식인들은 '시대의 지성'이 되어야 한다
는 오래된 사명에서 마침내 벗어나고 있는 것인가? 지식인 개념의 태
동 자체가 민주적 이상을 위해 여론을 형성하고 주도해 나가는 사명
과 긴밀히 연계되어 온 만큼 여론 형성과의 관계, 디지털 시대 무한히
확장된 공론장에서 지식인 위상의 변화라는 시각에서 지식인 문제를
새로이 조명해 보는 것이 오늘날의 지식인 이슈를 풀어 가는 한 가지
방법이 될 것이다. 이러한 생각이 이 글의 바탕이 되었다.

1 여론과 지식인의 사명

여론과 지식인의 관계에 대해 비교적 체계화된 이론을 내놓은 학
자로는 프랑스의 19세기 사회학자인 가브리엘 타르드(Gabriel Tarde)[7]
와 독일의 사회학자인 페르디난트 퇴니에스(Ferdinand Tönnies)[8]를 들
수 있다. 이 두 사람은 지식인(물론 이성적 지식인)에 대한 깊은 신뢰와
아울러 이들이 여론을 이끌어 가야 민주적 질서 위에 사회가 발전할
수 있다는 생각을 가진 이론가들이다.

1 타르드의 시각 ― 이성의 담지자로서의 지식인

타르드는 1901년 저서인 『여론과 군중(L'opinion et la foule)』[9]에서
여론의 주체로서 공중(Public)이라는 새로운 개념을 제시했다. 그러
나 공중이나 여론이 정치적 대세로서 힘을 얻고 있음을 확인하면서
도 우려의 입장을 견지하고 있음을 알 수 있다. 그는 여론을 전통, 이

인터넷과 SNS 시대 한국 사회의 여론과 지식인

성(Raison)과 함께 사회정신(Esprit Social)을 구성하는 한 요소로 보았다. 공론장은 이 세 가지 사회정신의 치열한 각축장이다. 이성은 엘리트들의 합리적 판단을 의미하는 집합 명사로 대중의 흐름에 따르지 않고 사회를 올바른 방향으로 이끌기 위해 심사숙고하는(가끔 사리에 어긋나는 경우가 없는 것은 아니지만) 지적, 윤리적 판단이다. 철학자, 과학자, 법률가, 성직자들이 이성의 담지자들이다.

여론은 세 가지 사회정신 중 가장 늦게 발전했지만 어느 순간부터는 가장 급속히 커졌으며 때로는 전통을 공략하고 때로는 이성과 맞서기도 한다. 하버마스가 이상적 여론의 형태로 간주했던 계몽주의 시절 부르주아 공중이 중심이 된 여론과 달리 19세기에 출현한 이 새로운 유형의 여론은 즉각적, 일시적, 일상적인 의견에 가깝다. 깊고 안정되어 있는 전통에 비해 여론은 바람처럼 가볍고 변덕스럽고 일시적이며 이성에 비하면 흔히 합리성과 지적, 윤리적 판단이 결여된 의견인 경우가 많다. 이를테면 여론은 "이성의 연금술"을 거치지 않은 것이다.[10] 중세에는 대학, 종교 회의, 재판소가 이성을 구현하는 주체였고 이 시대의 이성은 민중의 의견을 쉽게 억누를 수 있을 만큼 강했다. 그러나 여론이 성장하면서 여론과 이성 간의 힘의 관계는 달라졌다. 타르드는 20세기로 넘어가던 시대에 이미 사법적 이성, 입법적 이성까지 여론의 대홍수에 덮여 버렸고 오로지 과학적 이성만이 버티고 있는 상황이라고 지적하고 있다. 그는 이성이 여론을 주도해서 전통과 싸우고 그것을 개혁해서 ── 오늘의 이성이 내일의 여론이 되고 모레에는 전통이 되는 방식 ── 사회를 이끌어 나가는 것이 이상적인 사회 발전 방향이라고 본다.

여론의 주도자들이 지식인 엘리트의 일원이라면 이성은 여론을 바르게 이끌어 전통의 성벽을 파괴할 수 있을 것이나 '사리에 어긋나는' 지식인, 사상가, 저널리스트(예를 들면 드레퓌스 사건을 촉발시킨 장본인)들이 여론을 선동하게 되면 여론은 전통에 의지해서 이성을 압도하는 지경에 이르게 된다. 그가 부정적으로 보는 전통이란, 이 책이 드레퓌스 사건으로 프랑스 사회가 흔들렸던 시기에 씌었다는 사실을 감안할 때, 유태인 배척주의나 종교적, 인종적 편견처럼 전통 속에 깊숙이 뿌리박은 반(反)이성적 정신을 의미하는 것으로 볼 수 있다. 주목할 것은 그가 이성을 대표하는 지식인과 민중을 선동하는 지식인을 구분해서 여론과의 관계를 설명하고 있다는 점이다.

여론의 성장과 정치적 영향력의 강화에 결정적 역할을 한 것은 신문의 발달이다. 신문이 등장하면서 도시와 마을마다 분산된 의견들이 연결되고 여론으로 형성될 수 있는 조건이 만들어졌다. 의견이 지역별로 분열된 상태는 통치자들이 절대 권력을 유지하는 데 큰 도움을 주었으나 신문이 그런 환경을 없애 버린 셈이다. 신문은 여론에 의회나 통치 세력을 견제할 수 있는 막강한 힘을 부여했다. 동시에 신문의 발달은 책에 의존해 여론 주도자로서 영향력을 행사하던 전통적 지식인의 힘을 약화했다. 대화, 연설, 책이 여론에 영향을 주던 1차 집단에서는 목소리(누가 말한 것이냐?)의 무게, 이를테면 말하는 인물의 비중이 영향력을 만들어 냈다면 방대한 2차 집단에서 신문은 사람들의 머릿수에 의존해서 영향력을 행사했다. 신문 구독자 수라는 숫자의 힘이 여론에서 새로운 변수로 떠오른 것이다. 신문은 전통적 지식인의 힘을 약화했을 뿐 아니라 결과적으로 권력과 엘리트의 힘을

　　　　　　인터넷과 SNS 시대 한국 사회의 여론과 지식인

모두 약화했으며 대신 저널리스트라는 집단의 영향력을 막강하게 키웠다.

타르드는 신문의 민주화 과정에서의 역할은 긍정적으로 보지만 막상 저널리스트들에게는 자주 우려의 시선을 보낸다. 여러 저서에서 그 우려의 흔적을 발견할 수 있다. "대(大) 저널리스트가 정치가보다 더 여론을 잘 만들어 내며 세계를 이끈다. 아무리 인기 있는 정치인도 저널리스트의 지속적이고 무너지기 힘든 단단한 지배를 능가할 수 없다. ······ 저널리스트의 지배는 전제 군주와 유사한데 단 저널리스트에게는 노쇠라는 것이 없다. ······ 정치부나 문예부의 유명한 기자 두세 명이 똑같은 대의명분을 위해 동맹을 맺는다면 그것이 아무리 나쁜 것이라 해도 반드시 승리한다."[11] 다른 저서에서는 지배자와 피지배자 간의 수적 관계를 설명한다. 고대에 20명의 웅변가들이 2000명 시민의 도시를 통치해서 1 대 100의 관계였다면 신문의 시대에는 헌신적이거나 매수된 기자들 20여 명으로 프랑스 인구 4000만 명을 통치할 수 있는 1 대 200만의 관계가 만들어졌다는 것이다. 말-책-신문으로 이어지는 매체의 발달이 지배자와 피지배자 간의 수적 괴리를 확대하는 현상에 대한 지적이다. "단순한 웅변에 의해서 100여 명 혹은 1000여 명의 관중을 최면 상태에 빠지게 하고, 책으로 그보다 훨씬 많은, 지역적으로 분산된 독자들을 움직였다면, 신문은 전대미문의 셀 수 없을 만큼의 수많은 대중에게 최면을 건다."[12]

타르드에게서 시대의 이성을 구현하는 핵심 주체는 책을 주요 매체로 활동해 온 지식인들이다. 중세의 이성이 설교, 웅변 같은 매체를 통해 나타났다면 계몽주의 지식인에게는 책이 있었다. 타르드는 책이야말로 지식인들이 보편적이고 추상적인 관념과 가치를 다루기에 적절한 매체라고 보았다. 18세기 문학이 인도주의적 사고를 널리 전파했던 것을 대표적인 예로 든다. 프랑스 대혁명 당시 사회정신이 세계주의적이고 추상성의 성격을 띤 것도 여론 주도자들의 본령이 신문보다 책에 있었기 때문으로 해석한다. 책과 달리 신문은 국내외의 동향 같은 구체적이고 시사적인 성격의 정보들로 여론에 영향력을 행사한다. 그러므로 지식인이 추구해야 하는 보편적 가치의 수호자로서의 역할은 신문이 더 잘 해낼 수 있다고 보는 점도 언론인에 대한 그의 경계심에 작용한 것 같다. 책이 주로 영향력을 행사하던 시대에 '보편적 지식인'의 전통이 구축되었다는 사실은 매체 성격과 무관하지 않아 보인다.

2 퇴니에스 — 여론 주도자로서의 지식인

퇴니에스는 무려 780여 쪽에 달하는 방대한 여론 이론서 『여론 비판(*Kritik der Öffentlichen Meinung*)』(1922)을 썼다. 그는 여론이 이익 사회(Gesellschaft)에서 나타나는 현상이지만 공동 사회(Gemeinschaft)의 종교와 같은 위상을 가지고, 같은 기능을 한다고 본다. 여론은 도덕적이고 조정자적(regulatrice) 역할을 통해 사회를 접합시키고 그 의지를 구현하는 점에서 예전의 종교와 마찬가지 기능을 하지만, 부르주아 근대성과 함께 등장하여 이성적 토론을 거치는 집단 의견이라는 점에서 종교와 차별화된다. 여론은 이성 있는 사람들 간의 논쟁의 결과로 얻어진 집단 의지의 표현으로 정리된다.

민심과 달리 여론은 교육받은 공중(특히 정치적 사고가 가능한)에게 공통된 판단으로서 사회(이익 사회)의 의지를 표현하는데, 그때 사회란 권위를 행사하는 계층 전체를 말한다. 즉 재산을 소유하고 있고 교양 있는 자들이며, 첫 번째 자리는 학자와 지식인들에게 간다. 그의 이 같은 여론관은 계몽주의적 전통에 기초하고 있음을 알 수 있다.

그러나 퇴니에스가 이 이론서를 썼던 당시는 민중 세력이 크게 확장되어 가던 시기로 그는 여론이 부르주아 엘리트에 머물지 않고 폭넓은 계층으로 퍼져 나가는 추세임을 주목한다. 예전에는 여론이 도시 거주인으로 재산을 소유한 신사들의 전유물이었다면 점차 노동 계층, 여자, 농촌 사람들에 이르기까지 사회 전체로 확산되어 가며 피지배인들의 표현이 될 것이라 전망한다. 그러나 지식인과 학자들은 더 이상 여론의 주체는 아니더라도 여전히 여론을 이끌어 가는 여론 주도자로서의 역할을 하게 된다는 것이 그의 입장이다. 퇴니에스는 여론 주도자의 범위를 상당히 넓게 보고 구체적으로 제시한다. 여론 주도자로서의 지식인의 선두에 교수인 학자가 있다. 종교와 달리 여론에는 과학의 흔적이 각인되어 있어서 과학적 사고의 우두머리인 교수-학자가 그 역할을 하게 된다. 따라서 사안이 보편적 성격을 띠며 공공의 중요성을 가지고 있을 경우 그들의 연구와 교육 활동은 범위를 넓혀서 직·간접적으로 여론을 이끌게 된다. 그는 대학의 교수 외에 교사 집단, 성직자 출신의 웅변가, 경제적 독립을 이룬 변호사, 의사, 저술가를 여론 지도자로 꼽는다. 저술 활동은 18세기에 상당한 수준에 이르렀고 그 활기도 상당해서 정치 생활의 결정적 요인이 되었다. 그 저자들은 볼테르, 루소, 몽테스키외, 디드로와 백과사전 학파로 토크빌의 주장처럼 저술가들이 시대의 정신적 분위기를 만드는 데 큰 역할을 했고 거기서 프랑스 대혁명이 탄생했다고 본다. 시인, 예술가, 연극인, 화가, 조각가, 건축가들도 여론 지도자 반열에 든다. 예술가들이 꼽히는 것은, 예술이 추구하는 아름다움은 선과 근접한 개념이어서 예술은 심미적이면서 동시에 윤리적이고 나아가서는 정치적일 수도 있기 때문이다. 또한 위대한 예술가들은 그 시대 여론을 이끌어 가는 대사상가들과 교류하며 작업하기에 여론에 영향을 주고 그것을 강화하는 데 기여한다. 퇴니에스에게 있어서 여론을 주도하는 지식인의 범주는 예술 영역 전체를 포괄할 정도로 광범하지만 핵심은 시대의 '대사상가'들임을 명시하고 있다.

『여론 비판』의 마지막 장은 언론 개혁의 제안이다. 1차 대전 이후 언론 자본주의의 발전과 언론계의 기업 집중 현상의 심화로 신문들은 점점 더 수익성의 논리에 종속되기 시작했고 기자들은 독립성을 상실해 가고 있으며 여론을 대규모로 동원하기 위한 선전 방법의 발달과 광고의 영향력이 언론을 심각하게 위협하고 있다는 것이 그의 인식이다. 여론은 일종의 도덕적 심판으로서 근대 정치 생활에 작용하며 가장 강한 자들을 추락시킬 수도 있는 바람직한 윤리적 힘으로 존재해 왔는데 20세기에 들어와서 대중 매체와 PR이 등장하면서 여론이 커뮤니케이션 전문가들의 손에서 놀아나는 말랑말랑한 도구가 되었다고 개탄한다. 대안은 지식인이다. 그는 각 도시에 광고와 '거짓투성이'의 통신사(로이터, 아바스 등)로부터 독립된 신문을 만들고 가장 우수한 지식인 두뇌들이 이를 이끌도록 해야 한다고 주장한다. 저널리즘의 통제 주체가 지식인이어야 저널리즘이 구제될 수 있다는 입장인 것이다.

인터넷과 SNS 시대 한국 사회의 여론과 지식인

퇴니에스와 비슷한 시기에 신문이 여론을 만들어 내는 현상, 즉 말하는 방법, 생각하는 방법, 삶의 방식 전반에 대한 언론의 영향에 대해 막스 베버도 유사한 문제를 제기했다. 베버는 언론이 소위 중립성의 뒤에서 특정 이익을 보호하고 여론을 만들어 낸다고 고발했다. 집단 의지 형성에 공중을 더 참여시키는 것이 아니라 미디어와 커뮤니케이션 전문가들을 사용해서 공론장의 통제에 나서고 있다는 것이다.

하버마스 역시 언론에 대해 유사한 견해를 피력했다. 18세기 부르주아 공론장은 이성적 토론을 통해 권력을 통제하려는 민주적 역할을 했지만, 20세기의 미디어 공론장은 사회심리학적 수단에 의해 대중을 통제하려 한다. 그럼으로써 재봉건화가 일어난다고 지적했는데 퇴니에스도 50여 년 전에 유사한 주장을 전개한 것이다.

타르드도 신문의 발달과 함께 시작된 부작용을 지적하고 있는데, 그가 저널리스트들이 선동의 유혹에 빠질 위험을 경계하고 있다면, 그에 비해 퇴니에스는 자본주의 언론 제도 자체의 위험성에 더 주목한다.

2 지식인 유형의 역사

타르드와 퇴니에스의 주장에서 공히 추려 낼 수 있는 것은 여론이 도덕적 심판이며 윤리적인 힘으로서 시대의 합리적이고 저항적인 이성을 구현하는 지식인들이 여론을 이끌어 가야 한다는 입장이다. 타르드는 저널리스트에 대해, 퇴니에스는 신문 산업에 대해 경계의 시선을 보내고 있는데 당시에 있었던 전통적 지식인과 언론 간의 갈등 관계를 짐작할 수 있다. 특히 퇴니에스는 당시 지식인 사회의 분위기를 대변하듯 저널리즘도 전통적 지식인의 이성에 의해 이끌려야 한다는 입장을 보이는데, 이러한 보편적 지식인의 사명과 덕목을 실천적으로 보여 준 상징적 인물이 바로 드레퓌스 사건의 에밀 졸라(Émile Zola)이다.

1 에밀 졸라와 드레퓌스 사건

드레퓌스 사건은 1894년 유태인 장교 드레퓌스가 스파이 혐의로 체포된 사건이다. 이 사건을《피가로》가 보도하고 반유태계 신문들이 받아 연쇄적으로 보도함으로써 반유태주의자들을 자극하여 드레퓌스에 대한 적대적인 여론이 들끓었고 드레퓌스는 중형을 선고받았다. 1898년 에밀 졸라가《로로르》신문에 대통령에게 보내는 공개서한 형식으로「나는 고발한다」[13] 등 일련의 칼럼을 기고하고 저항 운동을 펼치면서 저술가, 의사, 예술가, 학자들 상당수가 호응하여 드레퓌스를 옹호하는 캠페인이 펼쳐졌다. 캠페인이 본격적으로 진행되고 친 드레퓌스 여론이 구축되면서 신문과 여론도 두 갈래로 갈려 격렬한 논쟁이 벌어졌다. 이 사건은 1906년 드레퓌스가 혐의를 벗고 복권될 때까지 12년간 지속되었다. 사건의 와중에서 에밀 졸라는 투옥되어 형을 살기도 했다. 드레퓌스 사건은 지식인들이 집단적인 개입을 통해 보편적 가치의 이름으로 정치 영역에 뛰어든 최초의 사건이다. 이 사건에서 중심적인 역할을 했던 에밀 졸라는 이후 전 세계적으로 보편적 가치를 수호하는 비판적 지식인(혹은 보편적 지식인)의 상징이 되었다. 이후 프랑스에서는 졸라를 모델로 사르트르를 거쳐 레이몽 아롱, 푸코, 부르디외로 이어지는 비판적 지식인의 전통이 구축되었다.

2 영미권의 공공 지식인

영미권에서는 이러한 비판적 지식인들을 공공 지식인(Public Intellectual)이라는 용어로 명명한다. 공공 지식인은 자신의 전문 분야를 가지고 있으면서 학계 외의 보다 큰 규모의 일반 공중을 대상으로 전문 분야 이외의 사회적 이슈에 대해 말과 글로 자신의 견해를 표명하는 지식인을 지칭한다. 예컨대 아인슈타인도 1919년 유명해진 다음에 종교, 교육, 윤리, 철학, 세계 정치 등에 대해 공개적인 발언을 자주 하면서 공공 지식인의 범주에 포함되었다. 이들은 비판적 견해를 표명하기도 하지만 프랑스에서 드레퓌스 사건 이후 사르트르를 거치면서 전통이 되다시피 한 고도로 정치화된 비판적 면모를 가진 인물들과는 다른 것 같다. 그리고 프랑스 전통에서는 20세기에 들어와 마르크스주의의 영향도 작용하면서 지식인의 범주를 정치적 지향성, 기능에 따라 세밀하게 분류하기 때문에 지칭되는 용어에 따라 색깔이 분명히 드러나는 데 비해 미국에서는 공공 정치인이라는 두루뭉술한 범주에 묶어 버리는 실용 정신을 발휘하기도 한다. 우리나라의 지식인에 관한 논의에서는 미국식의 두루뭉술한 범주가 아니라 프랑스식의 정치적 함의가 강한 세밀한 분석 틀이 자주 거론된다.

미국 공공 지식인의 역사를 다룬 한 자료[14]는 주요 인물 546명의 리스트를 보여 주는데, 대표적 공공 지식인으로 에머슨(Ralph Waldo Emerson), 제임스(William James), 베버(Max Weber), 그리고 듀이(John

Dewey)를 꼽는다. 현대에 와서는 손탁(Susan Sontag), 사이드(Edward Said), 촘스키(Noam Chomsky)가 미국뿐만이 아니라 전 세계적으로 주목받은 공공 지식인이라 할 수 있다. 물론 미디어가 가장 많이 언급하는 100명의 공공 지식인에는 키신저(Henry Kissenger), 모이나핸(Pat Moynihan), 윌(George Will), 서머스(Larry Summers), 베넷(William Bennett), 라이시(Robert Reich), 블루먼솔(Sidney Blumenthal) 등이 꼽힌다.

프랑스인들은 자기네 지식인-사상가들이 정치, 윤리적 문제에 대해 발언하기를 기대한다. 그러나 영국인들은 '지식인(intellectual)'보다 자신들만의 엘리트 모임 속에서 조용히 일하는 '학자(scholar)'라는 말을 더 좋아한다. 지식인이라면 프랑스 전통을 따라 사회의 전반적인 문제에 대해 발언하기 좋아하는 사람이며, 학자는 그런 문제로부터 한발 물러나 자기 영역의 과제에 몰두하는 사람이라는 의미가 강하다. 미국에서도 미디어 시장에서 성공적인 공공 지식인은 고도의 전문이기는 하나 아카데미에서 존경할 만한 수준에 이른 사람들과는 다른 부류로 보는 경향이 있는 듯하다. 미디어에서 온건한 말투보다 '팔리는' 독설을 퍼붓고, 문제 해결 방안을 차분하게 제시하기보다 싸움 걸기 좋아하는 튀는 성향의 인물들이 공공 지식인이라는 인식이 강한 것 같다. 즉 말솜씨 좋고 선동적인 열변에 능한 공공 지식인과 함축성 있고 논리적인 담론을 선호하는 학자가 분명하게 구분되고 아카데미에는 공공 지식인에 대한 부정적 정서가 비교적 널리 퍼져 있다. 미국 역사상 에머슨 시대처럼 바람직한 공공 지식인들이 있었다고 보고 그들의 활동을 긍정적으로 평가해 왔던 사람들도 이제 공공 지식인들의 시대는 에드워드 사이드, 수전 손탁과 함께 지

인터넷과 SNS 시대 한국 사회의 여론과 지식인

나가고 미디어에서 주목을 끌기 위해 안간힘 쓰는 고만고만한 지식인들이 할거하는 시대가 되었다고 개탄하기도 한다.[15]

3 사르트르와 '토탈 지식인'

사르트르(Jean-Paul Sartre)는 지식인은 기능적이 아니라 윤리적 정치적인 존재라고 규범적 정의를 내린다. 그는 지식을 다루는 직업인들이 모두 지식인을 자처할 수는 없으며 지식 능력이 아닌 정치, 윤리적 품위가 지식인의 우열을 가른다고 본다. 그러므로 "지식인 위조품"인 레이몽 아롱(Raymond Aron)처럼 지성인의 가장 큰 적은 사이비 지식인이라는 입장이다.(그는 레이몽 아롱을 비롯한 보수적 지식인들을 꽤 경멸했다.) 지식인의 행위 동기는 진리, 선, 정의, 인류애와 같은 절대적인 가치와 도덕성으로 합리적 계산이나 공리주의적인 이익이 아니라 윤리적이고 도덕적인 당위성에 기초하기 때문에 비윤리적이고 반도덕적이며 인간의 존엄성을 손상시키는 모든 것에 대항해 싸워야 한다는 것이다. 따라서 지식인은 동시대의 모든 갈등과 분쟁에 참여해야 한다. 즉 지식인 자신이 속한 사회의 계급적 갈등뿐만 아니라 국가 간의 갈등, 인종 간의 갈등 등에도 참여해야 한다는 것이 보편적 지식인으로서 사르트르의 일관된 주장이었다. 사르트르의 이 같은 입장은 1960년대 이래 우리나라 진보 지식인들의 전범이 되었다.

사르트르는 알제리 전쟁 관련해서는 고문에 반대하고 민중의 자기 결정권을 위해 싸우는 전통적(보편적) 지식인의 모습을 보였다. 미소 패권이 대립하던 상황에서 반미 친소라는 적극적인 당파적 참여를 통해 대표적인 '앙가주망 지식인'의 반열에 오르기도 했지만, 이 때문에 보편적 지식인의 위상을 잃었다는 평가를 받기도 한다.

부르디외(Pierre Bourdieu)는 1990년대 중반 그 자신이 정치적 개입을 시작하기 전에는 사르트르와 같은 지식인을 허영심에 찬 '토탈 지식인(Intellectuel Total)', '정치적 지식인'이라 비판했다. 사회과학이 엄청나게 발달해서 수많은 지식, 사실, 방법, 법칙, 개념을 축적한 오늘날 모든 문제에 대해 발언하고 모든 문제에 대해 답을 가지고 있는 보편적, 아마추어 지식인은 설자리가 없다는 것이다. 그는 전문성이 고도화된 '토탈 지식인'은 시대착오적이라 주장했다.

부르디외는 자신의 연구에만 몰두했던 사회학자였지만 말년에 반세계화 투쟁에 뛰어들고 여러 사회 운동에 개입하면서 에밀 졸라에서 사르트르, 푸코에 이르는 프랑스의 비판적 지식인의 역할을 가치 있게 보기 시작하고 자신도 그 길을 따르게 된다.

4 앙가주망 지식인과 탈(脫)앙가주망

오늘날 앙가주망(engagement)이라면 지식인들이 특정 가치를 수호하기 위해서 공개적인 발언을 통해 정치적으로나 사회적으로 개입하는 경우에도 흔히 사용하지만 원래 이 말이 유래한 프랑스의 경우 그보다는 훨씬 더 적극적으로 정치에 개입하는 당파적 지식인을 의미했다. 앙가주망 철학은 볼셰비키 혁명 이후 생겨나서 냉전 시기에 활발했다. 앙가주망은 단지 정치 영역에 개입하는 정도가 아니라 정치 캠프에 몸담고 정당에 가입해서 활동하는 것을 뜻했다. 캠프에 공공연하고 확실하게 소속되기 위해서는 개인적으로 양심에 거리끼는 언행에 대한 거부감이나 옳고 그른 판단도 포기해야 한다고 생각하는 입장이다. 그러므로 자유의 보편적 가치를 표방하는 고전적 지식인들의 비전과는 정면충돌할 수밖에 없다. 쥘리앵 방다(Julien Benda)는 『성직자들의 배반』(1927)이라는 책에서 드레퓌스 때처럼 보편적 가치의 수호를 위해서가 아니라 자신의 특수한 열정이나 선호를 위해 지식인이 파당적으로 활동하는 것을 비난했다.[16] 사이드는 우리나라에서도 널리 읽힌 『지식인의 표상』의 서문에서 방다가 비록 보수주의자이지만 그의 지식인의 역할에 대한 주장에는 공감하고 지지한다는 견해를 밝히고 있다.

앙가주망 대열에서 가장 강력한 지식인들은 소비에트 체제와 공산주의 진영에 몸담았기 때문에 대개 앙가주망은 사회주의 이념의 지식인들을 뜻한다. 앙가주망 지식인과 보편적 지식인 간의 갈등은 논리적 논쟁을 통해서가 아니라 역사적 환경의 변화로 인해 해결이 되었다고 볼 수 있다. 앙가주망 지식인 진영이 최초로 흔들린 것은 흐루쇼프가 1956년 스탈린 관련 보고서를 공개하면서였다. 사회 정의 실현이라는 명분하에 수많은 인명을 희생시켰던 스탈린주의의 실상이 노출되면서 상당수의 지식인들이 등을 돌렸다. 프랑스에서 앙가주망 지식인의 번성기는 냉전 시기였고 베트남 전쟁을 거치며 주로 미국의 패권 정치, 제국주의 비판에 힘을 쏟았다. 1989년 동구 공산권의 붕괴는 앙가주망의 결정적인 종말을 가져왔다. 좌파 지식인 대부분은 역사의 방향에 대한 믿음이라는 단단한 구속으로부터 벗어났고 선악의 구도로 보았던 세계관으로부터도 벗어났다. 앙가주망의 흑백 논리적 철학도 자취를 감추었고 전통적인 지식인 역할의 비전이 다시 떠오르게 되었다. 참여하되 보편적 가치에 참여하고 정당이나 정치로부터는 거리를 두는 경향이 지식인 사회에서 널리 퍼졌다. 탈양가주망과 함께 새로이 부상한 이슈는 '인권' 문제이다. 일부 프랑스 지식인들은 이란의 호메이니나 중국의 문화 혁명을 편들기도 했지만 대체로 체제나 나라를 불문하고 인권의 옹호자로 돌아왔다. 때로는 아프가니스탄, 쿠바, 베트남 등 공산 독재에 개입하기도 했고 때로는 제3세계 부패 정권들, 특히 아프리카와 라틴 아메리카의 군사 독재에 대한 비판 여론 형성에 참여하기도 했다. 1970년대에는 일부 좌파 지식인들이 인권 이슈를 우파적 가치로 간주하고 이들을 '인권주의자들'이라며 냉소를 보내기도 했지만 오늘날 인권은 정치 문제가 아닌 보편적 가치로 받아들이는 분위기이다.

5 보편적 지식인, 특수 지식인, 유기적 지식인, 싱크탱크 지식인, 미디어 지식인

푸코가 구축한 '보편적 지식인'(사르트르가 말했듯이 자신과 관계 없는 일에 개입하는 아마추어 지식인)과 '특수 지식인'(비판적 자세로 연구와 공적 개입을 통해 헌신하는 특정 전문 영역의 전문가)은 지식인 관련 논쟁에서 자주 등장하는 구분법이다. 그러나 오늘날에 이 같은 구분이 과연 적절한지 의문도 제기된다. 대학이 대중화되면서 학자란 여러 사회적 행위자 가운데 하나가 되었고 세계에 대한 지식이 상당히 세분화, 전문화되면서 사르트르 타입의 지식인들처럼 모든 것에 대해 빈틈없고 신중한 판단을 내릴 수는 없는 시대가 되었다. 학문 분야의 세분화와 고도의 전문성에 대한 요구와 함께 특수 지식인이 점점 중요해지는 시대이다. 특수 지식인은 자신과 관련되지 않은 분야에 관해 일반적인 생각을 내놓기 거부하는 지식인들이다. 전문가가 아닌 지식인으로서의 역할은 문제의 해결책을 내놓기보다 자신의 영역에서 은밀하게 행사되는 억압적 권력의 메커니즘을 가시화해 주는 것이다. 그래서 미디어와의 접촉도 많아지고 여론에 영향을 행사하기도 한다. 그러나 명성을 얻게 되면 자신의 의지와 상관없이도 자신의 전문성 안에 머물기가 어려워진다. 다른 사회적 문제에 대한 발언도 끊임없이 요구받기 때문이다. 푸코와 부르디외가 그랬듯이.

그람시가 분류한 '유기적 지식인'과 앤서니 기든스[17] 같은 '싱크탱크 지식인'은 어떻게 구분될까? 싱크탱크 지식인은 기능적 지식인으로 치부되어 좌파의 외면을 받았다. 그러나 유기적 지식인이 당파적 상황에서 권력의 전략을 공들여 세우는 지식인이라면 싱크탱크 지식인도 다를 바 없다. 좌에서도 우에서도 싱크탱크는 발견된다. 바야흐로 싱크탱크의 전성시대이다. 유기적 지식인이 그 근원에서 당파적이듯이 싱크탱크 지식인들은 독립적으로 시작했건 특정 정파와 연계하에 결성되었건 간에 통치를 목적으로 한 구체적인 정책 프로그램을 갖게 마련이라 자신들이 세운 통치 전략의 실현을 위해서는 정당이나 정치 세력과 연계되기 마련이다.

미디어 지식인이란 미디어, 특히 방송에 단골로 등장하고 방송을 거의 연예인 수준으로 능숙하게 활용할 줄 아는 지식인을 일컫는다. 이 용어는 서구의 전통적 지식인 사회에서는 긍정적인 의미로 사용되는 것 같지는 않다. 특히 부르디외나 드브레(Régis Debray) 같은 비판적 지식인들은 미디어 지식인을 사이비 지식인의 수준으로 본다. 우연히도 프랑스에서 1970년대 중반 '신철학(Nouvelle

Philosophie)'운동을 이끌었던 레비(Bernard-Henri Lévy)나 글뤽스만(André Glucksmann)이 유명한 미디어 지식인으로 꼽힌다.

오늘날 서구 사회에서는 특수 지식인들을 포함한 비판적 지식인들은 유형과 관계없이 영향력을 상실해 가고 있는 듯하다. 정치의 장에서 오늘날 정당이나 정치 세력들이 절실하게 필요로 하는 것은 대의를 위해 싸워 줄 밀리턴트나 이념적 지식인보다 여론을 효율적으로 관리하는 커뮤니케이션 매니저인 것 같다. 1989년의 이념의 종말과 함께 그리고 자본주의의 승리와 함께 떠오른 싱크탱크들은 자기편에 대한 비판적 사고를 무력화하는 전략과 아울러 자기편 권력의 전략을 만들어 내기에 바쁘다. 공론장에서는 커뮤니케이션 매니저와 싱크탱크들이 가장 활발하게 활동하고 눈에 띈다.

우리 사회에서는 물론 지식인들을 이처럼 범주화해서 분류하는 일이 흔하지는 않다. 그러나《경향신문》이 2007년 4월부터 9월까지 4개월간「민주화 20년, 지식인의 죽음」이라는 제하에 특집 기획 기사로 다루었던 30편이 넘는 기사에서는 유사한 분류 틀이 사용된 것을 볼 수 있다.

3 지식인의 여론 형성과 미디어

비판적 지식인들은 자신의 학문 동료를 위해서가 아니라 보다 큰 범위의 일반 공중을 대상으로 사회적 이슈에 대한 자신의 견해를 펼치고자 한다. 여론을 의식하고 여론을 불러일으켜 자신이 주장하는 바에 지지를 얻고자 노력하는 사람들이다. 그러므로 그들은 소통의 방식, 미디어의 사용에 대해서도 신경을 많이 쓴다. 타르드나 퇴니에스가 저널리즘에 대해 강한 경계의 목소리를 냈지만 대중 매체의 시대에 지식인은 언론과 등지고는 지식인으로서의 역할을 수행할 수 없다. 특히 미디어가 만발한 오늘날은 더욱 그렇다. 경계하면서도 협조 관계를 유지해야 하는 입장이다. 그 자신 뛰어난 미디어 활용가가 되어야 한다.

볼테르나 졸라나 사르트르나 미디어를 경계하면서도 무시하지는 않았다. 반대로 사람들에게 자신의 말을 전달하기 위해서는 커뮤니케이션의 내적 논리를 수용해야 한다는 점을 이해했다. 여론을 움직이기 위해서, 볼테르는 팸플릿(이미지가 들어간 인쇄물), 졸라는 저널리즘적 글쓰기, 사르트르는 단순화해서 쉽게 풀이하는 방식(평소에 그 자신이 기자들의 관습이라고 비난했던)을 적극적으로 구사했다. 부르디외는 TV 비판과 함께 미디어를 멀리했고 "여론은 존재하지 않는다."라는 유명한 글을 쓰기도 했다. 여론 조사가 전제하는 가치나 철학을 공격하는 글로 민중 시대의 여론 자체에 대한 거부의 의미도 읽힌다. 그러나 그 자신도 '정치적'(혹은 보편) 지식인의 역할을 하게 됨에 따라 자신이나 자기 정파의 주장에 대한 여론의 지지가 결정적임을 잘 알았기 때문에 미디어에 대한 접근을 비롯해서 필요한 활동을 적극적으로 전개해 나갔다. 이 점에 있어서는 특정 정파를 위해 봉사하는 유기적 지식인이나 싱크탱크의 경우도 다르지 않다. 통치가 여론을 거슬러서는 안 되기에 자신들의 통치 전략에 대한 여론의 향배를 신경 쓰지 않을 수 없고, 그래서 언론 매체를 적극적으로 활용한다.

통치 권력의 비판을 위해 혹은 인류 보편의 가치 수호를 위해 여론을 일으키고 주도해 나갔던 지식인들이 오늘날에는 자신들의 주의 주장을 관철하기 위해 여론을 수단화하고 있는 양상도 보인다. 여론이란 더 이상 계몽주의 시대의 신성한 민주적 수호자는 아닌 듯하다.

1 민중 여론과 대중 매체 시대의 여론/지식인

20세기 들어 여론 주체가 민중으로 확장되면서 지식인 사회에는 여론에 대해 불안하고 알 수 없는 것이라는 인식이 생겼으며 교육받지 못한 민중의 의견을 신뢰할 만한 판단으로 볼 수 있을지 혼란이 가중되었다. 민중의 의견에 막강한 영향력을 행사하는 것이 더 이상 전통적 학자 지식인이 아니라 저널리스트이기 때문이기도 했을 것이다. 다른 한편 보통 선거 시대에 들어서면서 민중의 여론이 두려워지기 시작한 정치인과 구매자들의 욕구를 파악하는 것이 중요했던 기업들은 여론을 알고자 하는 소망이 강했다. 이런 상황에서 비판적 지식인들은 여론의 객관성과 그 실체를 부정하는 입장을 드러내기 시작했고 실용적 지식인들은 정계와 업계의 필요에 부응하는 여론 조사 방법을 개발하기 시작했다. 여론을 둘러싸고 새로운 차원의 논쟁이 벌어진 것이다.

공론장의 정치적 기능 변화는 무엇보다 언론 매체의 구조 변동, 특히 상업화에 기초한다. 하버마스에 의하면 신문의 상업화는 영국, 프랑스, 독일에서 1830년대에 거의 동시적으로 시작되고, 이것은 결과적으로 막대한 영향력을 가진 대중 매체의 발전으로 이어진다. 처음에는 신문에서 그리고 이후 등장하는 라디오, 영화 및 텔레비전 산업에서 경제적, 기술적, 조직적 집중이 이루어짐에 따라 대중 매체는 사회적 권력 복합체로 발전했다. 과거 신문은 공중으로 결집한 사적 개인들의 논의를 다만 중계하고 강화했던 반면, 이제는 역으로 대중 매체에 의해 논의가 틀 지어진다. 그리하여 공론장은 대중 매체를 매개로 한 사적 이해관계가 끼어들면서 그 비판적 기능이 위협받게 된다. 대중 매체는 직접적으로는 공론장을 광고의 매체로 전환시키고, 간접적으로는 기사를 통해 기업, 이익 단체, 정당, 노조 등 사회 각 조직들의 여론 관리 매체로 기능하게 된다. 여론 관리, 즉 홍보는 대체로 통지에 목적을 둔 광고와 달리 관리 주체가 정치적 필요에 따라 자신들이 원하는 사회적 합의 내지 효과를 만들어 내는 데 공론장을 활용하기도 한다.

2 지식인들의 문제 제기 (1) ― 여론은 객관적으로 존재하는가?

19세기 말부터 민중 세력의 성장과 함께 여론은 부르주아만의 것에서 민중으로 확장되기 시작한다. 교육을 받지 못했고 '판단력이 부족한' 민중은 적극적으로 때로는 평화적이지 않은 방법으로 자기 표현을 하기 시작했다. 거리 시위, 연판장, 독자 편지 등이 주요한 표현 수단이었고 그들이 주축이 된 정당, 노조 같은 단체를 통해 사회 운동이 시작되었다. 대중의 충동이나 추진력에 불안해진, 또 그것을 예측하고 유도하는 데 노심초사한 지배자들은 그들의 의견을 보다 잘 알기 위해 노력한다. 그럴수록 여론은 점점 더 알 수 없는 것으로 여겨졌고, 지금까지 부르주아 지식인들의 민주적 이상의 후광을 입어 거의 성스럽게 취급되던 여론이 경계의 대상이 된다. 이제 여론은 저널리즘의 손에서 놀아나는 의심스러운 개념이 되었고 비판적 지식인들은 여론 자체를 비판의 대상으로 삼기 시작했다. 아울러 여론에 막강한 영향력을 행사하는 것으로 보이는 매체들을 묶어서 비판하기 시작했다. 타르드나 퇴니에스도 유사한 우려를 했지만 그때는 미디어에 의해 오도되는 여론을 비판하는 수준이었다. 하지만 이제는 지식인들이 여론의 존재 자체에 대한 깊은 회의를 드러내기 시작한 것이다. 이런 시각 중 가장 잘 알려진 것이 월터 리프먼(Walter Lippman)의 『여론(*Public Opinion*)』(1922)이라는 저술이다. 이 책은 정부 위에 군림하는 군주처럼 신성시되었던 여론을 단상에서 끌어내린 것과 다름없는 효과를 가져왔다.

리프먼은 이 책에서 여론을 설명하기 위해 플라톤의 동굴 개념을 차용했다. 플라톤이 현상계와 현상계의 근원이 되는 세계인 이데아계의 관계에 대한 비유로 사용한 것이다. 그는 여론을, 부분적으로 정보를 얻은 사람들이 세계를 설명하는 데 사용하는 일련의 스테레오타입으로 묘사했다. 스테레오타입은 플라톤 동굴의 그림자 그림 같은 것이다. 그것은 정보의 온전한 범위를 포함하지 않는다. 진짜 지식은 오로지 입문자들만이 알 수 있는 신비한 것이고 다른 이들은 플라톤의 동굴 속에 불행하게 지식의 빛을 등지고 앉아 철학적 현실의 그림자만을 보면서 현실이라고 생각하듯이, 단순히 세계의 그림에 지나지 않는 것을 세계의 진실이나 현실로 생각하는 것이 여론이라는 것이다. 리프먼에 따르면 "진짜 세계란 너무도 커다랗고 복잡하며 순식간에 변하기 때문에 단번에 전모를 파악하기 어렵다. 언론은 마치 깜깜한 어둠 속을 쉴 새 없이 이리저리 비추고 지나가는 탐조

등의 불빛과 같다. 탐조등 불빛에 사물들이 잠깐 그 모습을 드러냈다
가 사라지듯 언론이란 이런저런 에피소드의 조각들을 엮어 낼 뿐"이
고, 인간은 "머릿속의 그림(pictures in our head)"을 통해 세상과 접촉하
게 되는데 미디어가 보여 주는 것은 우리 머릿속에 그려지는 세상에
대한 그림이다. 현실 환경과 인간 행동 사이에는 인간의 머릿속에 비
친 환경 이미지에 의해 이루어진 세계의 모습, 즉 '의사 환경(pseudo-
environment)'이 매개한다.[18] 양승목은 이런 관점에서 볼 때 리프먼이
여론을 실제의 반영이 아니라 미디어에 의해 구성되는 것이라는 구성
주의적 관점에서 인식한다는 점을 지적했다.[19] 구성주의의 인식론적
입장은 현실과 표상(representation)된 세계 사이의 불일치가 불가피한
것임을 기본 전제로 하고 있기에 적절한 지적이라고 볼 수 있다. 그러
나 구성주의 개념은 리프먼이 책을 썼던 1930년대보다 50~60년 후
에 등장한 것임을 감안하고, 발표된 시대적 상황에서 볼 때 리프먼의
주장은 시대를 앞선 인식론적 차원의 문제 제기이기도 하지만, 언론
에 의해 의도된 혹은 의도되지 않은 현실 왜곡의 가능성을 암시하는
측면이 더 강해 보인다.

부르디외는 보다 간접적인 방법으로 여론 조사의 기본적인 틀과
전제를 비판하며 여론의 존재를 부정한다.[20] 여론 조사는 사람들이
스스로 제기하지 않은 문제에 대해 질문을 한다. 즉 사람들에게 문제
의 틀을 부과하고 강요하는 방법으로 답을 얻어 낸다. 또한 조사의 상
황은 견해를 표명하라는 명령이다. 질문에 아무 의견이 없을 수 있고
그게 뭔지도 모를 수 있다. 이런 경우에 자신의 무식함이나 무관심을
고백하기보다 답을 주는 것이 정당하고 실질적일 수 있다. 그래서 답

변한다. 그렇게 얻은 답변들은 상당히 인위적일 수밖에 없다. 이것은 선거 전의 여론 조사와 실제 결과 간의 간극을 설명해 준다.

여론은 사회적 관계 속에서 상호 교환을 통해 얻어지는 집단적 표현인데 여론 조사는 개별적 답변들의 단순한 합을 내는 것이 된다. 그러므로 진정한 의미의 여론이라고 할 수 없다. 이렇게 개인적 판단을 통계적으로 집성하는 방식은 모든 의견이 등가의 가치가 있는 것으로 가정한다. 어떤 개인이나 어떤 그룹은 보다 동기 부여가 되어 있고 보다 영향력이 있다는 사실을 무시한다. 그러므로 이런 접근에 의한 여론 조사는 완전히 인위적이고 기만적인 의견을 만들어 내기 때문에 확인 가능한 여론이란 존재하지 않는다는 것이 부르디외의 입장이다.

또 다른 회의적 시각은 여론의 불안정성과 여론 조사의 조작 가능성에 대한 염려에서 비롯된다. 여론은 유동적이고 부유하는 생물처럼 흘러 다니기 때문에 여론 조사는 실시되는 그 순간의 여론일 뿐 여기에 큰 의미를 부여할 수 있는가에 대해 의문이 제기되기도 한다. 또한 여론은 국가 차원, 정치권력의 차원에서 조작의 유혹을 느끼며 그 가능성 역시 열려 있기 때문에 여론을 어느 정도까지 신뢰할 수 있는가 하는 신뢰의 문제가 제기되기도 한다.[21]

3 지식인들의 문제 제기 (2) — 여론 조사는 정당한가?

여론을 아는 것, 여론의 지지를 얻어 내고 여론의 이름으로 말할 수 있게 되는 것은 정치 활동에서 지속적인 관건이 되었다. 여론을 알고 활용하는 것이 중요해진 정치, 기업, 공공 단체 등 사회의 지배적 위치에 있는 기구들의 필요에 부응해서 1930년대에는 미국에서 여론 조사 기법이 개발된다. 미국의 통계 전문가들, 사회심리학자들(갤럽과 라자스펠트 등)이 그 기술을 활용했다. 1936년 미국 대통령 선거에서 갤럽의 여론 조사 기관에서 내린 예측(루즈벨트 대통령의 당선)이 예상외로 적중하면서 여론 조사의 인기는 치솟았다. 여론 조사는 결과적으로 애매했던 여론에 얼굴을 부여하고 존재 증명을 해 주는 역할을 한 것이다.

여론 조사의 역사는 '여론 조사 반대의 역사'라는 지적도 있듯이, 학자들은 여론 조사에 대해 끊임없는 의문과 부정적 시각을 제기했다. 많은 경우 일반 시민들의 판단력과 지적 수준에 대한 불신이 강해서 여론 조사가 의사 결정에 활용되는 것은 다수의 횡포라는 주장도 만만치 않았다. 대중의 생각에 너무 비중을 두면 새로운 발상과 혁신적 사고가 억압될 수 있다고 우려하는 주장도 있다.

반면에 여론 조사를 찬성하는 편에서는 여론 조사를 집단 지성에 가까운 개념으로 옹호해 왔다. 즉 "개인 각자의 경험과 지식을 합친 총량은 진리의 근원이며, 그것은 소수의 경험과 지식에서 나온 대안보다 더 심오하다."라든가 민주주의의 기본 원리는 시민들의 '통합된 경험에서 지혜를 얻는 것'이라며 일반 시민의 의견 속에 지혜가 있다고 확신한다. 많은 사람들의 생각이 상호 작용하고 결합하여 결국 적합한 의사 결정을 해낼 수 있다는 것이다. 그리고 그러한 지혜를 모으는 효율적 방법이 여론 조사라고 설명한다.

비판적 지식인들의 엘리트적 편견을 나무라는 의견도 있다. 반대자들은 똑똑하고 학식 있는 지식인이나 소규모 엘리트 집단이 항상 최상의 결정을 내린다는 증거는 없으며, 교육을 많이 받아 학식이 높은 것이 우수한 판단력과 상식을 의미하지는 않는다며 모두 대중의 무지와 지식인의 우월함이라는 잘못된 전제에 기초한 주장이라고 말한다. 여론 조사는 여러 세기 동안 인간 사회의 지배적인 의사 결정 방식이었던 하향식 방법(철학자, 왕, 종교 지도자, 전문가, 사상가 등 사회 계층의 최상층에 있는 소수의 사람들이 사회를 조직하고 자신의 뜻을 다수 대중에게 전달하는 방식)을 대체하는 상향식 방법(하층부에 있는 많은 사람들의 의견을 종합해 수의 위력으로 사회 주요 결정 과정에 의견을 반영하는 방식)으로서 민주주의 원리에 맞는다는 입장이다.[22]

결과적으로 여론이 여론 조사 기관과 커뮤니케이션 매니저에 의존하면서 기술적 관리의 대상이 됨에 따라 여론에 대한 지식인의 영향력도 약화되었지만, 여론 관리라는 고도의 조작적인 기술이 날로 세련돼지면서 지식인들의 의구심도 커지고 있는 것이다.

4 지식인과 대중 매체 — 활용하기와 활용당하기

여론 형성 과정에 대한 대부분의 이론은 논의되는 쟁점에 대한 의견을 가시화하는 채널의 중요성을 강조한다. 오늘날 이 같은 채널은 대중 매체의 몫이다. 지식인들은 앞서 보았듯이 대중 매체에 대해 기본적으로 양가적인 태도를 가지고 있다. 지식인의 역할을 수행하기 위해서는 대중과의 접촉을 가능케 하는 대중 매체의 활용이 필수적이므로 협조 관계가 바람직하나 대중 매체가 단순한 의견 가시화의 채널로서가 아니라 스스로 여론을 형성하거나 이끌어 가거나 때로는 조작을 할 수 있다는 불신이 상충한다. 그런데 신문에 이어 라디오, 텔레비전 등의 방송 매체가 발전하면서 지식인과 매체 간의 협력과 갈등의 양상이 더 복잡해지는 것 같다. 글쓰기에 익숙한 지식인들은 방송이 요구하는 매체 대응 능력 — 이를테면 말하기와 모습 드러내기 등 — 에 서툴기 때문에 상당수가 방송을 회피하는 경향을 보인다. 매체 대응 능력을 갖추고 라디오나 텔레비전에 나가 발언하는 것이 일종의 의무라고 생각하는 지식인들도 매체를 불편해하는 것은 마찬가지다. 매체에 글을 쓰거나 출연해서 발언하는 것이 자신의 의견을 펼치기 위함인데 실제는 미디어가 설정해 놓은 역할을 해야 하는, 즉 '활용당하는' 입장이 된다는 피해 의식도 강하다. 심야 토론이나 여타의 텔레비전 토론에 참여하는 지식인들은 발언의 자유가 별로 없다고 느끼는 경우가 많다. 방송사에서 정한 주제와 소주제를 따라가면서 말할 수 있는 범위와 없는 범위가 사전에 규정되어 있고 시간에 쫓기며 사회자의 제한과 통제를 받는 상황이 자유롭지 않은 것이다. 방송 토론에서 오랫동안 관행이 되어 온 찬반 구도의 틀에 맞추어 한쪽 진영에 가담해서 찬성자, 반대자라는 정해진 역할을 하는 것처럼 보이기도 한다. 그런 틀에 맞추어진 역할을 잘 수행하는 지식인일수록 자주 초대된다.

방송 매체에 대한 지식인들의 거부감은 지식을 단순화하고(과학적 지식의 대중화와 달리) 오락화하는 데 대한 저항감에서 비롯되기도 한다. 인포테인먼트식의 지식 가공을 당연시하는 분위기에 대한 거부감이기도 하다. 이것은 부르디외가 텔레비전에 관한 저서에서 패스트 사상가(fast-thinker) 유형이라고 부른 개념과 유사하다.[23] 패스트 사상가는 텔레비전에 등장하는 지식인들이 주어진 시간을 지키기 위해 복잡한 설명이 필요한 것(복잡한 사상의 표현)은 생략하고 마치 문화적 패스트푸드를 주듯이 광범한 시청자들에게 쉽게 수용될 수 있도록 단순화된 아이디어를 소개하는 데 그치고, 텔레비전도 이 같은 출연자를 선호한다며 부르디외가 만든 신조어이다. 가끔 학술적 성격의 프로그램이 편성되어 지식인들이 비교적 여유롭게 의견을 개진할 기회를 갖기도 하지만 이런 경우에도 방송사 측의 편집 작업으로 주장의 성격이 왜곡돼서 분쟁이 생기는 경우가 있다.

그러나 대중 매체에 대해 지식인들이 가장 우려하는 부분은 언론이 지식인에게 행사하는 권력의 측면이다. 아직도 책 문화가 강건한 서구 사회와 달리 우리 사회에서는 지식인이 '상징 권력'을 획득하는 데 매체 노출에 크게 의존한다. 책의 판매도 신문 방송 등의 매체에 기대는 바 크다. 그러므로 지식인의 대중 매체 등장은 공적인 명성을 얻는 계기가 될 수 있다. 미디어로부터 받게 되는 '인정'이란 자신의 전문 분야의 동료들로부터 받는 전문성이나 학문적 성과의 인정과는 물론 다르다. 그러나 미디어의 인정은 출판한 책이 시장에서 잘 팔린다거나 소속 대학이나 연구소, 여타 기관에서 실적으로 인정받는 등 실질적인 이익으로 이어질 수 있고 학문 외적 활동의 기회를 얻기에 유리해지는 경우도 흔하다. 일부 사립 대학이나 연구소에서는 기관의 명성을 올리기 위해 미디어 출연을 권장하는 분위기도 있다고 한다. 이처럼 미디어가 지식인에게 '상징 자본'을 부여하는 권력을 행사하게 됨에 따라 무엇이 좋은 소설이며 어떤 연구 결과가 의미 있는지, 우리 사회에 어떤 가치가 필요한지 같은 관련 전문 영역에서 판단하고 평가되어야 문제들이, 비전문가이며 발행 부수나 시청률이라는 상업적 요구에 따라 움직이는 매체들에 좌지우지된다는 데 대한 불만도 크다. 다양한 학문과 문화 예술 영역이 각기 독자적으로 행사해야 할 권리와 자율성이 침해당한다는 데서 오는 위기감이라 할 수 있다.

5 새로운 대중 매체 지식인 — 중간 지식인

그나마 본격 지식인들이 미디어를 활용하거나 '활용당할' 수 있는 기회도 점점 줄어들고 있다. 20세기 후반부터 오락 프로그램이나 시청자 참여 프로그램이 나날이 증가하고 보도나 교양 프로그램이 상대적으로 줄어들면서 미디어에서 지식인들의 입지는 좁아지고 있다. 오락 프로그램의 증가는 연예인이 우리 사회에서 중요한 여론 주도자가 되는 데 크게 기여했다. 약품이나 식품, IT 기술의 광고에서도 예전처럼 관련 분야 전문가들의 보증이 아니라 연예인들, 유명 스포츠 스타들이 등장해서 품질과 유용성을 설파하는 경우가 많아졌다. 그런 영향력 때문에 요즈음에는 연예인, 스포츠 스타들도 지식인 반열에 포함하는 경우가 눈에 띄고 미디어가 실제로 그들에게 정치적, 사회적, 문화적 이슈에 대한 발언의 기회를 주는 방식으로 지식인의 역할을 부여하기도 한다. 그런 경향이 인터넷으로 연장되면서 이들은 선거를 비롯해서, 정부 정책 같은 비교적 가볍지 않은 시사 문제에 대해서도 전통적 지식인들보다 여론에 더 큰 영향력을 행사하기도 한다.

시청자 참여의 확대는 지식의 영역이 확장되는 계기가 되기도 했다. 지식은 과학, 인문학, 의학, 법학 같은 전통적 영역을 넘어 생활 영역으로 꾸준히 확장되어 가는 추세이다. 이를테면 예전에는 사적 영역으로 간주되어 미디어 같은 공적 영역에서 다루지 않던 문제들이 방송의 주요 프로그램에 진입했다. 물건 값 맞추기 퀴즈, 가사, 육아, 요리, 다이어트, 집 정리 같은 문제에서 평범한 주부들이 생활 지식의 전문가로서 대우받기도 한다. 영화 선택 기준이 1990년대까지만 해도 영화 이론가, 평론가들의 평가였다면 이제는 관객들의 별점이 더 큰 영향력을 행사한다. 이처럼 미디어가 다루는 정보와 지식의 범위가 확장되면서 새로운 전문가들이 등장하고 있다. 뿐만 아니라 전통적 지식 영역에서도 딱딱한 학자보다는 대중과의 소통 능력이 뛰어나고 인터테이너의 자질이 풍부한 미디어 적응형 지식인과 중간 지식인(Middlebrow Intellectual)들이 더욱 환영받는 분위기이다.

중간 지식인이라는 용어는 자칫 오해를 낳을 수도 있는 말이다. 이는 지식의 깊이나 전문성의 정도를 기준으로 하는 분류는 아니다. 본격적인 학자들과 달리 지식의 생산보다는 지식의 사회적 유포를 위해 활약하는 미디어 지식인의 범주에 속한다고 할 수 있다. 물론 오늘날 미디어 공론장에서는 변호사, 정치 평론가 등 새로운 유형의 중간 지식인들의 활동이 무척 활발하다. 이들은 철학과, 세계 문화, 세계 정치, 국내 정치, 남북문제 등 다양한 주제로 신문 방송에 자주 등장하며 셀러브리티가 되고 있다. 이전과 달리 이들은 전통적인 '학자' 출신의 지식인은 아니지만, 법률, 저술, 평론 등에 나름의 전문성을 가지고 있으며 무겁고 어려운 문제를 명쾌하고 알기 쉽게 설명해 주고 수용자들의 궁금증을 풀어 준다. 주로 미디어가 발굴해 낸 이들 미디어 적응형 지식인들은 어려운 학술 이론을 대중화하기보다는 단순화해 주는 역할을 한다고 할 수 있다. 배경, 원인 과정에 대한 체계적이고 논리적이지만 복잡한 설명에만 익숙해져 있는 논문형, 대학 강의형 학자들과 달리 사안을 단순 명쾌하게 짚어 준다. 이러한 단순화가 갖는 위험은 작지 않지만, 이는 그 지식인들의 탓이라기보다 방송 미디어 자체의 요구가 그러하다.

4 우리 사회의 공론장과 지식인 —시대적 특징과 변화

우리 사회에 비판적 지성이 형성되었다고 간주되는 1960년대 이후 1980년대에 이르기까지 사회 갈등의 지배적인 대립 축은 민주/반민주, 혹은 민주 대 독재의 구도였다. 물론 이것은 1970~1980년대를 거치면서 선명해졌다. 이 시기의 지식인 사회도 폭넓게 보면 군사 정부의 통치에 협력해서 산업화에 앞장선 기능적 지식인과 민주화 운동에 직·간접적으로 개입한 비판적 지식인 그룹으로 나눌 수 있다.

1 1960~1970년대

4·19 이후 1960년대 비판적 지식인 사회의 전반적인 사상적 기조는 보수 우파적 속성을 띠었고,[24] 1960~1970년대까지 각자 자기 분야에서 전문성을 키우고 발휘하는 활동 속에서 고유의 방식으로 시대의 이슈를 소화해 내는 양상이었다. 예컨대 저항적, 비판적 지식인들의 공론장 역할을 했던 문학 영역에서 참여 시인이든 모더니즘 시인이든 양식의 차이는 있어도 나름대로 4·19 이후의 시대정신을 구현하는 비판적 문인으로 자리매김했다. 분야별 자율성과 독자성이

유지되었다는 의미다.

1970년대 비판적 지식인 사회 일부에서 등장한 민족 민중론과 함께 사상적 분열의 모습이 보이기도 했고 일부 영역에서(예컨대 리얼리즘 문학의 경우처럼) 분야별 전문성과 자율성보다 정치적 투쟁의 수단적 기능을 중시하는 경향이 더러 있기는 했지만 보편화되지는 않았다.

2 1980년대

1980년대 들어 광주 항쟁 이후 민주화 운동이 격렬해지면서 문학을 포함해서 많은 정치, 문화, 사회 분야의 집단들이 연대해서 공동 전선을 구축하는 투쟁 방식으로 전환했다. 이들이 분야별 특수성이나 전문성을 희생해 가며 활동 목표를 정치적 투쟁 목표에 종속시키는 전략을 구사함에 따라 이른바 운동권이 형성되고 여기에 적극적으로 참여한 지식인들은 분야별로 공론장은 달라도 문제의식이나 이론적 기반, 핵심 쟁점들을 공유해 가는 현상을 보였다. 거대한 단일 공론장이 형성되었고 그 크기만큼 그곳에서 형성되는 여론의 영향력도 컸다. 옳고 그름의 기준도 분명했고 그 기준에 따라 사물은 선악의 구도로 재단되었다. 여기에 새로운 지식인으로 부상한 대학생 집단도 공론장에 적극적으로 참여했고 행동으로 실천해 보여 주기도 했다. 지식인 사회의 공론장에서는 한국 사회의 성격에 관한 사회구성체이론과 변혁이론이 만발했으며[25] 마르크스주의가 '진보적' 지식인의 기본적 입장으로 공식화되다시피 했고 주체사상을 한국 사회에 직접 적용하려는 시도 등 급진화 경향도 생겨났다.

3 1990년대

1990년대는 지식인 사회가 1980년대의 다분히 교조적인 이념 논쟁에서 벗어나 폭넓은 가치 논쟁으로 옮겨 가는 듯했다. 민주화가 이루어지고 전 국민을 하나로 묶을 수 있는 공통의 문제(national issue)가 사라지면서 지식인 사회의 분화가 시작되었고 영역별 독자성도 다시 살아나기 시작했기 때문이다. 동구권의 몰락으로 야기된 전 세계적인 탈이념화의 추세, 거대 담론의 보편적 이슈가 사라지고 대신 미시 담론들의 만개로 문제 영역이 다변화되면서 공론장의 분화가 이루어졌다. 우리 공론장의 이슈도 노동과 통일에서 환경, 시민사회론, 포스트모더니즘, 페미니즘, 성과 가족, 정보화, 세계화, 인터넷과 가상 공간 등 다양해졌다. 비판적 지식인들이 단죄해 왔던 대중문화는 폭발적인 확산을 보였고 예전의 민주화 투쟁 시절 문화 운동의 주역들이 별다른 고민 없이 대중문화 영역으로 옮겨 가기 시작했다. 드디어 이데올로기의 목소리가 힘을 잃은 듯 보이기도 했다.

그러나 1990년대 후반 좌파 정권의 집권과 함께 우리 사회에서는 지식과 권력의 대이동이 시작되었고 그 과정에서 광주 이후 공고히 조직화되었던 진보적 지식인들이 지식인 사회의 새로운 주역이 되었고 이념이 새로운 힘을 얻기 시작했다.[26] 이들은 통치 권력에 참여하며 정·관·학계, 시민사회 등 사회 전반에 폭넓게 진입했다. 여기에 전교조 등 급진적 지식인 집단들이 상당수 포함되면서 급진적 논리가 1980년대의 학술적 담론 수준에 머무르지 않고 일부 현실 사회의 운영 논리가 되었으며 이로 인해 지식인 사회에 갈등이 야기되기도 했다. 반독재 투쟁에서 대오를 같이했던 비판적 지식인 일부는 급진화한 지식인들과 선을 긋기 시작했고 한편 급진화한 지식인들은 이들을 보수 우파로 분류했다. 이들 중 다수가 반독재 투쟁의 과정에서 스스로 진보적 지식인이라는 정체감을 강하게 지녀 왔기에 보수 우파라는 타의적 정체성 부여에 강한 반발을 보이기도 했다.

4 2000년대

2000년의 사회적 이슈는 소비문화, 인터넷, SNS, 한류, 참여 문화, 민생 경제, 사회 복지 문제 등으로 굳이 이념 투쟁의 대상은 아니었다. 설사 사안에 따라 진보, 보수로 정치적 성격을 가를 수 있다 해도 거대 담론이 사라진 시대에 지식인들은 모든 영역에서 일관성 있게 특정한 정치적 입장을 견지하기보다는 여러 가지 입장이 두루 섞인 복잡한 존재일 수밖에 없는 시대가 되었다. 전적인 진보도, 전적인 보수도 불가능한 시대임에도 지식인 사회는 진보 진영/보수 진영이라는 진영 개념으로 현실과 부합하지 않아 삐걱거리는, 지극히 인위적인 갈등의 축을 만들어 계속 대립각을 세워 갔다. 탈이념의 시대에 발생한 이런 비정상적 상황은 좌/우를 막론하고 책임감 있고 사색의 깊이와 통찰력을 갖춘 지식인들이 뒤로 물러나 소극적이고 방어적이거나 방관적이 되고(많은 경우, 부당한 인신공격을 피하기 위해서이다.) 권력 지향적이고 전투적인 얄팍한 '진보 자처', '보수 자처' 지식인들이 공론장에서 활거하면서 심화되었다고 할 수 있다. 결과적으로 탈이념화 시대에 전개되어야 할 새로운 차원의 생산적인 보수/진보 논의보다는 편 가르기가 판치는 공론장이 되어 버렸다.

좌파 정권의 10년간 집권과 그 뒤를 이은 우파 정권의 7년여 집권을 겪으면서 대한민국 건국을 둘러싼 정통성 문제 등 몇 가지 이슈를 제외하면 좌와 우의 이념적 차이나 통치 방식에서의 차이는 스타일의 차이 외에는 크게 체감하기 어려운 상황이 되었다. 전 세계적으로 공고히 자리 잡은 신자유주의 세계 질서 속에서 특별히 쓸 수 있는 진보적 정책의 여지가 적었던 탓도 있었을 것이다. 정권 교체기마다 캠프라는 이름의 싱크탱크들이 만들어지고 지식인들이 대거 참여해서 권력의 전략을 만들어 냈지만 좌파 정부건 우파 정부건 필요로 하는 지식인 유형은 크게 다르지 않았다. 핵심 세력을 빼고는 예전 같은 이념형이 아니라 통치 전략을 만들고 여론을 관리할 수 있는 전문가, 기능적 지식인을 더 선호한 것이다. 그러다 보니 다양한 공론장에서 제기되는 주의 주장, 정책적 대안들은 그 내용보다 누가 주장하는 것인지에 따라 진보와 보수로 가려지는 경우가 많다. 지식인 역시 어떤 정치 세력과 연계된 인물이냐가 진보와 보수의 정치적 성향을 구별하는 척도가 되기도 한다.

이런 현상은 인문 지식인뿐 아니라 자연과학자들에게도 확대되었다. 과학자들에 대한 비교적 강건했던 도덕적 믿음의 상실은 지식인에 대한 신뢰를 더욱 깎아내렸다. 황우석 사태가 시발점이기는 했다. 그 경우는 개인적 도덕성의 문제로 치부될 수도 있지만 미국산 쇠고기 수입 반대 촛불 시위 과정에서 나타난 과학자들의 상반되고 엇갈린 주장과 과학적 근거 없는 괴담 수준의 선동성 주장(예컨대 한국인은 특히 광우병에 잘 걸릴 수 있는 체질이다 등)들은 정치적 입장에 따라 달라지는 과학자들의 주장이 과학에 대한 믿음을 많이 흔들어 버린 것이 사실이다.

2000년대 들어 십수 년간 우리 사회의 공론장은 많이 혼탁해졌다. 이성과 합리성이 지배하는 소통의 장이라기보다 억지와 무원칙과 비타협이 판치는 장처럼 보이기도 한다. 이슈 제기자가 현재 자신과 관련이 있는 그룹이나 사람들인가에 따라 찬반을 결정하는 판단의 기준이 될 뿐 가치관과도 상관없는 경우가 허다해 보인다. 한미 FTA, 제주도 해군 기지 건설, 대북 정책 등 중요한 정당 정책들이 여, 야 위치가 바뀜에 따라 주장이 정반대로 바뀌는 경우를 수시로 경험한다. 원칙을 내세우면서 전략적으로 유리하다고 생각되는 경우에는 적용하고, 불리하면 눈감아 버리거나 논리를 왜곡한다면 그것은 원칙이 아닌 자의가 된다. 우리 사회의 유행어가 되다시피 한 '진영 논리'가 상당 부분 바로 이런 자의적 논리이다. 정치적 전략을 위해 원칙과 논리를 타락시키면서도 도덕적 우월감으로 그런 모순쯤은 아랑곳하지 않는 듯한 오만함도 가끔 엿보인다. 양극화를 얘기하지만 실은 가치의 양극화가 아니라 내 편, 네 편의 양극화 양상이 두드러져 보인다. 원칙과 신념보다 그때그때 섬기는 주인에 맹종하는 용병형 지식인들이 공론장에서 더욱 큰 목소리를 내고 있는 양상이다.

5 인터넷과 소셜 미디어의 공론장 — 새로운 현상들

인터넷과 소셜 미디어의 급속한 발전과 함께 집단 지성, 시민 지성 등 새로운 범주의 지성이 등장하고 전통적인 학자나 전문가 코스를 밟지 않은 독학형 학자들이 증가하면서 지식인의 위기, 지식인의 죽음 같은 주장이 나오고 있다. 네트워크 여론의 힘은 막강해지는데 그 여론 형성 과정은 이론화 작업도 쉽지 않을 만큼 오리무중이고, 일부 전통적 지식인들이 SNS 같은 곳에서 여론을 몰고 다니며 화려하게 활동을 전개하고 있지만 그 행적에 관한 논란도 자주 벌어진다.

1 웹상의 새로운 여론 주도자들

인터넷 시민 지성 중에는 웹상에서 여론 주도자로서 인정받고 기업이나 광고 시장의 구애를 받는 이들도 적지 않다고 한다. 이들 대부분은 물론 이미 방송 매체에서 시작된 생활 지식 영역의 확대에 따라 새로이 전문성을 인정받은 경우가 많다. 인터넷의 블로그 같은 발언 지면을 스스로 만들어 방문하는 사람들로부터 전문성을 인정받고 그 분야의 오피니언 리더로서 위치를 굳히기도 한다. 그리고 비교적 무게감 있는 전통적 지식 영역에 새로이 진출한 독학형 지식인들도 있다. 전문성에서 제도권 학자에 못지않은 지식을 갖춘 사람들도 눈에 띄지만 이들의 강점은 무엇보다 소통 능력이나 지식의 대중화 능력이 뛰어나고 전통적 학자들이 갖추지 못한 친절함으로 '친구' 확보에 능하다는 데 있다.

SNS는 색다른 방식으로 여론 주도자들을 생산해 내고 있다. 2006년 3월 개설된 트위터는 140자의 간결한 메시지 작성과 팔로잉, 리트윗 활동을 통해 짧은 시간 내에 더 많은 사람들에게 정보를 전달하면서 동시에 의견 교환을 활성화하며 의제 설정과 여론 형성 면에서 정치와 선거에 큰 영향력을 행사하고 있다. SNS가 여론 형성의 구도를 정부와 소수의 오피니언 리더가 주도하던 소수 과점형에서 시민 개개인의 자율성이 높아지며 다수가 참여하는 분산형으로 바꿀 것이라는 전망도 있었지만 현재 우리가 경험하고 있는 상황은 오히려 그 반대이다. 한국인 트위터 사용자 집단의 소셜 링크 분포도를 분석한 몇몇 연구는 트위터가 전형적인 멱함수(power-law)의 분포를 보이고 있음을 지적했다. 멱함수 분포란 매우 작은 값을 가지는 다수의 사례들과 극단적으로 큰 값을 가지는 극소수의 사례들이 함께 공존하는 형태의 분포로 "마치 소인국에 간 걸리버와도 같이 키가 아주 작은 대다수의 사람들과 엄청나게 키가 큰 극소수의 사람들이 공존하는 것이 당연시되는 분포"로 소수의 유력자(influentials)들이 제공하는 내용이 대다수의 인터넷 사용자에게 막대한 영향력을 행사할 수 있는 구조이다.[27]

이러한 구조의 가상 공간에서는 유력자의 한마디가 막강한 힘을 발휘한다. 한 신문의 기사에 의하면, 반값 등록금 파동과 관련해서 트위터에서 "전통적인 오피니언 리더들이 '반값 등록금=포퓰리즘'이라고 아무리 비판해도 이들의 얘기가 SNS 세계에 침투하지 못한다. SNS 이용자들이 그들을 오피니언 리더로 인정하지 않기 때문이다. 대신 탁현민 씨가 짧게 하는 한마디 '반값 등록금. 아무리 외부에서 선배들이, 시민들이 도와도 학생들 스스로 돕지 않으면 안 됩니다. 모이세요, 같이 자신을 위해 외치세요.'가 여론이 된다."[28] SNS의 여론 형성 과정에서 막강한 영향력을 발휘하는 유력자들은 직업적 배경도 다양하다. 최근의 트위터 세계에서 수많은 팔로워를 몰고 다니는 유력자들은 공연 기획자, 코미디언, 영화배우, 소설가, 대학교수, 시사 평론가, 의사 등이다.[29] 이들은 2011년 10·26 서울 시장 재보선 선거

인터넷과 SNS 시대 한국 사회의 여론과 지식인

등에서 위력을 여실히 보여 주었다. 이 유력자들은 이미 트위터에 등장하기 이전에 전문 활동을 통해 일정 정도의 명성을 확보했던 사람들이다. 그러나 트위터상에서 이들은 전문 영역을 벗어나 사회 전반의 정치적 시사적 이슈에 대해 영향력을 행사하면서 새로운 차원의 명성을 획득한다. 신문, 방송 등 기존의 전통적 매체들이 자주 트위터 유력자들의 발언과 행동에 주목하면서 이를 적극 인용 보도해서 트위터의 영향력을 더 강화하고 그들의 사회적 영향력을 확대해 주기도 한다. 이들은 활동 방식에서 전통적 지식인 — 자신의 전문 영역 밖의 이슈로 여론을 주도해 가던 — 과 흡사하다. 단지 이들이 개입하는 이슈 중에는 보편적 성격보다는 선거 개입 같은 당파적 편들기의 성격이 강한 경우가 많다는 점이 차이라고 할 수 있다.

뿐만 아니라 SNS 유력자들이 영향력을 발휘하는 방식은 예전에 전통적 지식인들이 단단한 논거에 의존해서 논리적으로 의견을 펼쳐 나가던 방식의 논리적 설득 방식과는 상당히 다르다. 예컨대 트위터의 140자로 그런 담론을 만들어 내기는 어렵다. 물론 근거가 되는 사이트 URL을 제공해서 주장을 뒷받침하는 경우도 있다지만 그렇게 부지런히 찾아다니며 주장의 진위를 확인하러 다닐 사용자가 많을 것 같지는 않다. 더구나 그들의 팔로워 다수가 관심사와 성향이 유사하고 신뢰 관계가 구축되어 있기에 유력자들의 주장을 추종하는 관계로 지속되고 있다. 선거철에는 특히 그 영향이 상당한 파괴력을 가진다.

새로운 여론의 장이 열리고 있고 새로운 오피니언 그룹이 등장하고 있으며 새로운 공중이 형성되고 있는데, 이들 유력자 여론 지도자들은 예전의 비판적 지식인들처럼 길고 지루한 그러나 합리적인 논리의 전개가 아니라 짧고 위트 있는 그러나 선동성이 매우 강한 한마디로 영향력을 행사한다.

2 공론장의 파편화, 정보 편식, 의견의 쏠림 현상

인터넷 카페와 커뮤니티 사이트를 통해 네트워킹하고 페이스북과 트위터에서 취향이 비슷한 사람들끼리 친구를 맺고 팔로잉을 하면서 사용자들은 분주히 소통하는 것 같지만 그럴수록 공론장의 파편화를 가속화하는 결과를 낳기도 한다. 끼리끼리의 벽에 갇혀 성향이 다른 사람들로부터는 정보가 원천적으로 봉쇄되는 양상이기 때문이다.

한 조사는 2008년 4~7월 한미 FTA 반대 촛불 시위를 분석하면서 인터넷 온라인 토론방의 당파성 정도를 보여 주고 있다. 미국산 쇠고기 수입 협상이 국민의 안전을 담보로 졸속으로 진행되었다는 비판 여론이 온라인에서 형성된 후 짧은 시일 만에 오프라인 촛불 시위로 연결되었던 이 사건의 원동력은 아고라 같은 각종 웹사이트였다. 촛불 시위 기간 동안 아고라 정치 토론방에 올라온 글을 분석한 이 연구는 관련 글이 수십만 건에 달했지만 게시된 글과 베스트 글에 대한 찬성 비율이 각각 90퍼센트와 96퍼센트로 찬성이 압도적이었던 것으로 밝히고 있다. 게시 글의 내용에 대해 찬성이 반대를 열 배나 초과한다는 사실은 온라인 토론방의 의견 쏠림 현상과 집단적인 동조화 현상이 상당히 심하다는 것을 보여 준다.[30]

이 같은 현상은 SNS에서도 흔히 발생한다. 트위터, 카카오톡, 페이스북 등 SNS가 처음에는 새로운 소통 수단으로서 기대를 받았던 것과 달리 최근에는 이념, 계층, 세대 간 칸막이를 만들어 오히려 갈등을 부추기고 소통 자체를 어렵게 하고 사회적 양극화를 조장하는 것 아니냐는 논란이 많다. 페이스북이나 트위터 사용자들의 화면에는 자신과 '친구' 관계를 맺은 사람들이나 자신이 팔로우하는 사람들의 포스팅만 보이게 된다. 따라서 자신의 의견이나 입장과 유사한 내용을 많이 접할 수밖에 없다. 더구나 접하게 되는 대중 매체도 비슷한 성향일 경우(대개 그렇다.) 정보의 편식과 쏠림이 더욱 심해지게 된다. 그 때문에 SNS에서 파악된 여론이 사회 전반적으로 우세한 여론이라는 오해나 착각에 빠지기 쉽게 된다. 2012년 대통령 선거도 트위터에서는 문재인 후보를 지지하는 여론이 강세를 보였고 카카오톡같이 중장년층이 널리 사용하는 오프라인 그룹의 연장인 곳에서는 박근혜 후보의 지지 여론이 우세였는데 트위터 사용자들은 진보 진영의 압도적 승리를 예상했다가 낭패를 보았다. SNS에서 정보의 편식과 쏠림 현상이 어느 정도이며 어떤 결과를 가져올 수 있는지 잘 보여 주는 사례이다.

3 웹상의 감성성 (1) ─ 집단 감성의 파괴성

웹상의 공론장은 이성적 합리성보다는 흔히 감성적 언행이 여론을 좌지우지하고 무책임한 선동으로 이성을 마비시키는 경향이 발생하는 것으로 알려져 있다. 우리 사회에서 흔히 벌어지는 '신상 털기'나 '마녀사냥'식의 여론 형성이 대표적인 사례라고 할 수 있다. 집단 감성에 여론이 휘둘린 사례를 잘 보여 주는 한 웹사이트의 분석이 있다.[31]

2012년 한 프랜차이즈 식당에서 임산부 여성이 폭행을 당했다면서 자신의 억울한 사연을 인터넷 게시판에 올리고 SNS를 통해 널리 전파해 주기를 요청했다. 열성적 네티즌들은 이 소식을 육아 관련 사이트 등을 통해 빠르게 확산시켜 나가는 한편 음식점에 항의를 표하기도 하고 조직적인 불매 운동을 전개하기도 했다. 한 유명 가수가 해당 음식점에서 겪은 불쾌했던 경험을 언급하면서 부정적 여론은 더욱 확산되었다. 이 사건은 식당 측에서 빠르게 대처한 덕분에 임산부의 주장에 과장이 있음이 밝혀지고 열두 시간 만에 종결되었다. 이 과정을 분석자는 다음과 같이 정리한다.

(1) 개인이 문제 제기의 주체가 된다.

경찰의 조사나 매체의 게이트키핑 과정을 거치지 않고 개인이 직접 이슈를 제기하고 전파하는 주체가 된다.

(2) 문제 제기와 동시에 여론 형성이 급속도로 빠르게 진행된다.

문제의 사건은 제기에서 확산, 비난 여론의 비등, 불매 운동 등의 구체적 저항 운동, 사건 종결에 이르기까지 걸린 시간이 열두 시간에 불과했다.

(3) '소셜 게릴라'들이 사건을 증폭시킨다.

사건의 확대를 위해서는 질적, 혹은 양적으로 이슈를 확산시킬 있는 사람들이 필요한데 소셜 게릴라들이 자발적으로 생성되어 개인이 제기한 주장을 확인 과정 없이 무조건 지지, 후원한다. 이 사건의 경우 육아 관련 인터넷 카페 회원들과 유명 가수가 그 역할을 했다.

(4) 집단 감성이 이슈의 확산과 여론에 크게 작용한다.

제기된 의혹이 이슈화되는 데는 사실 관계보다 정서적 공감이 더 크게 작용한다. 이 사건에서 피해자의 주장 외에는 다른 증거가 없었지만 '임산부'라는 약자에 대한 폭행에 많은 사람들이 분노하고 행동했던 것으로 보인다. 집단 감성이 여론을 좌우하는 상황이다.

분명한 것은 네트워크 이전 시대와 달리 이제는 신문, 방송 같은 대중 매체들이 여론 형성에서 예전처럼 중심적 역할을 하지 못한다는 점이다. 문제가 제기되고 확산되는 과정에서 대중 매체의 개입이 전혀 없는 채로 빠르게 여론이 형성된다. 대중 매체가 사건을 감지했을 때는 이미 상황이 종료된 후이기 십상이다. 이 과정에서 지배적인 분위기는 이성적 의견 교환보다 감정의 전염으로 집단 감성(Collective Mind)이 우세한 흥분의 상태이다.

물론 이러한 감성적 분위기는 부정적이기만 한 것은 아니고 그것이 갖는 긍정적, 변혁적 역할에 대한 주장도 많다.

4 웹상의 감성성 (2)
― 감성 공론장과 얇은 언어의 변혁적 가능성

김예란은 하버마스적인 이성적이고 합리적인 소통의 규범으로부터 자유로운 감정과 경험의 소통이 포함된 '감성 공론장'의 개념을 제안한다. 공론장은 현존하는 실체이다. 그래서 특정 시기의 사회적, 정치적, 경제적, 문화적 맥락 안에서 변모, 확장, 세분화, 재구성되는 역동체이므로 하나의 규범화된 모델로 정형화하기 어렵다. 감성 공론장은 이성과 합리성이라는 규범적 권위의 이면에 축소된 채 방치

되었던 감정, 정서, 느낌 등의 감성의 가치를 재해석하고자 한다. 여기서 감성은 이성과 분리되거나 대척되는 요소가 아니며, 인간의 행동은 감성과 이성이 융합되어 형성된다고 본다. 언어의 매개에 몸과 감각을 통한 소통의 가치가 덧붙으면서 논리적 설득만이 아니라 감응과 공감의 능력이 동시에 발현될 수 있다. 특히 인터넷 환경에서는 개인의 즉각적인 발화가 동시다발적이고 직접적으로 표출되므로 이 같은 감성적 소통이 더욱 현저하게 나타난다.

감성 공론장의 활동은 제도화된 공적 담론보다는 일상적 대화를 통해 신념, 열정, 사고, 의견을 교환하고 논쟁하는 과정이 누적되는 방식으로 전개된다. 이 과정에서 공동의 문제가 형성되고 소통되며 이것이 공공의 여론으로 성숙할 가능성이 생긴다. 김예란은 감성과 이성 사이의 역동적 접합성을 감성 공론장의 취약점이라기보다 사회적 변화와 재구성을 촉발하는 생성적이고 긍정적인 힘으로서 고려할 것을 주장한다. 특히 여성 커뮤니티 분석을 통해 감성 공론장의 미학과 운동성이 이성적 논리와 설득을 기반으로 하는 전통적인 공론장 규범과 다르지만 결코 열등하지 않으며 새로운 정치 문화와 문화 정치가 생성될 수 있는 가능성을 지적한다.[32]

이 같은 감성적 언어들은 '얇은 언어'로 명명되기도 한다. 언어의 두께는 생각의 두께를 반영하기에 많은 생각을 담은 이지적 언어는 두껍고 즉각적이고 감상적인 언어는 얇다는 의미에서이다. 전통적인 미디어 시대에 공론장을 채운 것은 두꺼운 언어로서 대개는 전문가들에 의해 숙고되고 계산되고 선택되고 잘 다듬어진 언어들이다. 디지털 미디어 환경에서 다수의 보통 사람들은 블로그 등 인터넷

인터넷과 SNS 시대 한국 사회의 여론과 지식인

의 개인화된 미디어나 동호인 사이트 등의 다양한 커뮤니티를 넘나들며 자기표현의 기회를 확보할 수 있게 되었다. 이들이 생산하는 담론은 표준화된 언어로 조직되기보다는 김예란의 지적처럼 "유행어, 속어 혹은 깨진 언어, 일탈적 언어 등의 다양한 모습을 지니며", 멀티미디어 환경에서 이미지나 음악 요소들과도 자유롭게 혼재하는 모습을 보인다.

이러한 사례들은 주로 팬 사이트의 여성 팬덤 분석을 시도한 연구자들이 많이 지적하고 있다. 김수아는 남자 아이돌 그룹의 팬 사이트 관찰을 통해, 여성에게 욕망 억제 혹은 욕망 부재의 수동적 정체성이 강요되었던 유교적 전통을 가진 우리 사회에서 성인 여성 팬들은 욕망의 적극적이고 노골적인 표현을 통해(한밤의 한정된 시간 동안이지만, 그래서 더욱 의미심장한 것이기도 한) 그 억압에 대해 놀이 같기도 하고 가장행위 같기도 한 투로 시비를 거는, 일종의 성 수행성 (performativity)[33] 담론을 생산한다고 보았다. 김수아는 여기서 가부장적 젠더 질서가 모호하게 흐려지거나 일탈되는, 담론적 수행 효과라고 할 수 있는 성 정체성의 균열 효과를 발견한다.[34]

홍석경은 유럽 여성의 한국 청년 아이돌 팬덤 분석에서, 한국 아이돌이 유럽 여성들에게 사랑을 받게 된 '사건'을 유럽 사회의 지배적인 성 규범의 맥락에서 살펴본다. 그는 유럽 여성 팬들이 한국 '꽃미남'의 이미지가 제공하는 시각적 쾌락(digital scopophilia)을 소비하는 방식과 직설적이고 노골적으로 감정을 드러내는 방식에서 아시아 남성들에 대한 백인 여성들의 열망을 발견한다. 그는 서구 사회에 견고하게 구축되어 있는 백인 우월적인 지배적 남성성(masculinity) 담론에 균열을 내는 대안적 담론의 가능성을 본다. 이러한 현상은 백인 우월적인 남성 정체성 질서에 큰 위협이 되는 것은 아니라도 서구 문화의 성 정체성 담론 구성체를 '문제화'하는 논리를 제공한다.[35] 두 연구자 모두 감성적 공론장과 '얇은' 감성적 언어들의 생산적 가능성에 대해 새로운 기대를 보인다. 이성적 공론장의 틀에 갇히는 한에서는 결코 발견할 수 없는 가능성이다.

5 새로운 저널리즘

1990년대의 딴지일보로 시작해서, 오마이뉴스 같은 집단 지성형의 저널리즘, 나꼼수형 팟캐스트 등 웹상에 새로운 스타일의 저널리즘이 확산되고 있다. 최근 팟캐스트 「나는 꼼수다」(이하 '나꼼수')가 성공을 거두면서 유사한 유형의 인터넷 서비스가 우후죽순 격으로 생겨났다. 나꼼수는 기존의 신문 방송과 확연히 차별화된 방식으로 정치 사회 이슈들을 다루었다. 상당수는 제도권 언론이 별로 다루지 않고 때로는 회피하는 정치권력 이면의 추문들이었다. 언어 사용에 있어서는 정통 저널리즘의 관행인 정제되고 차분한 어법 대신 거칠고 경박하고 도발적인 어법이 동원된다. 정치적 중립성 대신 편향성을 노골적으로 드러내고 사실성의 존중이라는 저널리즘의 규범을 정면으로 위배해서 사실/허구/추측이 명확히 구분되지 않는 경우가 대부분이다. 그런 이유로 나꼼수 유형의 팟캐스트들은 저널리즘과 비저널리즘 간의 경계를 흐리고 전통 저널리즘이 추구해 왔던 진실과 책임 같은 가치들을 노골적으로 무시하면서 정치 보도를 연예 오락 프로그램 수준으로 추락시켰다는 비난을 받기도 했다.

그러나 주목해야 할 사실은 나꼼수의 대대적인 성공으로 기존의 언론 매체들이 놓친 청년층 수용자들이 정치 뉴스에 관심을 갖게된 점이다. 젊은이들이 환호했던 것은 나꼼수의 정치적 입장에 동조해서라기보다 정보와 재미를 동시에 주는 새로운 정치 보도 스타일에 있음을 지적하는 시각도 많다. 나꼼수의 성공을 통해 10~30대에이르는 청년층에 광범위한 '정치 뉴스 소비자'가 존재하며, 기존의제도권 언론 매체들이 이들과의 소통에 실패하고 청년 세대의 관심을 끌어낼 수 있는 정치 관련 보도와 콘텐츠를 제대로 생산하지 못하고 있음을 드러냈다는 것이다.[36] 나꼼수류의 성공은 제도권 방송, 특히 종합 편성 채널의 정치 시사 토크 쇼에도 영향을 끼쳤다. JTBC의「썰전」같은 프로그램은 정치적 중립성과 사실성의 존중 같은, 전통저널리즘이 요구하는 규범을 나꼼수 스타일의 담론 형식에 담아내는시도로 성공한 사례라 할 수 있다.

6 SNS와 오프라인의 공조로 여론 만들기
― 토크 콘서트 시스템

2011년부터 안철수/박경철 팀이 3년간 전국을 돌며 돌풍을 일으킨 청춘콘서트의 틀과 방식이 대중화되어서 '토크 콘서트'라는 새로운 공론장과 새로운 방식의 여론 형성 시스템이 유행하게 되었다. 정치인, 지식인, 총리 등의 고위 공직자, 경제인, 배우, 개그맨 등 개인뿐만이 아니라 대기업이나 공공 기관, 사회단체들도 그 바통을 이어 받았다. 안철수 토크쇼를 기획했던 탁현민 성공회대 교수는 기획 전문회사를 차렸고 이어서 트위터의 막강한 유력자가 되었다. 토크 콘서트는 구축 방식이 가히 시스템으로 불릴 만큼 체계적이다. 강연과 대화, 공연 형식이 아우러지며 연예 공연 못지않게 사전 기획이 치밀하고 전문 연출가와 각종 기술자들이 동원된다. 사전에 온라인 여론을 관리해서 콘서트 소식을 확산시키는 것은 기본이다. 콘서트에서 주인공의 소통 능력이 반드시 뛰어나지 않아도 상관없다. '통역사' 역할을 하는 매개자가 소통을 원활히 해 주기 때문이다. 안철수의 경우, 청춘 콘서트의 성공은 젊은이들과의 대화 능력이 뛰어난 박경철의 도움이 결정적이었다고 한다. 딱딱한 경제학자인 김종인도 박경철의 '통역'을 통해 소통이 원활해지고 젊은이들의 공감과 인기를 얻었다는 것이다. 주제와 콘서트 주인공에 따라 청중의 구성은 다르지만 대개는 젊은이들로 인터넷과 SNS를 일상적인 의사소통 수단으로 활용하는 사람들이다. 콘서트 후에는 이들이 자진해서 웹상에 콘서트 관련 정보를 널리 확산하는 전달자 역할을 하게 된다.

오늘날 지식인들, 기업, 국가 기구, 사회단체, 연예인, 작가, 정치인 누구든 대중과 소통하고 여론에 영향을 끼치고자 하는 사람들은 토크 콘서트를 개최하는 것이 새로운 유행이 되었다. 타겟 청중, 특히 젊은이들과 직접 접촉해 대화하면서 소통 가능성을 확인하기도 하고 콘서트를 시리즈 형식으로 연속 개최해 가면서 소통 능력을 높여 여론 영향력을 다지기도 한다. 물론 최종 목적은 인터넷과 SNS에서의 확산이다.

하버마스가 상업화한 대중 매체에 의해 지배되고 끊임없는 재봉건화 위험에 처한 공론장에 절망했다가 새롭게 찾아낸 희망은 일상적 의사소통의 실천에 담겨 있는 이성의 잠재력, 즉 의사소통적 합리

인터넷과 SNS 시대 한국 사회의 여론과 지식인

성이다. 의사소통적 합리성과 아울러 중요한 점으로 지적한 것은 공론장의 일반적 이해 가능성이다. 여론으로 제시되는 의견들을 창출하고 논의를 주도하는 것은 대체로 엘리트와 전문가들이지만 그럼에도 불구하고 여론이 성찰을 갖출 수 있는 것은 바로 공론장이 일반인들의 이해 가능성을 그 본질적 특징으로 갖기 때문이다. 공중의 이해 가능성, 바꾸어 말하면 소통 가능성을 촉진하는 것의 중요성을 강조하고 있는 것이다. 이런 관점에서 볼 때 토크 콘서트는 웹상에서 벌어지는 무조건 추종에 의한 여론의 왜곡 현상을 방지하고 보다 합리적이고 이성적인 여론을 형성하도록 돕는 효과를 낼 수도 있을 것이다. 그러나 문명의 이기로 개발된 것이 흉기로 변형되는 경우도 흔하기에 낙관은 이르다. 경우에 따라서는 온·오프라인을 동원한 여론 몰이 방식으로 위에서 살펴본 SNS의 문제점들을 더 키울지도 모른다. 무엇보다 토크 콘서트는 비용이 많이 드는 기획이어서 이미 기업의 홍보 수단이 되고 있으며 결국 강자의 군림 수단이 될 개연성도 있어 보인다.

7 집단 지성, 시민 지성, 대중 지성, 마니아, '잉여'들의 지식 활동

국가는 여론, 각종 의견 조사, 사회 운동의 주장에 점점 더 영향을 받는 경향을 보인다. 1960년대의 신문과 오늘날의 것을 비교해 보면 일반 독자의 개입이 증가해서 비언론인(특별히 명사 지식인이 아닌 보통 사람들)이 작성한 기사들이 다양한 주제에 걸쳐 등장한다. 노조, 시민 단체, 이익 단체, 교회, 정당, 지자체 모임 등의 항의, 요구, 공개적 고발이 줄을 잇는다. 때로 그 행동들이 과격해지면 불안을 야기하는 것도 사실이지만 일단은 건강한 민주주의 상태라는 징후로 읽힌다.

　시민 지성 혹은 시민 지식인들은 전통적 지식인과 비교할 때 내용 면에서 별로 뒤지지 않을 때도 많고 설사 취약한 경우에도 멀티미디어 활용 능력이나 소통 능력은 뛰어났다. 더 큰 강점은 블로그나 커뮤니티에서 자신의 텍스트를 읽는 사람들과 보다 더 빈번하게 상호 작용을 한다는 사실이다. 지식인의 블로그에서는 댓글에 대해 친절, 신속히 답변해 주는 일은 흔치 않다. 그런 데에 익숙하지 않기 때문이다. 시민 지식인들은 비록 유명하거나 뛰어나지는 않아도 다방면의 지식을 가지고 있으며 공론장의 지적인 성격을 확장하는 데 기여하고 있다. 때로 시민 지성은 전통적 지식인 못지않게 두각을 드러내는 경우도 있다. 최선정은 '미네르바' 사건을 분석하면서 이를 인터넷의 새로운 지식 공동체 시스템의 산물로서 제도적으로 승인된 학위나 자격증 없는 비전문가가 해박한 지식과 통찰력 있는 분석만으로 네티즌들의 인정과 사회적 권위를 획득하는 데 성공한, 사이버 공간의 엘리트를 등장시킨 사건으로 보고 있다. 이것은 주류 언론과 전문가들이 배타적으로 향유하던 사회적 권위와 담론 권력에 도전한 새로운 지성/지식 질서의 형성을 의미한다고 평가한다.[37]

　집단 지성(collective intelligence)은 다수의 개체가 서로 협력 혹은 경쟁을 통하여 얻게 되는 지적 능력에 의한 결과로 생긴 집단적 능력을 말한다. 대중의 지혜, 집단 지능, 협업 지성, 공생적 지능이라고도 불린다. 집단 지성이란 특별히 새로운 현상이 아니랄 수도 있다. 여론도 실은 공중 간의 활발한 상호 작용을 통해 형성된 의견이라는 점에서 집단 지성의 한 형태라고 할 수 있기 때문이다. 그런 관점에서 볼

　　　　　인터넷과 SNS 시대 한국 사회의 여론과 지식인

때 18세기의 여론은 최초로 체계화된 집단 지성으로 볼 수 있을 것이다. 디지털 시대 집합적 지성의 전형적인 예로는 위키피디아를 들 수 있다. 위키피디아는 수많은 일반 개인들의 참여로 이루어진 방대한 지식 데이터베이스이다. 그런데 우리나라에서는 인터넷 사용 인구의 규모도 상당하고 웹상의 자발적 활동이 세계적 수준으로 활성화되어 있으면서도 위키피디아 참여는 놀라울 만큼 저조하다. 위키피디아는 기본적으로 검증 가능한 사실에 기반을 둔 객관적 지식과 정보를 추구한다. '검증 가능성(verifiability)'과 '독자적 연구 금지(no original research)'라는 원칙이다. 자신이 독자적으로 연구해서 아직 적절한 평가 과정을 거치지 않은 내용을 게재해서는 안 된다는 의미이다. 기존의 학문적 지식 생산의 엄격한 틀이 적용되는 구조이다. 따라서 위키피디아의 담론 형태는 딱딱한 학술 자료의 모습을 띤다. 일부에서는 우리 네티즌들이 노력을 요하는 일을 별로 좋아하지 않기 때문에 위키피디아 참여율이 저조하다는 해석도 내린다. 그런데 우리의 인터넷 젊은이들은 어떤 조건하에서는 놀라울 만큼 부지런해진다. 그들은 딱딱한 지식 담론 형태의 위키피디아에는 가지 않지만 보다 유연하고 그들 정서에 맞는 리그베다 위키 같은 데이터베이스에서는 끊임없이 움직이며 먹이를 쌓는 개미들처럼 부지런히 관련 지식을 축적한다. 이 사이트는 젊은이들이 즐기는 만화, 게임, 무협 소설, 추리 소설, 사이언스 픽션 같은 장르 문화의 데이터베이스로 시작했다지만 오늘날에는 무거운 주제도 많이 축적했다. 지나치지 않은 농담과 위트도 쓸 수 있고 문장 구사에서도 딱딱한 학술적 어투가 요구되지 않는 이곳에서는 훨씬 활발한 참여가 이루어지고 있다. 우리나라 젊은 신세대들이 전통적인 지식 담론 양식에 염증을 느끼고 있다는 증좌일 수도 있다.

이 사이트를 만들어 가는 핵심 인력은 자발적으로 기여하는 무수한 마니아, '잉여' 젊은이들로 알려져 있다. 이곳은 약 20만 개에 가까운 문서를 보유하고 있는데, 특히 하위문화와 관련해서는 한국어권 데이터베이스 어느 곳과도 비교가 불허할 정도의 정보량을 갖추고 있다.

'잉여'란 잉여 인간을 암시하는 말로서 21세기 들어 청년 실업 시대가 도래하면서 '취업 시장에서 남아도는 인력', 즉 백수의 의미와 '쓸모없는'의 뜻이 섞인 인터넷 공간의 새로운 비하 표현이다. 그러나 활발한 인터넷 활동 덕분에 사회에서 펴지 못했던 능력을 인터넷을 통해 드러낸 사람이라는 뜻도 얻게 되었다. 즉 취업을 비롯한 각종 현실 문제 때문에 현실에서 도피한 사람들이 억압된 재능을 인터넷을 통해 발현한다는 의미이다.

언론인 최현정은 '잉여'라는 일종의 자조적 표현에는 위축된 상태에서도 화려한 비상을 준비하는 젊은이들의 희망이 담겨 있다고 본다. 일부 젊은이들은 잉여 인간의 상태가 심화되면 '잉여킹(剩餘 king)'의 경지에 오른다는 희망적인 상상에 빠지기도 한다는 것이다. 잉여킹은 애니메이션 「포켓몬스터」 시리즈에 나오는 잉어를 닮은 몬스터 '잉어킹'에서 따온 말이다. 여기에 나오는 대다수의 캐릭터들은 싸우는 재주를 한 가지 이상 갖고 있는데 잉어킹은 힘도 스피드도 없고 단지 팔딱팔딱 뛰기밖에 할 줄 모르는 한심한 몬스터이다. 그러나 잉어킹도 고생 끝에 '갸라도스(용)'로 진화하면 뇌세포가 돌연변이를 일으켜 강력하고 무서운 포켓몬이 될 수도 있다는 것이다.[38] 리그베다 위키의 동력을 보면 웹상의 '잉여'들이 집단 지성의 '갸라도스'로 진화할 가능성도 충분히 있어 보인다.

같은 집합적 지성을 의미하지만 그 주체의 성격에 주목한 다중(multitude) 지성,[39] 대중 지성[40] 등의 개념도 등장했고 각기 나름대로 구분되는 특성이 있기도 하다. 다중 지성의 경우는 신자유주의 시대에 지구적 규모로 형성된 제국(empire)에 맞서서 협업하는 독립된 공중 간의 연대를 의미하는 특수한 의미를 지니고 있다. 대중 지성은 오늘날 우리 사회 아카데미 밖에서 다양한 형식으로 빠르게 형성되고 있는 새로운 지성의 층이다. 스스로를 '대중 지성'으로 명명하는 이들은 아카데미 등 제도권 지식인 사회의 진입을 위한 인정의 절차를 거치지 않았을 뿐 경우에 따라서는 아카데미 내부의 나태한 지식인들을 능가하는 성과를 보이기도 한다.[41] 현재 새로운 지성들은 이미 생산된 지식을 잘 모아다 정리해 놓기도 하지만, 소통이 잘되게 가공을 하거나, 널리 알려지지 않은 지식들을 발굴하고 체계화해서 새로운 지식 트렌드를 일구어 나가기도 한다. 그만그만한 논문으로 숫자 채우기에 바쁜 현재의 대학 사회가 긴장하지 않을 수 없을 것이다.

그러나 차별화되는 특성에도 불구하고 소수의 우수한 개체나 전문가의 능력보다 다양성과 독립성을 가진 집단의 통합된 지성이 올바른 결론을 낼 수 있다는 주장이 이들 모든 집합적 의미의 지성 개념에 깔린 공통점이라 할 수 있다. 여론이라는 것도 덜 체계화된 집단 지성의 한 형태라고 할 수 있다. 웹상에서 벌어지는 다양한 상호 작용과 그 결과로 생성되는 것을 모두 집단 지성의 산물로 볼 수도 있다.

때로 그것은 파괴적이기도 하지만 개인이 수행해 낼 수 없는 규모의 작업을 통해, 홀로 일하는 데 익숙한 엘리트 지식인들이 해낼 수 없는 엄청난 생산적 결과를 낼 수도 있다.

6   여론-지성 관계의 새로운 지평

1 지성 세계의 붕괴와 재생산 구조의 취약성

여론과 관련해서 논의될 수 있는 지식인 그룹은 영미식으로는 공공 지식인, 유럽 대륙식으로는 보편적 지식인 혹은 비판적 지식인들이다. 우리 사회에서는 대체적으로 지성 혹은 비판 지성으로 불리는 지식인들이 이에 해당한다고 할 수 있다. 우리 사회에서 비판적 지성이 권위를 지니고 여론에 영향력을 가질 수 있었던 시기는 반독재 투쟁이라는 단일 공론장이 형성될 수 있었던 1970~1980년대가 아닐까 한다. 최장집은 1990년대 이후 지성 세계의 붕괴에 대해 "지식인의 몰락은 민주화 이후 '군부 독재 반대', '불의에 저항하는 민주화 투쟁'의 의미를 넘어서는 민주주의의 이상과 가치를 실현하는 대안적 비전을 갖는 데 실패한 결과"라고 지적했다.[42] 물론 그것도 타당한 지적이지만 더 큰 이유는 한국 지식 사회에서 비판적 지식인의 재생산 구조가 취약해졌다는 데서 찾을 수 있을 것이다. 취약성의 가장 큰 원인으로는 두 가지를 들 수 있다.

첫째는 비판적 지성의 중요한 잠재적 공급원 중 하나인 대학 사회가 그 역할을 하기 어려워졌다는 점이다. 1990년대 말 외환 위기 이후 우리 사회가 본격적으로 신자유주의 체제에 들어가면서 정부는 '지식 기반 경제'를 경제 발전의 주요 동력 중 하나로 삼게 되었다. 대학의 개혁과 구조 조정도 이 같은 노선상에서 추진되었다. 개혁의 핵심은 대학의 가치를 국가의 경제적 필요에 종속시켜 부를 창출하는 데 필요한 지식을 생산하도록 유도하는 것이었다. 대학-산업 간 연계를 강화하고 대학과 기업 간 협력을 통해 국가 경쟁력을 강화하기 위한 다양한 정책이 시행되었으며, 결과적으로 이윤 창출에 도움이 되는 연구가 가치 있는 것으로 인정되고 대학의 운영 방식에 이윤과 경쟁 논리가 도입되었다.

이런 상황을 잘 반영하고 있는 것이 정부의 학술 지원 정책과 대학의 교수 업적 평가 제도, 국내외적으로 시행되고 있는 대학 평가 제도이다. 대학 사회가 학술진흥재단과 기업들에 연구비를 의존하게 되면서 교수들은 연구 주제나 연구 방식 등에서 주체적인 입장을 갖기 힘들어졌다. 학술 지원 정책은 세계적으로 불어닥친 신자유주의 경쟁 분위기 속에서 학술 지원 정책은 실용적 가치를 지향하는 연구에 집중되었고 연구비 지급 방식이 팀 연구를 장려했기 때문에 공동 연구에 적절한 주제들이 주로 연구되면서 독립적인 지식인의 등장을 어렵게 했다. 교수 업적 평가 제도는 집필한 논문 수와 논문의 피인용 회수 등 계량화된 척도로 연구 업적을 평가하여 대학 내 연구자들을 변수만 바꾼 고만고만한 논문들을 양산해 내는 '논문 노동자'들로 만들었다는 비판도 많다.

이 같은 대학 풍토는 결과적으로 창의적이고 도전적인 저술 활동을 약화시켜 지적 풍토를 빈약하게 만들었다. 대학이 비판적 사고가 생겨날 수 있는 지적 공간이 되기 어려워진 것이다. 대학은 사회 정의, 진리, 선, 인간의 존엄성이나 인류애 같은 보편적 가치를 논하는 것이 시대착오적으로 여겨질 만큼 도구적 합리성이나 공리주의적인 이익이 지배하는 공간으로 변모해 갔다. 이런 현상은 비단 우리나라 대학만이 아니다. 수백 년에 걸쳐 학문의 전통을 쌓아 왔던 유럽의 대학들도 신자유주의 체제하에서 유사한 상황에 처해 있다. 대학 사회의 구조적 변화와 보조를 맞추어 속속 등장한 국제적인 대학 평가 기관들이 전 세계 대학을 자의적인 평가 기준에 따라 줄을 세우면서 유럽 대학들도 순위 경쟁에 급급하게 되었다. 평가 기관들의 기준에 맞추어 대학 구조 조정과 운영 방식이 달라지는 현상도 흔하다. 다만 전통의 뿌리가 깊은 만큼 그 변화가 우리나라만큼 급격하지는 않다는 차이가 있다고 할까.

1960∼1970년대에는 대학이나 연구소 같은 학술 조직에 소속되지 않은 저술가나 철학자들도 다수 활동했지만 오늘날에는 이러한 유형의 비판적 지식인들이 경제적으로 지탱하기 쉽지 않아 활발한 활동을 기대하기 어려운 상황이다. 물론 프리랜서 저술가와 저널리스트는 꽤 되지만 이들은 대개 출판사의 기획에 따라 활동하는 중간 지식인 유형인 경우가 많다.

둘째는 우리 사회 공론장의 정치적 양극화를 꼽을 수 있다. 양극화와 진영 논리에 따라 움직이는 공론장에서 지식인들은 독립적으로 사고하고 발언하기 어려워졌다. 한쪽 편에 유리한 듯한 발언을 하면 다른 쪽으로부터 공격받고 그 어느 편에도 가담하지 않으면 기회주의적 회색인으로 양측 모두에게서 백안시되는 상황이 1990년대에서

2000년대의 지적 풍토였다. 마치 파당적 지식 생산자가 되든지 아니면 아예 침묵해 버리도록 강요받는 듯한 분위기였다. 이 같은 지적 환경에서 정치적 진영 논리가 아닌 독립된 비판적 지식인이 성장하기 어려운 것은 자명한 이치였다.

2 새로운 유형의 지식인들과 활동

비판적, 보편적 지식인이 재생산되기 어려운 구조 속에서 대중 매체, 인터넷 SNS 등의 공론장에서는 새로운 유형의 지식인들의 활동이 두드러진다. 바로 싱크탱크, 시민 지성, 중간 지식인, 대중 지성 등으로 일컬어지는 이들이다.

싱크탱크 지식인들은 증가 추세에 있다. 이는 우리나라만이 아니라 서구 사회에서도 마찬가지이다. 그러나 이들은 대개 기술적 전문가들이지 인문학적 전통을 가진 지식인들은 드물다. 또 이들은 독립적이기도 하지만 대개는 이익 집단이나 권력 기구, 정부 당국과 결탁되어 있다. 특히 대선을 꿈꾸는 정치인들의 캠프에 속해 활동하는 경우가 많다.

시민 지식인은 공론장에서 때로 대단한 전문성과 대중과의 놀라운 소통 능력으로 여론을 휩쓸기도 한다. 그러나 아직은 싹트는 단계에 있는 그들의 역할은 좀 더 지켜볼 필요가 있다. 중간 지식인은 실용적이고 일상생활과 밀접한 관련이 있는 지식을 명쾌하게 전달하는 이들로서 대중과의 소통 능력이 뛰어나고 폭넓은 지식을 지니고 있으나 신문, 방송이나 출판사 같은 미디어의 필요에 의해 발굴되었기 때문에 독립된 비판적 지식인으로서의 역할을 기대하기는 어렵다.

오늘날 아카데미 밖에서 빠르게 성장하고 있는 대중 지성은 지식 생산 능력에서나 대중적 소통 능력에서 주목할 만한 성과를 보여주며 새로운 유형의 비판적 지성으로 기대를 갖게 한다. 그러나 제도권 밖에서의 학술 활동에 대해 사회적 인정과 지원이 부족한 상황에서 이들은 궁극적으로 경제적 자립과 연구 및 삶의 안정성을 위해 대학 사회로의 진입을 도모하게 된다. 따라서 이들이 독립적인 지성 활동을 얼마나 지속할 수 있을지는 불투명하다. 더 중요한 문제는 그들이 대개 집단을 이루고 있기 때문에 나름의 진영 논리에 매이지 않고 참여자 각자의 자유롭고 독립적인 사유가 장려되는 분위기를 장기간 유지할 수 있을까 하는 점이다.

3 새로운 담론 유형 개척의 필요성

한편에서는 지식인이 여론 주도자로서 계몽적 역할을 할 필요도 없고, 그것이 요구되는 사회도 아니라는 주장이 있다. 그래서 지식인은 죽었다는 선언도 있다. 그러나 공공 지식인이든 보편적 지식인이든 지식인은 민주주의와 시민 문화를 해체할 위험이 있는 원칙, 가치, 사회적 경향(양극화 현상) 그리고 담론 전략(비이성적, 비합리적이거나 선동적인 담론 전략)에 맞서야 하는 위치에 있다는 점을 부정할 수는 없을 것이다. 정치와 사회에 대안적인 비전을 제공하는 역할을 해야 한다는 점도 마찬가지이다. 이 점에서는 계몽주의 시대 이후 크게 변한 것은 없다고 생각된다. 그러나 과연 SNS에서 수만, 수십만의 추종자들을 몰고 다니는 여론 주도자들(그중의 상당수는 전통적 지식인들이다.)이 이런 노력을 하고 있는 것일까? 정치적 토론으로 사람들의 마음을 이끌어 내고, 의미 있는 주장을 하기 위해서는 소통적 합리성이 확보되어야 한다는 것을 지식인들 스스로 실천해 보여 주는 것이 중요하다. 소통적 합리성에 대해 가장 오랜 시간 많은 교육과 훈련을 받은 이들은 역시 지식인들이기 때문이다.

그러나 감안해야 할 것은 하버마스 방식의 이성적, 합리적 공론장 개념이 가진 한계를 극복하는 것이다. 공론장의 소통적 합리성을 보다 창의적이고 디지털 네트워크 미디어 환경에 부합하는 방식으로 재해석하고 정립해 나가야 한다. 대중의 생각과 말이 매 순간 빠르게 대량으로 교환되는 인터넷과 SNS의 공론장은 차가운 이성적 합리성만이 아니라 뜨거운 감성적 격렬함이 공존하는 '감성적 공론장'의 모습을 보이는 경우가 허다하다.[43] 감성적 공론장의 언어들은 때로 일탈적이고 무책임해 보이기도 하고 공격적 면모로 우려의 대상이 되기도 한다. 이 말들은 일종의 '얇은 언어'로서 뛰어난 순발력과 발랄한 감성적 언어로 그때그때 당면한 구체적인 문제들에 대해서 정제되지 않은 담론들을 만들어 내기도 한다. 이성적 공론장의 시각에서 보면 무가치 해 보일 수도 있지만 인터넷의 '감성적 공론장'에서는 이런 얇은 말들이 쌓이고 교환되면서 여론이 만들어진다.[44] 이런 공론장의 특성을 도외시하고는 여론에 대한 이해가 어려워진다. 특히 감성적 공론장의 담론이 지닌, 진취적 변화를 이끌어 낼 수 있는 동력으로서의 가능성에 주목할 필요가 있다. 앞서 보았듯이 '감성적 공론장' 개념은 이성을 배제한 감성의 세계만을 보려는 것이 아니라 감정, 정서, 느낌 등의 감성의 가치를 재해석하고 감성과 이성을 융합해서 인간 행동의 사회적 특징을 총체적으로 파악하고자 한다.

인터넷상의 새로운 저널리즘이나 집단 지성의 한 유형으로 젊은 이들의 참여가 활발한 리그베다 위키의 경우도 성공의 큰 요인 가운데 하나는 담론적 차원에서 새로운 시도를 한 것이다. 물론 그들의 담론 스타일이 반드시 이상적인 것이냐에 대해서는 이론이 분분할 수 있지만 분명히 전통적인 저널리즘 담론, 학술 담론의 틀을 깬 담론 스타일이 젊은이들의 공감과 호응을 불러일으켰다는 점을 잊지 말아야할 것이다. 전통적인 잘 다듬어지고 정형화된 틀을 가진 '두꺼운 언어'의 담론에 새로운 변화가 필요하며 '얇은 언어'의 영향력이 점차증대하고 있는 것은 분명해 보인다.

'얇은 언어'의 부상은 전문가들이 지배해 온 말들의 세상 속에서일반 대중이 비로소 자기 말의 영역을 만들기 시작한 징후라 할 수도있을 것이다. 디지털 공론장에서 두꺼운 언어와 얇은 언어의 만남은서로의 부정적인 성격들이 상호 충돌하는 가운데 필요하고도 유용한만남으로 승화되어 건강한 사회적 담론 질서로 자리 잡아야 한다. 계몽주의가 부과한 사명이 더 이상 유효하지 않다고 해도 오늘날 지식인들이 민주적 여론 형성을 위해 감당해야할 중요한 몫의 하나가 여기에 있는 것은 아닐까 생각한다.

사람과 사람이 만나는 일

교육의 이념과 제도

이태수

서울대학교 명예교수

1

교육은 인간과 인간의 만남을 통해 이루어지는 일이다. 우리는 보통 그 점을 잊고 지낸다. 그것이 워낙 기본적인 사항이기 때문일 것이다. 그 기본적인 사항에 새삼 주의를 기울여 달라는 요청으로 이 글을 시작하겠다. 우선 가르침과 교육의 차이를 머리에 떠올리면서 그 기본적인 사항이 어떤 것인지 초벌구이 단계의 이해를 도모해 보자. 사람과 짐승 사이에서도 가르침은 있을 수 있지만, 교육은 성립되지 않는다. 곰이 재주를 넘도록 가르치는 사람을 우리는 교육자라고 부르지 않는다. 혹시 그런 일도 교육이라고 한다면 그것은 은유적인 표현일 뿐이다. 가르침은 교육과 동연(同延)의 개념이 아니다. 가르침은 사람과 사람 사이에 일어날 수도 있고 사람과 짐승 사이에서도 있을 수 있다는 점에서 교육보다는 일단 더 넓은 외연을 가진 것처럼 보인다. 그러나 사람이 사람을 만나 가르친다고 해서 다 교육이 아닌 점에서 확인되듯이 교육에는 가르침만으로 다 이야기될 수 없는 부분이 있다. 내가 누구에게 무엇이든 가르치는 것은 내가 가진 지식을 전수하는 행위이다. 길을 묻는 사람에게 길을 가르쳐 주면 나는 내 머릿속에 들어 있는 길에 관한 지식을 묻는 이의 머릿속으로 옮겨 준다

사람과 사람이 만나는 일

(transfer). 그 전수 행위를 두고 내가 교육을 했다고 하는 것은 과장된 은유다. 사람 사이에 가르침이 이루어졌어도 그것이 아직은 교육이 아닌 이 예에서 우리는 가르침이라는 행위가 교육의 필수적인 부분이지만, 가르침이 교육의 전부는 아니라는 점을 확인할 수 있다. 그러면 그 나머지 부분은 무엇일까? 교육자와 피교육자가 만났을 때 일단 가르침과 배움이 이루어지는데, 그것만이 다가 아니라면 무엇이 또 있다는 말일까?

그 부분을 한마디로 꼭 짚어 얼른 무엇이라고 말하기는 쉽지 않을 것이다. 우리는 아직까지 그 부분만을 특별한 명칭으로 가리킬 만큼 선명하게 개념화하지는 않았다. 그러나 그게 무엇인지 짐작까지 못하는 것은 아니다. 이 글을 읽는 이들 대부분은 그것이 정확히 무엇이든 간에 지식 교육과 대비되는 소위 인성 교육이라는 것과 관련된 부분이 아닐까 하는 정도의 감은 있을 것이다. 뒤에 인성 교육이 내가 생각하는 것과는 사실 거리가 좀 있다는 것이 밝혀지겠지만, 일단은 그 정도의 감만을 가지고 이야기를 시작하기로 하자. 어쨌든 바로 그 부분이 이 글의 핵심 주제인데, 이 글 하나로 그 부분의 전모가 다 밝혀질 수는 없다. 그러나 그것의 윤곽이 어떤 것인지, 그리고 그것이 왜 중요한지는 어느 정도 알려질 수 있을 것이다. 그렇지만 나는 대뜸 그 부분에 관한 이야기부터 시작하지는 않겠다. 그보다 왜 교육이 사람과 사람의 만남을 통해 이루어진다는 기본적인 사항을 우리가 망각하다시피 하게 되었는지 그 사정을 먼저 살펴보겠다. 사정이 그렇게 된 까닭은 우리가 그 기본 사항보다 더 중요하고 시급하다고 여기는 것에 몰두하고 있기 때문인 것은 틀림없다. 도대체 현재 더 그렇게 중요하고 시급한 것이 무엇일까? 나는 우선 그 답을 찾아 그 답에 관한 논의의 한계를 지적하고 이 글의 핵심 주제로 이야기를 옮겨 가는 순서를 밟을 작정이다. 그렇게 하지 않고 당장 사람과 사람의 만남 운운하는 이야기부터 앞세우면 아무도 내 이야기에 귀를 기울이지 않을 것 같아서다.

2

니체의 『우리 교육 기관의 미래(*Über die Zukunft unserer Bildungsanstalten*)』(1872)라는 강연 모음집 머리말에 자신의 이야기는 조용한 사람들을 위한 것이라는 구절이 발견된다. 그는 교육에서 필요한 것은 즉각적이고도 과감한 개혁이라면서 당장 국가가 나서서 새로운 제도를 도입하면 된다고 떠드는 독자는 자신이 문제 삼는 것이 무엇인지 이해하지 못할 것이라고 미리 독자의 자격을 한정했다. 그리고 곧이어 교육 문제를 잘 알고 있다며 자신의 특별한 지론을 펼칠 생각부터 하는 사람도 부적절한 독자로 꼽았다. 이 책에 수록된 강연을 한 시기는 니체가 아직 20대의 나이로 바젤 대학의 고전문헌학 교수로 재직하던 때다. 그 새파란 나이에 적어도 나 정도 나이가 든 사람이나 독자에게 할 법한 주문을 하면서 말문을 뗀 것이다. '좀 천천히'라는 말은 조급한 젊은이를 말리는 늙은이에게나 어울리는 것인데, 100년도 더 지난 지금 내가 젊은 니체의 말을 빌려 같은 주문을 하자니 세상에는 잘 변하지 않는 것도 꽤 많구나 하는 생각이 아니 들 수 없다. 지금 우리

나라에서처럼 니체가 살던 때에도 시행하기만 하면 모든 문제를 해결할 수 있는 교육 제도 개혁에 대한 지론을 가진 사람들이 꽤 많았던 모양이다. 니체로서는 그런 사람들을 의식하지 않을 수 없었겠는데, 나 역시 그런 사람들을 — 대부분이 나이도 니체보다 훨씬 더 지긋한 그런 사람들을 — 의식하지 않을 수 없다. 그리고 사실 그런 사람들이 우리나라의 교육 문제를 풀기 어렵게 만드는 데에 일조를 한다. 그들의 존재 자체가 교육과 관련한 문제 중의 하나이다. 니체는 그들을 겨냥한 비교적 장황한 이야기를 머리말에 넣었는데, 나는 아예 그들의 존재를 염두에 둔 이야기를 본론의 전반부로 삼고자 한다.

조급한 사람들이 문제 삼는 것은 교육 제도에 관한 것에 집중되어 있다. 그중에서도 우리나라에서는 대학 입시가 단연 으뜸 이슈다. 수능 시험의 정답 시비는 거의 매년 모든 신문 방송의 단골 뉴스가 되며, 시험이 쉬우면 쉬운 대로 어려우면 어려운 대로 대서특필된다. 그 때문에 수험생들이 겪는 괴로움은 국민적 괴로움으로 확대되어 실감된다. 세계에서 우리나라처럼 대학 입시의 세부적인 사항까지 전국적인 뉴스거리가 되는 나라는 별로 없을 것이다. 우리나라의 현실에서는 가령 난이도 조정의 과제를 풀어 주어야 할 평가 전문가의 역할을 논하는 것은 교육의 핵심 문제를 다루는 것과 같은 비중을 가진다. 하지만 평가 부분에서 우리가 세계적인 수준의 전문 기능을 보유하고 있다 하더라도 교육과 관련된 문제가 다 풀릴 리는 없다. 수능 난이도 문제는 입시와 관련된 문제 중 하나인데, 입시 문제 하나도 그렇게 간단히 풀릴 것이라고 생각하는 사람은 없다. 그래도 그 당장의 문제에 교육 문제 전체가 걸린 것처럼 야단을 하다가 시간이 지나면 좀 잠잠해지다 비슷한 문제가 생겨서 또 한 번 야단을 하는 것이 우리나라에서 이루어지는 교육 문제 논의의 실상이다. 그 정도를 넘어서는 논의를 할 줄 몰라서라기보다 당장의 문제를 너무 시급하게 여기고 있기 때문에 교육 문제를 논의하는 수준이 그냥 답보 상태에 머물러 있는 것이다.

언젠가 어느 정권이 우리나라의 차세대에게 입시 지옥 자체를 해소해 주겠다는 약속을 하고 난 뒤, 입시 지옥을 근본적으로 해소하는 방안이 한동안 논의된 적이 있다. 그러나 입시 제도 자체를 없애지 않는 한 그런 방안을 고안해 내는 것은 사실상 불가능한 일이다. 그 불가능한 일을 해낼 하나의 묘수로 선발 기준을 바꾸어 보는 방안이 제안되기도 했다. 선발 기준에 인성을 포함시키는 것이 그 방안 중의 하나였다. 그래서 성적 우수 학생만을 선발해 가르치려는 대학을 '대학 이기주의'라는 말로 질책하면서 선발 방안을 바꾸라고 압박을 가하기도 했다. 그 압박에 굴복한 대학이 정말 있었는지 모르겠으나, 어린 나이에 인성이 나쁜 것으로 낙인찍혀 진학하지 못한 수험생 측이 대학을 상대로 소송을 제기한 적이 한 번도 없었던 것으로 보아 적어도 유수한 대학들은 그런 압박을 그냥 무시했던 것 같다. 그런 방안 역시 입시가 선발 경쟁이라는 문제의 본질을 외면한 것이어서 시행이 되었더라도 효과가 있을 수 없었을 것이다. 오히려 웃지 못할 부조리만 조장했을지 모른다. 인성을 기준으로 선발을 하는 방안은 인성까지 서로 경쟁하는 결과를 낳을지도 모른다고 걱정해야 하는 것이 우리의 사정이다.

경쟁이 사라지지 않는 한 어떤 수를 쓰든 입시 지옥을 완전히 없

사람과 사람이 만나는 일

앨 길은 없다. 그런데, 현 체제하에서 수험생을 둔 학부모들이 입시 경쟁을 없애는 것을 간절히 원하는 것도 아니다. 내 자식이 그 경쟁에서 이길 수 있는 제도를 만들어 달라는 것이다. 그래서 가령 모든 대학을 다 일류 대학으로 만들어 누구나 일류 대학에 들어갈 수 있게 해 주는 것도 해결책이 되지 못한다. 누구나 다 들어갈 수 있는 대학에 들어가는 것은 경쟁에서 이기는 것이 아니기 때문이다. 누구나 들어갈 수 없는 일류 대학은 소수가 있어야 하는데, 성적이 좀 떨어지더라도(혹은 인성이 좀 나쁘더라도) 내 자식만큼은 거기에 진학하게끔 해주는 제도를 만들어 주었으면 하는 것이 보통 수험생 부모의 마음이다. 원칙적으로 들어주기 어려운 것을 바라는 마음이다. 그런 마음씨를 비난하기는 어렵다. 도대체 사회 전체를 생존 경쟁의 싸움터라고 여기고 살아온 사람들에게 자식이 그토록 중요한 경쟁의 관문을 통과해야 하는 어려운 때에 닥쳐 마음을 달리 가져야 한다고 요구하면 그게 무리일 것이다. 사실 입시 제도만 잘 고치면 경쟁을 안 하고도 모두가 소기의 목적을 달성할 수 있으리라고 진정으로 믿는 사람도 없을 것이다. 우리 스스로가 영어를 잘하지 못하면 앞으로 사람값 하지 못하는 것이 현실이라고 여기게끔 사회 전체의 분위기를 만들어 놓고 가끔 생각난 듯이 학생들에게 영어를 못해도 성공할 수 있으니 국, 영, 수만 잘하는 것은 중요하지 않다고 딴소리를 하는데, 그럴 때 우리 아이들이 그런 말을 그대로 받아들이지 않으리라는 것을 우리도 모르지 않는다. 그저 짐짓 모르는 체할 뿐이다. 우리는 우리의 대표적인 교육 문제인 입시 문제를 논의하면서 그런 진실되지 못한 짓도 하곤 했다.

3

입시 제도도 물론 개선할 것이 있으면 당연히 논의를 통해 개선을 시도해야 한다. 그러나 입시 제도의 개선만으로는 달성할 수 없는 무게의 목표를 입시에 실어 놓고 교육 전문가들이 묘책을 내서 그 문제를 일거에 풀어 달라고 요구하는 것은 무리한 짓이다. 물론 우리 사회가 내내 대학 입시만 논의하고 다른 문제는 일체 무시해 왔던 것은 아니다. 그러나 어쨌든 그 동안 논의되어 왔던 문제 대부분은 대학 입시에 직, 간접적으로 다 관련이 되어 있었다. 뿌리 깊은 사교육 문제나 특목고, 자사고 설치 문제 등은 그것이 대학 입시와 무관하다면 그렇게 큰 사회적 이슈로 부각되었을 리가 없다. 대학 입학은 우리나라에서 신분 상승(또는 유지)의 거의 유일한 통로이고 입시 선발은 그 통로상에서 결정적인 갈림길로 인식되기 때문에 그곳을 성공적으로 통과하려는 경쟁이 그토록 치열해진 것이다. 입시는 교육 과정상의 일이지만 전형적인 사회학적 문제다. 그것도 엄청나게 과부하가 걸려 있는 사회학적 문제인지라 애당초 교육적인 관점에서만 접근하는 것은 한계가 있을 수밖에 없다.

입시 문제만이 아니라 우리 사회에서 논의되는 어떤 중요한 사안에서도 교육적 관심의 고유한 효력이 인정되는 경우는 별로 없다. 교육 제도에 관련된 사안이라면 일단 교육적 관점에서 접근하는 것이 당연할 것 같지만 그 경우도 마찬가지다. 이미 교육 외적인 다른 관점(주로 경제적인 관점)에서 결론을 거의 다 낸 단계에서 간혹 추가적인 참고 사항 정도로 첨가되는 것이 교육적 관점이다. 우리나라가 교

사람과 사람이 만나는 일

육열이 높기로는 세계에서 첫째간다고 하지만, 일반적으로 우리 사회는 교육 자체의 고유한 가치에 대해서는 아주 무관심하다.(그래서 교육열이라는 것도 알고 보면 입시열에 불과한 것을 듣기 좋게 말하는 것이 아닌가 하는 생각도 든다.) 우리나라 사람 대부분은 교육을 어디까지나 수단적 가치를 실현하는 일로 인식하고 있다. 다시 말해 가르치고 배우는 것을 다른 무엇을 위한 수단적 행위로만 생각한다는 것이다. 그렇게 생각하면 교육의 주된 가치는 오직 가르치고 배우는 행위를 통해 전수되는 지식이 어떤 것이냐에 따라 결정된다. 예컨대 자동차공학 지식을 전수하는 행위의 가치는 자동차공학 지식, 좀 더 정확하게는 자동차의 가치에 의해 결정되는 것이다. 이 예를 일반화한 아주 간명한 내용이 교육의 가치에 대하여 우리가 이해하는 것의 거의 전부라 해도 과언은 아닐 것이다.

교육의 가치를 그런 식으로 이해하고 나면 그 가치는 교육자들이 얼마나 성공적으로 지식을 전수했는지 측정함으로써 객관적으로 평가할 수 있다고 생각하게 될 것은 당연하다. 그리고 그렇게 되면 피교육자들이 전수받은 지식을 직접적인 측정 대상으로 삼는 시험이 가장 신뢰할 수 있는 객관적인 평가 방법으로 인정되는 것도 당연해진다. 시험이 사실상 교육의 목표로 간주되게끔 된 사정이 그러한 것이다. 시험도 교육의 일환이라는 말이 있기는 하지만, 교육의 일환으로 수행되는 시험도 교육을 위해서가 아니라 결국 최종 시험을 위한 것이다. 교육의 성패가 심판대에 오르는 것이 시험이기 때문에 교육은 일단 시험에서의 성공을 목표로 수행될 수밖에 없다. 그렇다면 교육이 마치 오직 시험을 위해 이루어지고 있는 듯한 현실에서 교육에 관한 문제의식도 시험을 성공적으로 통과하기 위해 보유해야 할 지식의 효율적인 전수 방법에 관한 것에 집중되고, 교육 제도에 관한 논의에서도 거의 최종적인 시험으로 인식되고 있는 대학 입시 제도에 가장 큰 비중이 주어지는 것은 어쩔 수 없는 일이다.

본래 제도는 이념을 실현하는 방안이다. 교육 제도도 물론 교육 이념의 실현을 위해 마련된 것이다. 그런데 우리의 경우에는 교육 이념이라고 할 만한 것이 없다. 제도를 마련하면서 역점을 두는 대목을 보면 지식 전수의 효율성이 그 내용이라 해야겠는데, 그 정도의 내용은 교육 이념이라는 말에 제대로 값하는 무게를 가진 것이 못 된다. 나는 이 글을 시작하면서 교육은 사람과 사람이 만나서 이루어지는 것이라는 점부터 강조를 했다. 교육 이념이라면 바로 그 대목을 어떤 방식으로든 내용으로 포함해야 한다는 것이 내 생각이다. 곰에게 재주넘기를 훈련시키는 것과는 근본적으로 다른 사람의 교육에서 가르침의 효율만이 추구해야 할 가치의 전부인 것처럼 이념의 내용을 부실하게 방치해 두는 것은 사실상 교육의 포기를 뜻한다.

사람과 사람이 만나는 일이 지닌 의미를 이해하기 위해서 우선 우리가 처음 부모 곁을 떠나 학교에 들어섰던 꼬마 때로 돌아가 보자. 그리고 그때 어떤 낯선 또래와 선생님을 만나게 될지 몰라 조그만 가슴속에 일었던 설렘을 기억해 보자. 두려움과 기대가 섞인 그 느낌은 분명히 이제부터 내가 어떤 학과를 공부하게 될지 궁금해하는 것과는 또 다른 것이었다. 그것은 내가 지금부터 만나게 되는 사람들에 의해 내 삶이 지금과는 엄청 달라질 것이라는 예감을 동반하는 좀 더 강도 높은 느낌이었다. 실제로 우리의 삶은 부모와의 첫 만남에서부터 시작해서 그 뒤 끊임없는 타자와의 만남을 통해 꾸며진다. 나의 품성, 나의 세계관, 인생관 그리고 나의 행, 불행 등 나의 정체성을 이루는 모든 것이 그들 타자들과의 만남의 과정에서 확보된다. 특별한 철학 교육을 받지 않아도 누구나 본능적으로 그것을 다 알고 있다. 그래서 그 어린애들은 누가 시키지 않아도 타인과 어떻게 지내야 할지 열심히 배운다. 남의 기분을 헤아려 당기고 늦추고 나서고 물러설 때를 시행착오를 통해 가려내면서 거기에 적응한다. 그것은 학과 공부처럼 집에 가서 나 혼자 예습 복습하는 일도 아니었다. 또 학과 공부처럼 훗날의 삶을 위해 쟁여 놓는 것도 아니었다. 그것은 우리가 항상 현장에서 남과 함께 배우고 동시에 행하는 것이었다. 즉 공부가 곧 삶이기도 했던 것이다. 그 공부를 제대로 할 수 없는 상태가 곧 자기 폐쇄다. 그런 상태는 학과 공부에서 낮은 성적을 받는 것과는 비교할 수 없이 심각한 것이다. 타자와의 만남의 중요성은 머리가 커지고 상급 학교로 진학했다고 해서 줄어들지 않았다. 물론 꼬마 때보다 지적인 학과 내용에 더 적극적인 관심을 갖게끔 되었지만, 타인에 대한 관심도 더 늘어나면 늘어났지 줄어들지 않았다. 새 과목을 배우면서 학과 내용 못지않게 그 과목을 담당하는 선생님의 모습에서부터 몸짓, 말투까지 재미있어하면서 별명을 지어 부르기도 했다. 인간의 개성에 유별난 흥미를 느끼기 시작하는 것이 그때쯤이 아니었나 한다. 좀 더 진지한 지식 활동을 하게 되는 대학 시절에도 여전히 지적인 일을 같이하는 동료 그리고 교수들과의 만남이 지닌 중요성은 여전했다.

학교에서 생활하는 내내 우리는 동료든 선생이든 타자와의 만남을 계속하면서 자신의 정체성을 꾸미는 동시에 그 내용을 확장해 나

간다. 그런 과정을 다른 말로 성장 또는 성숙이라고 하겠는데, 그 과정에서 선생과 동료는 각기 다른 방식으로 역할을 한다. 선생과의 만남은 공식적으로 가르침이라는 특별한 일이 동반된다는 점에서 동료들과의 비교적 자유로운 만남과 차이가 있다. 선생과 학생과의 관계는 부모와 자식 간의 그것처럼 선대와 후대의 연결 관계이다. 단 부모와 자식 간의 연결은 생물학적으로 주선된 것인 데 비해, 선생과 학생 간에는 인간이 그때까지 역사 속에 이루어 놓은 가치 있는 것들이 전승, 전수되는 문화적 연결이 이루어진다. 부모가 자식의 정체성을 생물학적인 측면에서 결정지어 준다면, 선생은 학생을 그가 위치해 있는 세계의 문화 속으로 안내해 그의 정체성에 문화적 배경의 깊이가 스며들게 해 준다. 그렇게 함으로써 선생은 학생을 역사 속의 존재로 성장하게 해 주는 것이다.

4

한 젊은이가 성장한다는 것이 단지 머릿속에 저장할 지식의 양을 늘리는 것만이 아니라 타인과의 만남을 통해 한 인간으로서의 자아를 형성해 나가는 것을 뜻한다면, 그리고 그런 성장의 과정을 관리하는 것이 교육이 할 일이라면, 교육의 이념은 지식의 전수만이 아니라 사람과 사람의 만남에 대한 생각을 포함해야 한다는 당위는 충분히 인정될 수 있으리라고 본다. 문제는 우선 그 생각을 좀 더 명료하게 개념화하는 일인데, 그 일이 그리 간단치 않다. 타인과의 만남이

의미하는 바에는 원칙적으로 개념화를 거역하는 미묘하고도 모호한 부분이 들어 있다. 교육의 또 다른 측면인 지식의 전수는 개념적으로 그 점에서는 훨씬 덜 복잡하다. 그래서 그 성패를 평가할 수 있는 객관적 척도에 합의하는 것도 아주 어려운 일은 아니다. 반면, 사람끼리의 만남은 잘된 것인지 아닌지, 잘되었다면 얼마나 잘된 것인지 당장 명쾌하게 판정할 수 없다. 그렇게 하려 드는 것 자체가 잘못일 수 있다. 원래 인간의 삶이 모호함으로 가득한 것이고 살아간다는 것이 그 모호함을 헤쳐 가는 일이라면, 그 삶 내내 계속되고 있는 타인과의 만남 역시 명료한 공식을 동원하여 그때그때 그에 대한 이해를 완료할 수 있는 것은 아닐 것이다. 타인과의 만남은 살아가면서 차츰 그 의미를 알아 가게 되는 그런 것이다.

모호함과 짝을 이루는 또 하나의 어려움은 모순의 가능성이다. 교육에서 사람과 사람의 만남이라는 측면은 가르침이라는 측면과 서로 충돌할 수 있다. 원칙적으로 그 둘이 꼭 상충되어야 하는 것은 아니나, 우리나라의 특별한 현실에서는 한쪽의 긍정이 다른 쪽의 부정으로 연결될 가능성이 크다. 즉 앞서 말한 대로 지식 전수로 이해된 가르침의 측면을 일방적으로 강조하는 것은 과다 경쟁을 부추기거나 적극 동조하는 짓이 될 수 있다. 과다 경쟁은 사람과 사람을 만나게 하는 것이 아니라 서로 멀어지게 하거나 만나게 하더라도 그 만남을 왜곡한다.

따라서 교육 이념은 가능한 한 모호함을 걷어 내고 상충될 수 있는 것을 조화시키는 이론적인 정리를 거쳐야 수립될 수 있다. 그런 이론적 정리는 전형적인 철학적 노력을 필요로 하는 일이다. 그런데 그런 노력의 결실로 훌륭한 내용의 교육 이념을 확보했다고 해서 문제가 다 끝나지 않는다. 머릿속으로 생각한 것을 항구적으로 또 안정적으로 현실로 옮기게끔 해 주는 구체적인 제도 또한 마련되어야 한다. 제도를 통해 현실 세계에서 실현되지 못하는 이념은 그 내용이 아무리 훌륭해도 공염불에 불과한 것이다. 그러나 제도가 언제나 이념을 온전하게 현실 세계에 실현해 주지는 못한다. 특히 이념의 내용이 복잡 미묘하면 제도가 거칠고 왜곡된 방식으로 작동하는 것이 보통이다. 제도가 이념을 감당하기 힘에 버거워 그렇게 되고 마는 것이다. 그런 경우의 답답함은 가령 내면적 신앙의 깊이가 교회 조직의 관리를 받아야 하는 상황이거나 시인이 자신의 마음속에 들어 있는 시적 이미지를 오직 투박한 언어적 수단을 동원하여 표현해야 하는 상황을 생각해 보면 이해할 수 있을 것이다.

어쨌든 제도는 제도대로 되도록 간명한 것을 추구하는 자체의 속성이 있기 때문에 제도와 이념 사이에 괴리가 생길 가능성은 항상 있다. 사람과 사람의 만남과 관련된 복잡 미묘한 부분이 교육 이념에 포함되면 그 부분과 제도 사이에는 바로 그런 종류의 괴리가 생길 가능성이 특별히 크다. 그런 복잡 미묘한 부분은 반영하기가 쉽지 않다는 이유 때문에 미리부터 제도화하려는 의지가 약화될 수 있다. 그러나 그 부분을 직접 반영하는 제도적 장치가 미흡하거나 아예 없더라도 사람들이 교육 이념의 그 부분을 의식하는 한 제도가 한 방향으로 마구 경도되는 것을 막을 수는 있다. 그렇기 때문에 당장 제도를 뜯어고치겠다고 나서지 않더라도 그 부분에 관해 적극적으로 관심을 보이고 교육 이념의 내용을 충실히 하려는 논의를 계속하면 그것이 현실적인 힘으로 작용할 수 있다. 당장 제도로 반영이 되지 않을 것을 말하는 것 자체가 쓸데없는 짓이라고 성급하게 생각하는 습관부터 고쳐야 한다는 것을 다시 한 번 일러두면서, 이제 이 글에서는 사람과 사람의 만남의 의미에 관한 이야기를 좀 더 이어 가겠다. 어떤 제도가 그런 이야기의 내용을 반영할 수 있는지 또는 얼마나 반영할 수 있는지에 관한 논의를 할 수 있을 때까지는 아마 한참을 더 기다려야 할 것 같다.

제도가 아닌 이념의 내용에 관한 이야기에 머물러 있으면서도 나는 여전히 서두르지 않을 작정이다. 이번에도 혹시 답답하게 느낄 수 있겠지만, 사람과 사람의 만남에 관한 잘못된 생각의 가능성을 먼저 거론하고 내가 생각하는 적극적인 내용은 뒤에 이야기하는 순서를 밟겠다. 이 글의 모두에서 진정한 교육의 의미에 대해 말문을 열었을 때 내가 곧 인성 교육 이야기를 하려는 것이겠구나 예상한 사람들이 있을 것이다. 그때 일단 그런 정도의 예상을 하는 것은 상관없다면서 이야기를 시작하겠다고 한 것으로 기억된다. 그런데 이제 그 예상이 아주 틀린 것은 아니지만, 정확한 것도 아니라는 점을 설명하겠다. 사람에 따라 인성 교육의 개념을 달리 이해하겠지만, 적어도 대부분의 일반인은 훌륭한 인성을 마음씨가 좋다거나 또는 사회생활의 올바른 규범을 제대로 내면화한 품성을 갖추고 있다는 뜻으로 이해하고 있으니까 인성 교육도 그런 마음씨나 품성을 키워 주는 교육으로 알고 있을 것이다. 그리고 그런 교육은 대충 전문 지식을 관장하는 머리가 아닌 가슴을 상대로 하는 것이라고 생각한다. 그러나 이 글에서 이야기하고자 하는 것은 인간의 가슴과 아울러 머리에도 해당되는 내용이다. 인성 교육을 감성적인 영역에 국한된 것으로 생각한다면 그런 인성 교육은 내가 이야기하는 것과 같은 것이 아니다.

내가 그 점을 굳이 힘들여 강조하고 싶은 까닭은 가슴을 상대한 다는 인성 교육은 자칫 반(反)지성주의로 연결될 수 있기 때문이다. 지식과 윤리적 인간성은 별개라는 것을 넘어서 그 둘이 서로 반대되기까지 하기 때문에 지식을 쌓는 것이 인간성을 피폐하게 할 수 있다고 믿는 것이 내가 말하는 반지성주의다. 주류는 아니지만 동서양에다 마찬가지로 그런 전통이 존재하고 있다. 그것이 사회의 건강을 위해 순기능을 하는 면도 분명히 있지만, 그것이 강력해지는 것은 위험한 일이다. 오늘날 우리 사회에서는 반지성주의가 은근히 강력한 힘을 발휘하고 있기 때문에 사실은 경계경보를 발령해야 할 정도다. 우리나라의 반지성주의는 무엇보다도 인문 지성을 극도로 위축시키는데 한몫을 단단히 하고 있다. 가령 문학은 가슴을 따뜻하게 해 주는역할을 하는 것이 전부라고 여기는 것이 그 대표적인 예다. 문학 작품을 읽는 것이 산업 역군으로 애쓰느라 거칠어진 마음을 보듬어 쉬게해 주고 더욱 열심히 일하도록 활력을 충전해 주는 일이라고만 생각하는 사회에서는 문학을 비롯한 인문학이 인간 삶의 문제를 심각하게 고민하는 과제를 수행하고 있다는 사실이 이해될 리 없다. 인간 삶의 문제를 심각하게 고민하는 것은 좀 더 의미 있고 좀 더 훌륭한 삶을 꾸미기 위한 것인데, 이미 그런 문제의 답이 명확히 주어졌다고 전제하는 산업 역군의 사회에서는 그런 고민을 하는 소위 인문 지성은불필요한 것이고 산업 역군의 감성을 상대로 하는 기쁨조만이 필요한 것이다. 인성 교육의 영역을 감성에 국한하여 이해하는 것은 은연

사람과 사람이 만나는 일

중 인문 지성의 필요를 부인해 왔던 시대 분위기의 영향을 받은 것이라고 나는 의심한다. 내가 이야기하고자 하는 사람과 사람의 만남이 감성적이기만 한 것은 아니다. 그것은 감성과 아울러 지성의 일이다. 우리나라의 현실을 고려하면 나는 오히려 지성적 측면을 더 강조해서 부각하고 싶다. 그렇게 하기 위해 나는 선현(先賢)이 남긴 고전 중의 한 부분을 해설하면서 사람과 사람의 만남이 의미하는 바를 좀 더 명확히 해 보도록 하겠다. 그 내용을 되새겨 보는 것이 인문 지성의 역할에 대한 우리 사회의 이해를 깊게 하는 데에 얼마간 도움이 되리라고 믿는다.

5

　내가 빌려 오려는 부분은 고대 그리스의 철인 플라톤이 저술한 유명한 『향연』의 한 장면이다. 이 책은 어떤 향연에 참여한 여러 사람들이 각각 사랑 — 좀 더 정확하게는 에로스 — 에 대해 돌아가면서 말한 의견을 기록하는 방식으로 쓰인 것이다. 모두가 들을 만한 좋은 이야기를 했지만, 그중 당시 최고의 희극 작가로 꼽히던 아리스토파네스가 특별히 인상적인 이야기를 들려주었다. 그는 현재의 인간은 반쪽의 존재로서 원래는 다른 반쪽과 함께 온전한 하나를 이루고 산 적이 있었다는 신화적 설정을 한다. 그의 이야기에 따르면 그런 온전한 인간이 신의 자리를 넘보는 불경을 저질러 그 벌로 신들에 의해 둘로 쪼개지고 만 것이다. 그래서 반쪽이 된 인간은 다른 반쪽을 찾아

다시 온전한 하나가 되려고 갖은 애를 다 쓴다. 그러다가 다른 반쪽을 찾아내면 그때는 둘이 너무 좋아서 어쩔 줄 모르고 꼭 부둥켜안은 채 아무것도 하지 않고 그저 다시 떨어지지 않으려고만 든다. 하도 그러고만 있어서 둘로 쪼개는 벌을 내린 신까지도 걱정할 정도라고 한다. 아리스토파네스의 이야기에는 물론 살이 더 붙어 있지만 그런 것은 우리의 논의에서는 건너뛰어도 좋다. 핵심은 에로스가 다름 아니라 반쪽 인간이 다른 반쪽 인간을 애타게 찾는 그 마음이라고 정의되었다는 대목이다. 인간의 만남을 이루게 하는 감성적 요소로 사랑만 한 강도를 지닌 것은 없겠는데, 아리스토파네스는 바로 그것의 강도를 극대화하는 이야기를 제대로 꾸민 것이다. 그 비슷한 이야기를 많이 들었기에 실감은 좀 약화되었지만, 다시 음미해 보아도 자와 타의 구별이라는 존재론적 철칙을 넘어서서 사랑하는 대상과 하나가 되려는 마음의 강도를 그처럼 선명하게 이야기할 길은 없어 보인다.

그런데 소크라테스는 자신의 차례가 되어 에로스에 대한 이야기를 시작하면서 곧 아리스토파네스의 에로스에 대한 정의를 부정하는 반론을 펼친다. 자기 것이라고 해서 덮어놓고 사랑하는 것은 아니라는 것이 그 반론의 요지다. 사람들은 자신에게 속한 신체 부위라도 병들어 썩으면 잘라 낸다. 그렇듯 원래의 자기인 반쪽에서도 좋지 않은 것과는 합치려 들지 않으리라는 것을 시사한다. 소크라테스가 보기에 인간의 영혼은 아름답고 훌륭한 것에 대한 갈망을 가지고 있는데, 바로 그 갈망이 에로스라는 것이다. 그 갈망은 자신이 충분히 아름답고 훌륭하지 못하기 때문에 생기는 것이다. 그래서 불완전한 인간의 영혼은 계속 그 갈망을 가지고 존재한다. 아니 아예 그 갈망의 힘이 바로 영혼의 정체다. 그러니까 사랑을 이루는 것은 좀 더 아름답고 훌륭한 것을 자신의 것으로 향유하는 것이라 할 수 있겠다. 그 말을 다시 해석해서 사랑을 이룬다는 것은 인간이 자신의 자아를 아름답고 훌륭하게 확대하는 것이라고 해도 좋을 것 같다.

그런 해석을 하고 보면 그렇게 자아를 확대하는 것의 한계도 생각해 보게 된다. 소크라테스는 사랑을 하는 사람은 아름다움을 갈망할 뿐 아니라 그것을 영원히 향유하고 싶어 한다는 점을 보태어 이야기하는데, 우선 시간적인 한계 때문에 자아의 확대는 영원까지 이를 수 없다. 시간 속의 존재인 인간은 아름다움을 내 것으로 확보해도 시간이 지나면서 잃어버릴 수 있다. 아름다운 것을 얻는 것도 그렇지만 계속 보유하는 것도 거저 되는 일이 아니다. 가만히 있으면 시간은 그것을 순식간에 뺏어 갈 만큼 충분히 강한 힘을 발휘할 수 있다. 그리고 결국 인간 존재 자체를 죽음으로 끝내는 것이 시간이다. 그래서 인간은 아름답고 훌륭한 것을 되도록 오래 확보하기 위해 영원을 모방하는 짓을 한다. 후손을 남기는 방식 즉 생식 행위를 통해 확보한 아름답고 훌륭한 것이 가능한 한 지속되게 하는 것이다. 생식이란 인간이 서로 아름답고 훌륭하다고 여겨지는 짝을 찾아 둘의 아름답고 훌륭함을 합쳐 새로운 생명체에 구현해 후세에 남기는 것이다. 그래서 이성 간의 사랑은 어쨌든 자식을 생산하는 성교를 통해 이루어지는 것이다.

보통 플라토닉 러브는 서로 사랑하는 남녀가 무슨 이유에서인지 성교를 하지 않고 마음만으로 서로 사랑을 느끼는 것이라고 이해되고 있는데, 사랑을 본격적으로 논의한 『향연』에서 플라톤은 소크라테스의 선생 노릇을 하는 여인 디오티마를 등장시켜 성교가 사랑의 기본적인 구조를 갖춘 가장 원초적인 단계의 것이라는 점을 명백히 이야기하게 한다. 디오티마는 물론 성교만을 사랑의 전부로 규정하지는 않는다. 성교를 통한 생식은 생물학적인 수준에서 아름답고 훌륭한 후손을 남겨 자아를 시간적으로 연장시키려는 것인데, 인간은 그런 방식 이외의 사랑을 통해서도 자신의 자아를 확대하려는 시도를 할 수 있다. 인간은 신체의 아름다움에만 끌리지 않는다. 인간은 인간이 정신을 통해서 해내는 것에서도 아름답고 훌륭한 것을 발견해 낼 수 있다. 그런 종류의 아름다움에 끌려 그것을 갈망하는 것도 플라톤은 디오티마의 입을 빌려 에로스라고 규정한다. 그런 에로스도 생물학적인 에로스나 마찬가지로 아름다움을 영원히 또는 영원에 가깝게 향유하려 든다. 그러나 물론 생물학적 에로스의 경우처럼 자식을 낳는 방식을 취할 수는 없다. 그렇다고 방법이 없는 것은 아니다. 교육이 바로 그 방법이다.

『향연』에 기술된 교육 활동은 그 구조가 생식 활동과 아주 유사하다. 즉 교육자 역할을 하는 사람은 교육을 받을 나이가 된 젊은이에게서 아름다움과 훌륭함의 요소를 발견하고 그것에 끌린다. 그것은 그의 신체만이 아니라 정신적인 것을 표현하는 여러 가지 즉 재능, 성격, 생각하는 것, 말하는 것, 행동하는 것 등등일 수 있다. 그런 것에 대한 에로스는 일반적으로 생물학적 에로스와 같은 정도로 강렬하지는 않겠지만 그것과 기본적인 성격은 다르지 않다. 즉 그런 것에 끌려 젊은이에게 접근한 교육자는 생물학적인 짝이 하는 것과 마찬가지로 피교육자의 영혼 속에 자신의 것을 보태 그 결실이 마치 자식처럼 태어나 후세까지 전해지도록 하는 것이다. 그 결실은 그 젊은이가

사람과 사람이 만나는 일

앞으로 하게 될 훌륭하고 아름다운 행동이나 말, 또는 시가와 같은 예술 작품 등의 형태를 띨 수 있다. 우리가 인류의 역사 속에서 아름답고 훌륭한 업적으로 기리는 것들이 그런 결실들이다. 그런 업적은 한 사람이 해내거나 만들어 낸 것처럼 보이겠지만, 『향연』에 따르면 사실은 교육자와 피교육자가 만나서 같이 이루어 낸 것이다. 다시 말해 교육자와 피교육자 두 부모의 자아를 내용적으로 시간적으로 확대한 정신적 자식과 같은 것이다. 앞서 선생은 학생을 역사 속의 존재로 성장하게 해 준다는 거창한 말을 했다. 학생이 성취한 아름답고 훌륭한 것의 내용에는 선생이 전수해 준 그때까지의 아름답고 훌륭한 것의 기억이 들어 있기 때문에 그리고 그것이 새로 태어난 아름답고 훌륭한 것에 실려 미래에까지 남아 있을 수 있기 때문에 이제 그 거창한 말이 틀린 말이 아니라는 것을 확인할 수 있을 것이다.

'같이 있음' 또는 '만남'을 뜻하는 고대 그리스어의 syunousia는 때로 성교를 시사하는 뜻으로도 쓰인다. 그런 점에서 플라톤이 생각한 교육은 synousia라는 말로 아주 적절하게 표현될 수 있다. 플라톤이 말하는 교육은 성교처럼 사람과 사람이 밀도 높게 만나는 일이다. 그런 만남이 바로 이 글의 주제인 사람과 사람의 만남이다. 그 만남은 아름다움과 훌륭함에 대한 갈망인 에로스에 의해 성사된 것이기에 그냥 만나는 사람들 서로의 가슴을 따뜻하게 해 주는 선에서 끝나지 않는다. 다시 말해 아리스토파네스가 그린 반쪽끼리의 만남에서와 같이 둘이 아무 일도 하지 않고 그냥 부둥켜안기만 하고 있는 것이 아니라는 말이다. 그 만남은 갈망의 대상인 아름다움과 훌륭함을 끊임없이 추구하며 마치 자식을 낳듯이 결실로 만들어 남기는 일을 하는 것이기 때문에 그것은 자신의 존재 전체를 걸고 하는 일이다. 무엇보다도 무엇이 아름답고 훌륭한 것인지 인지하고 좀 더 아름답고 훌륭한 것을 찾아내는 탐구를 핵심으로 하는 일이다. 낮은 단계에서는 덮어놓고 끌리는 것 같아 충동적인 감성만이 작동하는 것처럼 여겨질지 몰라도 정신적인 것에 관심을 돌리는 단계에 이르게 되면 정말 아름다운 것, 훌륭한 것을 그렇지 못한 것, 덜 그런 것과 분간해 내는 지성이 작동한다. 듣기에 좀 이상하겠지만, 그 단계에서의 만남은 지성적인 성교와도 같은 것이겠다.

이제 우리는 교육에 있어서 사람과 사람의 만남의 측면을 왜 제도에 반영한다는 것이 지난한 일이 될 수밖에 없는지 그 까닭을 확실히 짚어 낼 수 있겠다. 내가 주의를 기울여 달라고 주문한 그 측면은 아주 친밀한 사적인 관계의 성격을 가지고 있는 것이다. 학교는 틀림없이 공적인 제도지만 그렇다고 그 틀 안에서 이루어지는 학생과 선생 사이의 관계도 단적으로 공적인 관계일 뿐이라고 생각하는 사람은 별로 없을 줄 안다. 만일 선생에 관한 기억이 민원인 입장으로 관공서에서 대면하게 된 담당 공무원에 대한 것과 다르지 않다면 바로 그것이 불행한 학교생활을 했다는 증거가 될 것이다. 선생과 학생의 관계는 공적인 규정으로만은 다 담을 수 없는 친밀한 것이 되는 것이 당연히 바람직하다. 직접 제도를 통해 공적으로 확정하기 어려운 그런 부분을 교육 이념이 적극적인 내용으로 포함하고 있으면, 제도화가 동반하는 불가피한 폐해를 최소화할 수 있는 가능성이 생긴다. 가령 학급당 적정 학생 수의 문제를 예로 생각해 보자. 학교는 선생 하나에 다수의 학생이 배당되는 것을 현실로 받아들이고 있는 제도다.

　　　　　　　　　　　　　　　사람과 사람이 만나는 일

그러나 물론 우리 모두가 과밀 학급이 비교육적이라는 사실에 대한 인식만큼은 공유하고 있기 때문에 학급당 적정 학생 수를 목표로 설정해 그동안 학급 규모를 줄이기 위해 꽤 노력해 왔다. 그런 노력을 하는 이유는 일단 수업 즉 지식 전수의 효율성을 높이려는 것이었다. 그러나 그에 못지않게 아니 더 중요한 이유는 선생과 학생의 관계를 가능한 한 친밀한 것으로 유지하려는 데에 있다. 앞서 선생의 개성에 대한 학생들의 관심을 언급했는데, 학생도 선생이 자신에 대해 그런 관심을 가져 주기를 바라 마지않는다. 서로의 개성이 지니고 있는 아름다움과 훌륭함의 싹을 알아주기 바라는 것은 인간이 서로 친밀해질 수 있는 관계의 계기가 되는 법이다. 학급당 적정 학생 수의 과제에 접근하면서 현실적으로는 학교의 특성, 수업 내용 그리고 재정 형편 등을 고려하는 것은 당연하지만, 일반적인 원칙으로 선생과 학생 사이의 친밀한 관계에 가장 큰 비중을 두어야 마땅하다고 본다. 어차피 학교라는 제도의 틀 안에서 플라톤이 이야기하는 수준의 만남을 그대로 실현한다는 것은 하나의 이상일 것이다. 그러나 그가 제시한 방향을 완전히 잊어버리고 교육 이념에 그 부분을 포함시키지 않으면 학교가 삭막한 수용소 같은 곳으로 되는 것을 막을 길이 없다.

6

이제 가르침 즉 지식의 전수와 관련해서도 플라톤의 교육에 대한 생각이 어떤 영향을 미칠 수 있는지 생각해 보자. 사람과 사람의 만남이 『향연』의 아리스토파네스가 그린 것과 같은 결합이 아니라 아름답고 훌륭한 것에 대한 에로스에 의해 추동(推動)되어 좀 더 아름답고 훌륭한 것을 결실로 얻고자 하는 것이라면 플라톤에게서 가르침은 그와 같은 결실을 목표로 젊은이를 성장시키는 내용을 담은 것이어야 함은 당연하다. 플라톤은 『향연』에서 그 내용이 구체적으로 어떤 것인지에 관해서 상론하지 않는다. 그 때문에 교육철학에 관심을 갖는 연구가들은 보통 『향연』보다는 『국가』에 더 주목한다. 『국가』에서 플라톤은 이상국의 통치자를 위한 교육 과정을 논의하면서 특정한 선율을 권장하는 음악 교육부터 수학 교육 그리고 이데아 이론을 핵심 내용으로 하는 변증론(dialektike)에 이르기까지 교과 과정의 내용을 자세히 다루고 있다. 여기서 그 내용까지 이야기할 필요는 없고 그 과정 역시 『향연』에서 디오티마가 설명하고 있는 에로스의 단계로 구분된 과정, 즉 좀 더 아름답고 훌륭한 것을 향한 상승의 과정과 기본적으로 일치하게끔 구성되어 있다는 사실은 확인해 두기로 한다.

그러니까 플라톤이 아름답고 훌륭한 것의 실현을 위한 구체적인 교육 과정을 논의했을 때는 일차적으로 통치 엘리트를 염두에 두었던 것만큼은 틀림없는 사실이라 할 수 있다. 그러나 그렇다고 해서 그 내용 모두가 오늘날 민주 사회의 일반 시민을 위한 교육을 논의하는 장에서는 조회해 볼 필요가 전혀 없는 것이라고 할 수는 없다. 특히 오늘날 일반 시민의 교육 역시 아름답고 훌륭한 것을 겨냥하여 이루어져야 한다는 당위는 효력을 상실하지 않는다. 혹시 문제가 될 것이 있다면, 엘리트주의나 반민주주의적 요소와 관련된 것이 아니라 그 당위의 효력이 막연하다고 할 수 있을 정도로 일반적이기 때문에 유지되는 것이 아닌가 하는 점일 것이다. 사실 그 점을 부인할 필요는 없다. 모든 이념적인 것에는 구체적인 내용에 의해 일의적으로 채워져 있지 않은 부분이 있게 마련이다. 그리고 그것을 꼭 문제점으로만 볼 것은 아니다. 아름답고 훌륭한 것의 구체적인 내용은 처음부터 다 채워져 있는 것이 아니기 때문에 인간은 진정 좀 더 아름답고 훌륭한 것이 무엇인지 모색하게 되는 것이다. 오늘날 우리가 차세대에게 무엇을 가르칠 것인가를 논의할 때 그 논의가 제 방향에서 벗어나지 않게끔 이끌어 주는 것은 좀 더 아름답고 훌륭한 것이 무엇인지에 관한 문제의식일 것이다. 플라톤에 기대어 우리가 다시 생각해 보게 된 교육 이념은 우리로 하여금 계속 그런 문제의식을 가지고 교육 문제에 접근하게 해 주는 기능을 한다.

그런데 학교에서 무엇을 가르쳐야 하는지에 대해서는 별 논의를 하지 않는다는 것이 오늘날 우리 사회의 두드러진 특징 중의 하나다. 교육 내용에 관한 문제는 비교적 답이 간단하다고 여기기 때문이다. 즉 대학에서는 이 사회의 발전에 기여할 수 있는 전문 지식을 가르치면 되고, 그 이전 단계의 학교에서는 그 전문 지식을 받아들일 수 있는 지적 바탕을 마련하는 과목을 가르치면 된다는 것이 우리 대부분이 생각하는 정답이다. 플라톤의 교육에 대한 생각을 따라 그 답을 해 보라면 사회 발전이라는 만병통치약과도 같은 범용의 구호를 동원하는 대신 사회 구성원 각자가 다 아름답고 훌륭한 삶을 살아갈 수 있게끔 해주는 내용을 가르쳐야 한다고 답을 해야 한다. 그 답은 사회 발전을 앞세우는 답과 비교해 너무 막연하게 들리겠지만, 사실은 그렇지 않다. 사회 발전은 종종 그 사회를 사는 사람들의 삶이 실제 아름답고 훌륭한 것인지의 문제와는 사실상 상관이 없는 몇 가지 지표에 의해 그 정도가 가늠된다. 우리나라 사람들 대부분이 사회 발전을 바로 그렇게 거칠게 이해하고 있다. 그런 이해를 근거로 학교에서는 사회 발전에 기여할 내용을 가르쳐야 한다고 하면서 그에 관한 더 이상의 논의를 불필요한 것으로 취급하는 것은 한마디로 불행을 약속하는 짓이다.

우리나라 사람들 대부분은 사회 발전에 기여하는 지식이란 곧 사회가 필요로 하는 전문 직업을 수행하기 위해 필요한 지식이라고 보고 그런 지식을 실용적인 지식이라고 부른다. 그리고 학교에서는 실용적이지 않은 지식은 가르치지 말아야 한다는 주장을 하기도 한다. 조선 시대의 성리학이 공리공론일 뿐이고 실학이야말로 진정 지식인이 해야 할 공부였다는 평가를 자주 듣다 보니 쓸모와 얼른 연결이 되지 않는 이론을 연구하거나 교육하는 것은 나라를 망하게 하는 길이라고 여기는 것이 그사이 아예 범국민적으로 체질화되지 않았나 싶다. 우리에게는 '사회 발전'과 더불어 '실용'도 범접을 불허하는 아우라에 싸여 있는 말이다. 그러나 나는 실용 대신 플라톤이 말하는 아름다움과 훌륭함을 더 앞에 놓아야 한다고 믿는다. 좀 과장되게 들릴지 모르지만 '실용'이라는 것이 오늘날 한 사회 내에 어떤 특정 전문 직업인 집단의 이익을 좀 더 듣기 좋게 포장하는 말로 쓰이기도 하기 때문이다. 우리가 보통 생각하는 실용은 그렇지 않아도 현실 순응주의적 태도를 조장하는 경향이 있는 개념이다. 적어도 좀 더 아름답고 훌륭한 것을 찾으려 드는 지적 모험을 적극 권장하는 개념은 아니다. 그런 개념은 가령 미국의 대표적인 교육철학자 존 듀이가 대변하

사람과 사람이 만나는 일

는 실용주의 노선에 합치하는 것도 아니다. 어쨌든 그 말만으로는 신용이 가지 않는 것이 우리나라에서 통용되는 실용의 개념이다. 실용보다는 우리 사회 전체가 아름다움과 훌륭함을 기준으로 삼아 무엇이 가르칠 만한 것인지 가려내는 쪽이 더 바람직하다. 더 바람직하다기보다 그래야 마땅하다.

아름다움과 훌륭함은 사실 진정한 실용까지도 포함한다. 실용적인 것이 아름답지도 훌륭하지도 않아 보이는 때가 있기는 하다. 그럴 때는 거의 틀림없이 실용적이라고 보이는 것이 사실은 진정 실용적인 것이 아니거나 잠깐 동안만 실용적으로 보이는 것일 뿐일 가능성이 크다. 실용을 이야기할 때마다 나는 유클리드 기하학을 생각한다. 기하학은 다 알다시피 서양 말 geometry의 어원에서 읽어 낼 수 있듯이 고대 이집트의 측량술이 그리스로 수입, 변형되어 탄생한 학문이다. 나일 강 유역의 넓은 비옥한 땅이 있었던 이집트에서 측량술은 참으로 실용적인 지식이었다. 홍수가 난 후 토지를 측량하여 소유권을 재확정해 준다는 현실의 요구에 부응하는 지식이었다. 그러나 그런 측량할 땅을 가지지 못한 고대 그리스에서 그 지식은 쓸모가 없었다. 그럼에도 고대 그리스인들은 그 지식을 받아들여 그것을 현실의 땅 대신 머릿속에 순수 공간을 구상해 그 위에 도형을 그리고 그 도형들의 관계를 관조하는 학문으로 발전시켰다. 그 학문은 참으로 비실용적이었다. 유명한 무한의 공리를 생각해 보자. 무한까지 그은 두 직선이 만날까 또는 만나지 않을까에 관한 언명을 담은 이 공리는 정말 쓸모없는 내용이다. 무한한 크기의 땅도 없고 땅 위에 하릴없이 한없이 직선을 그을 일도 없는 것이 현실이다. 심지어 삼각형의 두 변의 길이의 합이 다른 한 변의 길이보다 크다는 것을 증명하는 정리도 있다. 먹이를 앞에 놓고 우회로를 택하지 않고 곧장 달려가는 개조차도 아는 것을 짐짓 모르는 것처럼 증명해 보라는 요구는 참으로 한가한 짓이다. 그렇지만 무한을 그리고 우아한 논리적 추론의 절차를 생각해 내는 인간 머리의 지적 모험은 그 자체로 참으로 아름답고 훌륭해 보인다. 유클리드 기하학의 체계는 선생과 학생이 만나 지적인 모험을 통해 만들어 낸 아름답고 훌륭한 결실이다. 그리고 그것은 플라톤이 생각한 교육을 통해 이룩된 성취다. 다시 말해 아름답고 훌륭한 것에 대한 갈망을 지닌 인문 지성의 성취다. 눈앞의 실용에 사로잡혀 있으면 그런 성취는 불가능하다.

그런데 생각해 보기 바란다. 오늘날 나사에서 우주선을 쏘아 올릴 때 당시 이집트의 측량술을 사용하는지 아니면 유클리드 기하학적 정신이 바탕을 이루고 있는 수학 지식을 사용하는지. 오늘날 실용을 숭상한다는 사람들에게 이집트 측량술과 유클리드 기하학의 차이를 다시 생각해 보기를 권한다. 단견으로 실용이라고 판정하는 것이 때로는 사회 발전을 가로막는 요인으로 작용할 수 있다는 것을 알면 실용을 말하는 목소리가 좀 작아질 것이다. 특히 실용적인 전문 지식을 효율적으로 전수하는 것만이 교육의 유일한 목표인 것처럼 논의하는 목소리가 작아져야 한다. 그 대신 조용한 목소리로 천천히 교육의 이념에 대한 논의를 하기 위해 우리 모두가 정말 사람과 사람이 만나듯 서로 만나기를 기대한다. 그래야 우리가 차세대의 교육을 그리고 우리의 삶을 정말 아름답고 훌륭하게 꾸밀 수 있을 것이다.

한국 사회에서의 행복의 자리

행복의 추구

김문조

고려대학교 명예교수

1 말문 열기

서구 사회에서 '행복'이 시대적 화두로 대두한 것은 계몽적 사회 발전에 대한 반성과 더불어 삶의 목표나 의미에 대한 물음이 속출하기 시작한 1960년대 후반부터이다. 이후 냉전 체제가 와해되어 '선택의 자유(Freedom of Choice)'를 표방한 신자유주의 이념이 세계 각처로 확산되자 경쟁 지상주의의 폐해를 상쇄하기 위한 행복론이 학계 안팎에서 붐을 이루게 되었다.

한국 사회에서도 삶의 고초를 토로하는 불행 담론 대신 보람이나 즐거움을 내세우는 행복 담론이 증가하고 있다. 그 출발점은 대내외 경제 여건의 호조로 산업화에 대한 자신감이 절정에 달한 1980년대 말로 소급할 수 있을 것 같다. 그러나 행복 담론은 자기표현(self-expression)에 친숙한 넷(net) 세대가 사회 전면에 등장하기 시작한 2000년대 초반부터 대세로 자리 잡아 갔다고 여겨진다. 이 같은 경향은 '국가 발전'이나 '사회 발전'과 같은 묵직한 공약 대신 '국민 행복'이 유권자들에게 크게 호소력을 발휘하는 최근 정황에서도 감지할수 있다.

행복 담론이 각광받는 이유에 대해서는 일차적으로 다음 세 가지 가설을 제기할 수 있다. 첫째는 생활고가 더 이상 크게 문제시되지 않을 정도로 삶이 풍요해졌다는 '(현실) 개선설'이고, 둘째는 헤어나기 힘든 고난의 질곡에서 상상으로나마 행복을 탐해 보자는 '(심리적) 보상설'이며, 셋째는 일상인들의 생활 관심이 고통에서 열락으로 선회하고 있다는 '(관심) 이동설'이다. 그러나 1997년 외환 위기 이후 지속되어 온 경기 침체가 완화되기는커녕 날로 고착되고 있다는 점, 인터넷이나 SNS와 같은 참여형 미디어의 확산으로 기만적 허위의식의 존재 기반이 약화되고 있다는 점, 또 성적 압박, 취업 걱정, 퇴출 위협, 노후 불안 등과 같은 다중고(多重苦)로 점철되어 가는 것이 오늘날 한국 사회의 실상이라는 점을 고려할 때, 상기 세 가설은 모두 수용하기 힘들다고 본다. 이렇듯 현실적 여건이 뒷받침되지 않는 상황임에도 우리는 왜 행복을 거론하고자 하는가?

2 행복 담론의 등장 배경

희비가 교차하는 삶의 현장에서 예전 사람들은 향락보다 고뇌를 중시하여 남 앞에서 기쁨을 억제하는 것이 예의라고 생각했고, 경사보다 애사를 우선적으로 챙겼으며, 희극보다 비극에서 삶의 진정성을 찾고자 했다. 그러나 최근 들어 슬픔보다 기쁨, 절망보다 희망, 징벌보다 보상, 질책보다 격려, 고뇌보다 환희가 선호되는 '긍정적 전회(positive turn)'가 사회 도처에서 목도되고 있다. "즐겁게 살자."라거나

"칭찬합시다."와 같은 언표들이 그 방증이라고 할 수 있는데, '고통의 신정론'이 '행복의 신정론'으로 대체되어 가는 이 같은 현상은 기본적으로 다음과 같은 외적 요인과 내적 요인의 교합적 결과라고 할 수 있다.

1 외적 변화 ─ 근로 중심 사회에서 여가 중심 사회로

전통 사회에서는 여가가 노동과 단절되지도 않았고 신앙생활이나 의례적 활동과도 분리되지 않았다. 사회 분화(social differentiation)가 오늘날처럼 현저하지 않았기 때문이다. 일상적 삶에서 노동과 여가의 경계가 나뉘어 시공간적으로 구분된 시기는 일터와 가정의 분리가 촉진된 산업 사회부터라고 할 수 있다. 산업화 시대 이후 주어진 시간, 공간 및 여건하에서 직무를 수행하면서부터 노동을 마친 후의 시간이 업무의 속박에서 풀려난 자유 시간, 휴식, 기분 전환 등과 같은 의미로 개념화되기 시작했는데, 이를 계기로 여가가 하나의 독립적 활동 범주로 간주되기에 이르렀다.

여가 연구가 파커는 산업 사회에서 여가가 비(非)근로 활동 영역을 구축하기 시작하면서 사회 제도의 하나로 발돋움하게 되었다고 말한다. 여가가 노동의 잔여적 범주가 아닌 독자적 의미를 지니게 됨으로써 근로 활동과 변별되는 새로운 제도로 인정받게 되었다는 것이다.[1] 물론 오랜 기간에 걸쳐 사회 활동의 중추로 간주되어 온 노동에 비해 여가는 부수적 활동 범주로 경시되는 풍조가 여전히 남아 있으나, 근로-비근로 활동의 균형(work-nonwork balance)이 강조되는 근자에 들어서면서 일찍이 베버가 지적한 바 있는 소명적 근로관이 퇴

　　　　　　　　한국 사회에서의 행복의 자리

조하는 대신 여가나 놀이의 가치가 격상하고 있다. 격무나 직업 스트레스에서 벗어나 여가를 즐기려는 사람들이 늘어나고 '먹고살 것이 있어도 일하겠느냐?'라는 물음에 '아니다.'라고 응답하는 비율이 점증하고 있다는 사실이 그러한 경향을 대변한다.

하지만 이러한 여가 지향적 행태는 생활 관심사의 이행에서 비롯되었다기보다 기본적으로 생산력이나 생산 체제의 혁신에서 발원한 것임을 숙지할 필요가 있다. 생산 기술이나 생산 조직의 향상이 가처분 시간과 가처분 소득을 늘려 소비하고 즐기는 것이 사회적으로 권장되는 '포스트 포디즘' 시대가 도래했기 때문이다.

2 내적 변화 — 탈물질주의적 가치관의 확산

"빵만으로는 살 수 없는 존재가 인간"이라는 말처럼, 생활 수준의 향상으로 생존의 압박에서 벗어나 관계, 인정, 자아실현과 같은 상위 욕구를 추구하려는 경향은 매슬로를 위시한 많은 연구가에 의해 오래전부터 논구되어 왔다. 이 같은 욕구 체계의 동학은 메이오의 인간관계론이나 신(新)인간주의 조직론으로 후속되었음은 물론 베블런의 유한계급론이나 밀스의 신중간계급론과 같은 상반된 이론으로도 뒷받침되었는데, 에머리와 트리스트는 1960년대 생산성이나 효율성과 같은 산업화 시대의 정명을 거부하는 히피 문화로부터 새로운 생활관의 태동을 간파하고 이를 '탈산업적 가치'로 명명한 바 있다.[2] 상기 성향은 1970년대에 선진 공업국 청소년들의 생활관을 조사한 잉글하트에 의해 경험적으로 검증되어 '조용한 혁명(silent revolution)'을 주도하는 '탈(脫)물질주의적 가치관(post-materialist values)'이라는 개

넘으로 재정립되었다.[3]

　제1차 세계 대전의 참혹한 체험에서 도출된 '물질에서 정신으로'라는 샤르댕의 신학적 명제, 혹은 나치 정권의 억압 체제하에서 제기된 '소유에서 삶으로'라는 프롬의 사회철학적 논제들과도 상통하는 이러한 의식 체계의 변혁은 외재적 측면과 무관한 내면적 차원의 중요성을 시사하는바, 물질적·물리적 차원을 넘어서서 언론의 자유, 사회 참여, 생활 환경의 개선 등과 같은 삶의 질적 측면을 강조하는 탈물질주의 가치관의 대두는 여가 중심 사회로의 이행이라는 외적 변화상과 결합해 '객관적 성취에서 주관적 향유로'라는 생활 목표의 변화를 조장함으로써 행복 담론의 인식적 지평을 확장하는 데 기여해 왔다.

3 행복이란 무엇인가?

　'생활에서 충분한 만족과 기쁨을 느껴 흐뭇한 상태' 혹은 '욕구나 욕망이 충족되어 만족하거나 즐거움을 느끼는 상태' 등으로 정의되는 행복이란 한마디로 '긍정적 마음의 상태'라고 규정할 수 있다. 하지만 이렇게 되기까지 행복의 개념은 오랜 기간에 걸쳐 변천을 겪어 왔다. 종교 연구가 엘리아데에 의하면, 신화시대에는 고향인 천국을 떠나온 인간이 삶을 마감한 후 천국으로 되돌아가는 것이 행복으로 간주되었다고 한다. 하지만 에피쿠로스를 위시한 쾌락주의자들에게는 행복이 신체적 고통이나 정신적 고뇌로부터 해방된 평온한 상태

헤도닉(Hedonic)	에우다이모니아(Eudaimonia)
짧은 시간	긴 시간
단편성	전체성
육체적 즐거움	탁월성
감각	정신(지성)
무절제	자제력, 절제
지나침	완전성

표 4-1 헤도닉과 에우다이모니아의 비교
출처 Aristotle, *Ethica Nicomachea*, W. Ross (trans.) (Oxford University Press, 1966), 1153b, pp. 10~15.

로 받아들여졌다. 반면, 쾌락주의 행복론의 대안을 모색한 아리스토 텔레스는 단순한 즐거움이 아니라 생애 전반에 걸쳐 자신의 가능성 을 실현하는 데서 오는 고귀한 즐거움(eu-hedonic, noble pleasures)으로 서의 '에우다이모니아(eudaimonia)'를 제시했다.(표 4-1 참조)

유사한 맥락에서 스토아학파의 키케로와 에픽테토스도 행복을 신체적, 정신적 쾌락이 아닌 이성과 세계와의 일체감으로 규정했다. 중세 시대에는 이성의 자리에 신앙이 들어서면서 행복이 신의 섭리 에 의해 기획되고 신적 구원을 통해 달성되는 것으로 이해되었지만, 르네상스 시대에 접어들어 행복의 의미는 다시금 신체적 고통이나 정신적 고뇌를 벗어난 상태로 환원되었다.[4]

"행복은 오늘날 모든 세계의 표어이다."라는 칸트의 언명으로부 터 추론할 수 있듯, 근대 사회로 접어들면서 행복은 자율적 행위 주체 인 인류가 지향해야 할 상태로 인식되었다. 요컨대, 그것은 '행운'이나 '우연'이라는 전래적 의미를 탈피해 인간의 창조성, 정치 사회적 힘, 경제적 성공이나 복지, 도덕적 신념, 자유로운 상호 작용이나 인간 관계 등을 통해 추구해야 할 과업으로 간주되었다. 그러한 행복관은 1776년 미국 독립 선언서에서 창조주로 받은 권리인 삶과 자유와 더불어 행복의 추구에 대한 언급에서 명시적으로 확인된다. 이는 로크가 『인간 오성론』에서 주장한 '생명, 자유, 재산'이라는 명제에서 파생된 것으로,[5] 행복은 모든 국민이 누려야 할 기본적 권리이자 국가 통치자나 입법자가 필수적으로 유념해야 할 사항에 속한다는 점을 함의한다. 1789년 프랑스의 「인간과 시민의 권리 선언」 말미에도 "모든 이의 행복"이라는 구절이 포함되어 있는데, 이는 곧 행복의 추구가 생명권이나 자유에 대한 권리 못지않게 필수적인 시민적 권리로 귀속되었음을 뜻한다.[6] 이러한 정신이 법제화된 것이 '행복 추구권'으로, 우리나라의 헌법에도 "모든 국민은 인간으로서의 존엄과 가치를 가지며, 행복을 추구할 권리를 가진다."(10조)라고 명시되어 있다.

그런데 1990년대 이후 연구자들이 삶의 만족도에 대한 논의를 진전시키는 과정에서 아리스토텔레스의 『니코마코스 윤리학』에 제시된 헤도닉과 에우다이모니아 개념이 재론된다.[7] 즉 헤도닉에서는 즐거움이 유일한 선이요, 즐거움이 극대화되는 삶이 가장 좋은 삶(good life)으로 간주되는 반면, 에우다이모니아는 인간의 행복을 다이몬(daimon)과 진실한 자아(true self)가 일치하는 웰빙 상태로 규정하면서 개인의 영적 조화에 궁극적 가치를 부여하는데,[8] 이런 통찰이 자아실현에 역점을 두는 현대적 행복관의 논리적 기초를 제공한다.[9]

한국 사회에서의 행복의 자리

4 행복도 산정 방식

아마도 대다수 사람들이 행복을 좌우하는 요소로 머리에 가장 먼저 떠올리는 것이 돈, 지위, 명예 등과 같은 것이리라. 그러나 입시 경쟁의 당사자인 청소년층에는 성적, 입직을 앞둔 사회 초년생에게는 취업, 중장년 직장인에게는 승진, 고령층에게는 건강 등 생애 과정별로 특정한 행복 요소가 중시되며, 정치인에게 권력, 기업가에게 재력, 신앙인에게 신심, 연예인에게는 인기 등 활동 부문에 따라서도 특화된 행복 요소들이 존재한다. 그러한 점은 자본주의 사회에 있어서는 돈만 있으면 행복해질 수 있다는 가정에 반론을 제기한 행복경제학자들의 견해에서도 간접적으로 확인된다. 행복경제학자들은 경제적 요소가 행복의 가장 결정적 요소임을 인정하면서도, 부가 일정 수준에 이르면 더 이상 부와 행복 간에 상관관계가 성립하지 않는다고 말한다. 지난 반세기간 세계 차원에서 GDP나 개인의 실질 임금이 꾸준히 상승했음에도 국민들의 평균 행복도가 그에 비례해 증가하지 않았다는 이스털린의 주장은 행복이 돈으로 살 수 없는 것임을 입증한 행복경제학의 대표적 연구 사례로 꼽힌다.[10]

이에 따라 행복도 산정을 위한 후속 연구들은 소득이나 재산 정도와 같은 경제적 요인 외에 개인적 요인(건강, 기질), 인구학적 요인(연령, 성), 가족적 요인(결혼, 가족 관계), 직업적 요인(직무, 직위), 제도적 요인(참여, 복지), 상황적 요인(불황, 위험) 등으로 시야를 확대해, 행복이 단일 요인에 의해 좌우되는 일차 함수가 아니라 다양한 변인들의 조합에 의해 달성되는 다원 방정식이라는 점을 주지시켰다.[11]

행복에 관한 다변수적 접근의 시원은 신인간주의 조직이론가 허즈버그가 제안한 2요인 이론(Two Factor Theory)에서 찾아볼 수 있다. 허즈버그는 직업의식에 관한 일련의 연구를 통해 직업 만족감과 직업 불만족감에는 각기 동기 요인(motivation factors)과 위생 요인(hygiene factors)이 상반된 방식으로 영향을 끼친다는 주장을 피력했다. 직업 만족도를 높이는 데 유효한 동기 요인은 직무의 성격, 책임성, 발전 가능성과 같이 주로 직업 자체(work itself)와 직결된 변인이며, 직업 불만족도를 높이는 데 유효성을 발하는 위생 요인은 임금, 작업 조건, 안전성, 직업 지위, 감독의 질과 같은 직무 외적 변인들로서, 동기 요인은 직업 만족도 제고에만 기여하고 불만족도에는 영향력을 끼치지 못하는 반면, 위생 요인은 직업 불만족도에만 기여하되 만족도 변화에는 관여하지 못하는 편중적 효과만을 나타낸다는 것이다.[12] 이러한 논리를 행복 연구에 적용하게 되면, 행복 방정식의 우항에 자리하는 행복도 결정 요인들은 행복감을 증진시키는 데만 선별적으로 작동하는 행복 요인군(群)과 불행감만 가중 시키는 불행 요인군으로 양분할 수 있는바, "없으면 불행하고 많아도 행복하지 않다"는 '이스털린의 역설'과 같은 현상은 바로 이런 논법으로 잘 설명될 수 있다.

다변수적 접근은 행복의 주관적 차원을 중시하는 이른바 '긍정심리학(positive psychology)' 연구에 의해 새로운 방향으로 진전되었다.[13] 삶의 질에 관한 관심이 고조되기 시작한 1990년대 이후 삶의 질적 속성에 주목해 개인의 행복을 논하고자 한 연구가들은 '주관적 안녕(Subjective Well-Being, SWB)'이라는 개념 틀을 도입해 객관적 삶의 질과

175

는 무관하게 개인이 자신의 삶을 얼마나 긍정적으로 평가하는지를 측정해 행복도 연구를 심화시켰다.[14] 이러한 시도는 주어진 상황을 달리 지각하거나 받아들이는 욕구의 중요성을 부각시키면서 2요인 이론이 제시한 동기 요인과 위생 요인을 욕구 함수 체계로 포섭할 수 있는 길을 열었다는 점에서 큰 의의를 부여할 수 있다. 욕구 차원으로 관심이 이동하면서 행복도 산정은 '행복은 어디에?'라는 질문에서 '행복은 어떻게?'라는 의문으로 바뀌게 되는데, 이처럼 욕구 차원을 강조하는 관점을 논의에 포함한다면, 행복도 산정 방식은 (1) 행복도 결정 요소의 존재나 정도 여부를 중심으로 한 요건 모형(Component Model), (2) 주관적 욕구의 충족 정도로 개인의 행복을 산정해 내는 욕구 충족 모형(Need Satisfaction Model), 또 (3) 상기 두 모형을 산술적으로 결합한 산술적 통합 모형(Additive Integrated Model)과 (4) 승수적으로 결합한 승수적 통합 모형(Multiplicative Integrated Model)이라는 총 네 가지 유형으로 대별할 수 있다. 이들을 수리적으로 정식화하면 다음과 같은데, 네 가지 모형 중에서는 승수적 통합모형이 모든 변인의 효과를 가장 포괄적으로 반영한 진전된 도식이라고 판단된다.(그림 4-1 참조)

(1) 요건 모형(Component Model)

행복도 $H = \sum_{i=1}^{n} Xi = X_1 + X_2 + X_3 + \ldots + Xn$

(2) 욕구 충족 모형(Need Satisfaction Model)

행복도 $H = \sum_{i=1}^{n} NSi = NS_1 + NS_2 + NS_3 + \ldots + NSn$

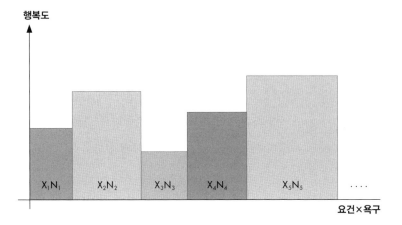

그림 4-1 행복도에 관한 승수적 통합 모형

(3) 산술적 통합 모형(Additive Integrated Model)

$$행복도\ H = \sum_{i=1}^{n} Xi + \sum_{i=1}^{n} NSi = X_1 + X_2 + \ldots + Xn + NS_1 + NS_2 + \ldots + NS_n$$

(4) 승수적 통합 모형(Multiplicative Integrated Model)

$$행복도\ H = \sum_{i=1}^{n} Xi\,{}^*Ni = X_1N_1 + X_2N_2 + X_3N_3 + \ldots + X_nN_n$$

인간의 자기 보존적 역량은 내면적 욕구에 대한 능동적 반응을 통해 신장된다. 이처럼 '행복의 추구'를 자신의 존재와 삶을 보존하려는 주체적 노력의 일환으로 간주할 때, 행복은 욕구 충족이라는 수동적 행위소와 선택과 실현이라는 능동적 행위소의 합작품으로 이해할 수 있다. 공리주의 철학자 벤담은 19세기 초 영국 사회의 욕구를 충족시켜 '최대 다수의 최대 행복'을 실현하는 방안으로 쾌락 계산법

177   한국 사회에서의 행복의 자리

(hedonic calculus)을 제안한 바 있다.[15] 욕구의 우선순위를 설정하기 위해 도입된 그의 계산법은 향후 쾌락 지표(hedonometer)의 개발 등으로 이어져, 이후 행복감을 측정하고 통제하는 기법들이 잇달아 등장했다.[16] 하지만 이런 과정에서 개인의 주관적 욕구는 객관적, 일률적으로 표준화하거나 서열화하기 불가하다는 주관주의적 반론이 제기되어 공리주의적 욕구 이론은 전면적 수정에 처하게 된다.[17]

욕구의 주관적 차원은 그것이 공리주의적 효용(utility)의 울타리를 벗어나 선호(preference)의 세계로 발돋움하면서 구체화한다. 그것은 욕구 실현을 통한 희열이나 보람이 해당 욕구에 대한 가치 부여에 따라 달라질 수 있다는 점을 함축하는데,[18] 이런 발상은 객관적으로 확정된 욕구 체계의 분석에 적실한 효용 함수(utility function)에 포섭되기 어려운 욕구의 주관적 영역에 선호라는 개념을 설정하고자 하는 삶의 질에 관한 최근 연구물들에 반영되기 시작했다. 이처럼 욕구 차원과 변별되는 가치의 차원을 새로이 설정함으로써 경제학이나 심리학이 전통적으로 지향해 온 객관주의적 접근법을 넘어선 행복론의 지적 확장을 꾀할 수 있다. 앞서 제시한 승수적 통합 모형에 이러한 견해를 병합한 종합적 모형(Synthetic Model)은 (5)와 같이 정식화할 수 있으며, 시각적으로는 그림 4-2와 같이 나타낼 수 있다.

(5) 종합적 모형(Synthetic Model)

행복도 $H = \sum_{i=1}^{n} Xi * Ni * Vi = X_1 N_1 V_1 + X_2 N_2 V_2 + \ldots + X_n N_n V_n$

행복도를 부가적 총합의 형태로 산정할 수 있는 요건 모형, 충

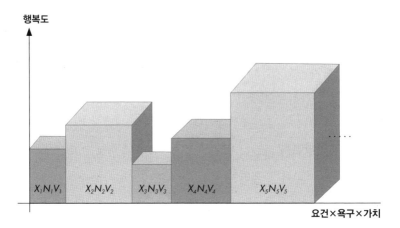

그림 4-2 행복도에 관한 종합적 모형

족 모형 및 산술적 통합 모형의 경우, 행복은 잣대로 측정 가능한 길이 형태로 표상된다. 승수적 통합 모형에서는 행복도를 면적 형태로 인식할 수 있다. 그러나 가치의 차원을 승수적으로 결합시킨 최종 모형에서는 행복도가 용적 형태로 현시된다. 체적으로서의 행복 이미지는 '바구니 가득한 행복(basketful of happiness)' 혹은 '행복 보따리(bundle of happiness)'와 같은 일상적 표현에서도 포착할 수 있는데, 가치 차원이 병합된 대안적 행복 모형은 '너의 불행이 나의 행복'이라는 제로섬적 행복관을 넘어 '고통은 나눌수록 작아지나 기쁨은 나눌수록 커진다'는 나눔의 신비를 이해할 수 있는 유력한 단서를 제공한다. 뿐만 아니라 그것은 사적 행복을 넘어선 공적 행복에 관한 논의에도 도움이 될 것으로 본다.

한국 사회에서의 행복의 자리

5 한국 사회의 행복 지수

경제학자들은 전래적으로 국민 총생산(GNP)을 한 국가의 발전 상태를 가늠하는 가장 보편적인 지표로 간주해 왔다. 그러나 1인당 국민 총생산의 상승에도 불구하고 행복도 평균치가 답보를 거듭하는 이스털린의 역설이 발표된 이후, 국민 총만족(Gross National Satisfaction, GNS)이나 국민 총행복(Gross National Happiness, GNH)과 같은 대안적 지표들이 행복도 비교를 위한 척도로 제안되었으며, 행복이 사회과학의 주요 주제로 부각되기 시작한 1990년대 이후에는 그런 시도가 보다 적극적으로 진행되고 있다.

그중에서 최근 가장 인상적 활동을 보이는 대표적 사례 세 가지만 소개하고자 한다. 네덜란드 사회학자 페인호번이 주도하는 세계 행복 데이터베이스(World Database of Happiness)에서는 흘러넘치는 정보 대홍수 상황에서 메타 분석법의 일종인 '연구종합(Research Synthesis)' 기법을 통해 행복도나 만족도 유관 자료들을 집약한 행복지수를 매년 발표하고 있다.[19] 미시간 대학의 잉글하트가 주도하는 세계가치관조사학회(WVSA)도 세계 100여 국가를 대상으로 동일한 설문지로 5년마다 세계가치관조사(World Value Survey)를 실시해 결과를 발표해 왔다. 대안적 경제정상회의(The Other Economic Summit, TOES) 지도부가 1986년에 창설한 영국의 신경제재단(New Economics Foundation, NEF)에서도 2006년부터 행복지구지수(Happy Planet Index, HPI)를 매해 발표하고 있다.[20]

한국 경제는 1960년대부터 의욕적으로 추진된 국가 주도형 성장

그림 4-3 행복도의 국가별 순위(UN World Happiness Report, 2013)
그림 4-4 OECD 주요국의 행복도 비교(OECD Better Life Index, 2013)

정책으로 단시일에 장족의 발전을 이룩했다. 따라서 경제 외적 부문
들은 잘나가는 '일류 경제'에 비해 낙후해 있다는 인식이 파다한데,
이런 사고는 지표상으로도 입증되고 있다. 즉 한국은 최근 경제 규모,
교역량, 외환 보유고, 무역 상장 회사 수와 같은 경제 지표상으로는
세계 10위권 내외를 오르내리는 반면, 출산율, 이혼율, 자살률, 부패
지수 등과 같은 사회 지표에 있어서는 중하위권을 면치 못하고 있다.
이러한 외화내빈의 생활 현실은 세계적으로는 중간 정도에 불과하고,
OECD 국가군에서는 바닥에 가까운 한국의 행복 관련 지수들에 여실
히 반영되어 있다.(그림 4-3, 4-4 참조)

　　한편 스웨덴 스톡홀름 소재의 미래연구원(Institute for Futures

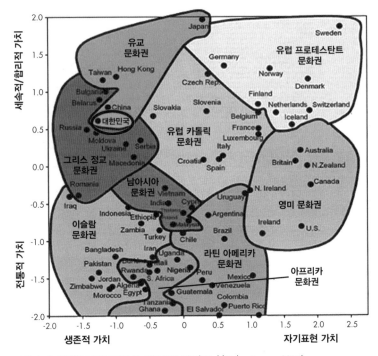

그림 4-5 가치관 분포를 통해 본 세계 문화 지도(World Value Survey, 2014)

Studies)이라는 기관에서 세계가치관조사 자료를 활용해 작성한 '세계 문화 지도(Cultural Map)'를 들여다보면, 이해타산을 중시하는 공리주의적 가치관이 지배적이라고 판명된 유교 문화권 내에서 한국은 일본, 홍콩, 중국 및 대만보다 더 생존적 가치에 치우쳐 있음을 식별할 수 있는데(그림 4-5 참조) 이로부터도 한국인들은 개선된 생활 여건하에서도 행복의 샘을 다원화하지 못해 행복을 온전히 누리지 못하고 있다고 추정할 수 있다.

6 한국인의 행복관

행복이 마음이라는 통로를 거쳐 향유되는 것일진대, 한국 사회의 행복도를 상론하기 위해서는 한국인의 심중에 내재하는 행복관을 주시하지 않을 수 없다. '열 길 물속보다 알기 힘든 것이 한 길 마음속'이라는 옛말처럼, 사람들의 심중을 파악하기란 여간 어려운 일이 아니다. 마음은 보거나 만질 수 있는 물질과 달리 무형적 정신세계에 속해 있기에 그러하고, 상황에 따라 돌변하기 쉬운 것이 인간의 마음인 까닭이며, 사회적 금제나 체면 등으로 속내가 은폐되거나 왜곡되는 경우가 많기 때문이다. 이 같은 난관에도 불구하고 지엽적 현상들을 사상한 채 한국인의 마음의 습성(habits of heart)을 개괄적으로 스케치해 본다면, 한국인의 정신세계는 크게 관계주의(relationalism), 현세주의(inner-worldliness) 및 배상주의(returnism)이라는 세 개의 정맥(正脈)으로 구성되어 있다고 여겨진다.[21]

1 한국인의 정신세계

관계주의 아는 이에게는 각별하고 모르는 사람에게는 각박한 내집단 의식(in-group consciousness)을 기반으로 한 한국적 관계주의의 기초는 혈연 중심의 친족주의라고 생각된다. 친족주의적 전통은 핵가족화 과정에 의해 자기 식구를 우선시하는 가족주의의 형태로 우리 사회 도처에서 재현되고 있다. 그 점은 끈끈한 가족애나 '출생의 비밀'과 같은 소재들을 앞세운 방송 드라마들이 성행하는 일상 현실에서 적시할 수 있지만, 보다 직접적으로는 인사 청문회에서 불거지는 비리나 부정부패의 가장 큰 몫을 차지해 온 것이 자녀 교육을 위한 위장 전입이나 재산 상속을 위한 부동산 투기라는 사실을 통해서도 간파할 수 있다.

여기에 더해 공동체 해체에 의한 친족 관계의 약화나 도시화·개인화 등으로 가족이나 친지 아닌 사람들과도 어울려야 하는 상황에 처하게 되면서 출신지나 출신 학교를 앞세운 인간관계가 추가되어, 혈연·지연·학연이라는 '3연(緣)'을 기축으로 한 연고주의가 우리 사회에 풍미해 왔다. 최근에는 직장이나 SNS 등을 고리로 한 직연이나 넷연 등까지 가세함으로써, 한국 사회는 크고 작은 친소 관계로 구성된 거미줄 같은 인간관계(web of human networks)의 그물망으로 표상되어 가는 실정이다.

현세주의 비교종교론을 통해 사후 세계에 독자적 가치를 부여하는 대신 현세적 복락을 강조하는 현세주의적 가치관이 동양 문화권에 내재해 왔음을 널리 인지시킨 학자가 막스 베버이다. 현세주의는 특히 현실 종교 혹은 고도의 사회 윤리 체계로 간주되는 유교가 오랜 기간 삶의 원리로 존속해 온 동북아 지역에서 강고한 영향력을 행사해 왔는데, '지금 여기서(in-here)'라는 시간적·공간적 한정성을 담지한 현세주의는 오늘날 한국 사회에 다음과 같은 후속 현상들을 야기해 왔다.

죽고 나면 삶이 끝나 버린다는 한정적 시간관이 주어진 과제를 당대에 해결하려는 속결 의식을 자극해 우리 사회의 고도성장이나 제도 혁신에 기여해 왔다는 주장은 전적으로 부인할 수는 없다고 본다. 하지만 시간에 쫓겨 만사를 요령껏 해치움으로써 사회적 부실이나 위험을 자초한 사례가 허다하다는 사실도 인정해야 할 것이다. 한편 세속 세계를 유일한 욕망의 실현장으로 인식하는 한정적 공간관역시 가시적 효과를 기할 수 있는 실질적 차원을 편애하는 데 일조해왔다고 본다. 그 같은 실익 추구적 생활관은 한국 사회가 5000만 인구와 1인당 GDP 2만 달러를 동시에 충족한 경제 대국으로 발돋움할수 있는 원동력의 일부였음이 분명하다. 하지만 구상적(tangible) 효과를 우선시하는 현세주의는 '정치인이나 지식인을 위시한 모든 사람이 알고 보면 제 잇속 차리기에 골몰하는 그렇고 그런 존재'라는 속물형 인간관을 확산시켜 사회적 신뢰나 자존감 상실과 같은 부작용을 초래함으로써 우리 사회를 승자 독식의 공리적 각축장으로 몰아가고 있다.

배상주의 인과응보의 이치를 근간으로 한 보상 의식은 유대교, 불교, 기독교, 이슬람교와 같은 세계 주요 종교의 계율, 혹은 범속적생활 윤리에 일고일락(一苦一樂)이나 호사다마와 같은 용어로 표현되는 상보성 원리(complementary principle)의 기본을 이룬다. 그런데 이것은 '살아생전'이라는 한정된 시간 프레임 내의 각축적 삶을 조장하는과열 경쟁을 특징으로 하는 오늘날 한국 사회에서 자신이 체험한 모든 삶의 고난에 대해 대가를 되돌려 받기를 갈망하는 배상주의로 극단화하고 있다.

특히 IMF 외환 위기 이후 고속 성장에 관한 기대감 상실과 함께미래에 대한 불확실성이 가중되어 자신을 기회 구조의 낙오자나 희생자로 단정하며 억하심정을 호소하는 패배주의자들이 양산되면서, 열패감에서 비롯한 불복 저항 행위들이 다양한 방식으로 분출하고 있다. 갑을(甲乙) 관계에서의 갑에 대한 대중적 거부감이라든가 B급 문화에 대한 폭넓은 공감대 등은 '내가 치른 모든 간난을 온전히 변상해 달라.'라는 배상 심리의 발로라고 말할 수 있다. 세계 최고 수준에 달하는 높은 자살률이나 속출하는 묻지마 범죄 등도 사회적 열패감이 임계점을 넘어설 때 나타나는 배상적 행태의 파국적 유형으로 간주할 수 있다. 돌이켜보면 잘난 사람에 대한 평가에 야박하고, 사촌이 논을 사면 배가 아프다는 전래적 폐풍에서도 그러한 잔재를 엿볼 수 있는데, 배상주의의 현대적 유형은 이유 여하를 막론한 모든 차등적 처우에 반발하는 결과적 평등주의, 혹은 '떼법'이나 '국민정서법' 등으로 불리는 탈법적 집합 행동에서 여실히 드러난다.

2 심성적 귀착점으로서의 기복 심리

그렇다면 이상과 같은 성향들이 단순한 복선적 형태를 넘어 삼중 나선형으로 뒤얽혀 돌아가는 오늘날 한국인의 정신세계는 어떤 식으로 응축할 수 있겠는가? 그런 목적을 위해 관계주의, 현세주의 및 배상주의 성향을 한 문장으로 엮어 보면 '아는 사람들끼리 한평생 만복을 누리며 살아가는 것'이라고 말할 수 있겠는데, 이러한 소망의 근저에는 사회 경제적 영달에서 심신의 안녕에 이르는 안락한 삶(well-being)을 향한 '지복 의식(至福意識)'이 내재해 있다고 추정된다.

이때 한국인이 추구하는 복(福)은 고난이나 구원을 통해 향유할 수 있는 은총과 같이 신성한 것이 아니요, 자유, 평등, 정의와 같은 공적 이념과도 궤적을 달리한다는 점에 주목할 필요가 있다. 오히려 부귀영화와 같은 실질적 가치의 범주에 속하는 것들이 주류라고 여겨진다. 또 "새해 복 많이 받으세요."라는 명절 인사로부터 추론할 수 있듯, 한국인이 염원하는 복은 내재적 열망을 충족시킴으로써 달성되는 충만으로서의 행복(happiness)이라기보다, 권력·재산·건강·명예·자식복 등과 같이 외부로부터 주어지는 행운(luck) 쪽에 가깝다고 생각된다. 따라서 관계주의, 현세주의 및 배상주의라는 '속(俗) 삼위일체(secular trinity)'의 구심점을 이루는 한국적 지복 의식의 근저에는 안락한 삶을 갈구하는 기복(祈福) 심리가 내재한다고 말할 수 있다. 이러한 기복적 세계관에서는 한, 정, 분노, 기쁨, 보람, 애환 등 만감을 불러일으키는 모든 요소들이 주체적 향유의 소재가 아니라 수동적으로 받아들이거나 감수해야 할 숙명적 정명의 질료로 간주된다. 운수 대통이나 운칠기삼과 같은 속언에 대한 폭넓은 공감대도 바로 그러한 수동적 기복 심리를 반영한 현상이라 하겠다.

이 같은 한국인의 지복 의식을 굿이나 점 등으로 대변되는 전통적 기복 사상의 연장선에서 이해하려는 학설이나 주장들이 많다. 그러나 친족주의가 오늘날 한국 사회에서 보편주의에 역행하는 정분적 관계주의로 변형하고, 전통적 현세주의나 보상주의가 실리적 현세주의나 배상적 보상주의로 변질되어 왔듯, 오늘날 한국인의 기복관(祈福觀)도 전통 사회의 그것을 넘어서서 진화해 가고 있다.

신분 질서가 약화되어 가는 성취 사회에서 여전히 '출세'라는 사회적 성공 목표에 매몰되어 온 오늘날 한국인들은 '끈'이나 '빽' 등으로 통칭되는 정실 관계가 자신의 재능이나 노력으로는 좀처럼 극복하기 힘든 구조적 장애임을 통감하며 살아왔다. 이런 면에서 한국 사회는 여전히 친분 관계를 바탕으로 한 내집단 의식이 중층적·다면

한국 사회에서의 행복의 자리

적으로 작동하는 조밀한 연줄망 사회(high-grid society)라고 할 수 있다. 따라서 그로 인한 기회 구조의 제한으로 극심한 박탈감을 체험한 많은 이들은 구조적 한계 극복을 위해 혁신적 대안을 모색하는 대신, 성취 목표의 달성에 도움 될 수 있는 새로운 인간관계를 찾아 나서는 경우가 많다. 요컨대, 오늘날 한국인들은 정화수 앞에서 신령님께 복을 청원하는 대신, 인맥이라는 행운의 징검다리를 통해 출세의 방편을 모색함으로써 자신의 고난을 변상 받을 수 있는 복락을 추구하려는 새로운 지복 의식을 키워 나가고 있다고 여겨진다.

7 다행 중 불행?

'풍요 속의 빈곤'이라는 표현과 유사한 '번영 속의 불행'으로 묘사할 수 있는 한국인의 낮은 행복감은 어디에서 연유하는 것일까? 앞서 진술한 일련의 논의, 특히 욕구의 차원을 적극 고려한 승수적 행복도 산정 모형에 가치 변인까지 반영한 최종적 행복 방정식 $H = \sum Ci * Ni * Vi$에 한국인의 심성적 특성을 적용해 보면, 다음과 같은 풀이가 가능하리라 본다.

번영이라고까지는 수긍하지 않는다 해도, 지난 반세기에 걸쳐 한국 사회가 물질적으로나 제도적으로 괄목할 만한 발전을 이뤄 왔다는 점에 대해 이의를 제기할 사람은 많지 않으리라 본다. 그 결과 생존이나 삶의 편익과 직결된 생활 기회(life chance)의 차원에서는 장족의 발전을 거듭해 왔다고 보며, 따라서 행복 방정식의 첫 번째 고려

사항인 여건의 측면에서는 한국 국민이 선진국 국민들에 비해 크게 저열한 상태에 놓여 있지는 않다고 평가된다.

따라서 집합적 현상으로서의 한국인의 낮은 행복도를 설명하기 위해서는 욕구 변인을 적극 공략해야 한다고 생각되는데, 이는 앞서 진술한 한국인의 세 가지 심성적 특성인 관계주의, 현세주의 및 배상주의와 연관시켜 해명할 수 있다고 본다. 즉 상기 속성들은 '(알 만한 사람들) 끼리끼리', '(살아생전에) 빨리빨리', '(챙길 수 있는 한) 많이많이'라는 일상적 의태어로 재진술할 수 있는데, 그러한 기질들은 주어지는 복을 채워 담을 주머니의 크기를 조절할 수 있는 자족적 능력을 마비시킨다. 끼리끼리 나누며, 빨리빨리 주워 담고, 많이많이 챙겨 넣으려면 될 수 있는 한 복주머니를 키워야 하는 까닭이다. 따라서 충족 모형에서 결정적 역할을 담당하는 한국인의 사회적 욕구는 일등 이외의 모든 존재가 무시되고 패자부활전을 통한 재기의 기회마저 주어지지 않는 악성 서열주의 문화의 영향하에 '클수록 좋다'는 최대주의 논리에 복속되어 통제 불능의 상태로 치닫고 있다. 그 결과 오늘날 한국인의 욕구 결핍증은 과거 어느 때보다 상승일로에 있다.

뿐만 아니라 '현세적 지복 의식'으로 표상되는 우리의 가치 체계는 한국 사회의 행복 방정식을 독특한 양식으로 몰아가고 있다. 오늘날 한국인이 추구하는 행복의 표상을 전통적 기복 사상의 변형된 형태라고 규정한 최정호는 한국 문화의 기층을 이루는 무속 사상과 뿌리를 함께하는 전통적 기복 사상의 핵심을 수(壽), 부(富), 귀(貴), 다남(多男)이라는 네 가지 유형으로 제시한 바 있다. 덧붙여 가계 의식이 약화되어 가는 현금에 이르러 다남은 차츰 바람직한 가치의 범주

한국 사회에서의 행복의 자리

에서 멀어지는 대신, 수와 부와 귀는 과거 못지않게 복을 담보하는 결정적 요건으로 우대받고 있다고 말한다. 이때 수는 기본적으로 자기 자신과 직결된 사항이요 부도 주로 가족 울타리 안에서 주고받거나 계승되는 것인 반면, 귀는 개인, 가족, 지역 사회 등 행동 주체의 단위나 사회 활동의 영역과 무관하게 전방위적 효력을 견지해 온, 한국 사회의 가장 보편적, 포괄적, 지속적 성공 가치로 작동하고 있다는 것이다.[22] 유교적 속박이 약화되어 가는 오늘날 건강과 재산과 지위를 향한 열망이 강화되고 있다는 것이 그의 진단이지만, 신자유주의적 생활 원리가 도처로 전파되어 가는 현시점에서는 재산 축적과 지위 획득이 모든 여타 사회적 가치들을 빨아들이는 강력한 블랙홀로 작동하면서 한국 사회를 부귀영화의 외길 경쟁으로 몰아가는 가치 체계의 구조 변화에 보다 깊은 통찰이 주어져야 할 것으로 본다. 요컨대 경쟁 지상주의를 바탕으로 한 신자유주의가 일상화하고 있는 우리의 행복 방정식에는 가족의 복락을 위한 축재, 그리고 본인이나 가문의 영광이자 사회적 인정의 표상인 출세라는 두 가지 성공 가치가 여타 가치들을 극도로 압도하여 행복 함수를 이원 방정식으로 단순화시키는 이례적 상황이 초래되고 있다.

불행에 직면해 우리는 미미한 희망의 단서라도 포착해 '불행 중 다행'이라고 자위하며 지내 온 경우가 많다. 잘될 것이라는 소망적 사고(wishful thinking)가 편중적으로 반영된 행태가 아닐 수 없다. 하지만 축재와 출세만이 성공으로 인정받는 상황에서 그러한 한정된 목표에만 천착할 때, 한국인은 '불행 중 다행'이라는 통념에 역행하는 '다행 중 불행'이라는 역설적 위기에 봉착할 위험성이 높다. 재산과 지위란 본질적으로 많으면 많을수록 행복을 북돋우는 동기 요인이 아니라, 없으면 없을수록 불만을 더하는 위생 요인의 전형에 해당하는 것이기 때문이다.

더구나 행복의 문제는 결코 개인에 국한된 것이 아니다. 외적 여건의 개선에도 불구하고 정체 상태를 벗어나지 못하고 있는 한국인의 행복도는 개인적 건강, 욕구 및 가치관은 물론이요 근로 시간, 임금 격차, 직무 스트레스, 가족 관계, 지배 구조, 계급 관계, 사회 참여, 대형 참사 등과 같은 제반 사회 여건의 함수이기도 하다. 세계 수위권을 맴도는 자살률, 독신율, 이혼율, 음주량, 고소율 등등은 인간 존재의 사회적 의미를 반영한 '공적 가치'들을 참작한 공적 행복론과 더불어 온전히 해명될 수 있으리라 본다.[23]

8 맺음말: 행복의 나라로

최근 한국 사회에서 가장 주목되는 의식적 변화는 산업화 시대를 거쳐 민주화 시대에 최고조에 달했던 진정성(authenticity) 에토스가 '피상성' 에토스로 대체되고 있다는 점이다. 고통과 실존, 역사와 사회 등 거창하고 무거운 명분이나 도덕적 가치를 외면한 채 삶을 요령껏 재미있게 살아가려는 이 새로운 관념의 주역은 '포스트 386세대'이다. 광고업계와 언론계에서 신세대로 통칭되는 이들은 1971년 이후에 출생해 탈냉전, 정보화 시대에 자라난 연령층에 해당한다. 고도성장의 수혜자이자 앞 세대보다 정치적 억압이 덜한 상황에서 성장

한국 사회에서의 행복의 자리

한 이들은 1990년대 이후의 소비문화와 영상 문화의 세례를 받은 사람들로, 자유와 개성의 추구, 강렬한 자기표현, 개인주의와 탈물질주의 가치의 중시, 논리적 사유보다 감각적 판단과 표출에 능숙한 감성적 존재이다.[24] 진정성을 도외시하는 이들 생활관을 총체적으로 평가하기는 아직 시기상조지만, 명백한 점은 그들이 성찰성, 공공성, 사회성, 윤리성과는 상반되는 즉흥성, 개체성, 친밀성, 심미성을 지향하면서 고통이나 고뇌보다 편익이나 기쁨을 우선시하는 행복 추구자들로서, 불확정성이 가중되는 각박한 현실을 요령껏 헤쳐 나갈 수 있는 영민성(agility)을 새로운 사회적 가치로 내세우고 있다는 사실이다.

이런 추세는 쾌속 시대에 산적한 과제들을 신속히 처리할 수 있는 접속적 관계에 대한 높은 수요와도 유관한 현상으로, 핸드폰, 넷북, 스마트폰, 스마트패드 등과 같은 경박단소(輕薄短小)형 이동 통신 기기의 확산과 더불어 여타 연령층으로까지 급속히 파급되고 있다. 따라서 영민성은 변화무쌍한 난세를 요령껏 헤쳐 나갈 수 있는 적절하고 유효한 자질이라는 사고가 보편화하여 영민성을 대변하는 '스마트'라는 용어가 사회 혁신을 향도하는 새로운 시대어로 각광받고 있는 실정이다.

행복도 생성 및 산정과 관련된 일련의 논의들을 종합해 볼 때, 행복을 누리는 방식은 크게 기본적으로 다음 세 가지 유형으로 구분할수 있다. 첫째는 외재하는 행복을 점유하자는 수혜적 유형, 둘째는 행복에 대한 갈망을 충족시키자는 실현적 유형, 셋째는 능동적으로 행복을 창출하자는 창조적 유형이다. 처음 두 가지 유형의 경우, 행복에 대한 수혜나 실현이 일정 지점이 지나면 더 이상 행복감을 증진하지 못하는 '쾌락의 쳇바퀴(hedonic treadmill)'에 빠질 개연성이 높다. 따라서 행복 상자의 깊이를 심화할 수 있는 가치 부여적 기능을 육성해 삶에 활기를 불어넣을 수 있는 창조적 행복의 심실(心室)을 확장하는 일이 경박한 말초적 행복이 범람하는 스마트 시대의 절박한 과제라고 생각된다.

한국 사회에서의 행복의 자리

담론과
전망

평등과 복지

고세훈

고려대학교 공공행정학부 교수

1 시민권, 불평등, 민주주의

아리스토텔레스의 『정치학』에선 노예는 '본래(by nature)' 노예이기 때문에, 여성은 '태생적으로' 남성보다 열등하기 때문에, 국가의 일원이 될 수 없었다. 시민권의 발전으로 불평등의 이런 운명적(귀속적) 성격은 축소되었고, 그 패턴은 지위 중심의 질적 불평등에서 경제적, 계급적, 양적 불평등으로 전환되었다.[1] 토머스 마셜이 공공성의 의의를 "문명된 삶의 보편적 풍요", "모든 수준에서 기회의 균등화"에 두었던 맥락일 터인데, 그의 말을 옮기면, "문제는 모든 사람이 궁극적으로 평등해지리라는 것(이는 불가능하다.)이 아니라, 진보가 …… 착실히 지속돼서 모두가 신사가 돼야 한다는 것이다. 나는 그럴 수 있다고 보고 또 그러리라고 생각한다."[2] 그러나 마셜의 낙관은 실현되지 않았다. 그의 시민권(사회권) 개념이 정당화했고 사회사상가/정치가 데이비드 마퀀드가 "금세기 유럽 문명이 이룩한 최대의 성취"라고 격찬했던 전후의 복지 체제는 불평등을 유의미한 정도로 완화하거나 교정하는 데 이렇다 할 역할을 해내지 못했다.

신자유주의가 한 세대 넘게 위세를 떨치면서 불평등이 위험 수위에 달했다는 학계의 보고와 현장의 증언이 쏟아지고 있다. 최근에는 그간 불평등을 옹호하거나 외면해 왔던 시장 진영에서도 목소리를 보태는 실정이다. 왕왕 신자유주의의 첨병으로 간주되었던 국제통화기금(IMF)이 2011년에 출간한 한 보고서는 "장기적으로 불평등의 감소와 지속 성장은 같은 동전의 양면"이라고 결론지었고, 이듬해 말 보수 주간지인 《이코노미스트》조차 "불평등이 효율과 성장에 악영향을 미칠 정도의 수준에 도달했다."라는 진단을 내놓은 바 있다. 올해 초 마크 카니 영국 중앙은행 총재가 "결과의 상대적 평등"이 자본주의가 적절히 기능하는 데 필요하다고 말한 데 이어 골드만삭스 그룹 회장 로이드 블랭크파인은 "키운 파이를 소수만이 향유할 때 …… 사회는 불안해진다."라는 이례적인 언급을 했다.[3] 지난 10월에는 미국 연방준비제도이사회(FRB) 의장 재닛 옐런이 "소득과 부의 불평등이 100년 만에 최고 수준"이라고 발언했는데, 전통적으로 보수적 금융론자들이 집결해 있는 FRB의 수장이(금융권의 비토로 인해 진보적 금융주의자가 FRB 의장이 되는 것은 불가능하다는 것이 통설이다.) 이런 말을 공개 석상에서 꺼내는 것은 극히 드문 일이다. 그녀의 발언을 뒷받침이라도 하듯 곧바로 《뉴욕 타임스》는 미국 전체 자산에서 상위 0.1퍼센트가 차지하는 비중이 25년 만에 7퍼센트에서 22퍼센트로 세 배 증가했다고, 《워싱턴 포스트》는 미국의 현재 세후 지니 계수(0.434)가 인구통계국이 가계 소득 조사를 시작한 1967년 이후 가장 높으며, 10분위 소득 배분(상위 10퍼센트 대 하위 10퍼센트의 소득 비율)은 14 대 1로 이는 OECD 평균보다 아홉 배 높은 수치라고 보도했다.[4] 폴 크루그먼이 "소득 분배에 관한 언급조차 '계급 투쟁'이라는 비난과 분노를 불러온다."라고 썼던 1990년대 초에 비하면 실로 격세지감을 실감한다.[5]

불평등이 사회, 경제, 정치적으로 미치는 효과에 관한 실증적 분석들은 넘친다.[6] 가령 윌킨슨과 피킷은 일인당 국민 소득이 대략 2만 5000불을 넘어서면 불평등이 단일 요인으로서 건강, 교육, 빈곤, 범죄 등 거의 모든 사회 문제에 부정적 영향을 미치는 가장 강력한 요인이 된다는 장대한 보고서를 내놨다. 옥스퍼드 대학의 돌링 교수에 따르면, 경제적으로도 불평등은 인적, 물적 자원의 배분을 총체적으로 왜곡하고 공동체 해체와 신뢰 상실 등 사회 자본의 손상을 가져와 효율성과 생산성을 저하하고 시장이 지닌 성장 잠재력 자체를 위기에 빠뜨린다.[7] 그러나 불평등의 가장 큰 해악은 그것이 시장을 넘어서 **불평등 교정의 마지막 보루인 민주주의를 위기에 빠뜨린다**는 점이다. 마셜이 관찰했던 시민권 발전의 배후에는, '법의 지배'가 의도한 게임의 룰이란 특정 계급이나 집단에 체계적으로 유리하거나 불리하게 작용할 수도 있다는, 즉 사회권 없이는 앞서 확립된 공민권과 정치권을 구현하는 법들이 차례로 왜곡될 수 있다는 인식이 깔려 있다. 스티글리츠도 지적했듯이, 경제 권력을 독점한 소수는 다양한 통로를 통해 정치 과정에 개입하여 지대 추구의 온존, 강화를 위한 각종 탈규제 조치들을 압박하고 사회 경제적 약자의 상쇄력 마련의 단초를 열어 줄 민주주의의 작동(누진세, 안전망 등 사회 보장, 교육 개혁과 노조 등)을 근본적으로 위협한다. 불평등이 제도화되는 것이다. 상대적으로 진보적이리라고 기대(혹은 의심)했던 과거의 한 대통령이 "권력은 이미 시장에 넘어갔다."라고 선언한 바 있지만, '시장을 거스르는 정치(politics against market)'의 시대가 있었다면 그것은 이제 정녕 과거의 것이 되었는지 모른다. 시장 자본주의 상황하에서 정치마저 '1달러

1표'의 원리에 의해 움직이고 민주주의에 대한 신뢰마저 무너진다면, 희망은 어디에서도 찾을 수 없을 것이다.

복지 국가란 시장의 '보이지 않는 손'이 체제적으로 양산한 빈곤과 불평등의 문제를 '보이는 정치'를 통해 완화/교정해 보려는 시도의 산물이다. 1950년대 초 마셜의 낙관적 전망을 이어 1990년대 초 복지 국가의 대표적 이론가인 에스핑-안데르센이 탈상품화와 사회 재계층화를 복지 국가의 기본 책무로 들었을 때, 그는 시장 탈락자들의 최소 생계를 국가가 떠안고, 시장 실패가 야기한 계층 간의 불평등을 정치가 나서서 다시 조정한다는 뜻을 전하려 한 것이다. 그간 서유럽 복지 체제는 전자에는 웬만큼 성공했을지 모르나 후자와 관련해서는 상응하는 성과를 내지 못했다는 것이 중론이다. 실제로 절대 빈곤의 해소가 불평등 구조의 완화에 기여할 수는 있지만, 이 둘은 논리적으로 별개인바, 후자에는 권력이라는 관계 개념이 개입돼 있기 때문이다.

불평등(의 지속)이 권력적 편차와 맞물린 관계의 문제일 때, 전후 합의 정치를 지탱했던 복지 체제가 신자유주의의 공세 앞에서 그리도 쉽게 방어적으로 돌아선 것이 그리 놀랄 일은 아닐지 모른다. 그것은 계급 권력이 기원하는 생산 현장과 시장의 위계적 구조 자체보다는 정치적 민주주의를 도구로 하여, 생산 이후, 즉 이미 생산된 것들의 (재)분배, 그리하여 시장에서 밀려난 사람들의 탈상품화와 재상품화에 일차적인 관심을 보였다. 그러나 오늘날 세계화를 주어진 외적 환경으로 전제하며 탈규제, 민영화, 긴축 등 다양한 반정치 담론들이 융성하는 마당에, 복지 국가를 새롭게 추동하여 안정적으로 재생산하기 위해서는 민주주의 개념이 오히려 공세적으로, 즉 시장 영역으로 확대되어야 한다는 것이 이 글의 주장이다. 전후 영국 복지 체제의 탁월한 비판이론가였던 리처드 티트머스가 복지 국가의 '구획화(compartmentalization)'를 거론했던 맥락이 이와 무관치 않거니와,[8] 시장과 생산이 정치와 분배로부터 인위적으로 격절될 때, 복지 국가는 지금처럼 전자의 논리에 따라 언제든지 요동하는 불안정한 체제로 남을 수밖에 없다는 인식이 그것이다. 여기서는, 갤브레이스의 문제의식을 빌려, 민주주의를 '정치와 시장의 양 영역에서 상쇄력 (countervailing power)의 제도화' 정도로 정의하고자 한다.

이 글은 복지 체제가 불평등과 관련하여 성취한 수행 실적 자체보다는, 신자유주의적 세계화라는 '대세'에 편승해서 불평등을 배후에서 지탱하거나 정당화하는 담론들을 비판적으로 검토하고 복지 한국이 선택할 수 있는 출구 내지 발전 방향을 사색해 보고자 한 것이다. 어떤 점에서 한국은 아래의 여러 지표들이 보여 주는바 복지 국가의 반열에 올라서지 못했음에도, 아니 오히려 복지 국가가 여전히 미답(未踏)의 영역이고 복지와 경제 민주화가, (박근혜 정부의 실상이 보여 주듯) 그 실천과 무관하게, (지난 대선에서 드러났듯) 하나의 시대적 과제로서 기왕에 광범위하게 거론되어 왔다는 이유로 인해 국가 복지의 바람직한 제도화를 진지하게 성찰하고 조망할 호기를 맞고 있다고 볼 수 있다. 여기서는 불평등에 관한 개념 분석이나 계층, 인종, 성, 지역, 부문 등과 관련된 다차원적 검토보다는 가장 첨예하고 파급력이 큰, '현실 세계'의 사회 경제적 불평등에 한하여 논의를 전개하고자 한다.[9]

2 '반(反)복지의 덫'에 갇힌 한국 사회

오늘날 개인 소득에 따른 불평등 수준은 여전히 미국 등 앵글로 색슨 계열의 국가들이 단연 앞선다. 그러나 1980년대 이후 시장 소득 불평등의 증가 추세는 자본주의의 유형을 가로질러 꾸준히 관찰되었다. 만일 실업 인구를 포함한 전체 노동 인구의 가구 소득 자료를 대상으로 한다면 이런 경향이 더욱 두드러지리라는 것은 자명하며, 거기에다 지대 수익이 대종을 이루며 체계적 자료 수집마저 쉽지 않은 부와 자산 소득을 덧붙여 고려한다면 상황은 훨씬 심각할 것이다.

한국의 소득 불평등은 세계 최상위권 수준이거니와, 한국은 지니 계수, 5분위, 10분위 등 어느 기준을 갖다 대더라도 불평등의 정도가 심각한 단계에 와 있다.[10] 최근의 한 조사에 의하면 통계청 자료를 바로잡아 계산한 한국의 2010년도 시장 소득 기준 지니 계수 0.415는 34개 OECD 국가 가운데 칠레, 멕시코, 터키, 미국 다음으로 높은 5위에 해당했다.[11] 빈곤의 깊이 즉 빈곤층이 얼마나 가난한지를 보여 주는 빈곤 갭은 빈곤층의 평균 소득이 빈곤선(중위 소득 50퍼센트에 해당하는 소득)에 미치지 못하는 정도를 측정한 수치로서, 그 비율이 높을수록 절대 빈곤 곧 빈곤층 내부의 불평등 문제가 그만큼 심각하다는 점을 말해 준다. 2014년 한국의 빈곤 갭 39퍼센트는 그 전해의 36.6퍼센트보다 2.4퍼센트 증가한 수치로 OECD 국가 평균이 같은 기간 27.19퍼센트에서 21.8퍼센트로 오히려 약 5.4퍼센트 줄어든 것과는 대조적이며, 빈곤 문제가 급격히 악화되고 있는 미국 42퍼센트와 멕시코 41퍼센트에 이어 세 번째로 높은 수준이다.[12] 가장 최근에 공개된 프랑스

파리경제대학의 세계 상위 소득 데이터베이스(피케티의 『21세기 자본』도 여기에 의존했다.)에 따르면 2012년 말 현재 OECD 회원국 중 한국의 소득 불평등 정도는 상위 1퍼센트 기준에서는 미국과 영국에 이은 3위, 상위 10퍼센트에서는 미국에 이은 2위였다. 최근 《경향신문》의 조사는 1995~2012년의 추세를 감안할 때, 2018년에 이르면 한국의 상위 10퍼센트 소득자의 소득이 전체 소득에서 차지하는 비중이 50퍼센트를 넘고, 2020년 무렵엔 상위 1퍼센트 소득자의 그것이 15퍼센트를 웃돌면서 미국을 제치고 OECD 최고의 불평등 국가가 될 것이라고 추정하고 있다.[13]

불평등의 근원은 시장이지만 그것을 완화, 교정하는 일은 상당 정도 정치의 몫이며 그때 '조세와 지출(tax and expenditure)'은 재분배를 위한 국가 정책의 일차적 수단이다. 한국은 시장 소득의 불평등 정도가 심각한 상황에 와 있지만 조세와 정부 이전 지출의 재분배 효과는 지극히 미미하다. 2010년 현재 조세를 통한 빈곤율 개선 효과((시장 소득 빈곤율-가처분 소득 빈곤율)÷시장 소득 빈곤율×100)를 보면 한국(14.1퍼센트)은 OECD 평균(59.85퍼센트)의 4분의 1에 불과한데, 이는 스웨덴(80.15퍼센트), 프랑스(76.87퍼센트), 독일(67.26퍼센트), 영국(68.44퍼센트)은 말할 것도 없고, 누진세율이 상대적으로 낮은 일본(44.61퍼센트)이나 미국(34.98퍼센트)보다도 한참 밑돌며, 최하위인 멕시코(12.38퍼센트) 다음으로 낮은 수준이다.[14] 정부 이전 지출이 가져오는 불평등 개선 효과((시장 지니-가처분 지니)÷시장 지니×100)의 경우도 별반 다르지 않다. 한국(8.81퍼센트)은 OECD 평균(31.11퍼센트)의 역시 4분의 1을 약간 하회하는데, 스웨덴(46.51퍼센트), 프랑스

(41.67퍼센트), 독일(27.27퍼센트), 영국(20.09퍼센트)은 물론 복지 국가로 분류되지 않는 일본(27.27퍼센트)과 미국(20.83퍼센트)에도 현저하게 못 미친다.[15] 더욱이 가처분 소득에 기초한 노동 인구 가구 소득 중심의 분석은 대부분 막대한 소비 불평등을 동반하는 연금과 의료, 교육 같은 주요 공공 서비스를 포함하지 않는다. 만일 이전 지출의 대종을 이루는 이런 것들을 함께 고려한다면, 한국과 여타 국가들 간의 불평등 차이는 훨씬 더 벌어질 것이다. 한국이 국가의 복지 의지가 그만큼 취약하다는 의미이다.

거칠게 말하면, 소위 복지 선진국들이 국민 총생산의 50~70퍼센트를 국가 예산에 그리고 다시 국가 예산의 50~70퍼센트를 복지 관련 지출에 할당할 때, 한국은 정부 예산이 국민 총생산의 약 25퍼센트, 그리고 다시 복지 관련 지출이 정부 예산의 30퍼센트 미만을 점유한다. 가령 2012~2013년 국민 소득에서 차지하는 공공 사회 지출 규모는, OECD 국가 중 가장 낮은 멕시코가 7.4퍼센트, 두 번째로 낮은 한국이 9.3퍼센트, 한국 바로 위인 칠레가 10.2퍼센트, 그 바로 위인 터키가 12.8퍼센트였다. 이는 OECD 34개국 평균 21.8퍼센트의 절반에도 미치지 못하며, 복지 국가로 분류되지 않는 미국의 절반을 가까스로 넘고, OECD 비가입국인 중국 9퍼센트와 근사한 수치이다.[16] 국가의 복지 의지에 관한 한, 한국은 OECD에 가입한 1996년 이래 몇 해를 제외하면 내내 최하위의 지위를 고수해 왔다.

공공 부문의 인적 규모를 들여다보면 상황은 더 확연해진다.[17] 2004년도를 기준으로 한국의 공공 부문 규모를 인구 1000명당 공무원 수로 보면, 한국의 28명은 OECD 평균인 75.2명의 3분의 1 수준인

OECD 최하위이며, 이는 비OECD 국가 평균인 67.3명의 절반에도 미치지 못하는 수준이다. 보건과 사회 복지 관련 공무원의 국제 비교는 더욱 극명해서, 이 두 부문에 종사하는 인구 1000명당 공무원 수는 1.54명으로 OECD에 가입한 서유럽 14개국과 일본을 합친 15개 국가 평균이 26.03명의 불과 6퍼센트에 해당한다. 복지 전달의 주된 책임을 담당하는 지방 자치 단체의 사회 복지 담당 공무원 수도 한국(2012년)의 2만 5115명은 인구 1991명당 1인에 해당하는 수치인 데 반해 OECD 국가 가운데 국가 복지 수준이 상대적으로 저열한 일본(2009년)과 영국(2007년)에서 이 수치는 각각 인구 1144명당, 555명당 1인에 이른다.[18] 그럼에도 불구하고 2007년부터 5년간 한국의 공공 부조 대상자가 157.6퍼센트 늘어나는 동안 담당 공무원은 4.4퍼센트 증가하는 데 그쳤다. 복지 관련 부서들의 정부 내 위상 또한 보잘것없어서, 가령 보건복지부와 고용노동부는 15개 중앙 부처 중 서열이 각각 11위, 13위 정도이다.

통상 국가 복지의 수준이 저급한 경우를 '잔여적 복지 국가'로 부르는 이유는 약자에 대한 복지의 일차적 책임을 국가 이전에 가족이나 시민사회가 떠안아야 하는 것으로 가정하기 때문이다.(소위 '하위성 원칙(subsidiarity principle)') 그러나 우리는 복지 '국가'는 말할 것도 없고 그 이전에 복지 '사회'를 구축하는 데도 실패했다. 무엇보다 한국 사회의 자선 실태는 민간 부문이 복지를 위한 보완적 기능마저 수행하지 못한다는 점을 보여 준다. 예컨대 미국 사회는 취약한 국가 복지를 민간의 기부 전통이 상당히 보전해 주는바, 총 자선 규모는 매년 증가해서 2006년에는 국내 총생산(GDP)의 1.67퍼센트에 달할 정도였다. 그중 개인 기부가 차지하는 75.6퍼센트는 대선과 총선 투표율을 상회하는 수치이며, 연 소득 10만 달러 미만 가구의 65퍼센트가 정례적으로 기부에 동참하고 있는 것이 그 주된 이유이다. 한국은 극히 일부의 사람들에 의해 그것도 비정례적으로 기부가 이루어지기 때문에 통계조차 부실한 형편이지만, 대략 GDP의 0.05퍼센트 정도로 추정되는데, 이는 미국의 33분의 1, 영국(0.73퍼센트)의 15분의 1, 싱가포르(0.29퍼센트)의 6분의 1에 해당한다.[19] 자본주의의 문제는 체제적이고 규모 또한 방대하다는 점에 비춰 볼 때, 복지에 대한 일차적 책임은 국가가 떠안을 수밖에 없다. 그러나 한 사회의 자선 전통은 시민들의 복지 의식을 가늠케 해 주고, 따라서 다시 국가 복지의 앞날을 전망하는 데 중요한 잣대일 수밖에 없다. 복지 공여의 기능적 간극(gap)에 대한 첨예한 인식이야말로 복지 요구의 전제가 되기 때문이다.

실제로 우리에겐 봉건제나 교회 등 서유럽 국가들이 누려 온 안정적이고 지속적인 공적 시혜 제도의 전통이 취약하고 선한 국가에 대한 변변한 경험도 기억도 없다. 그리하여 실패한 이들은 자책과 체념에 익숙하고, 어떻게 하든 부의 증식에 성공한 자들은 무엇도 믿을 수 없다는 강박 관념으로 인하여 불법과 탈법을 동원해서라도 대를 물려 자기 소유를 보존하려는 직계 혈통주의 정서를 깊이 내면화한다. 스스로를 이웃과 공적 문제들로부터 차단하는 것이다. 그리하여 한국이란 공동체가 급속히 해체되고 있다는 증거는 넘친다. OECD에서 한국의 자살률은 10년 연속 부동의 1위를 고수할 뿐 아니라, 모든 연령층에서 급증하는 추세여서 같은 기간 대부분의 OECD 국가에서 큰 변동이 없는 것과 뚜렷이 대비된다.[20] 한국은 이혼율, 저출산율, 비정규직 비율, 산업 재해율, 심지어는 교통사고 사망률까지 OECD 1위를 기록하고 있다. 앞서 언급한 한국의 불평등 상황을 심각히 받아들인다면, 한국은 국민 총생산이 일정 수준(2만 5000불)을 넘어서면 불평등이야말로 제 사회 문제에 영향을 미치는 가장 강력한 요인이 된다는 윌킨슨과 피킷의 최근 가설을 가장 극명하게 확인해 주는 사례일 것이다.[21] 한 사회의 성숙 정도를 가르는 기준이 가장 취약한 계층이 어떻게 취급되는지(혹은 대우받고 있는지)에서 일차적으로 드러난다면 분명 우리는 복지 국가도 복지 사회도 아닌, 야만 사회에 살고 있다.

그럼에도 한국 사회에는 소위 '대안은 없다'류의 반노동/반국가/반복지 담론들이 일상화되고 약자를 경멸하는 가해 문화가 오히려 융성한다. 가령 가난한 연변 동포에 대한 우리의 태도가 보여 주듯이, 종종 그것은 우리가 자랑하는 '순혈주의'조차 압도한다. 아마 피해자마저 가해자로 내몰고 가해자의 죄의식을 제도적으로 면제해 주는 것이야말로 이런 문화의 가장 큰 해악일지 모른다. 여기에다 오랜 권위주의 통치의 유산인 냉전 반공주의, 지역주의, 물질 지상주의가 더해져서 한국 사회는 본질적 갈등의 주 내용인 빈곤과 불평등 문제를 정치, 사회적 어젠다에서 체계적으로 몰아내고 있다. 시장, 국가, 사회가 사회 경제적 약자들을 핑퐁 하듯이 서로에게 내치는 와중에, 한국 사회는 반복지의 심연에 갈수록 빠져들고 있다.[22]

3 불평등의 신앙 그리고 반복지 담론들

마셜의 시민권 이론은 전후의 일련의 복지 개혁과 합의 정치에 대한 낙관의 분위기 속에서 탄생했고 영향력을 확대해 갔다. 그러나 사회권이 약속한 평등주의적 전망과 불평등한 현실 사이에는 어쩔 수 없는 긴장이 있었으니, 어쩌면 시민권은 시장적 힘이 야기하는 불평등과 갈등하기보다는 그것을 온존시키는 데 필요했을지 모른다. 무엇보다 마셜은 권력 체계로서의 시장의 힘을 과소평가했고 경제 민주화에는 아예 무관심했다. 신자유주의는 이러한 태만이 낳은 이론적 공백을 정확하게 치고 들어와서 마침내 정치 경제뿐 아니라 담론과 문화의 헤게모니를 장악하는 데에 이르렀다. 푸코는 담론이 곧 권력이라고 말한 바 있지만, 신자유주의적 세계화는 말의 세계에서 먼저 대세로 수용되고, 상위 1퍼센트는 불평등을 당연시하는 말의 싸움에서 먼저 승기를 잡았다. 마치 과거 노예제나 농노제가 공동체의 이름으로 정당화되었듯이 불평등에 무관심하거나 그것을 체념하거나 광범위하게 수용하게 만드는 분위기가 그렇게 형성되었고 그러한 태도의 현실적 증시(manifestation)로서 반복지 담론들이 또 그렇게 확산되고 있다.

특히 한국처럼 직업 상실 비용이 높고 노동 유연화가 일상인 나라에서 (고용) 불안은 자유주의의 가장 강력한 무기가 된다. 그리하여 시장 (재)편입 자체가 감지덕지한 목적이 될 때, 불평등은 기껏 부차적인 문제로서 체계적으로 주변화되며, 오히려 그것을 사실상 옹호하는 담론들이 힘을 얻는다. 대략 이런 식이다.[23] 개인 간의 본래적 차이를 들어 현실의 불평등을 외면하거나, 평등과 자유를 이분법적으로 대비시키며 평등 주창자들을 완전 평등이라는 불가능한 유토피아를 추구하는, 순진하고 위험한 이상주의자로 매도한다. 시장의 이점이나 불평등 교정을 위한 정책 비용을 과장하고, 불평등의 비용과 정부의 능력을 폄하하며, 역으로 불평등의 이점을 인센티브와 공익의 이름으로 옹호하고 선전하는 선수를 치기도 한다. 시장과 국가 각각의 역할에 관한 인식을 둘러싸고 지난 한 세대 동안 전개된 열띤 지적 전투에서 시장을 사적 자유가 공적 이익을 실현시키는 공간이라며 현실과 유리된 시장의 실패를 다시 현실 탓으로 돌리는 선결문제의 오류를 버젓이 반복한다. 그리하여 현실의 불평등은 이론적으로 '선한' 시장의 결과로서 방어되는 한편 정부의 왜곡을 문제 삼아 작은 정부는 좋고 큰 정부는 나쁘다는 식의 상투적 주장을 늘어놓기도 한다. 예산과 관료 규모가 복지 선진국의 그것에 턱없이 못 미치는데도 한국의 '큰' 정부를 틈만 나면 트집 잡는 것이 그래서 가능해진다. 이런 담론들 앞뒤에서 불평등이 심화되면서 부자와 빈자가 지역적, 문화적으로 점차 격리되는 현실이야말로 부자(스스로 안전지대에 있다고 느끼는)는 불평등을 대수롭지 않게 여기고 빈자(개별화된 일상의 고통 속에 갇혀 있는)는 불평등에 둔감하게 되는 또 다른 조건을 구성한다.

실로 수전 손택이 스펙터클로 관람되는 전쟁을 빗대 은유했던 '현실의 죽음'은 불평등에 대한 오늘날의 태도와 관련해서도 시사하는 바가 크다.[24] 지그문트 바우만의 지적대로, 마침내 "불평등은 스스로를 영속화할 수 있는 능력에다 스스로를 선전하고 강화할 수 있는 능력까지 갖추게 되었"는지 모른다.[25] 다음은 불평등에 대한 대중적

인식의 형성, 그것을 불가피한 현실로 공고화하는 데 기여한 몇몇 대표적인 반복지 담론을 비판적으로 들여다본 것이다.

1 복지 국가 위기론 ── 긴축이 대세다

복지 국가는 구축 효과, 즉 이자율을 매개로 만성적 재정 적자와 민간 투자 구축의 악순환을 만들고, 윤리적으로도 탈노동의 유인을 조장하여 고용과 성장의 위기를 가져온다는 것이 복지 국가 위기론의 주된 내용이다. 그러나 저축과 투자를 연결하는 이자율의 매개 기능이 얼마나 유연한지도 문제지만, 투자는 이자율보다 훨씬 복합적인 예상 수익률의 함수이며, 후자는 다시 소비 수요를 대종으로 하는 총 수요의 규모가 결정한다는 것이 거시경제학의 기본 논리이다. 경제 논리로 국가 복지의 뒷심을 댔던 케인스의 통찰에 따르면, 특히 불황 시에 투자자들은 유동성 선호 성향에 갇히기 쉽고, 따라서 오히려 적자 재정을 적극적으로 창출하여 부나 소득을 될수록 저소득층에 이전하면("가난한 사람은 돈을 쓴다.") 소비와 투자 수요의 승수 효과가 구축 효과를 압도한다. 소위 부자 감세에다 지속적인 저이자율에도 불구하고 한국 기업들의 평균 유보 자금이 정부 예산의 두 배를 훌쩍 넘어섰다는 최근 보도는 이 점을 가장 잘 증언해 준다.

가령 구제 금융을 위해 천문학적 액수의 국고를 축내면서 긴축을 이유로 그보다 훨씬 적은 액수의 복지 지출을 삭감한다면, 총 수요는 더욱 감소하고 투자와 고용이 위축돼서 불평등은 증가할 것이다.[26] 재정 적자를 문제 삼으려면 먼저 적자의 원인을 밝혀야 하거니와, 불황이 적자를 낳은 것이지 그 역(逆)이 아니다. 실제로 긴축을 통해 불황의 악순환을 벗어난 예를 역사에서 찾기란 쉽지 않으며, 오늘날 세계 경제의 위기 또한 과도한 적자가 아니라 과도한 긴축 때문에 발생했다고 보는 편이 훨씬 설득적이다. 그런데도 긴축론자들(austerians)은 불평등과 같은 절박한 문제에서 적자(삭감) 문제로 부당하게 관심을 이전시킨다. 이 시기에 긴축이 대세라는 주장이 힘을 얻는 것은 과연 담론이 곧 권력임을 새삼스럽게 환기한다.

또한 위기론은 복지 국가의 재정적 위기 외에도 그것의 도덕적 폐해를 부각한다. 복지 국가는 복지 사기꾼과 만성적 복지 의존자, 즉 저변 계급(underclass)을 양산하며 노동 시장으로부터의 탈유인을 조장함으로써 반효율, 반성장의 경제적 효과를 가져온다는 것이다. 그러나 복지 사기는 일차적으로 전달 체계의 문제이며 그것이 복지 국가 자체의 정당성을 훼손할 수는 없다. '의존성'이라는 지적도 초점을 벗어난 문제 제기이다. 가령 우연히 유복한 가정에서 태어난 청년 실업자가 부모의 도움을 받는 것은 정당하고 기댈 가족이 없어서 국가의 도움을 받으면 의존적이므로 부당하다고 말하는 것부터가 비논리적이다. 자식의 부양을 부자 남편의 재력으로 해결하는 여자와 국가 복지에 의존해야 하는 편모의 경우도 마찬가지이다. 일찍이 존 밀도 지적한 바 있지만, 사형수도 최소한의 생계를 국가가 책임지는 마당에, 교훈을 주기 위해 엄마와 아이를 굶길 수는 없는 일이다. 원래 안전망이란 최종적 기능을 수행하기 때문에 어느 정도 무조건적인 성격을 띨 수밖에 없다. 엄밀한 의미에서 자기 의존이란 없으며 우리는 누구나 부모, 자식, 친지 등 타인과 수많은 사회적 관계들의 망 속에서 의존적으로 살고 있다.

위기론이 범람하기 시작한 지 한 세대가 더 지났지만, 여전히 정부 예산이 국민 총생산의 절반을 훌쩍 넘고 복지 관련 지출이 정부 예산의 3분의 2 전후인 서유럽 국가들의 현실을 두고 복지 국가가 위기에 빠졌다거나 '죽었다'고 말할 수는 없다. 실제로 지난 사반세기 동안 대부분의 복지 선진국들에서 복지 관련 지출의 증가율은 둔화됐을지언정 절대 규모 자체는 꾸준히 늘어났다. 한참을 양보하더라도 복지 국가 위기론은 국가 복지 체제가 웬만큼 갖춰진 나라들에서나 거론될 수 있는 개념이다. 복지 국가는 자유주의, 보수주의, 사민주의의 실험을 거치며 건설된 역사적 구조물이다. 따라서 위기론은 물론이고 어떤 점에서는 동일한 역사적 지형 위에서 주창되는 신자유주의조차 우리에겐 사치일지 모른다. 대륙 국가들에 비해 국가 복지 수준이 상대적으로 열등한 영국이나, 복지를 여전히 구빈 차원에서 이해하며 복지 국가로 분류하기 어려운 미국, 혹은 복지 국가의 문턱도 넘어서지 못한 한국과 같은 복지 후진국들에서 위기론이 왕성하게 제기되는 역설적 상황이야말로 그것이 정치적 구호, 이데올로기적 공세라는 혐의를 받게 되는 주된 이유일 것이다. 위기론은 자본의 협소한 자기 이해에 기반을 둔 정치적 선호를 경제 체제의 보편 논리로 치환하고 '경제' 논리를 빌려 주창자의 '정치적' 입지를 강화한다. 갤브레이스가 복지 국가 위기론을 "부자들의 반란"이라고 냉소한 것은 촌철살인의 정곡을 찌른다.

2 성장 결정론 혹은 적하 이론

분배도 성장이 있어야 가능하다. 지당한 말처럼 들린다. 사람들은 성장보다 빈곤과 불평등을 더 심각히 체감하면서도 정부 정책이 분배보다는 성장 중심으로 취해져야 한다고 생각하며 성장이 분배의 전제라는 담론에 훨씬 친숙하다. 그러나 복지 국가의 역사적 경험은 성장 결정론(growth determinism), 적하 이론(trickle-down theory), 수위론("A rising tide floats all boats.")을 정면에서 거스른다. 서유럽 국가들이 복지 국가를 본격적으로 발전시킨 것은 오늘의 한국보다 국민 소득 수준이 비교가 안 될 정도로 낮았던 종전의 폐허 위에서였고, 2014년의 한국에 비해 소득 수준이 한참 뒤지던 1980년대에는 위기론이 거론될 정도로 국가 복지가 완숙 단계에 와 있었다. 미국이나 한국이 복지 국가의 반열에 들지 못한 이유를 성장의 부족 탓으로 돌릴 만큼 대담한 사람은 없을 것이다. 성장은 분배의 필요조건도 충분조건도 아니다.

분배가 성장의 발목을 잡는 것도 아니다. 낮은 축적 단계에서도 일찍이 분배에 눈을 떴던 서유럽 국가들은 오늘날 가장 선진적인 국가 복지 체계를 만들어 냈으면서도 가장 고도의 성장을 일궈 냈다. 논리적으로도 분배는 인적 자원의 질을 높이고 사회 자본을 증대시켜 생산성, 효율 따라서 성장에 기여한다. 가령 넘치는 자금이 투기나 사치품 생산을 위해 전용되어도 성장률은 오를 수 있지만, 그로 인한 자원의 유용과 자원 배분의 왜곡은 성장 잠재력을 해친다. 무엇보다 강력한 누진세와 정부 지출을 통한 재분배는 그 자체가 불평등을 완화하는 요인일 뿐 아니라 총 수요를 진작하고 투자와 고용을 촉진함으로써 불평등 교정에 기여할 수 있다는 것이 복지 체제의 구상이다. 성장과 분배는 경험적으로도, 논리적으로도 갈등적 개념이 아닌 것이다.

그런데도 신자유주의자들은 기업가의 인센티브를 성장의 핵심 요인으로 내세우며 평등을 성장과 양립 불가능한 것으로 전제한다. 그리하여 불평등은 때로 방치될 필요가 있는데, 성장을 통해 절대적 가난이 해소될 수 있다면 부자의 인센티브를 보장하는 비강제로서의 자유만으로 충분하다는 논리이다. 그러나 오늘날처럼, 사부문이 약탈적 대출 등을 통해 정보가 비대칭적인 대중으로부터 지대를 탈취하는 등 시장 자체가 지대 추구에 의해 왜곡되는 상황에서, 예컨대 부자 감세는 지대 추구 행위를 더욱 독려할 뿐이다. 지대 수익으로 인해 보상의 불평등이 과도해질수록 경쟁은 더욱 극렬해지고 그럴수록 탈락자들의 좌절과 불만은 증폭될 것이다. 따라서 지대 추구 인센티브는 오히려 탈취됨으로써만 불평등 완화에 기여한다.

성장과 기업 이윤이 분배로 연결되는 것도 아니다. 실제로 새 천년에 들어서도 한국의 경제 성장률은 OECD 국가들의 평균 수준을 웃돌고, 수출 경기가 매년 흑자 규모를 경신하면서 매출액 대비 기업의 경상 이익은 꾸준히 증가하고 자기 자본에서 부채가 차지하는 비율은 지속적으로 감소해 왔다. 그 결과 기업의 유동성 보유 규모는 천문학적으로 증가하여 최근엔 국가 예산의 두 배를 웃도는 수준에 달했다. 그럼에도 국내 설비 투자 증가율은 마이너스로 돌아섰고 개인 소득 증가율은 경제 성장률에 훨씬 못 미친다. 기업 이익의 증가가 투자와 소득 분배에 오히려 역진적인 효과를 가져온 것이다. 특히 성장의 호조건 속에서도 투자와 내수가 살지 못하는 불황 시에는 강력한 누진 세제와 적자 재정도 불사하는 분배 전략(소비 성향이 낮은 계층에서 높은 계층으로의 자원 이전)을 통해 불평등을 완화하는 것이야말로 경제 회복의 관건이다. 불평등이 급증하여 총 수요가 항시적 위기에 처한 지금의 시점에서 장밋빛 성장만을 전망하며 분배를 천연시키는 대응이 언제까지 유효할지 알 수 없다.

무엇보다 시장에 의존하는 성장은 그것의 사회적 결과에 대해서는 침묵한다.[27] 가령 성장론자들이 애용하는 적하 이론은 처음부터 빈자의 상대적 지위의 개선이 아니라 절대적 조건의 향상에 초점을 둔 것이다. 거기에서 불평등은 애초에 고려의 대상이 아니다. 이는 성장 중심의 전략 혹은 성장 과정 자체가 이미 권력적 현상임을 일정하게 보여 준다. 따라서 결코 도래하지 않을 성장의 꼭짓점을 향해 매진할수록 계급 간 권력 자원의 불균형은 점차 돌이킬 수 없게 되고, 그때 성장은 오히려 분배의 악화를 가져오기 쉽다. 불평등 개선을 위해 성장 중심의 사회가 설득력을 확보하려면 재분배 장치를 위한 최소한의 제도화가 선행돼야 하며, 부자는 절대적 수준이, 빈자는 상대적 지위가 개선돼야 한다는 내용이 성장 전략에 담겨 있어야 한다.

3 복지 다원주의 혹은 복지 민영화 대세론

시장 실패의 가장 큰 특정은 그것이 대규모적이고 체계적이라는 데 있다. 당연히 유의미한 탈상품화/사회 재계층화 체계는 광범위한 자원을 동원해 낼 수 있는 국가만이 구축할 수 있다. 이는 사적 자선과 봉사, 민간 부문의 보험 장치들 그리고 기업 복지는 국가가 안전망과 재분배의 대종을 담당한 이후에 보조적으로 추진되어야 한다는 점을 말해 준다.

우선 사적 자선은, 오랜 세월에 걸쳐 시민 의식과 관행으로 굳어진 것이 아니라면, 안정적이고 지속적인 복지 기능을 수행하기 어렵다. 더욱이 앞에서 언급했듯이 한국의 시민사회는 영주와 농노의 쌍무적 책무 의식으로 얽혀 있는 봉건제나 복지/행정 기구로서의 교회와 같은, 온정주의 문화를 정착시킬 만한 변변한 복지 관행 혹은 제도를 경험해 본 적이 없다. 한국 사회의 취약한 노블레스 오블리주 정신과 비정례적이고 소규모적으로 이루어지는 기부 관행이 이와 무관치 않을 것이다. 무엇보다 개인과 민간 수준에서의 자선과 기부란 주는 쪽과 받는 쪽의 불평등한 지위를 먼저 가정하는 '시혜' 개념을 일정하게 동반하는 것으로서, 사회 구성원들의 법적, 정치적, 인격적 대등성을 전제하는 민주주의 원리와 화해하기 힘들다. 서유럽 보수주의가 근대적 복지 국가의 태동과 발전에 기여했다면, 그것은 사적 영역의 시혜가 아니라 시혜의 '정신'이 국가의 조직 원리인 민주주의를 경유하여 구현됐기 때문일 것이다.

구태여 거론할 필요도 없겠지만, 민간의 보험 상품은 기여와 급부에서 시장적 원칙, 즉 엄정한 보험식 산정에 입각한 것으로 구매 능력에 따라 차별화되어 있을 뿐 아니라 이미 시장 밖으로 밀려난 대부분의 사람들에게는 애초에 접근 자체가 쉽지 않다. 기업 복지의 경우에도 해당 기업의 재정 상황이나 손익 구조뿐 아니라 고용 연한, 임금 수준 등 가입자의 기여 능력에 따라 수혜 조건이 차등화되기 때문에 시장이 만든 불평등 구조가 그대로 재생산된다. 더욱이 복지가 고용과 근속 기간에 직접적으로 의존한다면, 노동의 강제적 재상품화로 인한 '어두운 고용(보호받지 못하는 고용)'이 늘면서 직업 상실 비용도 덩달아 커질 것이고 그에 따라 계급 권력의 편차는 더욱 증대될 것이다. 요컨대 선택과 다원주의의 이름으로 옹호되는 복지 민영화는 시장 탈락자들을 화폐 관계의 그물인 시장 안으로 재차 밀어 넣는, 즉 시장 실패에 대한 교정을 다시 시장에 맡기자는 논리 위에 서 있는 것으로서, 국가 복지의 본래 취지를 무색하게 한다.

한국의 낙후된 국가 복지, 시민사회의 척박한 복지 전통과 만연한 반복지 의식과 담론들, 그리고 다음에 보듯이 소유자 경영 중심의 비민주적 기업 지배 구조 등에 비춰 볼 때, 이 단계에서 복지를 민간에 맡기자는 것은 취약한 공공 부문을 더욱 취약하게 만드는, 따라서 복지를 아예 하지 말자는 말과 크게 다르지 않다. 복지 다원주의는 국가 복지가 시장 탈락자를 위한 최소한의 보편적 공여 기능을 완수한 이후에(가령 복지 선진국들에서) 잔여적으로만 거론될 수 있는 개념이다. 한국 현실에서 복지 다원주의, 민영화를 마치 세련된 대안인 양 말하는 것은 국가 복지의 역사성을 간과한 계급적 담론이기 십상이다. 이런 대안적 접근들을 포함한 작금 서유럽 국가들에서 엿보이는 신자유주의적 실험들도 실은 장구한 세월에 걸쳐 진행된 이념, 정책, 체제들의 갈등과 타협의 소산이라는 역사성을 지닌다는 점에서 오랜 분단과 권위주의 체제를 겪으며 이념과 체제의 변증법적 발전의 기회를 누려 보지 못한 우리에겐 남의 사정일지 모른다.

4 '진보적 경쟁력' 담론 ── 생산적 복지 혹은 사회투자론

생산적 복지는 고용이 최상의 복지이며 복지 공여는 먼저 고용을 위해 복무해야 한다는 사상에서 비롯되었다. 그것은 김대중 정부 이후 복지 개혁의 중심적 화두였으며 한국 복지의 현 단계를 성찰하고 미래를 전망하기 위한 논의의 출발점으로 간주되었다. 그러나 그간 생산적 복지는 복지 개혁을 위한 실질적 발판으로서 이렇다 할 역할을 해내지 못했고 한국 복지의 내용은 국가의 최소 개입주의에 의존하는 배제의 기제라는 한계를 여전히 벗어나지 못하고 있다.

주목해야 할 것은 생산적 복지 개념의 태동이 실은 한국의 상황을 훨씬 뛰어넘는 세계사적 맥락에 닿아 있다는 점이다. 무엇보다 신자유주의적 세계화와 함께 국제 경쟁력이라는 새로운 신(神)이 부상하면서, 좌우는 총 수요 중심의 케인스주의 논리 대신 공급 측 전략 쪽으로 급격히 경사되어 갔거니와, 우익의 그것이 수량적 노동 유연화와 감세에 초점을 둔다면 진보 진영의 공급 측 전략은 차후의 복지 공여가 생산 곧 교육과 훈련, 재훈련을 통해 노동의 기능적 유연성을 확보하고 궁극적으로 생산성과 경쟁력 향상에 기여해야 한다는 점을 강조한다. 이런 논리들은 과도한 복지 지출로 인해 정부 재정이 위기에 처했다는 진단과 더불어, 기업 신뢰와 투자 유인 그리고 수출 시장 확보가 최우선의 관건인 세계화 시대에는 종래의 소비 지향적 복지 국가는 자기 패배적일 수밖에 없다는, 곧 복지 국가 위기론 담론과도 근본적으로 궤를 같이한다.

생산적 복지, 근로 복지, 일을 위한 복지, 사회 투자 국가 등 다양한 이름으로 주창되는 '진보적 경쟁력' 전략은 원래 신자유주의적 처방을 대체할 혹은 세계화를 기정사실로 받아들이면서 세계화 시대에 생존 가능한 진보의 자구책으로 제시된 것이다. 그것은 한편으로는 노동 시장의 수량적 유연화에서 기인한 경쟁적 긴축에 대한 대응이며, 다른 한편으로는 기업의 대내적 경쟁력에 초점을 맞춘 전통적

인적 자본 이론의 시장 실패에 대한 공적인, 즉 국가 주도의 대안으로 구상되었다.[28] 문제는 실제로는 이런 전략들이 타국이 아니라 자국 내부의 사회 경제적 약자 계층을 타깃으로 삼는다는 점이다. 우익의 공급 측 전략이 경쟁적 긴축의 악순환으로 이어지리라는 점은 논외로 치더라도,[29] 공격적(기능적) 유연화에 초점을 둔 '진보적 경쟁력' 담론의 효과 또한 크게 다르지 않다. 우든 좌든 일단 경쟁력 프레임에 갇히면 노동의 강제적 시장 재편입, '어두운 고용', '어두운 실업(복지 축소로 인해 보호받지 못하는 실업)' 등 경쟁 승리를 위한 악순환의 고리에서 벗어나기 어렵기 마련이다. 가령 실업은 일반 상품의 부족과는 달라서 단순히 조정의 문제가 아니며, 기술이 고도화됐다 해서 해소되는 것이 아니다. 고기술 부문의 성장이 타 부문의 실업을 상쇄하리라는 것도 희망 사항에 가깝다. 지금까지 기술 산업의 발전에도 불구하고 제조업 고용은 꾸준히 하락했고, 서비스 산업의 팽창이 제조업에서 발생한 실업을 흡수하지도 못했다. 노동 공급 과잉의 경제에서 임금은 생산성보다 노동 공급가에 의해 결정되는 경향이 있기 때문에 고기술 공급이 증가하면 고기술자의 임금이 낮아지고 한계 노동자가 증가하기 쉽다. 초과 노동력과 더불어 총 수요 부족으로 유휴 설비가 늘어나는 현 상황에서, 훈련이 행운의 소수를 줄여 불행한 다수를 늘리는 데 기여할 수 있다는 비판도 가능하다.

세계 시장의 지속적 고성장을 통한 실업 감소, 즉 모든 국가의 고기술 부문 채택을 수용할 정도로 세계 시장이 성장하리라는 가정도 비현실적이다. 고부가 가치 고용 증가가 저부가 가치 고용 저하를 상쇄하지 못하면서 기술 후진국(무역 적자국)으로 실업을 전가함으로써 수요를 창출하려 한다면 그것은 도덕적으로도 옳지 않고 수요의 고갈로 인해 현실적으로도 지속될 수 없다. 만일 저임금 국가마저 실업위기를 해소하기 위해 점차 고부가 가치, 수출 중심 산업화 전략을 선택하고 고기술 고용을 늘린다면, 임금과 복지 삭감을 위한 경쟁적 압박 가속화 → 총 수요 위축 → 세계 시장에 상품의 과잉 공급 → 초과 시설과 실업의 증가 등 연쇄 작용이 일어날 가능성이 크다. 요컨대 훈련이 반드시 고용으로 이어지는 것은 아니며 실업은 누군가에게 전가된다.

무엇보다 경쟁력 담론은 첫째, 곤궁의 책임 그리고 불확실한 미래의 위험 부담을 희생자에 떠넘김으로써(희생양의 정치, 비난의 정치), 가령 대량 실업을 과잉 생산의 체제적 위기가 아닌 기술 적응 실패라는 개인적 문제로 치환하는 '담론의 전치'를 가져오고, 둘째, 미국 등에서 수많은 고숙련 실업자가 존재하는 데에서 알 수 있듯이, 시장의 불확정성으로 인해 무슨 훈련을 할 것인가 결정하는 일의 지난함을 간과하며, 셋째, 훈련 비용을 위한다는 명목으로 실업 보호 등 소비적 복지를 위축시킬 수 있고, 넷째, 훈련 개념 자체가 지니는 모호성으로 인하여 공약은 남발되는데 그것을 위한 재원 조달이 쉽지 않으며, 다섯째, 점차 밝혀지고 있듯이 고기술과 서비스 부문이 제조업 탈락자들을 적절히 수용하지 못한다는 점 등, 허다한 난제와 관련된 비판을 피하기 힘들다.[30] 경쟁력 확보에 모든 것을 거는 좌우의 훈련 담론들이 실용의 이름으로 교육을 도구화하는 경향을 낳기 쉽고 민주 시민을 위한 인문 교육의 실종을 가져올 수 있다는 점도 간과할 수 없다. 가장 중요한 것은 그것들이 일차적 목표로 삼는 시장에의 (재)편입이 평등이나 정의 등 보편적 가치와는 애초에 논리적으로 무관하다는 점이다. 오히려 편입 개념은 위계 사회와도 얼마든지 양립이 가능하거니와, 가령 공동체의 일체성을 무엇보다 중시했던 중세의 유기체적 사회사상은 엄연한 신분적 불평등을 전제한 것이었다. 편입은 편입 이후의 관계 문제 혹은 공동체의 위계적 성격에 대해서는 아무런 질문도 하지 않는다.[31]

그리하여 경쟁력과 훈련 중심의 '진보적 경쟁력' 전략은 진보를 위한 대안이라기보다는 오히려 진보적 대안의 공동화를 보여 주는 징후일지 모른다. 기왕에도 소비적 복지가 탈상품화 효과 외에 총 수요 증가, 안정과 신뢰 증진, 생산성 증가, 성장과 고용에의 기여 등 경쟁력과 생산을 위한 긍정적인 기능을 수행하는 마당에, 과거에도 '인적 자원 이론'의 이름으로 왕성하게 거론된 바 있던 '경쟁력 접근'들이 마치 새로운 대안인 듯 이 시대에 부상하는 것은 기이한 일이다. 무엇보다 이것들은 최소한의 소비적 복지가 구축된 위에서 추가적으로 도모돼야 한다. 가령 독일과 스웨덴의 적극적 노동 시장 정책과 고생산성 전략은 방대한 보편 복지의 안전망 위에서 가능했으며, 한국처럼 소비적 복지가 우선 시급한 나라에서는 적실성을 가진다고 보기 힘들다. 훈련이 신뢰, 관용, 소통 등 사회 자본의 일정한 축적을 전제한다는 점도 우리에겐 부담스러운 일이다. 역시 지배적 담론은 당대 계급 권력의 구도를 반영한다.

5 반정치 담론[32]

한국 사회에서 반정치 의식과 담론이 각별한 것은 사실이지만,[33]

이것이 오늘날 특별히 문제가 되는 이유는 그것이 국내외적으로 확산되는 신자유주의적 흐름을 (때로 무비판적으로) 타고 있기 때문일 것이다. 평등이나 정의 같은 '추상적' 가치들이 국가 정책의 어젠다에서 체계적으로 배제되고 사회적 약자들을 향한 '법과 질서의 정치'가 강조되는 것도 이와 관련이 있다.

'법의 지배'야말로 신자유주의의 도덕적, 철학적 정당성을 변론하는 중심 개념이다. 법 혹은 정치 제도는 공공선 등 집단적, 도덕적 목표가 아니라 다양한 사적 목적들의 추구를 원활하게 만드는 데 그 목적이 있다는 사상이다. 이런 인식에 따르면, 법이 구현할 실체적인 공공성이란 본래 없으며, 법은 '강제의 부재'로서의 소극적 자유/권리를 보호하는 데 목적이 있다. 따라서 법의 지배는 자체의 독립된 덕목을 지니는 것이 아니라 이미 선택된 (사적) 목적의 추구와 관련해서만 가치가 있다. 법이 자유, 평등, 정의 같은 자체의 목적을 내걸 때에도 그것은 개인적 선택을 위해 필요한 환경과 조건, 곧 일종의 프레임워크로 인식된다.

만일 법이 평등을 내세워 본래 희소한 자원이나 기회에 대한 권리(사회권)를 인정한다면, 그것은 자원 배분에서 특정의 목표, 집단, 개인을 배제하거나 그것들에 특권을 부여하는 것으로서 법 집행자의 자의와 재량에 따른 법 운용을 용인하는 것이며, 법의 지배라는 보편적 원리에 맞지 않는다. 평등이나 정의는 상호 비강제를 위한 규칙의 산물일 뿐 그에 대한 도덕적 선행물이 아니며, 따라서 분배적 국가는 사회가 본래의 공공선을 지닌 것으로 가정하고 있기 때문에 부당하다. 오로지 자유 시장만이 주관적으로 선택된 목적들을 실행하기 위한 수단을 제공한다. 필요한 것은 시장 교환을 촉진할 법적 체제이고 그것이 국가의 목표가 되어야 한다.[34]

자유에 대한 가장 방대한 탐구를 했고 신자유적 자유 개념의 발전에 많은 영향을 미친 하이에크는 강제에는 의도된 인간 행위가 개입된다고 말한다. 가령 시장 체제에서 누군가 실업을 당한다고 해도 그것은 누구의 의도도 아닌, 시장의 총합적 결과이기 때문에 강제된 것으로 볼 수 없다. 빈곤이나 실업은 바람직하지는 않지만 집단적 교정이 불필요한데, 국가는 불의를 교정해야 하지만 시장 교환의 결과물로서 소득과 부의 배분은 불의가 아니므로 국가의 책무는 면제된다는 것이다. 이런 인식에 따르면, 평등은 신기루이다. 그것은 정형화된 원칙에 의존하므로 개인 자유를 손상하고, 매우 차등적인 조세 제도를 통해 개인의 개별적 필요를 겨냥한다는 점에서 보편성이 담보되어야 하는 법의 지배와 양립이 불가하다. 법이란 예측 가능한 규율로서 개인이 타인을 강제하지 않고 자신의 목적을 추구할 수 있게 하는 행위의 틀을 제시하는 것이지, 추상적인 공공적 목표나 가치를 제공하고 구현하는 것이 아니기 때문이다.

관료의 자의적 재량과 수혜자의 의존적 태도가 자율과 정면으로 상충한다는 점이야말로 필요의 집단적 공여에 대한 신자유주의적 비판의 핵심 중 하나이다. 논리는 이렇다. 누구나 납득하는 필요(needs)가 객관적으로 존재하더라도 자원의 희소라는 환경 속에서 필요들 간의 상충, 우선순위를 정하는 문제는 남는다. 의료, 교육, 사회 공여 등에서 무슨 종류의 재화를 무슨 원칙에 따라 어떤 우선순위로 분배할 것인지 결정하는 일은 논쟁적이며 자의적이다. 따라서 필요가 인정되는 순간 법의 지배 아닌 관료의 자의적 재량이 불가피하다. 그런데 신자유주의의 한 이론적 축을 제시한 제임스 뷰캐넌 등의 공공 선택 이론에 따르면 정치인과 관료는 모두 개인적인 효용 극대화를 추구하는 합리적 행위자라는 점에서 시장 행위자와 다를 바 없다. 이들은 사회 정의와 공익을 전면에 내걸면서도 실제로는 득표나 자기가 속한 부서와 사적 이해관계를 위해 국가 지출의 규모를 끊임없이 확대하려는 경향이 있고, 그럴수록 책임 부재의 상황은 심화된다. 사부문은 인수 합병과 도산의 위험이라는 제약을 받기 때문에 소비자의 필요를 충족하기 위해 노력하지만, 공부문은 공급 독점으로서 수혜자의 이탈 비용이 매우 높으므로 그런 노력이 불필요하기 때문이다. 나아가서 필요는 충족되기 어렵고 한계를 정할 수 없다는 특징을 지닌다. 따라서 그것이 권리로 인정되면 자원 배분에 대한 요구 역시 무한하며 그에 따라 국가의 책임 또한 무제한적으로 된다. 그 와중에 관행화된 의존은 개인의 성품에 영향을 미치고 이는 다시 가난을 부르는 악순환이 빚어진다. 그리하여 이런 논리는 가난을 의존 문화로, 성품과 태도의 문제로, 노동 윤리와 책임 의식의 실종 탓으로 환원하며, 거기에서 타인의 재산권을 '탈취'하는 자원 배분에 대한 빈자의 권리란 애초에 불가능한 개념이 된다. 필요의 충족은 인도주의적 관점 즉 국가의 강제 아닌 가족, 친구, 교회, 자선 등을 통한 자발적 선택에 맡겨야 한다. 이런 시각이 불평등을 아예 논의에서 배제하리라는 것은 추측할 만한 일이다.

그러나 공공 영역은 하나의 이상 혹은 막스 베버가 말했던 하나의 이념형으로서, 시장과 사적 영역과는 구별되는 독자적이고 자율적인 행위 규범과 유인 구조를 갖는다. 그것은 시장이나 사적 영역으로부터 보호된, 공공 이익이 규정되고 공공재가 생산되는 영역과 관련이 있다.

> 애정과 우정의 사적 세계 그리고 이익과 유인의 시장 세계는 인간의 사회적 삶의 유일한 범주가 아니다. 자기만의 가치를 지닌 공공 영역도 존재한다. …… 거기에서 사람들은 마음의 친밀함 때문도, 금전적 유인 때문도 아니라 공동체에 대한 서비스 정신 때문에 행동한다.[35]

이런 인식에 따르면 공공성은 일차적으로 약자의 보호, 분배적 정의, 공정한 기회 등 사회적 가치를 구현한다는 윤리적 개념에 닿게 되며, 공공재의 성격과 범위, 우선순위에 대한 집단적 결정과 공여, 따라서 공동체 일반 개념과 불가피하게 맞물린다. 공공 선택 이론에서 말하는 효용 극대론자로서 관료와 정치인의 탈선이 공공성 자체의 본래적 의의를 훼손하는 것은 아니다. 공부문의 제도들이 비효율적이고 무책임하며 공공 정신을 실종시킨다는 신자유주의자들의 비판에는 수긍할 만한 점이 적지 않지만, 그 답을 시장을 통한 책임성의 확보에서 찾으며 공공 영역의 의의를 통째로 부인한다면, 사회 정의나 평등 등 공동체적 가치는 소멸되고 말 것이다. 민주주의가 제대로 작동하지 않는다고 민주주의를 폐기할 수는 없는 일이다.

폴라니에 따르면, 자기 규제적 시장이란 애초에 근거 없는 망상이며 실제 세계에서 이는 확신에 찬 교조적 국가가 자본주의 이전의 공동체적 가치, 가정, 관행을 박멸함으로써만 가능했다.

자유방임에 자연스러운 것은 아무것도 없다. …… 자유 시장으로의 도정이 활짝 문을 열어젖힌 것은 지속적이고 중앙 집중적으로 조직되고 통제된 개입주의가 엄청나게 증가했기 때문이다. …… 행정가들은 체제가 자유롭게 작동되도록 끊임없이 감시해야 했다. 그리하여 국가가 모든 불필요한 책무를 벗어던지기를 열렬히 원했던 사람들조차 …… 자유방임을 구축하기 위해 필요한 새로운 권력, 기구, 수단들을 바로 그 국가에 부여할 수밖에 없었다.[36]

문제는 오늘날 세계화와 더불어 자본주의적 폐해의 심각성은 가중되는 데 반해, 세계 경제는 그것을 예방하고 치유할 정치적 기반을 갖추지 못하고 있을 뿐 아니라 그럴 전망 또한 희박하다는 데 있다. 국가와 정치의 역할이 어느 때보다 절실한 시점에, 역설적으로 한국의 시민사회는 반정치 의식에 깊이 침윤되어 있다. 시장 논리가 사회의 모든 영역을 망라해 침투하는 가운데, 공공 영역은 갈수록 수세에 몰리고 정치는 일상적으로 폄하되며 민주주의는 조소의 대상이 된다. 바야흐로 우리는 민주화가 국가의 후퇴, 시장의 전진 배치를 내용으로 하는 자유화와 동일시되는 시대를 살고 있다. 그러나 세계화는 행위자 없는 흐름이나 통제 불능의 대세가 결코 아니다. 그것은 복합적인 정치적 선택의 결과물이며 그에 대한 적응 의지와 정도는 나라마다 큰 차이가 있다. 그런데도 국가를 폄하하는 근본주의적 좌우 담론들이 득세하는 이유는 현실의 민주주의가 불완전하게 정착돼서 국가가 무능과 부패에 오염되어 있기 때문일 것이다. 그러나 민주주의와 정치마저 희망을 주지 못한다면, 우리에게 희망은 없다. 다시 바우만의 통찰을 빌리면, 우리는 "인간 잠재력의 무한성과 동시에 항구적 불완전성"을 믿기 때문이다. 민주주의의 위기는 오직 그것을 확대, 심화함으로써만 극복될 수 있을 것이다.

4 대표 없이 복지 없다

영국의 경제사학자 리처드 헨리 토니는 인간은 자신보다 상위 개념을 전제할 때 비로소 서로를 목적으로, 즉 동등하게 취급한다고 말한다. 가령 무한히 위대한 신을 명상할 때에만 인간의 차이는 한없이 사소한 것이 된다는 것이다. 그에 따르면, 현대의 문제는 신의 위대성을 잊으면서 인간의 왜소함도 잊었고 그리하여 인간들 간의 차이, 구분을 만들고 확대하고 강조하며 거기에 집착한다는 데 있다.[37] 바우만은 "남들보다 한 발 앞서려는" 심리가 주는 "잔인한 쾌락"은 이미 불평등을 전제한다고 지적했다.[38] 1930년대 런던의 빈자들을 "백인 원주민"이라며 버마에서의 제국주의 체험을 고국의 계급 문제에 오버랩시켰던 작가 조지 오웰은 관계의 친밀성이란 가해자(부자, 지식인, 백인 등)가 피해자(빈자, 보통 사람, 유색인 등)와의 불평등을 확인한 후에야 비로소 가능해진다고 관찰했다.[39] 알래스데어 매킨타이어가 자신의 유명한 『덕의 상실(*After Virtue*)』 도입부에서 파국을 맞은 자연과학을 상상하며 이론적 맥락과 전통에서 유리되고 파편화된 개념들의 혼돈 상태를 빗댔을 때, 그가 염두에 뒀던 것은 덕이 떠난 폐허 위에서 윤리적 담론을 재건하는 일의 원천적 지난함이었다.[40] (불)

평등이 윤리나 도덕 아닌 생산성이나 효율 같은 도구적 관점에서 주로 논의되고 옹호 혹은 폄하되는 현실이 이런 인식들과 무관치 않을 것이다. "노동, 생산, 분배, 거래 등의 영역으로부터 도덕이 분리되고 이탈하고 있는" 오늘날 과연 평등을 하나의 목적 가치로서 논의하는 일이 가능하기는 한 것인가.[41]

우선 중요한 것은 대안의 내용을 구체적으로 제시하는 것이 아니라 대안의 가능성을 낙관하도록 만드는 일일지 모른다. 가령 바우만이 평등이라는 계몽주의적 유토피아가 액체화된 현대 속에서 소멸된 것을 안타까워하면서 '유토피아의 상대화'를 적극 피력했을 때, 그는 유토피아가 현실의 부당함을 들춰내며 가능성의 영역을 들여다보게 하는 기능을 수행한다는 점, 평등사상에는 불평등의 폐쇄 회로를 탈출하게 하는 저력이 있다는 점을 지적하고 있었다. 우리의 관심은 완전한 평등(perfect equality)이라는 허수아비가 아니라 상대적으로 덜한 불평등(less inequality)에 있다. 불평등이 '언제나 우리와 함께 있을지라도', 그 자체가 윤리적으로 옹호돼야 하는 '선한 무엇'은 아니다. 더욱이 불평등이 오늘날처럼 증대되는 추세여도 좋다는 말은 아니며, 그것을 교정하기 위한 노력을 포기하라는 말은 더더욱 아닐 것이다. 빅토리아조의 대표적 인문학자였던 매슈 아널드는 당대의 영국이 자발적으로 불평등을 종교로 '선택'했다고 말한 바 있다.[42] 제도적으로 불평등을 교정해 낸 정도가 나라마다 현저히 다른 데서 드러나듯이, 사회 경제적 불평등의 상당 부분은 사람이 만든 것이다.

모든 부재(不在)가 그렇듯이, 불평등의 교정이나 국가 복지를 위한 제도화의 부재 또한 권력적으로 중립적인 상황이 결코 아니다. 그것은 당대의 계급 간 권력 자원이 심대하게 불균등한 상태에 있다는 점을 말해 줄 뿐인바, 부재란 바로 그러한 불균형의 산물이기 때문이다. 더 큰 문제는, 부재는 방치될 때 부재의 심화라는 악순환을 낳는다는 점이다. 위에서 보았듯이, 한국은 빈곤과 불평등, 국가 복지, 시민사회의 의식과 담론 등 주요 지표들이 계급 권력 불균등의 심각성을 드러내 준다. 제도화의 공백을 틈입하여 계급 권력의 일방적 관철이 일상화되고 있는 것이다. 계급 권력의 편차가 커질수록 계급 협력의 지형은 그에 비례해 취약해진다. 예컨대 한국 경제가 내수보다는 수출 위주의 대기업 중심으로 재편될수록, 노동과의 타협을 통한 내수 진작의 전략적 의의를 체감하지 못하는 자본은 쉽사리 계급 대립의 노선에 경도될 것이다. 주요 쟁점이 제기될 때마다 가장 쉽게 계급적으로 연대하는 자본이 다양한 차원에서 분열을 거듭하고 있는 노동을 오히려 계급적이라고 비난하는 오늘의 한국 현실에서, 과연 복지 국가를 위한 정직한 합의(타협) 자체가 얼마나 가능할지 회의하지 않을 수 없다.

그러나 문제를 조급한 단기주의에 입각하여 해결하려 할 때, 정치에 대한 기대와 실망이 반복되면서 사회적 불안정이 끊이지 않을 것이다. '노동 있는 민주주의'가 복지 국가를 견인했다면, 한국의 계급 권력적 불평등 현실에 비춰 볼 때 일체의 유의미한 구조 개혁은 어차피 중장기적 전망일 수밖에 없기 때문이다. 문제는 복지 한국을 위한 개혁의 내용과 방향이다.

일찍이 반세기도 더 전에 '상쇄력의 제도화'를 통한 기업 권력의 견제를 주창했던 갤브레이스는 10여 년 전에 펴낸 마지막 저서에서

"기업의 통제 없이 자본주의의 미래는 없다."라는 말을 남겼다.[43] 그의 일관된 통찰은 민주주의의 궁극적 내용을 정치적 수준에서 사회경제적 영역으로 확대하되, 후자는 국가 복지의 확대뿐 아니라 시장의 민주화를 민주화의 또 다른 관건으로 포함해야 한다는 점을 시사한다. 실제로 자본주의의 유례없는 황금기를 사반세기 넘게 지탱했던 케인스주의가 후퇴하고 세계화를 전면에 내건 신자유주의가 급격히 부상하면서, 시장은 국가가 성취한 권력 균형의 외양을 일거에 소멸시킬 수 있는, 그 자체가 얼마나 막강한 권력의 현장인지를 새삼스럽게 보여 주었다. 시장의 민주화 없이 정치적 민주주의라는 시장 외적 장치는 복지 체제의 안정성과 지속성을 담보해 줄 충분조건이 될 수 없다는 점이 확인된 것이다. 무릇 한 사회의 진정한 복지는 모든 구성원과 이해관계자들의 복지이며, 당연히 그것은 시장 외부자 곧 실업자, 장애자, 노약자 등과 같은 시장 탈락자뿐 아니라 시장 내부자 곧 종업원, 주주, 하청 업체, 지역민, 소비자 등 이해관계자의 복지도 포괄해야 한다. 이러한 인식은 궁극적으로 한국 복지의 발전 방향 또한 (기대고 지킬 만한 변변한 무엇이 없기 때문에 수세적 재편이 아닌) 공세적 재편이 되어야 한다는 점을 시사해 준다. 즉 제도화의 부재 속에서 새 활로를 모색해야 하는 복지 한국의 과제는 위계의 영역인 시장의 문제를 복지 구상의 내부로 포괄해 넘으로써 국가와 시장 모두에서 권력의 행사 자체를 민주적으로 규율하는 제도적 틀을 정립하는 일에 닿는다. 이는 가령 최근 논란이 되는 경제 민주화의 초점을 출자 총액 제한이나 순환 출자 규제 혹은 금산 분리 등 자본 행태에 대한 국가의 직접적이고 물리적인 규제보다는, 시장 내의 계급 권력이 길항하는 제도적 틀, 무엇보다 시장의 주 행위자인 기업의 지배 구조 개편에 두어야 한다는 점을 말해 준다. 그 요체는 재산권이나 소유권을 하나의 다발(bundle)로 수용 혹은 폐기하기보다는 그 행사를 제한하는 시장 구조를 만들자는 데 있다.

중요한 점은 민주화의 이 두 범주(국가와 시장)가 긴밀하게 연계되어 있다는 것이다. 노동의 탈상품화 정도가 낮으면 직업 상실 비용이 크고 강제적 시장 재편입이 만연해서 계급 간 권력 자원의 불균형은 더 벌어지기 쉽고, 그로 인해 저임이나 불안정 고용 같은 '어두운 고용'이 늘어나 국가 복지의 부담이 커지면 다시 노동의 무리한 재상품화와 '어두운 실업'의 증가로 이어지는 악순환의 고리가 형성된다. 그 와중에 불평등이 심화되리라는 것은 자명하다.

물론 정치적 민주주의는 이 모두를 위한 최소한의 절차적, 윤리적 필요조건이다. 복지 국가를 둘러싼 모든 중요한 개혁은 국가의 입법적 발의에서 비롯될 수밖에 없기 때문이다. 시장 민주화를 포함한 구조 개혁의 주체는 정치이며, 빈곤, 불평등, 불안이 만연하면서 잠재된 채 조직되지 않은, 한국 정치가 동원할 수 있는 방대한 계급적 자원이 존재한다는 점, 애초에 경로 의존성을 상정할 수 없는 '부재의 상황'이란 오히려 제도적 공백을 메우기 위한 정치적 이니셔티브가 작동할 수 있는 유리한 조건일 수도 있다는 점 등을 예민하게 포착해야 한다.

우리 시대 한국의
세계(사)적 향방

평화와 통일

박명림

연세대학교 대학원 지역학협동과정 교수

1 시각의 전환

1 통일 우선주의는 오류다, 평화가 먼저다

평화는 세상에 태어난 모든 삶의 가장 소중한 목표요 가치의 하나라고 할 수 있다. 평안하고 안온한 삶은 인간 실존의 궁극적 목표이다. 전체 국가와 공동체의 국제적 존재 양태로 의제되어 온 평화는 실제로는 개별 실존들의 구체적 삶의 모습에서 가장 잘 드러난다. 아니, 마땅히 그러해야 한다.

주지하듯 오늘날 한국의 '개별적 삶들'은 심각한 갈등과 불안으로 나타나고 있다. 조사 기관과 시점에 따라 편차는 있지만, '한국 사회'의 갈등과 불안은 전쟁 중인 극히 일부 국가를 제외하고는 거의 세계 최고 수준이다. 한국적 삶들이 높은 수준의 불안으로 귀결되는 근저 원인은 한국 사회의 현실에 있는 것이다.

그러한 높은 갈등의 현실 한편에 분단 문제가 존재한다. 남북 대치, 대북 정책, 북핵 문제, 이념 갈등은 오늘날 한국 사회 갈등의 한 핵심 요소로 기능하고 있다. 그리하여 우리 사회의 여러 담론과 정책은 통일이 마치 한국 사회가 갈등을 넘고 평화에 다다르기 위한 필수 요소인 것처럼 주장하곤 한다. 그러한 주장에는 진보와 보수가 따로 없다.

1953년 한국 전쟁의 정전 이후 반복되는 충돌 위기에도 불구하고 한국 사회는 전쟁 재발 방지에 성공했다. 이것은 소극적인 평화 유지를 위해서는 커다란 성공이었다. 그러나 전쟁 재발 방지의 성공이 곧 평화의 도래는 아니었다. 남북 갈등과 내부 갈등은 항시 최고 수준이었다. 특별히 개별적 삶들의 평안과 평화의 달성은 요원했다.

그렇다면 어떻게 한국적 삶을 더 나은 평안과 평화로 안내할 것인가? 이 문제와 관련하여 우리에게 일상화한 신념과 편견들은 교정되어야 할 것으로 사료된다. 현실을 보는 철학의 전환 없이 현실을 변화시킬 수 있는 방법은 안출되지 않는다. 시각의 전환이 실천의 변화에 우선하기 때문이다.

특별히 최근 자주 듣는 '통일이 곧 평화'이자 '통일이 곧 대박'인 것처럼 주장하는 담론들은 비판적으로 검토되어야 한다. 실제의 현실에서는 '통일이 평화'가 아니라 '평화가 통일'이기 때문이다. 통일을 추구하다 미증유의 비극적 전쟁을 치른 공동체에서 오랫동안 평화 담론보다 통일 담론이 우월한 것은 전도된 현실이 아닐 수 없다.

실제로 자주 통일, 평화 통일, 통일 정책, 통일 준비, 통일 대박, 통일 교육, 통일 기금, 통일 한국 등 통일에 대한 담론과 언설이 언제나 넘쳐 나는 한국은 아직도 분단되어 있는 반면 통일에 대한 추구를 의식적으로 회피한 채 평화와 공존을 강조했던 독일은 오래전에 통일을 이루었다. 두 한국의 통일 우선주의가 낳은 심각한 부정적 영향 때문이었다. 그것은 바로 통일 우선주의로 인해 초래된, 목표와 수단으로서의 평화가 갖는 우선성과 중요성에 대한 인식의 결여 때문이

236

었다. 즉 옳은 길은 "통일이 평화다."가 아니라 "평화가 통일이다."인 것이다.

후자가 더 필요할 뿐만 아니라 더 현실적인 가치가 되지 않으면 안 된다. 그러나 실제의 현실에서 후자가 더욱 중요한 이유는 다른 데에 있다. 단순히 후자가 전자보다 더 중요하다는 언명만으로는 충분치 않다. 왜냐하면 전자는 중대한 오류이기 때문이다. 동시에 평화와 통일의 관계도 바로잡아야 한다. 통일을 목적으로 평화를 사유하는 방식이 아니라, 거꾸로 '평화를 목적으로, 평화를 통해' 통일에 접근하는 방식을 선택하는 것이다. 통일은 '평화를 목적으로, 평화적 방법에 의해' 추구하지 않으면 안 된다. 평화가 목적인 동시에 수단인 것이다.

2 통일 문제는 남북문제가 아니라 내부 문제다

근본적인 수정을 요구받는 또 하나의 문제의식은 통일 문제를 '남북 관계'나 '대북 정책'이라는 독자적인 층위로 보려는 오랜 고정관념이다. 우선 통일 문제는 전통적인 접근 방법인 '분단 극복', '남북 관계'나 '남북문제'가 아니다. 대신 그것은 남한과 북한 각각의 내부 문제로 이해되어야 한다. 특히 내부의 국가 체제와 정치의 문제로 이해되어야 한다.

사실상 통일은 남북 내부 체제 변화의 사후적 결과이지 분단 극복이나 남북 관계 자체와는 관계가 없다. 이러한 혁명적인 사고 전환은 평화 문제를 내부 (통합) 문제로 사유하여, 평화 문제로서의 남북 문제와 통일 문제까지 나아가려는 실천적 시좌를 포함한다. 통일 문

우리 시대 한국의 세계(사)적 향방

제를 남북 관계와 분리해야 한다는 이러한 근본적인 사고 전환을 우리 사회가 과연 수용할 수 있을까? 현재는 틀림없이 불가능할 것이다. 그러나 필자가 이해하기에 이러한 근원적 사유의 전환이 없다면 내부 통합은 물론 평화도 통일도 불가능하다.

나아가 통일 문제는, 남한과 북한 각각의 내부 문제인 동시에, 2차 대전 직후 및 한국 전쟁 시기 세계 정치의 산물로 등장한 한국 문제, 즉 국제 문제로 접근해야 한다. 통일 문제를 포함해 한국 문제는 국제 정치의 산물이자 국제 문제의 일부인 것이다. 그것도 국제 문제의 대표적인 전방 초소에 해당한다. 그럴 때 국제 문제의 층위는 세계, 동아시아, 한반도를 포괄한다. 결국 '안으로부터 나아가는(outbound)' 내부 정치의 연장과, '밖으로부터 들어오는(inbound)' 국제 정치의 인입이 정확하게 조우하는 지점에 한국의 통일 문제가 있다는 것이다.

이때, 외부와의 평화와 통일을 사유할 때 말하는 내부 문제는 근대 공화주의와 민주주의를 말한다.[1] 강조하였듯 통일 문제 역시 마찬가지다. 즉 한반도 평화는 물론 통일 문제 역시 남북 각각이 내부 체제의 공화화와 민주화를 얼마나 달성했느냐에 달려 있다. 평화와 통일 문제는 국내 공화화·민주화와 함께 가지 않는 한 의미가 없을 뿐만 아니라 역행할 수도 있다. 내부의 공화화와 민주화가 충분히 달성된다면, 사실상 전쟁과 대결, 분단과 갈등의 문제는 걱정할 필요가 없게 된다. 조금 무리해서 말하면 남한과 북한의 내부 공화화와 민주화가 충분히 달성된다면 평화와 통일은 특별한 정책의 추구가 없더라도 거의 달성된 것과 크게 다르지 않다.

따라서 내부 연합과 공존 능력, 즉 민주적 타협의 수준과 역량이 야말로 평화 구축 및 통일 준비의 요체가 된다. 평화 구축이 내부 공화화와 민주화의 연장이듯, 통일 문제 역시 그러하다. 내부에서 이견 세력을 인정하고 포용하며 갈등 세력과 타협하고 공존하는 그 자체가 평화 실천이요 통일 준비인 것이다. 내부의 이견 세력을 '종북좌빨'이라고 극단적으로 공격하면서, '원북좌빨'인 공산 세력과 통일을 추구한다는 것은 형용 모순이다. 그럴 때 실제의 통일 추구 과정에서는 공산 세력과의 전쟁이나 전쟁에 버금가는 재앙이 나타날 가능성이 크다.

그 점에서 극심한 남남 갈등과 진보-보수 상호 적대는 통일과 평화 추구와는 정반대되는 현상이 아닐 수 없다. 다시 강조하거니와 평화와 통일의 달성 정도는 국내 정치의 연장이자 반영인 것이다. 즉 공존과 대화와 타협을 중심 가치로 갖는, 정치 영역의 확장을 의미하는 민주주의 달성의 정도가 곧 남북 관계 개선, 북한 포용, 평화 공존, 통일 준비를 의미하는 것이지 그 역이 아니다.

따라서 통일 세력과 분단 세력이라는 흑백 논리와 양자택일은 맞지 않다. 그 두 세력은 좌파에도 우파에도, 남한에도 북한에도, 보수에도 진보에도 존재할 수 있기 때문이다. 통일 세력은 선이고, 분단 세력은 악이라는 이분법 역시 맞지 않다. 이 점은, 표면적인 언설을 넘어, 두 개의 독립된 권력 논리와 근대 국가성을 갖고 움직이는 남한과 북한에 동등하게 적용되어야 한다. 상호 배타적인 낙인이 아니라, 평화적 방법으로 자유와 인권, 평등과 복지를 포함한 보편적 가치를 전 한반도에 실현하려 하느냐에 평화와 통일의 실현 여부가 달려 있기 때문이다.

남북 관계를 특정 이념이나 체제, 또는 법률 체계의 제일 요체로 접근할 경우 분단 고수와 통일 추구는 그 자체가 체제 대결이나 체제 종식을 의미한다. 그럴 때 출발부터 이견의 공존은 부인되고 내부 통합은 파괴된다. 민주주의 원칙의 부정 위에 추구되는 통일은 자기모순이 아닐 수 없는 것이다. 말을 바꾸면 분단 고수는 북한과의 통일을 거부하고, 통일 추구는 남북 내부의 통합을 거부하는 자기 부정에 직결된다. 통일 논의와 통일 준비 자체가 내부 이념 논란과 갈등을 초래하는 통합 파괴적, 통일 반대적 역설을 결과하는 것이다.

정치는 전쟁, 폭력, 법률, 종교(이념), 윤리와는 크게 상이한 존재 이유를 갖는다. 평화는 바로 정치의 성공의 산물이다. 대화를 필수로 삼는 정치의 세계에서는 절대 진리조차 사람들 사이의 여러 의견 중 하나로 간주된다. 특히 그것이 진리인 줄을 모르는 사람들에게 진리의 진리됨을 이해시키는 방법은 상대 인정을 통한 대화와 타협 이외에는 존재하지 않는다.[2] 즉 타자 인정과 대화는 평화의 가장 중요한 전제인 것이다.

따라서 평화 없는 통일은 재앙이다. 통일은, 최고의 폭력인 전쟁을 초래한 가장 극단적인 이견 세력이자 절대적 진리를 주장하는 두 적대 세력 사이의 합치 문제이기 때문이다. 통일 논리는 역설적으로 반평화와 친폭력의 담론일 수 있음을 주목해야 하는 것이다.

3 평화의 본질과 층위

그렇다면 평화의 속성에 대해 잠시 논의할 필요가 있을 것이다.

조금 더 깊은 논의를 거쳐야 하겠지만, 지금까지의 평화 연구를 종합할 때 평화를 향한 관념과 구상은 대략 아래의 몇 가지로 요약되지 않나 싶다. 평화의 최초 의미는 서약, 맹약, 결속, 연대, 계약, 동의로부터 도출되었다. 즉 평화는 본질적으로 여러 행위자를 갖는 타자의 존재, 즉 복수성(複數性)을 전제하며, 따라서 그들 복수적 존재 사이의 대등성과 공존을 내포한다. 정의와 관용이 평화의 공통적인 본질인 이유는 자기실현과 상호 존중이라는 인간의 이러한 근본적 조건으로부터 산생된다.

첫째는 적극적 평화라고 할 수 있다. 평화는 단지 전쟁의 방지라는 소극적 평화에 머물러서는 안 된다. 평화는 삶의 생기와 활력으로 연결되어야 한다. 많은 평화철학이 우려한, 평화의 지속이 초래할 지루한 나태, 따분함, 공격 의지의 충동 욕구를 넘어서는 능동적인 협력과 친교, 활기찬 상호 포용과 우애 상태로 나아가야 함을 의미한다.

둘째는 생산적 평화를 말한다.[3] 창조와 건설이 곧 평화인 것이다. 얼핏 볼 때 평화는 번영과 반대되는 것으로 간주되기 쉽다. 그러나 주어진 소여(所與)에 머무는 무위와 빈곤은 외려 갈등을 낳는다. 결핍은 전쟁을 낳으나, 평화와 번영은 상호 창조하고 상호 산생한다. 이것은 근대 자유주의 평화의 한 토대를 제공한 철학이기도 하다. 즉 상호 간의 교역을 통해 생활 요건이 중첩되는 상황에서는 타자에 대한 공격이 곧 자기에 대한 공격을 의미하기 때문에 시도할 수 없게 되는 것이다.

셋째는 평등적 평화를 말한다. 평화(平和)는 말 그대로 사람들(口)에게 쌀(禾)을 고르게(平) 나눈다는 평등의 뜻을 갖는다. 갈등은

우리 시대 한국의 세계(사)적 향방

불평등에서 초래된다는 동양과 서양의 가장 오래된 지혜를 빌려 올 때 평등은 평화로 나아가기 위한 강력한 토대가 아닐 수 없다. 불평등이야말로 갈등의 원인이기 때문이다.[4] 평등은 당연히 물질과 재화의 그것에서 출발한다. 물론 평등은 물질의 평등을 넘어 가치의 평등을 포함한다. 따라서 평화는 공평과 정의, 즉 재화의 고름은 물론이려니와 독점적 진리가 아니라 합의로서의 공의를 함의한다.

인간은 타자와 결속하고 연대할수록 평화로워진다. 따라서 평등을 보장하는 평화는 자유에 대한 가장 강력한 안내 기제가 된다. 이때 결속과 연대는 상호 간에 자기의 내려놓음과 타자의 들여놓음을 말한다. 그럴 때 자기와는 다른 종족과 족속과 어족(語族)에 대한 호의와 환대는 평화를 위한 평등의 가장 어려우면서도 가장 필수적인 자세가 된다. 왜냐하면 나그네와 이민족과 이방인을 호의와 사랑과 환대로 대우한다면 형제와 동포와 동족에 대한 사랑과 환대는 당연하기 때문이다. 곧 이방인을 환대한다는 것은 모든 인류에 대한 환대를 의미하는 것이다.

넷째는 포괄적 평화를 말한다. 삶과 사회의 특정 층위, 이를테면 경제나 군사, 정치나 문화, 가정이나 교육 등 어느 한 영역의 평화의 증진은 어쩌면 쉬울는지 모른다. 그러나 특정 영역의 평화가 반드시 전체적 삶과 사회의 평화로 연결되지는 않는다. 현실의 세계에서 이러한 불균등 발전은, 때로는 평화 건설을 외려 더 어렵게 할 수도 있다. 높은 경제 협력 수준에도 불구하고 민족주의가 고조되거나 군사 갈등이 심화되는 현상은 불균등 발전이 초래하는 평화에 대한 중대한 도전이 된다. 삶의 모든 영역에 두루 걸친 안녕과 평안으로 나아가려면 체제를 구성하는 여러 영역의 균형적 균등적 연대와 평화가 긴요함을 알 수 있다.

다섯째는 항구적, 영구적 평화를 말한다. 이 말은 조금 설명을 필요로 한다. 즉 항구적 평화가 반드시 영원불멸과 항구 불변의 평화 상태를 의미하는 것은 아니라는 점이다. 이 말은 한 세대의 평화와 다음 세대의 전쟁을 교차 반복하는 것이 아니라, 세대와 세대를 넘는 안녕과 안정을 말한다. 필자가 생각하기에 영구 평화는 자기 세대에 평화를 유지하기 위한 최선의 노력 정도로도 다음 세대의 평화를 정초하는 데 부족함이 없는 것이다. 그리하여 항구적 평화는 결국 당대 인간들의 욕망과 의지를 제어하는, 세대를 넘어 지속될 제도의 창설 문제로 귀결된다. 국내-국제 평화를 위한, 동시에 둘을 연결하려는 문제의식에서 발원한 내부 공화주의의 문제라든가, 국가 간 연방의 건설의 문제는 바로 이러한 영구 평화를 위한 제도 창설의 문제의식에서 나온 발상이라 할 수 있다.[5] 헌법과 조약의 문제 역시 이 문제와 직결된다.

여섯째는 정신적 평화를 말한다. 외적 평화는 내적 평화의 조건이자 연장된 표현을 말한다. 둘을 분리하는 것은 불가능하며, 내적 평화는 외적 평안의 궁극적 목표이기도 하다. 즉 궁극적인 평화는 외적 삶의 항상적 안전과 안온, 내적 삶의 그윽한 안녕과 고요를 말한다. 동시에 그러한 내적 평안으로 연결되지 않는 외적 평화는 진정한 의미의 평화라고 할 수 없는 것이다. 오랫동안 인류가 평안을 복, 복락, 행복이라고 간주해 온 연유가 여기에 있다.

요컨대 평화의 여러 속성을 종합하여 거칠지만 하나로 응축하여 말하자면, 그것은 자유로운 개인과 공화국의 적극적인 상호 존중이 산생하는 생명의 창출과 생명력의 행복한 충일 상태라고 할 수 있다. 그리고 그것은 삶의 과정인 동시에 목표가 된다. 인간 공동체의 여러 관념 중에 목표인 동시에 과정인 것은 평화가 거의 유일하다고 할 수 있다.

2 동아시아 질서의 현재와 한국의 위치

1 압축 발전 대 압축 퇴영 — 동아시아 패러독스

한반도의 평화를 말하기에 앞서 오늘의 동아시아 평화에 대해 먼저 말해야 할 것이다. 21세기 초엽 동아시아의 가장 심각한 현실적 문제는, 이 지역의 모든 국가에서 나타나는 국내 민주주의의 후퇴와 함께 국가 간 갈등이 심화되고 있다는 점이다. 이는 특히 역내 국가들의 경제 성장 이후 더욱 악화되고 있다. 동아시아의 경제와 교역 부문의 압축 성장에 이은 민주주의와 평화 영역의 압축 후퇴라고 해도 좋을 것이다.

일본에서는 제2차 세계 대전의 일급 전범의 3세가 집권하면서 전쟁 범죄, 과거(사) 악행, 교과서 문제, 위안부 강제 동원에 대한 깊은 사과와 화해를 거부할 뿐만 아니라 영토 문제, 야스쿠니 신사 참배, 해석 개헌, 집단 자위권 시도, 주변 사태 개입에 대한 욕망을 더욱 노골화하고 있다. 주목하게는 미일 동맹의 강화를 통한, 19세기 말 개항과 20세기 종전 직후에 이은 세 번째의 탈아입미(脫亞入美)를 시도하고 있는 것으로 보인다. 일본의 국내 우경화와 탈아시아 및 미일 동맹의 강화를 통한 인근 국가 견제 전략은 서로 맞물린 것이다. 특히 부동산 거품 붕괴, 잃어버린 20년, 동일본 대지진으로 인한 연속적인 국가 침체와 중일 국력 역전, 한국의 부상, 북한 핵 개발 등으로 인한 동아시아 내의 상대적인 위상 하락이 중요한 요인으로 작용하고 있다.

한국 역시 군사 독재자의 2세가 집권하면서 민주화 흐름의 부분적 후퇴 상황을 맞아, 과거 노태우 정부로부터 노무현 정부까지 동아시아 민주화를 선도하던 시기의 일련의 남북 관계 개선 및 동아시아 평화 이니셔티브를 동시에 상실하고 있다. 노태우 정부 시기 7·7 선언, 동북아 6자 안보 협의체 구성 제안, 남북 기본 합의서 체결 및 한반도 비핵화 공동 선언, 각종 남북 회담, 한중 한소 수교 달성은 6월 항쟁 직후의 민주화 열기와 상당한 연관이 있었다. 김대중 정부의 대북 온건 정책, 대일 관계 개선과 동북아 지역 협력 구상 주도 역시 건국 이래 최초의 평화적 정권 교체라는 민주주의 발전의 산물이었다. 당국-민간 분리를 통한 남북 민간 교류의 확대 역시 시민사회에 대한 국가의 신뢰의 결과였다.

북한의 장기 폐쇄와 세습은 평화와 협력에 대한 중대한 저해 요소가 아닐 수 없다. 정권 생존과 내부 단결을 위한 체제 전체의 군사화와 병영화, 수직화와 이념화, 대남 및 대미 대결과 적대 정책은 폐쇄적 세습 독재 체제의 직접적인 산물이었다. 냉전 해체 이후 북한의 붕괴 위기, 대외 고립, 포위 의식, 수령 세습은 선군주의, 총창 제일주의, 북핵 개발, 미사일 발사와 같은 군사주의와 대외 강경 정책으로 연결되었다. 이러한 대내적 세습 독재와 대외적 군사주의의 결합은

우리 시대 한국의 세계(사)적 향방

한반도 및 동아시아 평화에 주요 저해 요인으로 작용하고 있다.

대북 온건 정책을 견지한 미국의 클린턴 정부 및 부시 2세 정부 2기, 그리고 남한의 노태우 ─ 김대중 ─ 노무현 정부 시기 동안에도 북한이 세습주의와 핵 개발 및 선군주의를 지속했다는 점은, 그들의 국가 전략이 외부로부터 영향 받는 '관계적인 측면'과 함께, 주권 국가로서 '독립적 내부 영역'이 엄정히 존재하고 있다는 점을 증명한다. 즉 북한의 국가 전략은 외교 관계 및 남북 관계와 분리된 독자 영역이 명확히 존재하며, 이는 한반도 평화 통일 문제의 핵심 요체 하나를 시사한다.

끝으로 중국은 빠른 경제 성장과 대국으로의 급속한 재부상 이후 2~3세들의 등장과 함께 유교, 공자, 민족주의를 전면에 내세우면서 두드러진 과거 회귀를 보여 주고 있다. 근대 이후 신문화 운동과 중화 인민 공화국 건국 과정을 통해 가장 철저히 거부된 봉건 유제이자 타도 대상으로 간주되었던 유교와 공자의 전면 부상은 오늘날 영토 문제, 역사 문제, 주변국 정책에서 중국의 대외 인식과 관련하여 깊은 우려를 자아내고 있다. 일본이 2차 대전 시 전쟁 범죄를 부인하며 2차 대전 이전으로 회귀하는 모습을 보이는 데 비해, 유교와 공자를 내세우는 중국은 근대화와 건국 과정의 주요 가치를 부정하면서 '근대 이전'의 가치를 부활시키려 하고 있는 것이다.

결국 동아시아 4국에서 동시에 진행되고 있는 내부 보수화 및 강경 민족주의의 대두와 상호 갈등의 심화는 역내 평화를 위협하는 동시에 세계적으로도 희귀한 과거 회귀 흐름이 아닐 수 없다. 전후 70년을 경과하며 동아시아는 경제의 압축 발전에 못지않은 평화의 압축 퇴영을 노정하고 있는 것이다.

이러한 동아시아의 압축 퇴영은 이른바 동아시아 패러독스(East Asian Paradox) 문제를 야기하고 있다. 동아시아 지역의 역내 무역과 경제 협력은 유럽과 북미에 못지않은 수준으로 높다. 특히 한국-중국-일본 사이의 역내 교역과 경제 협력은 세계 최고 수준에 달하고 있다. 인적 교류와 문화 교류, 관광 방문 역시 그에 상응한다.

그럼에도 불구하고 오늘의 동아시아는 군비 경쟁 세계 최고 수준을 포함해, 과거사 갈등, 전쟁 범죄 논란, 영토 분쟁, 인권 문제(위안부 및 강제 징병 징용), 민족주의 분출, 상호 적대 감정 증대 등 세계에 가장 긴장된 모습을 노정하고 있다. 경제 교류와 협력의 급증이 안보와 평화 문제로 적하(trickle down)되지 않는 현실은 이른바 평화에 관한 기능주의 이론과 접근의 오류를 증명하고 있다. 기능주의의 주장과는 달리 경제 협력과 교역의 증대가 정치·안보 영역으로 자동적으로 적하·전이되지 않고 있는 것이다.

동시에 지역화와 역내 교류 협력의 급증에도 불구하고 전통적인 민족 정체성, 국가 이익, 민족주의의 지속 또는 강화 현상이 나타나고 있다. 이는 중요한 점을 시사한다. 즉 정치와 인권, 안보와 군사 영역의 화해 협력 및 연대와 평화에는 경제와 교역을 넘는 독립적인 적극적 노력이 필요하다는 것이다. 경제 협력과 교역이 자동적으로 평화와 안보로 연결되지는 않기 때문이다. 오늘날 동아시아의 실패는 경제과 교류가 아닌 정치와 안보 영역에서 나타나고 있다. 화해와 평화를 위한 적극적 노력이 필요한 영역도 이 부분이라고 할 수 있다.

2 근대 유럽 — 보편적 범례와 예외적 경로 사이에서

여기서 깊이 주목할 것은 근대의 유럽 패러독스의 극복 과정이다. 유럽 패러독스는 동아시아 패러독스와는 비교할 수 없을 정도로 심각하였다. 이는 기실 패러독스를 넘어 유럽의 자기 분열이라고 부를 정도로 모순적이었다. 프로테스탄티즘, 이성과 관용, 르네상스, 인문주의, 민주주의, 의회주의, 산업 혁명, 국제법, 근대 국제 체제를 창출한 근대 유럽은 다른 한편으로는 30년 전쟁, 1차 대전, 2차 대전, 인종주의, 홀로코스트, 나치즘, 파시즘을 낳은 인류 역사상 최악의 잔혹한 자기모순을 노정한 바 있다. 우리는 이를 '유럽 모순'이라고 부를 수 있을지도 모른다.

그러나 유럽은 2차 대전 이후 철저한 공화주의와 민주주의, 과거 극복과 다자 안보, 독일 문제 해결, 지역 협력에 근거해 오늘날 근대 이래 최초로 유럽의 준(準)장기 평화와 지역 통합을 달성하였다. 로마 제국의 해체 이래 유럽 근대는 베스트팔렌 체제와 유럽 협조 체제라는 극히 단기적이었던 평화 시기를 제외하면 기본적으로 전쟁 대륙이자 전쟁 시기였다. 반면 현재의 평화 체제는 유럽 역사에서는 이례적인 '장기 평화'라고 할 수 있다. 그 핵심 요체는 북대서양 조약 기구(NATO)라는 다자 안보 통합 체제의 구축과 민주주의 및 복지 체제 건설이었다. 즉 경제 협력에 앞서 무엇보다도 정치와 안보 영역의 의식적 노력이 결정적이었다. 그러한 장기 평화는 다시 유럽의 번영과 협력을 낳았다.

그렇다면 현대 유럽과는 크게 다른, 오늘날까지 근대 국제 체제의 유일 범례로 간주되어 온 근대 유럽 질서에 대해 살펴보도록 하자.

근대 유럽 질서의 핵심 요소는 구성 국가의 다수성, 유사한 소규모성, 경계(국경)의 근대성과 인위성, 같은 유럽인 또는 기독교인이라는 동류의식, 잦은 경계 변동과 빈번한 전쟁 갈등 등이다. 그러나 이러한 특징들은 유럽 고유의 특성으로서 세계 다른 지역들과는 크게 상이한 점이 아닐 수 없다. 게다가 근대 유럽 국제 질서를 산생한 베스트팔렌 체제는 하나의 국제 체제라고 할 수조차 없을 정도로 안정적이지도 않았고 지속되지도 않았다. 그 체제하에서는 곧 전쟁이 빈발하였다.

이런 예외적 대륙에서 등장한 근대 국제 관계 이론 및 평화 이론을 지금까지의 국제 정치학계는 금과옥조로 여겨 오며 다른 나라들과 세계 모든 지역에 적용하려 시도해 온 것이 사실이다. 그러나 이 지역에서 나온 이론들이 다른 대륙과 지역들에 잘 들어맞지 않는 가장 핵심적인 이유는 전술한 유럽적 예외성으로부터 연유한다. 심지어 유럽조차 근대 시기를 제외하면, 로마 제국 시대와 현대 유럽은 패권 국가나 지역 통합이 평화를 구축한 바 있다.

우리의 일반적 인식과는 달리 세계의 거의 모든 시기와 지역은 근대 유럽과 크게 달랐다. 이들은 근대 유럽과는 달리 단일, 또는 소수 패권 국가(hegemon)의 존재, 구성 국가의 소수성, 엄청난 규모의 국력 격차, 경계의 자연성 및 상대적 지속성, 전쟁의 단속성(斷續性) 또는 상대적으로 긴 시간 동안의 평화 지속을 특징으로 하였다. 로마 시기와 현대의 유럽, 전통 중화 제국과 동아시아, 중동의 이슬람 세계, 인도와 서남아시아, 미국과 북아메리카, 브라질과 라틴아메리카, 러시아와 슬라브 지역/중앙아시아 등은 유럽과는 상당히 다른 모습으로 비교적 긴 시기 동안 평화를 유지해 왔다. 이들 지역에서는 하나의 헤게모닉 제국이나 종교, 또는 이념이 존재하는 가운데 다른 여러 소국이 공생하는 상대적인 장기 평화가 유지되었다. 근대 유럽은 매우 독특한 지역 질서였던 것이다.

따라서 오늘날 중국의 부상 이후 동아시아의 과거 질서가 재연되는 듯한 양상을 보면서 우리는 이 지역의 평화 질서 구축 문제에 대해, 근대 유럽 이론들과는 다른 관점에서 과거의 동아시아 질서를 유념하는 가운데, 훨씬 더 길고 넓은 세계사적·세계 구조적 지평에서 생각하지 않으면 안 될 것이다.

3 한국의 영구 평화 (1)
─ 동아시아 세계 체제의 전개와 한국의 위상

한국은 장구한 시기 동안 역사적으로 중국 대 일본, 해양 세력 대 대륙 세력, 동양 문명 대 서양 문명, 자본주의 대 사회주의 사이에 전초나 교량, 또는 가교나 요충으로 존재해 왔다. 그 거대 세력들 사이의 충돌은 한반도의 명운을 결정적으로 좌우했다. 한 제국의 패권이 이 지역을 장악했을 때는 그 패권의 압도적인 영향 아래 놓일 수밖에 없었다. 조공 국가나 식민 국가 및 분단국가는 그러한 지역 패권의 반영이었다.

특히 패권 제국들의 직접 충돌 시기나 대등한 경쟁 시기에는 한반도 장악을 위한 전쟁이나 분할 시도가 반복되었다. 전통 시기에 이미 중국과 일본 사이에는 16세기 동아시아 7년 전쟁(1592~1598) 시기 때부터 한반도 분할론이 대두했다. 이후 근대 시기에도 한반도 분할론은 청일 전쟁(1894~1895)의 시기에 다시 등장한 바 있다. 그런 점에서 미소 사이에 결행된 20세기 중엽의 한반도 분할은 앞서 등장했던 국제적인 한반도 분할 시도가 실제로 실현된 최초의 사례였다. 다만 국제 주체만이 중국과 일본에서 미국과 소련으로 바뀌었을 뿐이었다. 한반도의 남북 분단을 민족 분단이 아닌 지역 분단이자 국제 분단으로 보아야 하는 까닭이다. 즉 한국의 거시적 구조적 위상은 철저하게 국제 질서 재편에 조응했다. 그것은 곧 한반도 주민들의 삶의 안전을 좌우하는 주요 요인이 역내 패권 경쟁에 좌우되어 왔음을 뜻한다.

여기에서 우리는 오늘의 한국 문제에 대한 교훈을 위해 역사의 무게랄까 관성에 대해 차분히 반추해 보게 된다. 그것은 한국의 지정학이 주는 기묘한 생존의 공식이었다. 한국은 중화 제국의 변경 조공 국가로 위치하면서 예외적인 초장기 생존과 지속의 모습을 보여 주었다. 즉 중화 제국에 완전 흡수되지도 않으면서 완전 이탈하지도 않는 나름대로 절묘한 방식으로 초장기 독립 정체를 유지해 왔던 것이다.

그러한 초장기 평화와 안정을 유지해 온 특별히 독특한 주기는 강조될 필요가 있다. 한국은 중국 및 일본과 비교해도 극히 적은 전쟁을 치러 왔다. 이러한 전쟁 부재의 역사는 유럽과 비교해도 아주 적은 예외에 가깝다.

고구려-수(598, 612~614) 및 고구려-당(645, 647) 전쟁과 3국 통일 전쟁(660, 667~668) 및 백촌강 전투(663) 등이 집중된 7세기의 '제1차 전란의 시대' 이후 13세기 고려-몽골 전쟁(1231~1273), 동아시아 최초의 거대 지역 전쟁으로서 16세기 동아시아 7년 전쟁(1592~1598), 17세기 초 청의 침략(1627, 1636~1637)을 제외하면, 대규모 전쟁의 장

우리 시대 한국의 세계(사)적 향방

기 부재는 한반도 전통 질서의 최대 특징이었다. 19세기 말 청일 전쟁(1894~1895)과 20세기 초 러일 전쟁(1904~1905) 이전에는, 대전쟁 사이에 각각 600년, 또는 300년 정도의 초장기 평화를 실현했다. 결국 전통 시대 한반도는 세계에서 전쟁이 매우 적은 평화 지대의 하나였던 것이다. 우리에게 오래 익숙한, "빈발한 외침으로 인해 시련과 고난으로 점철된 민족사 5000년" 운운하는 신화는 사실이 아니었다. 오히려 한반도는 수백 년 동안 지속된 '태평세월(太平歲月)', 즉 일종의 '영구 평화' 지대였던 셈이다.[6]

나아가 내전의 부재와 군대의 극히 소규모 유지 역시 중요한 특징이었다. 한반도는 전국 시대가 부재할 뿐만 아니라, 중국과 일본을 포함한 외국과의 전쟁도 적었지만 내부의 전쟁 역시 극히 적었다. 왕위 교체 전쟁도 다른 나라와 비교해 거의 없었으며, 국가 내의 지역 간, 종족 간, 종교 간, 계층 간 내전도 극소수였다.

특별히 동아시아 7년 전쟁이나 청일 전쟁 등 한반도가 전역이 되거나 한국 문제로 인한 국제 전쟁이 아니라면 전통 시대 동아시아 3국 사이의 전쟁은 부재하였다. 말을 바꾸면 한반도는 동아시아 지역 전쟁의 기축 원인이자 중심 무대였던 것이다. 흥미롭게도, 전통 시대와 근대 시대 동아시아 최대의 3국 전쟁이었던 동아시아 7년 전쟁과 청일 전쟁은 모두 한국 문제로 인해 발발했다.

동시에, 한국 문제로 인해 발발한 대전쟁들 이후에는 동아시아 질서에 일대 구조 변동이 초래되었다. 먼저, 고구려의 멸망과 3국 통일을 결과한 '제1차 전란의 시대' 이후에 중국 한족(漢族) 제국의 한반도 침략은 영원히 종식되었다. 그리고 동아시아 7년 전쟁은 한중일

3국 정립과 중일 단절 및 일본의 서구 지향, 청일 전쟁은 중일 국력 역전과 중화 체제 붕괴, 한국의 중화 체제 이탈 및 일본 편입이라는 거대한 변동을 초래했다.

한국 전쟁도 마찬가지였다. 냉전의 고착 및 유럽 평화를 포함해 한국 전쟁의 여파는 세계 질서 변동에 결정적인 영향을 끼쳤다. 그러니 동아시아 질서는 말할 필요도 없었다. 미국과 중국의 최초의 직접 전쟁과 대결, 미중 적대, 중국의 분단, 샌프란시스코 체제의 등장 및 일본의 국제 사회 무임 복귀, 미일 동맹, 한미 동맹, 북미 적대, 미국·대만 동맹 등 한국 전쟁 이후 동아시아 질서는 그 이전과는 확연히 구별되었다.

이는 한국 문제가 지닌 기축 특성으로서 지역 갈등에서의 지속적인 요충 역할 때문이었다. 따라서 한국의 안정·평화·균형 역할의 상실과 함께 동아시아 지역의 안정·평화·균형도 파괴되었다. 둘은 거의 함께 진행되었다. 즉 한국의 지위와 안정의 상실은 동아시아 질서 변동이나 대전쟁의 도래를 의미했다. 1592~1598년, 1894~1895년, 1950~1953년의 대전쟁 역사는 이를 잘 보여 주고 있다. 변경 한국의 역할이 동아시아 안정과 평화에 결정적인 역할을 수행하였던 것이다.

4 한국의 영구 평화 (2)
— 전통 시대 한국 장기 생존과 평화의 요인

전통 중화 체제 시기 동안 한국은 지정학적으로 독특한 위치에 존재했다. 중화 세계 질서의 변경에 존재하여 지리적으로 손해보다는 이점을 누리는 편에 가까웠다. 이러한 지정학적 요인으로 인해, 고

253   우리 시대 한국의 세계(사)적 향방

구려-수, 고구려-당 사이의 치열한 대전쟁으로 고구려가 멸망한 이후에는 중심 중화 제국과의 사이에 만주·북방이라는 완충 지대가 존재함으로써 중심 제국과 한국 사이에는 직접적인 군사적 충돌이 거의 부재했다. 북방 민족과 제국, 즉 거란, 여진, 몽골, 청 제국만 한국을 침략했다는 점은 이들 북방 민족을 사이에 둔 한족 제국의 한국에 대한 정복 시도가 부재했음을 뚜렷이 보여 준다.[7] 고구려의 멸망 이후 한족 제국과 한국 사이에 전쟁이 사라졌다는 점은 준(準)제국 고구려의 멸망이 동아시아 지역 질서의 변동에서 얼마나 결정적인 전환점이었는지를 보여 준다.

만주·북방의 존재로 인하여 중심 제국은 한국 문제에 관한 한 현실주의를 선택할 수밖에 없었다. 변방과의 먼 거리와 북방 민족들의 존재로 인해 한국에 대한 정복 시도 및 직접 지배의 비용이 막대했기 때문이다. 반면 한국은 완전한 자주(自主) 국가를 위한 이탈을 선택하지도 않았다. 그것은 중국과의 전쟁을 통한 국가 멸망이나, 또는 이탈에 성공하더라도 대규모 군대의 유지라는 막대한 비용의 지불로 귀결될 것이 분명했기 때문이었다.

결국 중화 제국과 속방 한국 사이에는 종주 국가와 조공 국가로서 '반(半)주권 국가'라는 독특한 타협과 공존의 관계가 성립되었다. 이는 일종의 두 겹의 주고받기, 즉 이중 교환 관계였다. 한국의 관점에서 그것은 첫째로 경제 및 의식(意識) 차원의 공물과 충성의 제공이었다. 둘째는 안보와 정치 차원에서는 안정성 및 정통성의 확보였다. 전자를 제공하는 대신 후자를 받음으로써 한국은 중심 제국의 침략이 없다면 안전한 국제 관계를 구축할 수 있었던 것이다.

이들 두 차원의 결합을 통해 한국은 중심 중국에 대해 '사대와 독립', 즉 '충성과 저항', '순응과 도전'의 절묘한 생존 방식을 결합할 수 있었다. 이 조합은 사활적 이익으로서의 국가 생존(사실상의 주권 국가 및 국가 안보)과 관념적 명분(조공 국가 및 책봉 체제)의 교환이었던 것이다. 이는 한국 전통 국가의 초장기 생존과 평화, 안정과 전쟁 부재로 연결되었다. 특히 놀랍게도 중심 중화 제국보다 훨씬 더 길고 더 안정적인 왕조 지속성을 확보할 수 있었다. 결국 사대주의는 명분과 이데올로기를 넘는 사실상의 현실주의적인 '사대 기술(技術)', 또는 '사대 지혜'에 가까웠던 것이다. 일부의 굴욕과 자존 훼손이 있었음은 물론이었다.

이는 전통 시대 한중 관계를 넘어 현대의 한미 관계에도 부분적으로 적용 가능한 한국의 고유한 생존 공식이었다. 한미 동맹 하에서도 한국은 자신의 지정학적 위치를 활용하여 지속적인 '친미와 반미', '충성과 저항', '순응과 도전'을 반복했다. 이는 이승만 정부 이래 현재의 시기까지, 시기와 의제에 따라 충성과 저항 양 축으로의 부분적 쏠림과 왕래는 있었지만 전체적으로는 크게 예외가 없었다.[8]

3 한국 문제의 발전 및 변화

1 근대 세계 체제 진입 이후 한국 문제의 급변

근대로의 진입 이후 지역 질서가 구조적으로 격변하면서 한국 문제는 열강들의 지역 쟁패의 중심 요충으로 변전되었다. 한반도가 7세기 이후 다시 빈발하는 지역 갈등과 전쟁의 중심지가 됨과 동시에 전통 시대에 존재해 오던 종주 국가 중화 제국과의 반(半)근대적 교환 체계와 반(半)주권적 안정성은 붕괴되었다.

동아시아에서 근대 국제 체제는 국제법과 평화보다는 폭력과 전쟁으로 시작되었다. 동아시아에 처음 대두한 근대 조약 체제와 만국 공법 체제는 이후 장기간의 전쟁 체제와 폭력 체제로 귀결되었다. 특히 중국과 일본의 국력 역전과 세력 전이의 고착 과정이 그러했다. 폭력적인 중일 세력 전이의 중심 한편에 한국 문제가 존재하였다. 중일 세력 역전과 동시에 한국의 초장기간의 반(半)근대적 주권 국가과 평화 체제도 조종을 고했다.

동아시아 7년 전쟁과 두 차례의 청의 침입을 제외하면 600년 동안 전쟁이 부재했던 한국에서, 한국 문제를 기화로 도래한 청일 전쟁을 통해 한국은 근대 시대에 중일 대결의 중심 원인과 전역(戰域)으로 기능했다. 청일 전쟁 이후 한국은 러일 전쟁, 의병 전쟁 및 독립 전쟁, 제2차 세계 대전, 한국 전쟁에 이르기까지, 7세기의 첫 번째 '전란의 시대'에 이은 두 번째 '전란의 시대'를 통과하지 않으면 안 되었다. 제2차 전란의 시대에 진행된 폭력적인 중일 세력 전이 과정에서 일본 권역으로 편입되면서 한국은 사실상의 주권 국가에서 식민 국가로 전락하고 말았다.

첫 번째 '전란의 시대'를 거치며 한반도는 고구려의 패퇴 이후 중국 제국과의 전쟁을 종식하고 중화 체제 아래에서 장기 평화 체제로 진입한 바 있었다. 두 번째 '전란의 시대'를 거치면서는 중화 권역으로부터 이탈하여 일본 권역, 미·소 권역, 미·중 권역으로 격변하는 과정에서 망국과 식민과 전쟁과 분단의 소용돌이를 통과하지 않으면 안 되었다. 12세기만에 맞는 두 번째 '전란의 시대'는 첫 번째 '전란의 시대'만큼이나 한반도 운명의 결정적인 격변기였음을 알 수 있다.

한국 문제는 근대 이후 주목할 만한 변화를 보여 주었다. 즉 잦은 한반도 분할론과 만주-한국 교환론(滿韓交換論), 한국 문제에 대한 많은 국제 합의 사례에서 보듯 한국 문제를 국제적으로 논의하는 과정에서 한국은 철저히 배제되었다. 시모노세키 조약, 영일 동맹, 태프트-가쓰라 조약, 포츠머스 조약, 2차 대전 중의 전시 회담들, 그리고 한반도 분할을 제안한 미국의 일반 명령 1호 등이 모두 그러했다. 근대 국제 체제 진입 이후 한국은 중화 체제하에서 누려 온 정도의 자율성과 자주성조차 상실한 것이었다.

2 세계 분단과 동아시아 분단으로서의 한국 분단
── 일반 명령 1호 체제

일본 제국주의 체제가 미소 냉전 체제로 전변되면서 한국은 광복과 함께 세계 냉전 대결의 전방 초소이자 소우주로서, 즉 세계 체제 대결과 이념 대결의 최전방 기지로서 역할하게 되었다. 광복의 빛은 분단의 어둠과 함께 왔다. 한국의 이데올로기 분단은 세계의 이데올로기 분단이었다. 한국 전쟁의 전면적 국제화와 사실상의 3차 대전으로의 전변은 한국 분단의 이러한 세계성으로부터 주어진 것이었다. 그것은 전후 동아시아 지역 질서를 정초했을 뿐만 아니라 유럽에서 세계 전쟁이 발발하는 것을 방지하는 역할까지 수행했다. 즉 한반도에서의 세계적 전쟁이 유럽 냉화(冷和, cold peace) 체제를 정초했던 것

우리 시대 한국의 세계(사)적 향방

이다. 동아시아 열전으로 인한 유럽 냉화, 유럽 평화의 도래였다. 한국 전쟁 이후 남한과 북한의 대결 역시 자본주의 진영과 사회주의 진영의 세계적 체제 대결이자 이념 대결을 상징했다.

따라서 한국을 분단시킨 '일반 명령 1호 체제'와 38선의 등장도 세계 분할 및 지역 분할 관점에의 다시 보아야 한다. 먼저 한반도 분단의 출발을 정확하게 이해할 필요가 있다. 1945년 8월 미국의 '일반 명령 1호'에 의한 미소의 분할 점령은 '한반도'에 국한된 것이 아니라 아시아 전역의 무장 해제 — 대동아 공영 제국 질서 해체 — 일본 분할 방지와 단독 점령 — 소련 남하 저지를 목표로 한 전체 지역 구상의 복합적 산물이었다. 이를 통해 중국과 동남아의 인위적 분할 점령이 함께 진행되었다. 게다가 동아시아 일반 명령 1호 체제는 유럽 '얄타 체제'와는 달리 미소 사이에 논의된 합의의 산물이 아니라 미국의 일방적 결정(과 소련의 사후 수용)이었다는 점이 중요하다.

얄타 체제가 전쟁을 다시는 일으키지 못하도록 전범 국가를 분할하고 전쟁 책임을 묻는 데 초점을 두었다면, 일반 명령 1호 체제는 반대로 전범 국가의 일체성을 유지하고 식민·반식민 국가를 분할하는 데 초점이 놓여 있었다. 전범 국가 일본 대신 한국과 중국과 동남아를 분할하려는 시도였던 것이다. 즉 전후 세계 냉전 체제에는 '얄타 체제'와 '일반 명령 1호 체제'라는 두 개의 하위 체제가 존재했다. 그러한 상태에서 20세기 말의 냉전 해체는 유럽 얄타 체제의 붕괴에 한정되었을 뿐 동아시아의 일반 명령 1호 체제는 파열시키지 못했다. 일반 명령 1호 체제가 한국 전쟁 중에 나타난 두 가지 현상과 함께 더욱 고착되었기 때문이었다. 하나는 중국의 참전으로 인한 미중 전쟁과 중국 부상이었고, 다른 하나는 미일 동맹의 체결과 샌프란시스코 체제의 탄생이었다. 일반 명령 1호 체제는 샌프란시스코 체제로 더욱 강화되었던 것이다.

일반 명령 1호 체제와 샌프란시스코 체제가 산생한 동아시아 전후 체제(이때의 '전후'는 '2차 대전 이후'라는 뜻과 '한국 전쟁 이후'라는 뜻을 동시에 갖는다. 물론 동아시아에서는 후자가 더 중요했다. 그것은 전자를 포함하고 왜곡하고 변형했기 때문이다.)는 유럽과는 전혀 달랐다. 이는 중심 바퀴통(미국)과 여러 작은 바퀴살(동아시아 국가)들로 이루어진 이른바 '바퀴통-바퀴살 체제(hub & spokes system)'였다. 그것도 미국을 중심으로 두 나라 사이에 동맹과 적대가 맺어지는 전면적인 양자 관계였다.[9] 유럽이 평화에 좀 더 유리한 조건을 제공하는 다자주의와 집단 안보에 기반을 둔 것과는 현저히 달랐다.

3 세계시민전쟁 — 한국 전쟁과 한국의 평화와 통일

전술했듯 한국의 분단은 개별 국가의 분단이 아닌 세계적 체제 분단이자 진영 분단이었다. 두 한국은 실제 국가 명칭의 등장부터 세계성을 띠고 있었다. 당시 인류에게 갑자기 등장한 인민 공화국의 명칭은 세계적 체제 동질성의 상징이었다. 조선 민주주의 인민 공화국, 중화 인민 공화국, 헝가리 인민 공화국, 폴란드 인민 공화국, 불가리아 인민 공화국, 유고슬라비아 인민 공화국, 체코슬로바키아 인민 공화국, 알바니아 인민 공화국, 몽골 인민 공화국 등은 소련의 영향하에 특별히 2차 대전 직후(몽골은 예외였다.) 집중적으로 등장한 국가 명칭들이었다.

이 국가 명칭의 등장은 제2차 세계 대전 직후가 절정이었다. 그러다가 소련 해체 — 사회주의 붕괴 직후 거의 전부 소멸했다. 당시 소련의 통제 아래에서 인민 공화국 국호를 사용한 나라 중에는 북한만 유일하게 현재까지 생존하여 사용 중이다. 현재의 한반도 냉전은 명백히 세계 냉전의 연장인 것이다. 모든 나라가 소련 해체 이후 인민 공화국 국호를 버렸음은 이것이 사실상 소련 주도의 어떤 조율된 세계 현상이었음을 의미한다. 개별 국명 소멸과 세계 진영 소멸이 동시에 진행되었던 것이다.

전후 건국 시점의 이 국가들의 헌법 초안을 비교하면 국가 체제가 매우 유사하다는 점에 놀란다. 이를테면 북한은 헌법 제정에 앞서 소련 헌법은 물론 많은 인민 공화국의 헌법을 상세하게 참조했다. 소련 헌법 관련 서적들은 소련이 모스크바에서 직접 한국어로 번역해 평양으로 보냈다.[10] 어디에서인가, 누군가 중앙 통제나 세계 표준을 제시하지 않았나 추측하게 되는 것이다. 근대의 등장 이후 세계적인 두 일반주의 사이의 진영 대립, 즉 인민 대 국민, 인민 주권 대 국민 주권, 인민 공화국 대 민국(공화국)의 대결을 말한다.

이러한 국가 명칭들은 중화민국, 대한민국, 독일 연방 공화국, 베트남 공화국과 같은 분단국가뿐만 아니라, 분단국가가 아니었던 인도 공화국, 남아프리카 공화국, 인도네시아 공화국, 핀란드 공화국, 페루 공화국, 콜롬비아 공화국 등과는 확실히 다른 것이었다. 인민 공화국 국명은 현재 북한과 중국 정도를 빼고는 거의 남아 있지 않다. 인류 역사상 이렇게 특정 시점에 한꺼번에 등장했다가 한꺼번에 사라진 일반적인 국가 명칭과 국가 체제는 인민 공화국 말고는 없었다.

조선 민주주의 '인민 공화국'과 대한'민국'을 탄생시킨, 한국 전쟁의 원점이랄 수 있는 미국과 소련의 한국(및 만주)에 대한 군사 진입은 자본주의와 사회주의라는 두 일반주의의 매우 다의적인 동시 진주였다.

먼저 그것은 일본을 대체한 두 '서양' 제국과 진영과 이념의 한국(및 중국)에 대한 최초의 전면적인 진입을 의미했다. 이를 통해 동아시아가 두 서양 이데올로기에 함몰되면서 장소 및 지역으로서의 그것은 실종되었다. 장소와 지역으로서의 동아시아가 부활한 것은 냉전 해체 및 중국의 부상 이후였다.

둘째로 한국의 분할 점령은 2차 대전의 종전 이전부터 심화되던 미국과 소련 두 세계 제국의 냉전 대결의 동아시아 전방 초소화, 즉 세계 냉전의 최전방 경계로서의 한국 분단을 의미했다. 두 진영 사이의 세계 경계가 한반도의 38선(후에 휴전선으로 변전)에서 독일의 베를린 장벽까지였다는 점은 매우 시사적이다. 즉 한국과 독일이 동아시아 분단과 유럽 분단의 중심 경계였던 것이다. 냉전 시대 사회주의 진영은 휴전선에서 베를린 장벽까지였다.

셋째로 군사의 정치 지배를 의미했다. 즉 군사 명령을 통한 국가 분할이었던 것이다. 이러한 군사 조치로서의 한반도 분단은, 정치와 외교가 아닌, 전쟁의 연장으로서의 통치권 분획 및 남북 분단 체제의 등장을 말한다. 이는 이후 한국에서의 남북 대결이 군사 대결이 된 한 이유였다. 남북 분단은 어떤 결정보다도 군사적, 다른 말로 하여 폭력적이었던 것이다. 한국 전쟁 이후의 분단은 더 말할 필요도 없었다.

넷째로 근대성의 대체를 함의했다. 미소의 분할 점령을 통해 전전 한반도를 지배했던, 폭력적으로 주입된 일본식 근대성은 서구식 근대성 및 소비에트식 근대성으로 대체되었다. 근대 세계의 두 일반적 근대성이 미소 점령을 통해 한반도에서 직접 대결하는 구도가 형성된 것이다.

다섯째로 세계 자유주의 기획과 세계 급진주의 기획의 동시 한반도 진입을 의미했다. 근대의 등장 이래 세계에 존재해 온 자본주의 근대성과 사회주의 근대성, 자유주의 근대성과 급진주의 근대성이 미소 두 제국의 진주와 함께 동시에 한반도로 확산되었다.

끝으로는 한국 문제의 최초의 전면적인 세계화를 의미했다. 중일 대결, 또는 동아시아 지역 문제로 머물러 오던 한국 문제는 전후 중심부 제국 미소의 직접적인 분할 점령을 받으면서 본격적으로 세계 문제가 되었다.

결국 전전 제국주의 체제 해체를 위해 도입된 일반 명령 1호 체제는 동아시아를 뚜렷이 가르면서 동아시아 식민·반식민 경험 국가들의 전쟁을 초래하는 원점이 되고 말았다. 그것은 중국 내전의 촉진 요인이자 한국 전쟁의 기원이었고, 인도차이나 전쟁의 원인이었다. 한국 전쟁은, 미국과 소련이 정초하고 한국인들 스스로가 내화(內化)를 통해 고착시킨 세계 분단 질서에 대한 폭력적인 해체 시도였던 것이다. 발발과 동시에 한국 전쟁은 즉각 세계화했다. 그리하여 한국 전쟁에서의 주요 결정, 힘, 무기 체계, 전세 변동의 요인, 종전의 합의 역시 한국인들 차원을 넘어 세계 전체 수준에서 중심부에서 결정되었다.

말할 필요도 없이 남한과 북한을 자본주의 체제와 사회주의 체제로 분단시킨 궁극적인 힘의 근원과 주체는 미국과 소련이었다. 한국 사회 내부의 지주-자본가와 노동자-농민의 분열과 대립이 아니었다. 냉전의 최전선에 있던 한국인들은 이미 전형적인 세계 시민이었다. 분단 역시 대표적인 세계 분단이었고, 남한과 북한을 분할시킨 38선은 미국이 제안하고 소련이 받아들이며 등장하고 획정되고 고착된 세계의 분단 계선이었다.

따라서 한국 전쟁은 세계시민전쟁(global civil war, international civil war, Weltbürgerkrieg)이었다. 즉 내전도 국제전도 아니었다. 그것은 '세계적 시민전쟁(global civil-war)'이 아니라 '세계 시민적 전쟁(global-civil war)'이었다. 누가 세계를 대표할 것인가? 어떤 체제와 정신과 이념이 세계를 대표할 것인가? 사회주의인가? 자본주의인가? 당시 한국 시민은 세계 시민이고, 한국 분단은 세계 분단이며 한국 전쟁은 세계시민전쟁이었다. 세계시민전쟁은 세계적 규모의 시민전쟁이라는 뜻이 아니라 세계 또는 정해진 특정 장소에서 세계를 누가 대표할 것이냐를 둘러싼 세계 내전을 말한다.[11] 물론 순수한 시민전쟁·내전(civil war, local civil war)도 수없이 많다. 그러나 그것은 세계시민전쟁-세계 내전과는 달리 기원부터 결과까지 토착 요인과 성격이 결정적이다.

이른바 냉전 시대의 세계시민전쟁은 그리스 내전과 중국 혁명에서 시작해 아프가니스탄에서 마무리되었다. 세계사에 가장 전형적인 세계시민전쟁은 제1차 세계 대전과 제2차 세계 대전, 한국 전쟁이었다. 누가 세계를 대표할 것인가가 그 전쟁들의 핵심 문제였다. 한국 전쟁은 자유세계와 공산세계 두 진영의 주요 국가와 대국들이 모두

우리 시대 한국의 세계(사)적 향방

달라붙은 세계 최초의 전쟁이었다.

30년 전쟁은 누가 유럽을 대표할 것인가를 둘러싸고 일어났으며 베스트팔렌 체제를 결과했다. 제1차 세계 대전은 베르사유 체제를 낳았고, 제2차 세계 대전은 얄타 체제를, 그리고 한국 전쟁은 샌프란시스코 체제를 결과했다. 이들 전쟁은 모두 전후 세계에 상당 기간 동인 지속될 체제를 초래했는데, 그중 2차 대전이 정초한 얄타 체제와 한국 전쟁이 낳은 샌프란시스코 체제가 가장 장구하게 지속되었다. 이는 이 전쟁들의 세계적 영향이 그만큼 넓고 길고 컸음을 뜻한다.

그러나 일반 명령 1호 체제 하에서 전면 전쟁을 통해 지역 평화와 세계 평화를 결정적으로 파괴하고, 2차 대전 유산의 철저한 극복을 방해한 샌프란시스코 체제를 산생한 한국인들의 역사적 책임은 막중했다. 근대 이후 오랫동안 전란과 식민주의로 고통받아 온 한국인들이 한국 전쟁을 통해 동아시아와 세계 평화를 파괴한 책임은 앞으로 엄정하게 천착되지 않으면 안 된다. 자신들이 세계 평화를 파괴한 측면은 보지 않고 오직 국제 정치로부터 받은 피해만 강조한다면, 그러한 피해 사관으로는 평화를 위한 한국인들의 구상과 노력도 객관성과 실천성을 담보받지 못할 것이다. 주체성은 자기반성과 세계성에 대한 인식으로부터만 주어지기 때문이다. 세계에 대한 자기반성이 부재한 한국인들이 과연 이러한 가해의 측면을 깨달을 수 있을까? 피해 사관에 매몰된 한국인들의 자기반성은 어쩌면 더 많은 고통을 치른 이후에 가능할지 모른다는 점에서 매우 두렵다.

4 한국 전쟁 이후 동아시아-한반도 안보 체제 기축의 변화
─ 중국의 전면 부상

한국의 분단은 미국과 소련 간의 분할 점령의 결과였다. 제국들의 분할이 두 한국 건국의 시발점이었던 것이다. 그러나 한국 전쟁을 경과하면서 한국 문제의 기축은 미소 대결에서 미중 대결로 국제 구도가 급변했다. 한국 전쟁은 동아시아에서 미중 관계가 미소 관계를 대체하도록 안내했던 것이다. 이 급변은 거시적으로 현재의 미중 관계는 물론이려니와 동아시아 냉전 체제의 지속과 북중 동맹 및 북한 생존까지 연결되는 독특한 지역 구도를 산생했다. 전쟁, 대결, 관계 정상화, 협력, 협력적 경쟁으로 이어지는 동아시아 기축 관계로서의 미중 관계가 설정된 계기는 한국 전쟁이었던 것이다.

북한에 대한 점령 및 건국 과정은 중국이 아닌 소련의 주도였다. 즉 미소 대결 구도하였다. 그러나 한국 전쟁의 결정 과정은 북한-소련-중국의 합의를 통해서였다. 미소 대결에 중국 동의라는 변수가 추가되었다. 한국 전쟁에 중국군이 참전한 이후 한국 문제는 중국이 전면에서 주도하고 소련은 막후로 물러나는 구도로 변화했다. 미중 직접 대결 구도의 등장이었다. 이후 한국 전쟁의 정전 협상과 정전 협정 체결 과정에서 냉전 시대로서는 드물게, 미소 대결이 아닌 미중 대결 구도가 정착되었다. 정전 협정의 당사자 역시 중국이었다.

결국 한국 전쟁의 중요한 결과의 하나는 동아시아 국제 대결 구도의 급변이었다. 미중 대결 구도 전면화 ─ 미일 동맹의 복원 ─ 미소 대결의 후퇴 ─ 중소 갈등 대두가 한국 전쟁 이후 동아시아 국제 질서의 지형이었다. 이는 매우 중요한 변화였다. 한국 전쟁을 계기로 동아

우리 시대 한국의 세계(사)적 향방

시아의 '전후 체제'는 '2차 대전 이후 체제(1945년 체제/종전 체제)'에서 '한국 전쟁 이후 체제(1953년 체제/정전 체제)'로 이행되었다. 2차 대전 직후의 지역 질서를 한국 전쟁이 급속하게 대체한 것이다. 이 전쟁을 통해 미중 관계는 비로소 미소 관계를 넘는 동아시아 국제 관계의 중심축으로 부상했다.

4 한국 문제의 현재

1 전후 현재까지 한반도에서 두 개의 군사 체제/안보 체제의 의미

샌프란시스코 체제 및 미중 대결 구도 하 전후 한반도에는 두 개의 군사 체제(military regime)/안보 체제(security regime)가 존재했다. 두 안보 체제는 모두 북한에 의해 초래되었다는 점에서 특징적이었다. 즉 한반도 군사 대결 구도의 지반은 모두 북한이 초래한 것이었다.

첫째는 정전 체제로서 이는 한국 전쟁이라는 열전을 마감하고 냉전 시대를 연 한반도 안보 체제의 기저 지반이었다. 정전 체제는 한국 전쟁 이후 체제로서 '전쟁의 일시 중단 체제'인 동시에 제2의 한국 전쟁을 방지한 '소극적 평화 체제'라는 모순적인 이중성격을 보지하였다.[12] 이 체제는 세계에서 가장 중무장한, 가장 큰 규모의 병력들이, 가장 가까이서, 가장 오래 대치한 대결 체제로서, 샌프란시스코 체제라는 동아시아 냉전 체제의 기축 하위 체제였다.

정전 체제는 전쟁의 폭발(제2의 한국 전쟁)과 평화의 정착(평화 체제 구축) 사이에 놓인 잠정 체제였다. 그러나 정전 체제가 갖는 국제 안보 체제의 성격으로 인해 제2의 한국 전쟁은 불가능했다. 주한 미군이 주둔하고 한미 상호 방위 조약이 존재하는 상황에서 제2의 한국 전쟁은 발발과 동시에 세계 전쟁을 의미했기 때문에, 역설적으로 정전 체제는 그 잠정성과 불안정성에도 불구하고, 상당 기간 동안 전쟁 방지와 평화 유지 기능을 수행했다.

둘째는 북핵 체제였다. 정전 체제가 냉전 시대의 한반도 안보 체제였다면 탈냉전 시대의 그것은 북핵 체제였다. 소련 붕괴 — 탈냉전 — 한중 수교 — 한소 수교 — 북한 고립과 경제 파탄 — 남한 우위의 고착 — 대미 적대의 지속 상태에서 국제 균형과 남북 균형이 완전히 붕괴되고 정전 체제가 무실화되는 체제 위기 상황에 직면한 북한의 최후 생존 전략은 핵무기 개발이었다. 즉 핵무장은 단순히 첨단 전쟁 수단의 보유 목표를 넘어 북한의 체제 생존 전략 자체를 의미했다.

탈냉전을 포함한 일련의 변화로 인해 정전 체제가 소극적 한반도 평화 유지, 달리 말하여 남한과 북한의 장기 공존을 허용하는 실질적 분단 유지 및 평화 관리 기능을 상실하고, 북한의 고립과 붕괴 위협이 가속화하자 이를 저지하기 위한 최후의 선택이 핵무장의 추구였던 것이다. 핵무기는 북한이 체제 생존과 분단 유지의 최후 수단으로 선택한 것이기 때문에 북핵과 평화적 통일은 논리적으로 양립 불가능하다. 말을 바꾸면 북한에게 핵무기는 전쟁을 불사하고서라도 체제를 유지하고 분단을 고수하기 위한 가장 결정적인 수단이다. 따라서 북한의 핵 보유는 한반도의 궁극적인 평화 및 통일과 양립할 수 없는 것이다.

우리 시대 한국의 세계(사)적 향방

2 북핵 문제와 통일 문제 — 비핵화와 비확산의 사이에서

현재의 한반도 평화와 통일의 핵심 문제로 등장한 북핵 체제는 탈냉전 시대에는 정전 체제보다 훨씬 중요한 북한 지탱 요소이자 한반도 안보 체제라고 할 수 있다. 냉전 해제 이후 국제 정치에서 나타난 커다란 변화는 대국들의 평화 의지의 저하이다. 평화적 세계 내전으로서의 냉전이 종식된 뒤 강대국들은 소국의 안보 및 분쟁 문제에 개입하는 강도가 현저히 약화되었다. 북핵 문제 역시 남한을 제외하면 누구도 강력한 비핵화의 의지를 갖고 있지 않다. 특별히 오늘날 미국의 북핵 정책은 정확한 판독이 필요하다. 이 문제는 미국 외교의 '국제주의'와 '국가주의', '이상주의'와 '현실주의', '관여주의'와 '고립주의' 사이의 전통적인 관료적 갈등의 재연 양상을 노정하고 있다.

하나는 북핵 비핵화(denuclearization) 그룹이다. 백악관, 국무부, 주한 미국 대사관, 의회 외교 위원회를 중심으로 한 이 그룹은 북핵 불허의 원칙 아래 외교와 협상을 통한 북핵 제거 노력을 견지한다.

다른 하나는 북핵 비확산(non-proliferation) 그룹이다. 중앙 정보국(CIA), 국방부, 군부, 합참, 군산 복합체, 의회 국방 위원회를 중심으로 한 이들은 북한의 비핵화가 불가능하다는 판단 아래 북핵을 인정하고 북한을 핵국가로 받아들인 뒤 북핵 봉쇄에 초점을 둔다.

비핵화 그룹과 비확산 그룹은 이른바 '전략적 인내' 및 '아시아 중시' 정책을 통해 타협을 도출, 최근 미국은 사실상 북핵에 대해 '비핵화 포기' 및 '비확산 정책'으로 전이했다. 미국은 북한 문제 및 북핵 문제에 대한 남한의 이니셔티브를 인정한 가운데, 유엔을 통한 국제 공조와 제재 선택 이외에는 북미 직접 대화와 6자 회담에 매우 소극적이다. 북한 핵을 평화적으로 제거할 수 없는 조건에서, 미국은 차라리 북핵을 활용하여 남한-일본-대만에 대한 첨단 무기 판매, 북핵 문제에서 북한 인권 공세로의 전환, 남한 전시 작전 지휘권 계속 보유, 일본 군비 증강 — 자위대 강화 — 해석 개헌 — 집단 자위권 추구 및 미일 동맹 강화, 한미일 군사 정보 약정을 통한 중국 견제 강화 등을 동시에 추구하고 있다.

문제는 노태우 정부부터 노무현 정부에 이르기까지 이전의 한국 정부들이 한반도 비핵화 공동 선언이나 6자 회담을 통하여 적극적으로 북한 비핵화 노력을 기울인 것과는 달리, 최근의 두 정부가 미국의 비확산 정책을 추수하여 북핵 문제를 수수방관하고 있다는 점이다. 이 점은 장차 한국 문제 해결에서 치명적 결과를 낳을 가능성이 크다. 세계 제국 미국으로서는 북핵의 비확산을 수용할 수 있지만(미국은 이미 인도, 이스라엘, 파키스탄의 사례에서 비핵화 대신 비확산을 수용한 바 있다.) 한국으로서는 북한의 비핵화를 반드시 추구해야 하기 때문이다.

북핵은 한반도의 장기 평화와 공존하기 어려운 동시에 무엇보다 실질적 통일 추구와 양립할 수 없다. 평화 통일 과정에서 큰 걸림돌이 될 요소도 북한의 핵무기임은 재론을 요하지 않는다. 북핵과 공존하는 장기 평화를 추구하거나 또는 핵을 보유한 북한을 상대로 통일을 추구하기는 어려울 뿐만 아니라, 북한의 핵무기가 평화와 통일 과정에서 남한을 배제하는 지렛대로 작용할 수 있기 때문이다. 미국이 한국군의 전시 작전 지휘권을 보유하고 있는 상황에서 만약 북한이 핵무장을 한 가운데 체제 위기나 통일 과정으로 진입한다면, 이는 곧 미국으로의 즉각적인 전시 작전권 이양을 의미한다. 그럴 때 한국과 미

우리 시대 한국의 세계(사)적 향방

국 사이에는 1950년 한국 전쟁 시의 격렬한 북한 점령 주체 논쟁을 다시 야기할 것이 명약관화하다. 당연히 미국은 한국의 북한 접수를 반대할 것이다.

따라서 북한의 핵은 통일 과정의 가장 큰 장애물이 될 것임에 틀림없다. 왜냐하면 미국과 중국을 포함한 국제 사회의 시각에서 볼 때 북핵 보유 상태에서 남한 주도의 통일이 이루어진다는 것은 통일 한국이 핵을 갖는다는 점을 의미한다. 주변 국가들의 관점이나 국제 정치 지평에서 볼 때 약소 분단국 북한이 핵을 갖는 문제와 통일된 중강국 한국이 핵을 보유하는 문제는 차원이 다르다. 따라서 북핵이 해결되지 않은 상태에서는 중국은 물론 미국과 일본 역시 한국 주도의 통일에 강력히 반대할 것이 분명하다.

박정희의 핵무장을 강경하게 반대하며 좌절시켰던 미국이 통일 한국의 핵무장을 허용할 리는 만무하다. 더욱이 통일 한국의 핵 보유는 일본과 대만의 핵무장을 저지할 명분의 상실을 의미한다. 말을 바꾸면 북핵 보유 상태는 장기적으로 한국 주도의 통일이 불가능함을 의미한다. 한국이 최선을 다해 평화적으로 북핵을 폐기하기 위해 노력하지 않으면 안 되는 까닭이다.

동아시아에서 가장 오래 적대적인 미국과 북한의 관계 정상화는 북핵 고비를 넘고, 한반도 안보 체제를 변혁하는 데 결정적인 전환점을 제공해 줄 것이다. 최근 미국-미얀마, 미국-이란, 미국-쿠바 관계의 정상화로 인해 북미 관계는 현존하는 세계 최장의 적대 관계로 자리매김하고 있다. 현재 북한은 안보와 국제관계 분야에서는 거의 유일한 폐쇄 국가이다. 한중, 한소 관계가 정상화한 지 20년 이상을 경과한 시점에서 북미 관계 및 북일 관계의 정상화는 한반도 문제의 균형과 북한의 개방, 평화 정착을 위해 필수 요소가 아닐 수 없다.

특히 북미 수교는 북핵 폐기 그리고/또는 폐기 합의와의 상호 교환을 위한, 안보 대 안보 대응물의 최고의 교환재이다. 역사적으로 미국은 적대 국가와의 관계 개선을 통해 막대한 전략적 이익을 얻은 바 있다. 소련과의 관계 개선을 통한 반(反)나치 연대의 구축, 서독 및 일본과의 관계 정상화를 통한 반소·반공 연대 구축, 미중 관계 정상화를 통한 소련 고립 효과 등이 그것이다. 베트남과의 관계 정상화를 통해서는 중국 견제의 효과를 보아 왔다. 북한이 미국과 세계에 주는 위협은 과거 이들 거대 국가에 비하면 훨씬 작다. 냉전 시대에는 남한이 열세라서 북-미 수교에 소극적이었다고 할지라도, 이제는 핵을 보유하려는 북한을 세계 체제 밖에 방치해야 할 이유가 전혀 없다.

특히 만약 중국 견제를 위해서라면, 미국은 적극적 국제주의와 관여주의를 통해 북한 개혁 개방을 선도적으로 유도할 필요가 있다. 중국이 북중 동맹과 남한 및 북한 모두와의 제일 교역 상대인 시점에서 북한과 미국의 관계 정상화는 한반도 문제에 대한 미국의 발언권 증대를 위해서도 필수적이다. 무엇보다도 이것은 북핵 문제의 평화적 해결과 정전 협정의 평화 협정으로의 전환에 가장 필수적인 요로가 아닐 수 없다. 미국은 비확산에서 비핵화로의 재전환을 통한 한반도 비핵화를 위해 북미 수교에 적극 나설 필요가 있는 것이다.

우리 시대 한국의 세계(사)적 향방

5 평화와 통일

1 민주주의의 연장으로서의 평화와 통일 문제[13]

그렇다면 평화와 통일을 위한 가장 중요한 내적 요체는 무엇일까? 그것은 바로 타협과 공존, 연립과 연합을 통한 공화주의와 민주주의의 달성 능력이다. 내부의 대화, 타협, 공존, 연립, 연합, 통합의 능력만큼 적대 세력과의 그것을 달성할 수 있기 때문이다. 2차 대전 이후 내부 연립과 통합을 통해 궁극적인 평화와 통일을 달성한 핀란드, 오스트리아, 서독의 성공 사례는 이를 잘 보여 준다.

전후의 11개 연합 점령 국가들이 걸어갔던 전쟁과 평화, 분단과 통일의 상이한 경로에 대한 비교 고찰은, 평화(와 통일)의 요체가 무엇인지를 너무도 명확하게 보여 주고 있다. 한국의 역사적 사례를 보더라도 이는 분명하다. 동아시아 7년 전쟁, 청일 전쟁, 식민 망국, 남북 분단, 한국 전쟁의 도래는 내부 분열과 파쟁이 결정적이었다. 지정학적으로 한국은 열강 쟁패의 교량이자 전방 초소이기 때문에 지배와 패권을 장악하기 위한 중심부의 반복되는 원심력은 영구 상수이다. 따라서 그에 맞서기 위해서라도 내부 연대와 통합은 필수이나 현실은 반대로 갔다. 한국의 정치 세력들은 제국들의 경쟁 국면에서 내부 파벌 및 외부 제국을 따라 늘 분열했다. 내부 통합을 이루었다면 해양과 대륙, 문명과 문명, 진영과 진영 제국들의 분할 시도는, 전체 한국을 정복하지 않는 이상 불가능했다. 이러한 정복 시도조차 대립하는 외부의 힘이 한쪽으로 완전히 기울어지기 전에는 국제 요인들 사이의 길항으로 인해 성공하기가 결코 쉽지 않았다.

강조하건대 내부 통합은 교량 국가의 평화와 안정에 제일 요체이다. 평화의 최초의, 그리고 최소의 필요조건은 내부 연합이다. 통일의 최초의, 그리고 최소의 필요조건 역시 내부 연합이다. 대립하는 문명과 세력과 진영과 이념이 교차하는 경계 국가의 내부가 분열되어 적대하고 있다면, 본래부터 원심력을 갖는 국제 제국들은 더더욱 그 내부 분열을 활용하여 자기 이익을 극대화하려 할 것이기 때문이다.

서독의 사례를 들어 설명해 보자. 서독은 건국 이래 현재까지 여덟 번의 총리와 스물세 번의 정부가 모두 연립 정부였다. 통일 이전과 이후 모두 마찬가지였다. 거의 예술 수준의 타협과 연합 기술을 보여 주었다. 이를 통해 먼저 내부 이견 세력과 공존하며 통합을 이루었으며, 특히 통일문제를 둘러싼 내부 갈등과 이견을 극복할 수 있었다. 분단국가로서의 이념 갈등과 대립을 줄이기 위한 내부 대화, 타협, 공존, 통합 능력은 곧 동독과의 대화, 타협, 공존, 통합, 통일 능력으로 연장, 확장, 상승되었다. 대북 정책과 이념 문제로 인해 극단적인 남남 갈등을 노정하고 있는 남한과는 반대였다. 결국 통일 문제는 제도와 이념의 문제가 아니라 정치의 문제이자 타협의 문제인 것이다.

연립과 연합(정부)의 최대 장점은 정치적 공존으로 인한 사회·이념 갈등의 완화 및 정책의 최고성, 일관성과 연속성이었다. 우선 연립과 연합은 존재하는 이견 세력과 정당 사이의 공존과 타협을 가능케 하여 정치적 사회적 이념적 갈등을 최대한 줄인다. 모든 갈등 요소가 정치적 타협 구조와 제도의 틀 안으로 들어와 논의되고 해결됨으로써 갈등은 낮아지고 평화는 높아진다.

둘째 연립과 연합은 여러 영역의 정책 중 각 세력과 정당들이 갖고 있는 가장 자신 있고 대표적인 부분들을 모아 놓음으로써 최선의 정치-정책 조합을 만들어 낸다는 특성을 갖는다. 연합 정치가 정책 연합으로 귀결되는 것이다. 성장, 복지, 환경, 노동, 교육, 외교안보 등의 분야를 각각 가장 잘 할 수 있는 정당들이 담당하게 되는 것이다.

셋째 연립-연합 정부에서는 정권이 교체되어도 인물과 정책 면에서 높은 일관성을 견지할 수 있다. 이를테면 사회적 시장 경제와 라인 강의 기적(아데나워 — 에르하르트 정부의 연속성, 에르하르트의 연속 참여), 동방 정책 및 평화적 공존 구상(키징거 — 브란트 — 슈미트 — 콜 정부의 연속성, 브란트/겐셔의 연속 참여)은 여러 정부에 걸친 정책과 인물의 지속을 통해 놀라운 성취를 보여 주었다. 대(對)동독 정책의 경우, 정책 일관성의 장기 지속은 정권 교체로 인해 보수 정당이 집권했을 때조차 동방 정책을 선택할 수밖에 없는 구조를 만들어 놓았던 것이다.

끝으로 상대 국가(서독의 경우 동독 정부)와 국제 사회의 예측이 가능한 정책 범위 설정과 신뢰 증진 역시 연립-연합 정치의 중요한 소득이었다. 연립 정부의 지속으로 인한 서독 정부의 정책 진폭의 최소화와 일관성은 동독 정부로 하여금 서독의 진보-보수 정책 사이의 양자택일, 또는 강경 배척 대 온건 호응 사이의 선택이 아니라, 국가로서의 지속성을 갖는 서독 정책의 전체 범위를 파악하고 신뢰할 수 있게 했다. 서독은 진보와 보수를 넘어 인권 문제, 인도주의, 정치범, 경제 협력, 대소 대미 협상 등에서 국제 사회와 동독에 일관된 신호를 제공했다. 따라서 독일 통일은 서독 정부와 사회가 동독 당국, 동독 인민, 국제 사회, 서독 국민 모두에게 일관된 신뢰를 획득한 결과로서 사후적으로 얻어진 산물이었다. 진보-보수 정부의 대북 정책이 극단적인 상호 부정과 반대를 왕래하는 남한과는 크게 달랐다. 핀란드와 오스트리아가 장기 평화를 창출하는 데 성공한 것 역시 반복되는 내부 연합을 통해 높은 대외적 일관성을 유지한 결과였다.

무엇보다도 서독의 내부 공존이 산생한 안정과 평화와 복지 체제는 동독 인민들에게 서독 체제와 통일 이후 자신들의 실존에 대한 신뢰와 기대를 제공했다. 서독의 내부 체제 모습은 동독 인민들의 마음속에 미래의 대안 체제로 자리 잡게 되었던 것이다. 즉 동독 인민들의 민주주의(자유)와 복지 체제(평등)에 대한 인간으로서의 본연적 열망과 추구가 그들로 하여금 밑으로부터의 민주 혁명과 통일 추구를 추동한 가장 강력한 근거로 작용했다고 해도, 이는 무엇보다도 서독이라는 대안 체제가 존재했기 때문에 현실적으로 실현 가능했다. 서독의 연립과 연합을 통한 내부 민주주의 및 갈등 해소, 평화, 복지 상태가 동독 인민들을 향한 최고의 통일 정책인 동시에 인권 평화 정책이었던 것이다.

말을 바꾸면 서독의 가장 강력한 통일 정책(이른바 '독일 정책')은, 대동독 정책이 아니라, 자기 내부의 민주주의와 평화와 복지 체제의 발전이었다. 이것이야말로 가장 일관된 평화와 통일 정책이었다. 이러한 논리는 동유럽 전체로도 확산할 수 있다. 20세기 말 밑으로부터의 혁명을 통한 동유럽 인민들의 집단적인 체제 전환은 사회주의 체제로부터 자본주의 체제로의 지향이라거나 계획 경제로부터 시장 경제로의 지향이라기보다는, 독재 체제로부터 민주 체제로의 선택인 동시에 불평등한 빈곤 경제 체제로부터 평등한 사회 민주적 복지 체

우리 시대 한국의 세계(사)적 향방

제로의 지향이었던 것이다. 서유럽의 민주주의와 복지 체제가 현실적 대안 체제였던 것이다.

현재의 남한의 승자 독식, 양자택일, 타협 부재의 제도와 정치 현실, 심각한 남남 갈등과 상호 낙인, 허약한 복지와 극심한 불평등 구조를 양산하는 재벌 경제 체제, 보수-진보 정부의 극단적인 대북 정책 쏠림과 상호 부정, 북한 주민들의 적대적 대남 인식과 미약한 탈북 규모,(현재까지 겨우 2만 8000명 수준이다.[14] 탈북자 수가 20만 명 규모였다면 오늘의 북한 내부 상황과 남북 관계는 차원이 달랐을 것이다.) 국제 사회의 허약한 남한 대북 정책 신뢰 정도 등에 비추어 한국의 평화와 통일 정책은 사실상 없는 것이나 마찬가지라고 할 수 있다.

달리 말해 남한 내부의 연합과 공존, 자유와 인권, 갈등 해소와 평화, 복지와 평등의 제고가 가장 빠른 통일 정책일 수 있다. 겉으로는 오래 걸릴 것 같은 그 길이 실제로는 가장 정확하고 빠른 평화 통일 경로일 것이다. 그런 연후에 이어서 추동될 북한의 민주화 역시 결정적으로 중요하다. 남한이 민주화를 이룬 조건에서 북한에서 시민 사회와 민주화 운동의 성장은 통일의 한 요체가 아닐 수 없다.

그러나 그것은, 외부로부터 폭력적으로 강제할 문제가 아니라, 북한 인민과 체제 자신이 내부로부터 변화할 문제(남한이 과거에 그러했듯이)라는 점을 유념할 필요가 있다. 21세기 초 현재 이라크와 쿠바의 극적인 대비 사례는 이를 잘 보여 준다. 외부로부터의 전쟁 개입을 통해 폭력적 체제 변혁을 시도했으나 사후 혼란과 살상, 전쟁이 지속되고 있는 이라크와, 외부로부터의 평화적 협상과 타협을 통해 온건한 체제 이행을 시현하고 있는 쿠바의 상이한 경로는 남한과 세계에게 북한 문제의 바람직한 해법에 대해 깊이 생각하게 한다. 두 사례를 비교할 때 북한을 개혁 개방과 공존의 광장으로 나오도록 지혜롭게 견인하는 문제는 더욱 중요하다.

2 '미·중' 대국 관계의 등장과 동아시아·한반도 영구 평화
― 핀란드화 또는 한국화

바람직한 평화를 위해 지정학적 교량 국가들에게 내부 연합 못지 않게 중요한 점은 국제적 균형 감각과 역할이다. 특별히 중국의 재부 상 이후 이 점은 한국에 가장 중요한 문제로 대두되었다. 현재 미국 은 한국의 제일 안보 동맹이며 중국은 제일 교역 상대이다. 2004년 793억 4805만 달러 대(對) 716억 3184만 달러를 기록하여 최초로 역 전한 이후 한중 무역 규모는 2010년 이래로 한미 무역 규모의 두 배 를 넘는다. 2010년에는 1884억 1143만 달러 대 902억 1875만 달러 로 981억 9268만 달러의 격차를 기록했다. 이후로 이 격차는 더욱 크 고 빠르게 벌어지고 있다.[15]

냉전 시대 미국이 안보와 경제의 동시 후원 국가였던 상황으로부 터 탈냉전 ― 한중 수교와 함께 상황이 급변한 것이다. 한중 수교 이 래 교역의 폭발적인 급증은 한중 경제의 밀착 속도와 정도를 잘 보여 준다. 현재 한국의 '안보'와 '경제' 관계의 제일 주체는 미국과 중국 으로 극적으로 양분된 상태이다. 이러한 상태에서 장차 한국 국가 전 략의 양대 기축인 안보와 경제는 멀어지는 미국과 중국의 거리만큼 이나 더욱 벌어질지도 모른다. 즉 이제 그동안 고수해 온 '안보는 미 국, 경제는 중국' 전략을 지속할 수 있는 영역 편의주의를 넘어서고

우리 시대 한국의 세계(사)적 향방

있다.

최근의 고고도 미사일 방어 체계(THAAD) 및 북핵·미사일에 대한 한미일 정보 공유 약정에 대한 중국의 반대와, 미국 주도의 역내 경제 통합(TPP) 대 중국 주도의 역내 경제 통합(FTAPP·RCEP·AIIB)을 둘러싼 선택 강요 국면은 한국을 위요로 미중 사이에 안보와 경제의 밀도 높은 중첩 국면이 시작되었음을 시사한다.

따라서 '경제는 중국, 안보는 미국'으로 대표되는 영역 편의주의는 더 이상 가능하지 않다. 그런 조건에서 한국 앞에 놓여 있는 선택지는 다음의 다섯 가지가 아닐까 싶다. 우선은 전통적인 미국 일변주의와 한미 동맹 강화 경로가 있을 수 있을 것이다. 이는 가장 현실주의적인 현상 유지와 위험 회피 전략일 수 있으나, 제일 교역 상대 중국과의 관계 설정에 문제를 야기할 수 있다.

둘째는 다시 부상한 중국을 선택하고 미국을 배제하는 전략이다. 그러나 이는 동아시아 지역 질서와 한국 문제의 역사적 전개에 비추어 선택 불가능한 경로이다. 북핵 문제가 지속되고 주한 미군이 주둔하며 한미 상호 방위 조약이 존재하는 현재 상황에서는 더욱 고려하기 어렵다.

셋째는 중립화 또는 양다리 걸치기 전략이다. 이는 결정적인 순간 양자 모두로부터 배척받을 수 있는 위험을 내포한 경로이다. 근대 이후 오랫동안 한국 문제는 중립이 불가능하다는 점이 증명되어 왔다.

넷째는 국제 사회로부터의 절연과 고립을 선택하는 전략이다. 현재의 북한 국가 전략과 유사한 길이다. 그러나 이는 세계화 시대에 불가능한 선택이다. 이러한 절연 전략으로는 한국은 발전은커녕 생존조차 불가능하다.

끝으로는 친미연중(親美聯中) 또는 친미근중(親美近中) 전략의 배합이다. 과거에 안보와 경제를 모두 미국에 의존할 때는 근본적인 고민이 필요 없었다. 그러나 이제 한국은 안보(미국)를 위해 경제(중국)를 버릴 수도 없고, 경제(중국)를 위해 안보(미국)를 버릴 수도 없는 복합 상황에 진입해 있다. 특히 역사적으로 인방 대국들인 중국, 일본, 러시아의 한국에 대한 침략, 점령, 영토 야욕에 비추어 원거리 제국 미국과의 우호 관계는 필수적이다. 고려 가능한 득책은 안보의 영역에서, 경제 부문에서 미국이 차지하는 만큼은 아니더라도, 중국에게 상당 부분을 허용하는 전략이다.

북핵 문제 해결, 한중 경제 관계 심화, 북중 동맹 이완, 장차의 통일 문제를 깊이 사려할 때 한국으로서는 미국과 중국을 향한 안보 관계를 현재의 전부 대 전무, 또는 동맹 대 긴장의 조합에서 적절한 비율의 불균등 배분, 이를테면 7 대 3 정도로 조정할 필요가 있을 것이다. 특별히 통일과 영구 평화를 유념할 때 한중 '경제' 관계는 한중 '안보' 협력으로 확장될 필요가 있다. 한미 '동맹'과 한중 '준동맹(準同盟)'을 병행하는 것이다.[16]

두 헤게모닉 제국 미국과 중국이 주도하는 현금의 동아시아는 전란으로 점철되었던 중일 대결이나 미소 대결 시대보다는 더 평화롭다. 일본과 소련은 헤게모닉 제국이 아니라 강권 제국이었기 때문이다. 미중 국교 정상화 이후 아편 전쟁에서 베트남 전쟁에 이르는 동아시아 장기 전란의 시대가 비로소 종식되었다는 점은 미중 관계의 숨은 동학을 시사한다. 미중 국교 정상화 이후 지난 40년 동안 동아시

우리 시대 한국의 세계(사)적 향방

아에는 대소의 전쟁이 발발하지 않았다. 이는 동아시아가 세계 체제로 진입한 이후 가장 장기간의 평화라고 할 수 있다.

그러나 냉전 시대에 볼 수 있었듯 대국 사이에는 전쟁이 없더라도 소국 문제로 인한 전쟁 발발은 언제든 가능하기 때문에, 이를 방지하기 위한 독자적 노력은 여전히 중요하다. 그러할 때 동아시아에서 가장 위험한 갈등 요충인 한반도를 평화의 진앙으로 만들 수만 있다면 동아시아와 한반도의 영구 평화는 상상의 영역을 넘어 가능의 영역으로, 그리고 마침내는 가능의 영역을 넘어 현실의 영역으로 다가올 수 있을 것이다.

한국과 유사한 지정학적 위치에서 서방과 소련 사이에 대외적 안보와 평화, 대내적 민주주의와 시장 경제 및 복지 체제를 예술적으로 결합해 상상을 현실로 발전시킨 냉전 시대 핀란드의 '핀란드화 노선(Finlandization)', 또는 파시키비-케코넨 노선(the Paasikivi-Kekkonen line)은 한국에 매우 좋은 참고 경로가 될 것이다.[17] 핀란드는 아주 오랫동안 인방의 스웨덴, 독일, 러시아 세 대국 사이에서 주권을 유린당하며 희생돼 온 긴 고난의 역사가 있었다.

그런 핀란드가 전후 지속적인 내부 연합과 연립을 바탕으로 냉전 시대에 서방과 소련 사이에서 안정적인 평화 구축에 성공했듯 한국 역시 내부 통합을 통해 충분히 미국과 중국 사이에 '기우뚱한 균형'의 평화 전략을 선택할 수 있을 것이다. 더욱이 핀란드는 단순히 자국 생존을 위한 '소극적 균형자' 역할을 넘어, 헬싱키 프로세스라는 냉전 시대 최대의 포괄적 평화 장치를 마련하는 '적극적 세계 평화 교량' 역할까지 수행했다. 교량 국가의 내부 통합의 힘은 세계 안보 질서마저 근본적으로 변동시킬 수 있을 정도로 큰 것이다.

따라서 '기우뚱한 균형' 정책은 친미냐 친중이냐의 양자택일을 넘어 충성과 도전, 순응과 저항이라는, 유일 제국을 상대로 구사했던 전통 시대 한중 관계와 냉전 시대 한미 관계의 깊은 지혜를 '두 제국 시대'에 맞게 창조적으로 변형하여 적용하는 한국화(Koreanization)의 길일 수 있을 것이다. 대국과 제국, 문명과 세력들 사이에서 경계 국가 위상을 장구하게 유지해 온 한국으로서는 '기우뚱한 균형자' 위치와 역할을 잃었을 때 식민과 전쟁과 분단의 나락으로 떨어진 바 있음을 명심해야 할 것이다.

미중 두 대국 시대를 맞아 '소극적 균형 국가'를 넘어 '적극적 평화 가교 국가'로 나아가는 소망을 한국의 바람직한 미래상으로 꿈꾸어 본다. 그렇게 된다면 그동안 민족주의화나 자주화로 이해되어 온 한국화를, 지혜로운 가교 역할을 통해 자신과 세계를 평화롭게 만드는 전혀 새로운 의미로 자리매김할 수 있을 것이다. 그런 한국화를 세대를 넘어 반복할 때 우리와 세계의 영구 평화는 이상을 넘어 현실이 될 수 있을 것이다.

우리 시대 한국의 세계(사)적 향방

천하체제, 제국체제, 대분단체제

동아시아의 질서와 평화

이삼성

한림대학교 정치행정학과 교수

1 동아시아 질서의 시대 구분

1 동아시아 2200년 —— 천하체제, 제국체제, 대분단체제

'질서'를 정의하는 방법은 다양할 수 있다. 경제 질서든, 정치 질서든, 국제 질서든 혹은 문화 질서든, 어떤 기준을 선택하느냐에 따라 질서는 다른 의미와 유형을 갖게 된다. 이 글에서 필자가 취하는 동아시아 지역 질서의 기준은 세 가지이다. 첫째, 질서의 중심이 일원적인가, 이원적인가, 혹은 다원적인가. 둘째, 중심과 주변의 관계 양식, 그리고 셋째, 그 질서를 특징짓는 대립과 긴장의 축이다.

동아시아 '국제 질서'는 기원전 3세기 말에서 2세기 초 무렵에 성립한다. 중국에 진(秦)의 통일 제국이 세워지면서, 혹은 보다 명확하게는 진이 멸하고 통일 제국 한(漢)이 성립한 후 중국과 주변의 다른 동아시아 사회들 사이에 일정한 국제 관계가 성립한다. 이후 오늘날에 이르기까지의 동아시아 질서를 위의 세 가지 정의의 기준에 맞추어 크게 세 국면의 시대 구분을 생각해 본다.

(1) 천하체제: 기원전 3세기 말 2세기 초~19세기 중엽에 이르는 약 2000년의 동아시아

(과도기: 19세기 중엽~19세기 말 청일 전쟁 — 천하체제와 제국체제의 공존)

(2) 제국체제: 청일 전쟁~1945년의 반세기의 동아시아

(전환기: 1945년 8월~1950년 1월 — 중국 내전, 그리고 신중국 성립 후 새로운 미중 관계의 모색기)

(3) 대분단체제: 1950년 1월~현재에 이르는 동아시아

질서의 중심이 어디인가를 볼 때, 천하체제는 대체로 중국 중원 지역을 일원적 중심으로 하는 질서였다. 제국체제는 질서의 중심이 해양에 있되, 이원적 혹은 다원적이었다고 할 수 있다. 대분단체제는 질서의 중심이 대륙과 해양 세력으로 분립하는 이원적 질서이다.

중심과 주변의 관계라는 측면에서 보면, 천하체제는 조공 책봉 체제에 기초한 위계적 국제 관계였다. 그러나 큰 틀에서 볼 때 경제적 착취 관계는 아니었다. 정치적 독립이라는 차원에서는 천하체제에서 주변 사회들은 독립과 예속의 중간적 위치에 있었다. 일정한 정치적 독립성과 자율성을 전제한 예속 관계였다. 반면에 제국체제는 중심부가 주변부를 경제적으로 착취하고, 주변 사회의 정치적 독립성도 파괴되거나 위협받는 질서였다. 주변 사회들이 식민지 혹은 반식민지 상태가 된 것이다. 한편 대분단체제에서 중심과 주변의 관계는 특히 미국과 한국, 대만, 필리핀 등의 관계에서 종속적 군사 동맹 체제가 특징을 이룬다. 이 현상은 중심이 이원적으로 분열되어 경쟁하는 긴장 구조라는 것과 관계가 깊다.

긴장의 주된 소재(所在)가 무엇인가를 보면, 천하체제의 경우는 중심과 주변의 관계가 내포한 이원성을 주목할 필요가 있다. 질서의

중심은 대체로 일원적이었다고 할 수 있지만, 중심을 차지하는 중국과 주변 사회들의 관계의 구조는 이원성을 띠고 있었다. 한편으로 한반도와 베트남과 같은 동남방의 주변 사회들은 중국과 위계적 평화체제로 일관하는 정적인 관계 축을 형성했다. 이런 관계는 천하체제가 근대적인 주권국가 체제는 아닌 공식적 위계를 담은 것이었지만 중심부의 주변부에 대한 경제적 착취를 본질로 하거나 약소 사회의 내적인 정치적 자율성을 부정하는 서양의 근대적 식민주의는 아니었다는 것과 관계가 깊다. 한편 몽골, 만주, 그리고 현재의 중국령 중앙아시아 지역 등을 가리키는 내륙 아시아(Inner Asia)는 중국과 북방 관계 축을 형성했다고 하겠는데, 이것은 조공 책봉 관계라는 위계적 평화의 질서와 함께 권력 정치적 경쟁이 공존하는 동태적인 관계였다. 역학 관계의 변동에 따라 중심과 주변 사이의 주종이 전복될 수 있었다. 천하체제는 그렇게 중국과 내륙 아시아 사이의 권력 정치적 경쟁에 따른 지정학적 긴장이 항상 내재했다.

제국체제에서 주된 긴장의 소재는 크게 보아 두 군데였다. 먼저 중심부 자체, 즉 제국의 복수성(複數性)이 긴장의 한 원천이었다. 19세기 말 청일 전쟁 이후, 특히 20세기 초부터 일본과 미국은 러시아를 견제하면서 거대 중국을 통제하고 경영한다는 목표를 공유했다. 두 제국은 한편으로 갈등하면서도 다른 한편으로는 그러한 공동의 목표 때문에 서로 권력 정치적인 흥정을 해서 상호 적응하고 협력하는 '제국주의 콘도미니엄'을 구성했다. 제국주의 콘도미니엄의 관계는 두 제국 사이에 긴장과 협력이 공존하는 것을 전제했다.

제국체제 전반의 구조적 긴장의 또 다른 원천은 이 질서의 중심-

천하체제, 제국체제, 대분단체제

주변의 관계에서 비롯되었다. 우선 제국체제에서의 중심-주변 관계는 천하체제의 그것과 달랐다. 제국체제는 주변부 사회에 대한 중심부의 경제적 착취, 그리고 특히 일본 제국에 의한 정치·군사적인 영토적 침탈과 지배가 특징이었다. 이것은 주변부 사회의 민족주의적 저항이라는 강력한 반(反)체제적 긴장을 초래했다. 이러한 반체제적 긴장은 주변부의 핵심인 중국 사회의 영토 크기 및 인구 규모, 그리고 유구한 역사·문화적 깊이라는 동아시아적 특수성으로 인하여 거대한 잠재적 파괴력을 내포했다.

동아시아의 제국체제는 1945년 제2차 세계 대전의 종결과 함께 끝이 난다. 전후 유럽에는 미소 양극 질서를 직접 투영하는 동서 냉전 체제가 자리 잡는다. 동아시아 질서의 행방은 그보다 좀 더 기다려야 했다. 중국에서 1949년까지 지속된 내전과 그 결과가 전후 동아시아 질서의 본질을 결정했다. 이후 동아시아는 유럽과 다른 길을 걷는다. 그 길을 필자는 '동아시아 대분단체제'라고 불러 왔다. 대분단체제의 동아시아에서 주된 긴장의 소재는 근본적으로는 질서 자체의 이원성, 즉 대륙 세력과 해양 연합 세력의 대립으로 양극화된 구조를 띠고 있다는 사실에서 비롯된다. 곧 논의하겠지만, 그 분열의 구조가 중층적이고 다차원적 요소들을 내포하고 있다는 것은 전후 동아시아 질서를 이해하는 데 핵심적 의미를 갖게 된다.

2 시대 구분의 개념사적 맥락

여기서 잠시 20세기 전반기 동아시아 질서를 필자가 굳이 각각 '천하체제'와 '제국체제'로 개념화하고자 하는 이유를 설명해 둘 필요를 느낀다. 2000년대에 들어 동아시아 사회들에서는 전통적 개념들에 새로운 의미를 부여함으로써 그것들을 21세기 미래의 동아시아 혹은 세계 질서를 표상하는 개념으로 재활용하려는 움직임이 등장했다. 중국에서는 무엇보다 '천하' 및 '천하체계'라는 중국 중심적 질서 표상 개념을 부활시키는 경향이 있다. 대표적인 예가 자오팅양(趙汀陽)의 '천하체계'론이다. 그런데 그가 말하는 '진정한 천하체제'는 주대(周代, B.C. 11세기~B.C. 3세기), 특히 서주(西周, B.C. 11세기~B.C. 8세기) 시대라는 상고(上古) 시대를 역사적 준거로 삼고 있다. 이 시기에 중국인들의 '천하' 개념은 중국 중원에 국한되어 있었지만, 이 특정한 역사 시기에 다양한 사회들 사이의 수평적 공존이라는 이상적 국제 질서 형태가 존재했다고 그는 상정한다. 그에 따르면, 그 진정한 '천하체제'는 진시황에 의해서 파괴되고 타락한다. '타락하기 이전의 그 천하 질서'를 자오팅양은 21세기 동아시아 및 세계의 바람직한 국제 관계 모델로 제시하고 있는 것이다.

전통 개념의 미래 지향적 재활용이라고 말할 법한 이런 시도에 대해서는 여러 비평이 가능하겠지만, 필자는 일차적으로 개념사적 견지에서부터 문제적이라고 본다. 전통 개념의 역사적 맥락을 임의적으로 중국 중심적으로 해석하고 있다는 것이다. 자오팅양의 말대로라면, 천하체제는 중국 중심적 질서가 아니라 도덕적 가치를 중심으로 모든 사회들이 수평적으로 연결된 공동체이다. 그러나 진한(秦漢) 이래 2000년에 걸쳐서 많은 중국인을 포함하여 동아시아 사회에서 사용한 '천하'의 관념사적 의미는 분명 그런 것이 아니다. 또한, 황하 문명 너머의 내륙 아시아와 동남방의 사회들이 중국 중심 질서에

천하체제, 제국체제, 대분단체제

통합되어 동아시아 세계 전체에 일정한 질서가 구축된 것은 진한 이래 2000년의 시기에 속한다. 현실 역사의 천하체제는 자오팅양이 진정한 천하체제가 붕괴했다고 얘기한 바로 그 시기에 비로소 성립했던 것이다. 이후의 장구한 시기 중국인과 다른 동아시아인들은 '천하'라는 개념으로 그 질서를 표상했다. 천하, 그리고 천하체제가 현실 역사에서 가졌던 개념사적 맥락을 그런 점에서 바로잡을 필요가 있다. 이것이 필자가 진한 이래 2000년의 전통 시대 동아시아 질서에 '천하체제'라는 개념을 부여하고자 하는 일차적인 이유이다.

'제국' 또한 오늘날 중국과 일본의 지성계에서 부상하는 개념의 하나이다. 중국 지식인들이 전후의 팍스 아메리카나를 대체하여 세계 보편의 질서와 문명을 담당할 대안적 '문명국가'로 중국을 운위하기 시작한 것 역시 2000년대 들어서 두드러진 지성사적 현상의 하나다. 그러면서 중국 지식계에서 '제국' 개념이 크게 유통되고 있다. 탈냉전과 세계화의 시대에 일반화된 제국 개념, 그러니까 도덕적 복권을 획득한 제국 개념을 활용하여 미래의 중국 중심적 질서를 표상하려는 경향이 나타났다. 이러한 담론에서 '제국'은 침략과 폭력의 주체가 아니다. 다양성을 포용하는 '관용'과 '문명'의 주체로 사유된다. 일본의 지식인들 역시 제국의 시대를 객관적으로 조명한다는 문제의식을 내세우면서 과거 일본 제국에 대한 학문적 조명에 열심이다. 역시 1990년대 이래 도덕적 복권이 본격화된 제국 개념에 의지하여 과거 제국을 보다 '정상적인 역사'의 한가운데로 '회복'시키려는 지성사적 풍토가 바탕에 있다.

필자는 중국과 일본에서 일어나고 있고, 한국의 학계에도 상당한 영향력을 갖게 된 이와 같은 천하, 혹은 제국의 새로운 개념적 용법에 대해 '도덕적 비판'을 제기할 의도는 없다. 다만 천하는 천하대로, 제국은 제국대로 그 개념이 실제 동아시아 질서 중심부의 국가 권력에 의해서 중요한 질서 표상의 개념으로 쓰였던 시대를 개념화하는 데에 그 개념을 사용하는 것이 우선될 필요가 있다고 생각한다. '천하체제'의 질서는 필자가 2009년의 글에서 강조했던 것과 같이 식민주의적 질서는 아니었지만, 그렇다고 그것이 21세기의 미래 지향적인 질서를 개념화하기 위한 용법으로 재활용된다면 곤란한 일이라고 본다. 착취적이었던 것은 아니나 공식적 위계의 국제 관계를 담았던 전통적 표상 개념을 보다 비위계적인 미래의 질서를 표상하는 개념적 수단으로 동원하는 데는 여러 가지 무리가 따를 수밖에 없다. 그런가 하면 '제국'은 관용이 아닌 폭력, 그리고 문명을 앞세운 야만의 질서를 강하게 내포했던 시대를 풍미했던 개념이다. 이 시기에 일본 사회와 국가 권력은 제국 개념을 '문명'과 '질서'를 표상하는 데 극대 활용하였다. 그렇게 쓰인 개념을 21세기 우리가 지향해야 할 문명과 관용의 질서를 표상하기 위해 재활용한다면, 개념사적 혼란과 왜곡이 증폭될 것이다.

그러한 개념사적 왜곡들을 견제하는 차원에서도, '천하체제'는 전통 시대 동아시아 국제 관계에, 그리고 '제국체제'는 문명을 표방한 야만, 그리고 평화와 공영을 내세운 폭력이 질서의 중요한 내용을 이루었던 20세기 전반기의 시대를 표상하는 개념으로 재위치시킬 필요가 있다는 것이 필자의 생각이다. 그 개념들을 원래 있어야 할 합당한 자리에 되돌려주는 의미가 있는 것이다.

천하체제, 제국체제, 대분단체제

2 전후 동아시아 질서의 고유성과 그 개념화의 필요성

전후 유럽은 냉전에도 불구하고 존 루이스 개디스의 말대로 '긴 평화(long peace)'의 시대였다. 반면에 동아시아의 전후는 중국 내전, 한국 전쟁, 그리고 베트남 전쟁을 포함한 크고 작은 군사적 충돌로 점철된 열전과 냉전의 범벅이었다.

제국체제 안에서 발전한 파시즘과 전쟁이 수반한 야만과 폭력은 동아시아에서보다 유럽에서 더 체계적이고 광범하게 자행되었다. 그러나 그 상처가 전후 질서에서 남긴 역사적 유산은 유럽이 아닌 동아시아에서 더 심각했다. 오늘에 이르기까지 그 차이는 여전하다. 유럽은 경제와 외교 안보에서 모두 공동체를 지향하고 있지만, 동아시아에게 '공동체'는 여전히 신기루와 같다.

전후 동아시아 질서는 유럽 질서와 달리 냉전·탈냉전을 넘어 고유한 연속성이 있다. 이것을 어떻게 개념화할 것인가. 전후 세계에 대한 국제정치학의 지배적 개념 틀은 '냉전·탈냉전' 담론이다. 이것으로는 동아시아 국제 질서의 본질을 포착하기 어렵다. '동아시아 대분단체제'론은 냉전·탈냉전의 이분법을 넘어 전후에서 오늘까지 지속되는 이 질서의 연속성을 개념화하려는 한 시도이다.

냉전기와 탈냉전기의 동아시아 질서는 물론 크게 다르다. 중국이 자본주의 세계 경제에 통합된 후 경제적 상호 의존은 심화되었고, 지역 내 국제 제도에도 변화가 있었다. 그러나 '동아시아 대분단선'을 따라 존재하는 긴장은 여전히 뿌리 깊다. 탈냉전에도 불구하고 미일 동맹 주축'의 동아시아 안보 질서는 쇠퇴하기는커녕 갱신되고 재활성화되어 왔다. 2000년대 들어서 가시화된 중국의 부상은 동아시아 질서의 지정학적 긴장을 더욱 촉진했다. 1990년대 탈냉전과 더불어 동아시아 국가들 간의 역사 논쟁도 심해졌다. 이 모든 것은 어떻게 서로 연관되는가. 그 구조를 부각하여 개념화할 필요가 있다.

또한 동아시아 질서 전체와 그 일부인 한반도는 어떻게 상호 작용하는가, 그 상호 작용의 지속적 패턴은 어떠한가. 이것을 개념화할 필요가 있다. 통합과 상호 의존의 외관 뒤에 도사린 동아시아 갈등의 함정에 한반도는 가장 취약하다. 그만큼 치열한 체계적 인식의 필요성에 직면해 있다. '동아시아 대분단체제'라는 개념은 이 물음에 나름의 답을 모색하고자 한 것이다.

'냉전' 혹은 '냉전 체제'라는 개념이 그 안에 많은 요소들을 포괄하는 것은 사실이지만 전후 미소 관계가 다른 모든 요소들을 지배하고 결정지었다는 관념이 그 핵심을 이루는 것 또한 사실이다. 그래서 냉전은 탈냉전과 마찬가지로 미소 관계가 개념적 헤게모니를 장악한 가운데 다른 모든 인과 관계에 열쇠 역할을 해 온 개념이다. 동아시아 대분단체제론은 전후 동아시아 질서를 해명함에 있어서, 미소 관계와 냉전·탈냉전 개념이 헤게모니적 위치를 장악해 온 그간의 담론 체계를 일정하게 극복하고자 한 시도였다.

천하체제, 제국체제, 대분단체제

3 전후 동아시아 대분단체제와 그 역사적 형성

1 제국체제와의 연속성

전후 동아시아 질서의 가장 큰 특징은 제국체제의 균열 구조가 미소 냉전 구조로 대체되지 않았다는 사실에 있다. 전후 동아시아 질서는 분명 새로운 것이지만, 그 이전의 제국체제와 간과할 수 없는 강한 연속성이 있다. 제국체제가 전후 동아시아 질서에 남긴 유산이 그만큼 크다는 말이다. 적어도 세 가지 차원에서 그 유산과 연속성에 대해 얘기할 수 있다.

첫째는 지정학적 차원의 유산이다. 러시아를 견제하면서 중국 대륙을 경영하기 위해 미국과 일본이라는 두 제국이 구성했던 해양 연합의 전통이 그 핵심이다. 아편 전쟁이 벌어져 중국이 반(半)식민지로 된 19세기 중엽에서 19세기 말 청일 전쟁까지의 시기는 중국 중심의 천하체제와 서양 중심의 질서가 공존하던 과도기였다. 청일 전쟁 이래 동아시아는 명실상부하게 '제국체제'로 전환된다. 중국은 더 이상 속방(屬邦)을 거느린 천하의 중심이 아니었다. 질서의 중심은 서양 제국주의와 일본의 연합으로 구성된 해양 제국체제로 이동한다. 특히 청일 전쟁의 말미에 러시아가 주도한 삼국 간섭과 만주 점령 사태가 벌어진 세기의 전환점에서 1940년 전후에 이르기까지 동아시아 질서는 미국과 일본이라는 아태 지역의 두 제국이 한편 갈등하면서도 다른 한편 '러시아 견제'와 누구도 혼자서는 감당할 수 없는 '거대 중국의 경영'이라는 공동의 목표를 위해 연합했다. 두 나라는 권력 정치적 흥정과 협상에 기초하여 상호 적응하며 협력하는 '미일 콘도미니엄'의 체제를 운영했다.

1940년을 전후하여 일본은 '중국에 대한 공동 경영'이라는 '미일 콘도미니엄의 대전제(大前提)'를 파기하고, 중국 대륙 전체에 대한 일본의 독점적 지위를 추구한 대륙주의의 길을 결정적으로 선택했다. 그것을 본질로 한 '대동아 공영권' 추구는 1941년 일본의 진주만 폭격으로 귀결된다. 그렇게 시작된 동아태 패권 전쟁은 원폭 투하와 함께 막을 내린다. 진주만 폭격과 원폭 투하라는 두 건의 충격적인 이미지 때문에 19세기 말 이래 존재한 미일 간의 내밀한 지정학적 연합의 역사에 대한 기억은 거의 지워져서 간과되곤 한다. 미일 콘도미니엄의 내적 갈등의 기억만 남고 상호 적응과 공생의 역사는 탈색된 것이다.

미국은 애당초 중국 경영을 위해 일본을 개항시킨 장본인이었다. 이후 미국의 동아시아 지정학적 전략에서 일본과의 관계는 그 기축이었다. 역외(域外)의 해양 세력인 미국이 19세기 말 이래 동아시아의 준(準)대륙 세력으로 발돋움한 일본과의 연합을 통해서 아시아 대륙을 경영하기 위해 구성하고 유지한 일본과의 지정학적 연대는 태평양 전쟁 시기를 제외한 지난 1세기의 대부분에 걸쳐 있는 유서 깊은 것이다. 이 연합은 1937년 중일 전쟁 발발과 뒤이은 난징 대학살 사태에도 불구하고 1940년 전후까지 지속되었다. 일본에게 대륙 침략과 전쟁 수행에 불가결했던 폐철과 항공 폭탄을 1938년까지, 전투기와 폭격기에 긴요한 항공유를 1940년 중엽까지 계속 공급한 나라는 미국이었다. 역시 결정적 전략 물자인 석유의 대일본 수출도 1941년 7월까지 지속했다.

전후 동아시아 질서에 투영되는 제국체제의 두 번째 유산은 정치 사회적 발전 단계의 시간적 차이에 기인하는 문명론적 타자화(他者化)의 전통이다. 이 시대에 제국의 중심부는 문명과 동일시되었다. 식민지 및 반식민지는 야만 혹은 미개의 영역으로 차별화되었다. 그러한 문명론적 차별화는 전후에도 좀 다른 방식이긴 하지만 재연된다. 미일 동맹 진영에서 중국 대륙을 포함한 공산권은 일률적으로 '노예의 질서'로 규정되었고, 미국이 주도하는 질서는 '자유세계(free world)'로 정의되었다. 반면에 중국 사회에서 미국이 주관하는 세계는 계급적 착취와 약소국에 대한 제국주의적 지배가 관철되는 불의한 질서로 표상되었다. 질서의 중심이 이원적이었던 만큼 문명론적 타자화 역시 팽팽한 양극적 성격을 띠었다.

전후 동아시아에 투영된 제국체제의 또 다른 유산은 역사 심리적 요소이다. 제국체제에 내재했던 식민주의와 침략 전쟁, 그리고 전쟁 범죄로 얼룩진 역사의 상처는 지정학적 긴장이나 정치 사회적 이질성 등에서 오는 긴장을 해소하는 것이 아니라 그것들과 중첩되어 서로 가중시키는 방식으로 결합함에 따라, 제국체제가 동아시아 사회들 사이의 관계에 준 역사적 상처의 충격은 고스란히 전후 질서에 계승되기에 이른다.

2 전전 미일 연합과 전후 미일 동맹의 차이

전전과 전후의 미일 연합은 공통점과 함께 차이점도 있다. 크게 두 가지를 들 수 있다. 첫째, 미일 연합이 공동으로 관리하고자 했던 중국의 위협에 차이가 있었다. 전전에 제국체제의 안정과 이익에 대한 중국의 위협을 구성하는 것은 반식민지 중국의 혼란 그 자체, 그리고 혼란 속에서 내연하는 민족주의와 공산주의 운동이었다. 전후에 중국이 제기한 위협은 통일된 거대 중국의 힘, 그리고 그 힘의 기반인 민족주의와 공산주의라는 적대적 이념 체계였다. 둘째, 전전의 미일 연합은 비공식적인 무형의 연합이었다. 반면 전후의 미일 연합은 그 시작에 있어서도 점령국으로서의 미국, 피점령국으로서 일본 사이에 공식화된 주종적 성격을 띠면서 출발했다. 미일 연합이 보다 완벽한 내면적 일체화를 이루면서 전개되는 것이다.

3 전후 대분단 기축의 원형 성립
― 신중국의 등장과 미중 관계의 폐쇄

동아시아 대분단의 원형은 1949년 10월 전후에서 1950년 초에 걸친 시기에 구성되었다. 중국 공산주의 운동은 전후 4년에 걸친 내전을 통해 1949년 10월 중화인민공화국이라는 이름의 신중국을 성립시켰다. 이것 자체가 동아시아 대분단의 원형을 성립시킨 것은 아니다. 이로부터 수개월 사이에 중국의 대미 인식과 정책, 그리고 신중국에 대한 미국의 인식과 정책이 우호적 관계는 아니라도 최소한 상호 외교적 인정을 통해서 평화 공존할 수 있는 길을 모색했느냐 여부가 결정되었다.

이것은 다른 말로 하면, 전후 동아시아 질서의 틀을 궁극적으로 결정지은 것은 미소 관계가 아닌 미중 관계였다는 뜻이다. 미소 냉전은 물론 전후 질서 형성에 중요한 요소였다. 하지만 그것은 중국의 내면적 투쟁과 선택이라는 계기에 의해서만 동아시아 질서에 투영될 수 있었다. 중국 내적 투쟁은 1920년대 이래의 중국 공산주의 운동이라는 오랜 역사에 기초한 것이다. 하지만 특히 1945년 이후 4년에 걸친 중국 내전이 전후 동아시아 질서의 기축을 결정했다. 소련은 중국 공산당의 정신적 기원이자 후원자였다. 그러나 궁극적인 선택은 중국 사회의 몫이었다.

그렇게 성립한 중화인민공화국과 미국은 평화적 공존의 가능성을 모색하는 길을 일찍 중단했다. 그 결정적 시기가 1949년 말에서 1950년 초반이다. 이 점은 매우 중요한 논점이자 논쟁의 대상이다. 이와 관련한 주요 논의가 코언-터커 명제(Cohen-Tucker Thesis)이다. 이와 관련한 논의는 1980년대에 특히 활발하게 진행된 바 있다. 토머스 크리스텐슨은 그 논의의 결론을 "미중 사이에 우호 관계의 기회는 없었지만, 평화적 관계를 정립할 수 있는 기회는 있었다."라는 말로 요약했다. 다만 신중국의 성립을 전후한 시기에 미국과 중국의 평화적 공존의 길을 폐쇄한 책임이 어느 쪽에 있는가에 대해서는 학자들에 따라 의견이 갈린다. 낸시 터커에 따르면, 한국 전쟁 발발 이전에 해리 트루먼 대통령과 딘 애치슨 국무장관은 중국 공산당과 스탈린의 관계가 멀어질 가능성이 있다고 보았다. 그래서 1950년 11월 미국 의회 중간 선거가 끝난 후에 신중국과 무역 및 외교 관계를 모색할 것을 희망했다. 결국 터커의 관점에서는 한국 전쟁 모의에 대한 중국의 참여가 미중 관계 파탄의 원인이었다는 뜻이 된다.

토마스 패터슨은 정반대의 관점을 제시했다. 그에 따르면, 1949년의 시점에서 중국 공산당은 미국과 적어도 두 차례의 관계 개선을 시도했다. 그러나 미국은 중국 공산당과의 관계 개선을 위한 어떤 의미 있는 행동도 하지 않았으며, 더 나아가 다른 나라들의 대중국 외교 관계 모색을 방해했다. 트루먼 행정부는 장제스 정권에 대한 외교 승인 철회를 전혀 고려하지 않았고, 마오쩌둥의 중국과 최소한의 잠정 관계를 모색하는 노력도 하지 않았다. 무역 관계나 또는 재건 지원을 위한 협의를 제안하지도 않았다. 영국, 노르웨이, 인도를 포함한 많은 나라들은 곧 마오쩌둥의 중국을 외교 승인했지만, 미국은 끝내 거부했다. 호주, 캐나다, 프랑스 등 여러 나라들은 신중국에 대한 외교 승인을 원했지만 미국의 요구에 따라 승인을 포기했다.

결국 신중국 성립 후 미중 관계 초기에 어느 한쪽 혹은 양측 모두가 평화 공존을 거부함에 따라, 대분단체제의 원형이 구성된 것이다.

4 대분단체제의 공고화 및 공식화 ― 한국 전쟁과 그 결과

한국 전쟁은 그 형성기 대분단체제의 산물이었다. 한국 전쟁은 미중 사이에 형성된 대분단 기축의 원형과 한반도에 이미 미소 냉전의 결과로 형성되어 있었던 소분단체제가 파괴적인 결합 반응을 일으킨 결과로 발발하게 된다. 한반도 내부의 무력 통일 추구 세력이 전쟁을 기획했고, 신중국이 성립한 후인 1950년 1월에서 5월에 걸친 시기에 스탈린, 마오쩌둥, 김일성 삼자 사이에 한반도에서의 전쟁을 위한 다자간 모의가 이루어진다. 기획자는 김일성이었지만, 최종 승인자는 스탈린이었다. 그리고 스탈린의 최종 승인에 결정적 역할을 한 것은 중국 내전의 승리자인 마오쩌둥의 대북한 지원 약속이었다.

중국 내전의 결과가 한국 전쟁의 결정적인 국제적 환경이 된 이유는 적어도 네 가지를 들 수 있다. 첫째, 스탈린이 1949년 가을까지 김일성의 남침 계획을 반대하다가 1950년 1월 이후 동의하고 지원하는 쪽으로 태도를 바꾼 이유에 대해 아나톨리 토르쿠노프 등의 일반적인 해석에서는 소련의 원폭 실험 성공으로 미국의 핵무기 독점을 무너뜨린 점과 함께 중국 공산당의 내전 승리를 꼽는다.

둘째, 1950년 1월 9일 주평양 소련 대사 시티코프가 스탈린에게 보낸 전문은 "유사시 중국의 한반도 개입 의지 여부를 확인하도록 스탈린이 지시했다"는 사실을 확인해 주고 있다. 스탈린이 1950년 1월 말 김일성 남침 계획에 대한 지지 의사를 밝히기 전에 그 전제 조건으로 중국의 개입 의지를 중시했음을 보여 준다.

셋째, 스탈린의 김일성 남침 동의의 전제 조건은 소련의 직접 참전 배제와 유사시 중국의 한반도 군사 개입 약속이었다. 중국 내전에서 공산당의 승리가 없었다면 불가능한 조건이었다. 1950년 5월 14일 마오쩌둥에게 보낸 전문에서 스탈린은 전쟁의 최종 결정이 김일성과 마오쩌둥의 공동 결정임을 분명하게 밝힌다. 요컨대 스탈린은 마지막 결정적인 시점에서 김일성의 남침에 대한 승인 문제를 중국에 떠넘긴 것이었다. 그다음 날인 5월 15일 마오쩌둥은 김일성을 위한 만찬을 열었고, 이 회담에서 마오쩌둥은 김일성의 남침 계획을 수용한다. 5월 16일 주중국 소련 대사 로시친이 스탈린에게 보낸 전문은 "마오쩌둥이 모스크바에서 이루어진 스탈린과 북한 간의 '해방 계획'을 '전적으로 수용'했다."라는 내용을 담고 있다.

스탈린이 중국의 지원을 결정적 전제 조건으로 판단하고 행동했다는 사실은 바로 그 날 5월 16일 전쟁 발발 이전에 중국과 북한 사이의 우호동맹 상호원조조약 체결을 적극 독려한 것에서도 확인할 수 있다. 스탈린은 그날 로시친에게 보낸 전문에서 "한반도에서 해방이라는 대사업이 성취되려면 조약(중조 우호동맹 상호원조조약)이 즉시 조인될 필요가 있다. 그것은 북한 동지들의 성공을 보다 굳건히 하여 한반도 문제에 다른 나라가 개입하는 것을 미연에 방지하게 될 것"이라고 말했다.

넷째, 션즈화(沈志華)의 해석에 따르면 스탈린이 김일성의 한반도 무력 통일 계획을 지지하게 된 이유는 1950년 1~2월 중소 우호동맹 체결이 결정됨으로써 소련이 과거에 장제스 정권과 맺은 협정으로 획득했던 다롄과 뤼순 등에 대한 권리를 포기해야만 했고, 이를 대체할 수 있는 전략적 해군 기지를 한반도에서 찾지 않으면 안 되었기 때문이다. 이 같은 션즈화의 관점 역시 공산당의 중국 내전 승리가 스탈린의 한반도 전쟁 지지에 결정적인 변수임을 전제한다. 스탈린이 국민당 장제스와의 협정으로 얻었던 뤼순과 다롄에 대한 소련의 권리를 포기하고 이에 대한 대안을 한반도에서 찾을 수밖에 없게 된 이유가 중국 공산당의 내전 승리였기 때문이다.

이처럼 공산당의 중국 내전 승리를 결정적 배경으로 발발한 한국 전쟁은 역으로 대분단체제의 기축을 결정화(結晶化)하고, 국지적 소분단들을 고착시킨다. 따라서 동아시아 대분단체제의 일차적 계기는 중국 사회의 선택과 이에 대한 미국의 반응이었으며, 한국 전쟁은 그 이차적 계기를 이룬다고 할 수 있다. 대분단체제와 한국 전쟁은 상호 견인의 관계에 있었던 것이다.

5 한국 전쟁 이후 대분단 기축의 공식화, 그리고 소분단체제들

전전에 존재한 무형의 미일 연합은 전후 6년에 걸친 점령 체제하

천하체제, 제국체제, 대분단체제

의 미일 일체(美日一體) 상태를 거쳐서 1951년 9월 일본에게 주권을 회복시킨 '샌프란스시코 강화조약'과 '미일 안보조약'이 동시에 조인됨으로써 공식적인 미일 동맹 체제로 부활했다. 이 두 조약은 존 다우어가 말하는 '샌프란시스코 체제'를 구성하는 것이다. 이 체제는 물론 신중국의 강력한 비판을 불러일으키는데, 이는 결국 1949년 그 원형이 성립하고 한국 전쟁으로 공고해진 동아시아 대분단 기축의 공식화에 다름 아니었다.

한반도의 소분단은 1945년 미소 양국의 군사적 분할 점령과 두 강대국 사이의 냉전이 발전함에 따라 형성되었다. 하지만 이 소분단 체제의 운명을 결정적으로 만든 것은 역시 한국 전쟁이었다. 그러므로 미소 냉전과 중국 공산화의 요인들이 복합적으로 작용하여 한반도 소분단체제가 고착되었다.

타이완 해협을 사이에 둔 중국 내적 분단은 내전에서 공산당의 승리라는 조건과 타이완에 대한 미국의 방패 역할에 기초해 성립했다. 중국 국민당 세력과 미국의 관계라는 제국체제의 유산은 타이완 정권으로 수렴되고, 소련 공산주의를 배경으로 한 중국의 자기 결정은 대륙 전체를 지배하게 되면서 타이완 해협 양안의 소분단체제가 구성된 것이다.

인도차이나의 분단 또한 제국체제의 유산과 깊은 관계가 있다. 2차 대전 종결 후 약 10년에 걸쳐 전개된 베트남 소분단체제의 형성 과정은 제국체제에 저항하며 성장한 베트남 사회 내부의 자생적인 혁명적 민족주의를 한편으로 하고, 제국 질서의 복권을 노린 구식민주의 세력(프랑스)과 미국 냉전주의의 결탁을 다른 한편으로 하는 대

302

립 구조가 그 핵심이었다.

이렇게 해서 전후 동아시아 질서는 중국 대륙과 미일 동맹을 기축 관계로 하고, 한반도, 타이완 해협, 그리고 인도차이나에서 저마다 과거 제국체제의 유산과 긴밀한 연관성을 가지며 형성된 소분단들이라는 중층적(重層的) 분단의 구조로 구성되었다.

4 동아시아 대분단체제와 긴장의 다차원성

동아시아 대분단체제의 또 하나의 중요한 구성상 특징은 특히 대분단의 기축에 내재하는 긴장 요소들의 다차원성이다.

첫째, 지정학적 긴장이다. 전후 유럽 질서는 독일과 주변국들 사이의 지정학적 긴장을 해체하고 봉쇄하는 방식으로 구축되었다. 독일은 분할되었고, 각각 서방과 공산 진영의 동맹 체제에 종속적으로 편입되었다. 이로써 제국 시대의 지정학적 긴장을 해체하고 동서 간 이념 대결로 완벽하게 대체했다. 반면에 전후 동아시아에서는 러시아에 대한 견제, 그리고 중국에 대한 통제라는 공동의 지정학적 이익을 공유한 미일 연합이 부활한다. 중국 대륙은 러시아와 연합한 형태로 적대 세력으로 부상했다. 대분단의 기축 관계는 사실상 제국체제의 지정학적 대립 구조의 재현이었다.

둘째, 정치 사회적 체제와 이념의 이질성에서 비롯되는 긴장이다. 냉전기 동아시아에서 일본을 제외한 모든 나라의 정치 체제는 권위주의라는 점에서 공통점을 지녔다. 그 점에서는 근본적인 차이가 없었다. 북한과 중국이 스탈린주의적 권위주의 내지는 마오주의적 권위주의였다면, 이른바 '자유세계'에 속한 동아시아의 많은 나라들은 '개발독재'였거나, 혁명도 개발도 없는 약탈적 과두정(predatory oligarchy)에 불과했다. 필리핀의 마르코스(집권 1965~1986)와 인도네시아의 수하르토(집권 1965~1998)는 각각 21년과 33년간 장기 집권한 독재자들이었다. 냉전기를 통틀어 한국의 민주주의는 건국 후 12년간의 이승만 독재와 25년간의 군사 독재 사이에 낀 단 1년에 불과했다. 1945년부터 1988년까지 타이완은 안드레이 란코프의 지적과 같이 "북한과 다소 비슷한 세습적 일당 독재"였다. 냉전기에 동아시아의 공산 진영과 반공 진영이 정치 사회적 체제와 이념에서 보인 이질성은 미국 냉전주의자들의 허구적인 주장처럼 "공산주의적 노예 사회와 자유세계"의 균열이 아니라 전체주의적 통제 경제와 국가주의적 자본주의 사이의 이질성이 그 핵심이었다.

미국과 중국 사이에는 물론 냉전기에서부터 공산주의와 자본주의라는 경제적 차이 외에도 정치 체제와 이념의 차이에서 오는 긴장이 있었던 건 사실이다. 그러나 미국인들이 타이완과 한국, 필리핀과 인도네시아의 독재 정권들과 긴밀한 동맹 관계를 맺고 있었던 것을 생각하면 미국의 대외 정책에서 정치적 권위주의는 그다지 문제가 되는 것이 아니었다. 따라서 정치적 권위주의 문제로 미국과 중국이 첨예한 이념적 긴장을 겪었다고 말하기 어렵다.

결국 1980년대에 중국이 개혁 개방을 추진하기 전까지 동아시아 대분단체제의 정치 사회적 체제와 이념의 이질성은 공산주의와 자본주의라는 경제 사회적 체제의 차이가 핵심이었다. 미국인들이 추구하는 개인주의와 자유주의가 사유 재산과 자유 기업의 영역에만 한정되지 않고 정치와 문화의 영역에까지 깊은 연관을 갖는 것은 사실이다. 다만 정치 이념으로서의 자유주의는 국제 정치 무대에서의 미국의 권력 투쟁과 동맹의 정치에는 별 상관이 없었다는 뜻이다.

셋째, 제국체제에서 빚어진 역사적 상처로 인한 역사 심리적 간극이다. 청일 전쟁 이후 일본 제국주의는 서양 열강과 함께 중국을 반식민지화하는 과정에 개입했다. 이어서 일본은 1930년대 이후 중국 대륙에 대한 일본의 침탈과 제노사이드 차원의 전쟁 범죄를 저질렀다. 이 역사는 동아시아 대분단체제의 내밀한 심리적 기반이다. 2차 대전 기간 유럽에서도 침략국인 독일에 의하여 가공할 전쟁 범죄가 범해졌다. 그러나 그 대상은 유태인이라는 유럽 공동의 타자(the common Other)에 대한 폭력이었고 이 문제에 대해 전쟁 기간 내내 서방 전체가 놀라울 정도로 침묵을 지켰다. 미국인들은 근본적으로 "홀로코스트에 대한 방관자들"이었다. 이 현상은 유태인들이 당시까지만 해도 서양 사회들 전반에서 고립된 인종적 섬과 같은 위치에 있었던 고유성을 반영하는 것이었다.

이처럼 유럽에서 자행된 전시 제노사이드의 주된 피해자가 유럽 대부분의 사회에서 주변자적 존재였다면, 일본이 범한 전시 반인류적 범죄는 수천 년에 걸친 동아시아 전통 문명의 중심을 자처하는 사회의 한가운데에서 벌어졌다. 이 사실은 향후 동아시아 질서의 심리적 근저에 심오한 충격을 던지는 것이었고, 그것이 동아시아의 전후 질서에 미친 충격의 정치적 성격은 더 의미심장할 수밖에 없었다.

20세기 전반기의 역사가 전후 질서에 남긴 유산과 관련해 유럽과 동아시아의 또 하나 중대한 차이는 '질서 내적인 제국체제'의 여부이다. 유럽의 주요 국가들은 모두 유럽 밖의 사회에 대해서는 제국이었지만, 유럽 안에서는 서로 평등한 주권 국가의 관계에 놓여 있었다. 유럽의 변방에 대해 제국 질서를 유지하고 있던 오스트리아-헝가리 제국과 터키 제국은 러시아 제국과 함께 그나마도 1차 대전 중에 무너져 버렸다. 그래서 20세기 전반기 유럽은 상대적으로 제국과 식민지의 관계로 인한 역사적 상처를 거론하기 어렵다. 반면에 동아시아에서는 제국체제의 중심부였던 일본과 미국을 제외하면 나머지 사회들은 모두 제국체제의 지배 밑에 있거나 그로 인해 고통받고 있었다. 필리핀과 베트남을 포함한 동남아시아 사회와 한국처럼 상대적인 약소 사회들은 완전한 식민지였다. 무엇보다도 전통 문명의 중심이었던 중국조차 그 일부인 대만과 만주가 식민지 상태가 되었을 뿐아니라, 대륙의 나머지도 반식민지 상태의 고통을 겪는다. 제국체제에 의한 지배-피지배의 역사적 경험은 동아시아 사회들의 정신 구조에 깊은 트라우마로 남는다. 그 충격은 전후 동아시아 질서에서 역사 문제가 더 깊은 갈등의 원천이 되는 배경으로 이어졌다.

5 동아시아 대분단체제의 '체제'적 성격
── 상호 유지적 상호 작용의 구조

이 대분단의 질서를 하나의 '체제'라고 말할 수 있는 것은 그것을 구성하는 인자들이 긴장의 상쇄가 아닌 긴장의 상호 보완과 상호 재충전의 방향으로 작용하기 때문이다. 긴장의 다차원적 요소들이 서로를 보완하면서 긴장과 갈등의 상승 요인이 된다. 또한 대분단의 기축과 소분단체제들이 서로 긴장 상태를 보완하거나 가중하고 재충전하는 방식으로 상호 작용하는 관계를 형성하고 있다.

1 다차원적 긴장의 결합과 상호 작용

언급한 바와 같이, 제국체제가 전후 동아시아 질서에 남긴 결정적 유산에는 제국의 폭력에서 연유한 역사 심리적 간극이 있다. 총력전으로 불린 두 차례의 대전에서 상호 파괴와 살상, 그리고 전대미문의 반인류적 범죄들은 동아시아보다 유럽에서 더 웅장한 스케일로 벌어졌다. 우선 주로 유럽에서 벌어진 제1차 세계 대전은 전사자만 1000만 명이었고, 부상자는 2000만 명에 달했다. 500만 명의 미망인이 생겼고 민간인 사망자는 700만 명에 이르렀다. 루돌프 J. 러멜 교수가 작성한 통계에 따르면, 제2차 세계 대전 중 유럽의 전사자 수는 2873만여 명이며, 이와 별도로 나치스에 의한 민간인(포로 포함) 학살 희생자는 유태인 530만 명을 포함하여 약 2100만 명에 달한다. 한편 동아태 지역에서 1937년 7월에서 1945년까지 일본군이 전투 중이 아닌 상황에서 포로나 민간인을 학살한 숫자는 596만여 명이었다. 이중 중국인 희생자는 비무장 민간인 260만 명을 포함한 약 395만 명이었다. 러멜은 난징 학살의 희생자 수를 20만 명으로 파악했다.

제국이 자행한 야만과 폭력의 규모는 어디라 할 것 없이 엄청난 것이었지만, 유럽이 훨씬 더 심각했던 것이다. 그런데 이 야만의 역사가 전후 질서에 남긴 심리적 유산은 유럽이 아닌 동아시아에 더 깊게 각인된다. 그러한 차이는 역사 심리적 간극이라는 요인이 전후 질서의 다른 두 가지 구성 인자들인 지정학적 질서와 정치 사회적 체제와 이념이라는 차원들과 어떻게 결합하느냐에 의해서 결정된다. 다시 말해서, 지정학적 긴장, 정치 사회적 체제와 이념의 이질성, 그리고 역사 심리적 간극이라는 세 가지 차원의 인자들이 상호 긴장을 완화하고 해소하는 방식으로 결합하는가, 아니면 지탱하고 보완하는 관계를 구성하는가에 따라서 유럽과 동아시아의 전후 질서는 근본적으로 다르게 구축되었던 것이다.

전전 유럽에서 지정학적 긴장, 정치 사회적 체제와 이념의 이질성, 그리고 역사 심리적 간극은 거의 모두 독일과 유럽 사이의 긴장이라는 구조를 띠고 있었다. 러일 전쟁 이전까지 유럽을 포함한 세계의 지정학에서 영국의 경쟁자는 러시아였지만, 러일 전쟁 후 영국의 지정학적 경쟁자는 프랑스에 있어서와 마찬가지로 독일로 옮겨 간다. 특히 히틀러의 집권 이후에 유럽에서 정치 사회적 체제와 이념 차원의 긴장의 중요한 축도 독일과 그 나머지 사이에 형성된다. 역사 심리적 상처의 중심에는 1870년 프로이센-프랑스 전쟁 이래 알자스-로렌을 둘러싼 긴장이 유럽 질서의 중심에 자리 잡고 있었다.

전후 유럽에 자리 잡은 냉전 체제는 그 세 가지 차원의 긴장의 구조를 해체하는 방식으로 구성된다. 독일과 나머지 사이의 지정학적 긴장을 해체하고, 정치 사회적 체제의 이념의 이질성을 넘어선 초국적 이념 공동체를 구축하며, 독일과 나머지 사이에 존재했던 역사 심리적 간극을 메꾸고 해소하는 방식으로 구성된 것이다. 그래서 유럽의 냉전 체제는 지정학적 역사적 상처를 치유하는 장치였다. 서독은 북대서양 조약 기구(NATO, 1949. 4~현재)를 통해서 다른 서방 국가들과 연합한다. 이것은 서독과 서방 사이에 지정학적 긴장을 해체한 안보 공동체와 동시에 '자유 민주주의'에 기초한 이념 공동체를 구축한 것을 의미했고, 이로서 역사적 화해를 이룬 것이었다. 한편 동독은 바르샤바 협정(Warsaw Pact, 1955~1991) 체제라는 안보 공동체 및 공산주의에 기초한 초국적 이념 공동체에 통합됨으로써, 소련과 폴란드 등 공산권 세계와 동맹하고 화해했다. 독일 전체와 나머지 세계 사이의 지정학적 긴장과 이념적 이질성이 해체되고, 역사 문제의 화해도 이룬 것이었다. 그러한 해체와 화해의 전제는 소련과 영국, 프랑스 등 전쟁의 피해자들이 전후 독일 재건의 결정 과정에 참여했고, 독일의 철저한 역사 반성을 강제할 수 있었다는 사실이다.

동아시아에서 전후사의 구조는 반대의 길을 걸었다. 어떤 의미에서는 전전의 유럽이 처해 있었던 질곡의 구조가 전후 동아시아로 이전된 양상을 보인다고 말할 수 있다. 주요 사회들 사이의 지정학적 긴장, 정치 사회적 체제와 이념의 이질성, 그리고 역사적 상처로 인한 긴장이 한꺼번에 중첩되는 구조에 갇히게 된 것이다. 그 결과, 전후 동아시아에서는 질서의 지정학적 재구성과 정치 사회적 체제와 이념의 갈등이 역사 심리적 간극을 동결하고 심화하는 방식으로 결합하게 된다. 미일 간 전쟁의 상처는 재빨리 구축된 안보 동맹에 의해 해소된다. 그러나 제국체제의 최대 피해자였던 중국은 전후 일본의 재건 방식을 결정하는 데 참여할 수 없었다. 대분단체제는 역사적 상처를 해소하기는커녕 동결하고 응결시켰다. 미국 단독 점령 체제하에서 일본은 천황제에 면책권을 부여받았고, 소수의 A급 전범만 제외하고 지배층이 그대로 전후 일본을 지도했다. 역사 반성을 강제하는 시스템은 없었다.

오늘날 역사 관련 망언을 주도하는 정치인들이 속한 일본의 전후 세대는 다른 동아시아 사회들과의 역사 화해를 위한 반성적 교육의 기회를 제대로 갖지 못한 집단이다. 역사 반성 문제에서 독일과 일본의 차이를 '민족성'의 문제로 돌릴 수 없는 이유이다. 전후 동아시아에서는 제국체제의 지정학적 구조가 스스로를 재구성할 뿐 아니라, 역사 심리적 분단을 응결시키고 온존시키는 방식으로 부활했고, 여기에 정치 사회적 체제와 이념의 이질성이라는 또 하나의 칼이 그 분단의 골을 더욱 깊게 했다는 사실을 주목해야 한다.

이 문제를 좀 더 개념화해 보면, 민족 공동체와 초국적 이념 공동체라는 두 유형의 공동체 사이의 결합 방식에 대해 얘기할 수 있다. 전후 유럽에서 침략 전쟁과 전쟁 범죄의 주된 가해자였던 사회의 민족 공동체는 승전국들에 의해 이중적 분할의 대상이 되었다. 나라 자체가 분할되어 동과 서의 이질적인 초국적 이념 공동체에 소속되었을 뿐만 아니라 전쟁 범죄를 주도한 사회 내부의 파시즘 세력의 도덕적 정통성을 철저하게 부정하고 책임 집단에 속한 모든 개인들에 대한 인적 청산을 규범화했다. 가해 사회 내면의 역사적 연속성이 제거된 것이다.

반면에 동아시아에서 가해자 사회의 민족 공동체는 그 역사의식의 통일성과 도덕적 권위를 보호받았다. 이중적 의미에서 민족 공동체의 연속성이 보장된 것이다. 일본에 대한 유일한 점령자의 지위를 확보한 미국은 일본의 민족 공동체적 통일성을 보호할 수 있었을 뿐만 아니라 전쟁 범죄의 주체 세력에 대한 단죄를 최소한에 한정함으로써 일본 정치 사회 내면과 그 의식의 연속성이 보장되었다. 일본의 역사적 정통성과 연속성, 그리고 공동체성의 표상으로서의 천황제가 상징적 형태로 존속한 것이 그 모든 것을 함축했다. 전후 동아시아에서 민족 공동체의 분열을 겪은 것은 유럽에서와는 정반대로 동아시아 제국체제의 주요 피해자 사회였던 중국과 한반도, 그리고 인도차이나였다. 피해자로서의 역사 인식을 공유한 민족 공동체들은 모두 분열된 채로 각각 이질적인 초국적 이념 공동체에 편입되었다.

이 상황이 전후 동아시아 질서에 미친 결과는 세 가지로 요약할 수 있다. 첫째, 가해자의 민족 공동체의 통일된 역사의식은 그것이 새롭게 속한 초국적 이념 공동체에 의해 보호받았다. 반면에 대분단체제 기축 관계의 다른 한 축을 구성한 중국 대륙은 다른 이념 공동체에 속했다. 이로써 전후 동아시아에서 기축 관계 사회들에게 이념적 타자(他者)와 역사 인식의 타자는 일치했다.

둘째, 피해자 민족 공동체들의 이념적 분열로 인해, 이들 사회에서 과거 제국체제의 역사 문제는 정치적·외교적 투쟁과 지적 담론의 무대에서 부차화되었다. 이것은 역사 문제의 해소가 아닌 '응결된 지속'을 뜻했다. 이념적 타자화가 모든 정치적, 지적 담론을 우선적으로 지배했기 때문에 다만 억제되어 있었을 뿐이다.

셋째, 동아시아에서 역사 인식의 타자화 문제는 냉전기의 담론에서 부차화되었을 뿐, 이념적 타자화와 일치했고, 대륙과 미일 동맹 사이의 지정학적 타자화와도 또한 일치했다. 이렇게 삼중(三重)으로 결합된 타자화 사이의 상호 유지적 상호 작용이 동아시아 대분단체제

천하체제, 제국체제, 대분단체제

의 본질적 특징을 이루게 되었다.

전후 동아시아 질서를 대분단의 '체제'이게 만든 것은 이처럼 중층성과 다차원성 모두에서 작동하는 상호 작용성이다. 이와 같이 중층적 분단, 다차원적 긴장 요인, 그리고 이들 사이의 긴밀한 상호 작용성으로 인해 소분단체제와 대분단의 기축 관계에서 모두 군사적 대치와 군비 경쟁이 유지된다. 이런 조건에서는 양측 사이에 존재하는 전략적 접점의 어딘가에서 긴장의 폭력화가 일어날 가능성을 배제할 수 없다. 긴장의 폭력화를 촉발할 가능성이 있는 지점은 센카쿠·댜오위다오와 같은 대분단의 기축 관계의 전략적 접점일 수도 있고, 대분단의 기축과 연계된 소분단체제들에 내재한 갈등 지점일 수도 있다. 이 상태는 적대 관계가 현재적·잠재적으로 상존하는 상황이라고 하지 않을 수 없다. 이것이 대분단체제의 구조이다.

전후 미소 냉전의 구축과 미국의 경제적 헤게모니 정립은 유럽과 동아시아를 포함한 전 지구에 새로운 세계 체제를 구축했다. 하지만 지정학적 전통과 정체성, 정치사회적 체제와 이념, 그리고 역사 인식의 문제가 결합하고 상호 작용하는 패턴은 지역에 따라 달랐다. 바로 그러한 차이가 전후 유럽 질서와 동아시아 질서의 동일성과 함께 차별성의 원인이 된다. 탈냉전과 세계화가 찾아온 1990년대 이후의 세계에서 유럽과 동아시아의 질서는 중대한 차이를 보인다. 이 차이는 전후 지역 질서에서 지정학적 구조와 정치 사회적 체제와 이념, 그리고 역사 인식의 존재 방식이 결합하고 상호 작용한 방식의 차이에 뿌리를 둔 것이었다.

2 중층적 분단 사이의 상호 작용성

동아시아 대분단의 기축을 이루는 미일 동맹과 중국 대륙 사이의 긴장은 소분단체제들과 상호 작용한다. 그 상호 작용은 대체로 서로를 유지시키는 성격을 띤다. 기축 관계는 소분단들의 형성과 유지에 기여하고, 소분단체제에서의 긴장은 대분단의 기축 관계에서 때로 이완되는 긴장을 재충전시키곤 한다.

1949년 신중국의 성립과 함께 구성되기 시작한 대분단 기축 관계의 원형은 당시 한국에 이미 성립해 있던 소분단체제와 결합하면서 한국 전쟁을 낳는다. 한국 전쟁은 이후 동아시아의 다른 지역에서도 미국의 개입주의를 강화시킨다. 그 결과 타이완과 인도차이나에서 소분단체제들이 고착된다. 워싱턴은 한반도에서 전쟁이 발발하자 한국에 개입함과 동시에 타이완 해협에 제7함대를 파견하여 이 해협을 봉쇄했다. 아이젠하워 대통령은 장제스에게 대륙에 대한 공격 행위를 승인하기까지 했다. 타이완과 상호방위조약을 체결했으며, 타이완에 군대도 주둔시켰다. 이렇게 해서 타이완 해협에 구성된 소분단체제에는 중국이 갈등의 한 축으로서 직접 관련된 만큼, 이 소분단의 긴장은 미중 간 기축 관계의 직접적인 바로미터로 작동했다.

한반도의 전쟁에서 미국과 중국은 직접 격돌했다. 그것은 타이완 해협에 소분단을 구성했을 뿐 아니라, 인도차이나에도 미국이 개입한 소분단체제가 형성되게 했다. 한국 전쟁 이후 베트남에서 식민주의 질서를 복원하려던 프랑스의 노력은 미국의 지원에 의지해 지탱될 수 있었다. 프랑스는 1954년 디엔비엔푸 전투에서 결정적으로 패배하고 제네바 협정에 의해 퇴장하지만, 대신 미국이 개입하여 남베트남을 지탱한다. 이로써 인도차이나 소분단체제가 성립했다.

　이후 대분단의 기축 관계인 미일 동맹과 중국의 관계는 세 지역의 소분단체제들과 상호 작용하며 서로를 유지하고 재활성화하는 패턴을 보였다. 1970년대 초 동아시아 국제 관계는 그것을 잘 보여 준다. 중소 갈등을 유리하게 이용하고, 베트남 전쟁에서 명예로운 후퇴를 위해서 미국은 중국과 관계 개선을 도모했다. 1972년 미중 데탕트는 남북 관계에 처음에는 긍정적인 영향을 미쳤다. 1972년 '자주, 평화, 민족 대단결'이라는 '조국 통일 3대 원칙'에 남북이 합의한 7·4 공동 성명이 그것이다. 그러나 그 후 3개월 만에 한국의 박정희 정부가 이른바 '10월 유신'이라는 이름의 장기 독재 체제를 구축하고, 남북 관계를 국내 정치적 도구로 활용하면서 남북 관계는 다시 악화된다. 인도차이나의 공산화는 남한 정부의 안보 불안감을 유발하여 한반도의 긴장 상태를 더욱 악화시켰을 뿐만 아니라, 미국의 정치 사회 전반에 반공적 보수주의를 재활성화했다.

　1970년대 말은 인도차이나뿐 아니라 이란과 니카라과에서도, 그리고 아프가니스탄에서도 미국에 적대적인 세력이 등장하면서, 미국의 대외 정책 전반이 보수화되었다. 그 결과 미소 관계가 신냉전에 돌입한다. 이로써 한편으로는 미중 관계 개선이 촉진되었지만, 미국의 반공주의 전반 또한 강화되었다. 1979년 미국이 중국과 관계 정상화를 단행하면서도 타이완에 사실상의 안보 공약을 제공한 「대만관계법」은 1970년대에 이룩된 미중 관계 개선의 양면성과 한계를 상징한다. 타이완의 소분단체제는 한반도의 소분단과 함께 동아시아 대분단 기축 관계의 변화를 제약하는 중요한 장치였다.

1990년대에도 대분단의 기축에서 긴장 완화가 추구되지만 한반도 핵 문제, 그리고 타이완 해협의 미사일 위기가 미중 관계를 긴장시켰다. 2008년 타이완 마잉주 정권의 등장은 양안 관계에 훈풍을 몰고 온다. 하지만 남중국해와 센카쿠·댜오위다오의 문제로 미일 동맹과 대륙 사이의 기축 관계가 긴장했다. 그 여파로 타이완의 미국 첨단 무기 구매는 오히려 증가한다. 2010년 초 천안함 침몰이라는 한반도 내적 사건도 이 시기 대분단 구조 전반에 긴장을 보탰다. 모두 대분단의 기축과 소분단체제들 사이에 작동하는 상호 유지 패턴을 말해 준다.

6 냉전기 동아시아 대분단체제의 내면적 변화와 그 성격

동아시아 대분단체제는 지속성과 함께 변화를 내포한다. 냉전기와 탈냉전기에 물론 차이가 있지만, 냉전기 안에서도 대분단체제의 성격은 내면적 차이가 있다. 냉전기 대분단체제는 크게 두 시기, 즉 비타협적 국면과 타협적 국면으로 나눌 수 있다. 그 차이는 대분단체제에서 타이완과 오키나와의 위상 변화, 그리고 인도차이나의 상황에 압축되어 있다.

1 비타협적 국면의 냉전기 대분단체제에서 타이완, 오키나와, 그리고 인도차이나

신중국 성립 이후 약 20년(1950~1960년대)의 동아시아 대분단체제는 비타협적 국면이었다. 비타협적 시기의 특징은 미중 관계에서 타이완이 차지하는 위상이 보여 준다. 이 기간에 타이완은 미국의 대중국 봉쇄의 전초 기지였다. 그래서 미국과 서방에게 타이완은 중국을 대표하는 유일 합법 정부였다. 한국 전쟁 이래 20년 동안 '미중 관계'란 곧 '미국-타이완 관계'를 의미했으며, 오늘날 미국을 괴롭히는 '타이완 문제'는 존재하지 않았다. 1950년대와 1960년대에 미국의 중국 문제는 '레드 차이나 문제'였다.

미일 동맹과 중국 사이의 첨예한 군사적 긴장은 오키나와의 위상에서도 표현되었다. 오키나와 역시 미국의 대중국 봉쇄의 전초 기지였고, 형식적 주권도 미국에 속했다. 미국이 주도하는 동아시아 태평양 지역의 군사 동맹 네트워크에서 미국의 압도적 주도성을 표상하는 것이었다. 말하자면 오키나와는 명실상부하게 미국의 식민지였다. 미국 식민지로서의 오키나와는 베트남 전쟁 기간 미국 전폭기의 주요 발진 기지였다. 제국체제 시기에 일본의 식민지였던 타이완이 중일 전쟁에서 일본의 중국 침략 군사 발진 기지 역할을 했던 것에 비유할 수 있다.

인도차이나는 비타협적 대분단체제에서 미중 간 긴장의 가장 첨예한 전역(戰域)이었다. 중국은 1950년 초부터 북베트남에 무기를 공급했다. 미국의 인도차이나 군사 개입을 우려해서 중국의 무기 공급은 제한적이었지만, 1953년에는 중화력 무기도 공급했다. 1954년 디엔비엔푸 전투에서 미국의 지원을 받는 프랑스군을 호찌민의 군대가 격파할 수 있었던 것은 중국이 제공한 대포의 역할이 컸다. 1968년까지 미국 존슨 행정부의 정책은 베트남 공산당의 가장 중요한 후원자가 중국이라는 인식에 근거해 있었다. 헨리 키신저에 따르면, 베트남 전쟁에서 존슨 행정부의 전쟁 전략을 제약한 최대의 요인은 중국의 군사 개입에 대한 경계심이었다.

2 타협적 국면의 냉전기 대분단체제에서
타이완, 오키나와, 베트남, 그리고 한반도

1970년대의 시작과 함께 동아시아 대분단체제는 타협적 국면에 접어들었다. 이러한 변화를 가장 극적으로 보여 준 것은 타이완의 위상 변화였다. 미중 관계와 중일 관계에서 데탕트가 성립하면서 미국은 이른바 '하나의 중국' 개념을 수용한다. 타이완의 형식상 주권이 중국에 있음을 인정한 것이다. 그러나 동시에 미국은 실질적으로는 타이완을 자신의 군사 정치적 영향권 안에 유지하는 정책을 취한다. 결국 타이완에 대한 명목상 주권은 중국에 속하지만, 실질적으로는 미국의 패권적 영향권의 일부이자, 중국의 태평양 진출을 차단하는 미국 해양 패권의 중대한 바로미터의 하나로 남았다. 그런 의미에서 타이완은 이 시기 이후 현대판 (중국과 미국 양국에 대한) 양속 체제(兩屬體制) 현상을 보이게 된다.

타협적 국면의 대분단체제에서도 타이완은 미국의 동아태 해상 패권 영역의 불가결한 일부로 기능했다. 미국은 한편으로는 타이완의 독립성을 부정하고 그것을 중국 영토의 일부로 인정한다고 하면서도, 타이완의 독립성과 안보에 대한 미국의 책임을 자임했다. 이 양면성을 미국은 스스로 '전략적 모호성'이란 개념으로 설명해 왔다.

한편에는 1972년 이래 미국이 중국과 세 차례 합의한 공동 성명이 있다. 1982년 8월에 발표된 제3차 미중 공동 성명에서 중국은 타이완 문제의 평화적 해결을 근본 정책으로 천명한 대신, 미국은 장기적으로 타이완에 무기를 판매하지 않을 것이며, 점차로 그 규모를 줄여 갈 것이라고 약속했다. 다른 한편에는 1979년 미 의회를 통과한 「타이완관계법」이 있다. 이 법의 제2조와 3조는 타이완에 관한 미국의 전략적 이익과 무기 판매 공약을 담았다. 미국은 타이완이 충분한 자위 능력을 유지하는 데 필요한 미국의 방어 무기와 용역의 판매를 공약했다. 타이완이 자위를 위해 어떤 무기가 필요한지에 대한 결정에는 미 의회의 참여를 보장했다. 이처럼 세 개의 미중 공동 성명과 「타이완관계법」 사이의 균형에 의지하는 미국의 전략적 모호성 기조는 1990년대까지 유효했던 것으로 간주된다.

미국 국내법상 타이완의 정치적 지위를 규정한 「타이완관계법」의 제2조는 "미국이 중국(PRC)과 외교 관계를 맺는 것은 타이완의 미래가 평화적 수단으로 결정된다는 기대를 전제로 함을 명확히 한다."라고 했다. 제4조는 또한 "이 법의 어떤 내용도 국제금융기구나 그 어떤 국제기구로부터 타이완을 배제하거나 추방할 근거로 해석해서는 안 된다."라고 함으로써 국제 사회에서 타이완의 국가적 독립성(statehood)을 지지하는 근거가 될 수 있었다. 그 결과 「타이완관계법」은 미국이 타이완과 사실상의 군사 동맹을 유지하는 명분으로 활용되었다. 예컨대 미국이 1992년에 중국의 강력한 항의에도 불구하고 150대의 F-16 전투기를 판매한 것은 미중 공동 성명의 취지에 정면으로 위배되지만 「타이완관계법」에 의거하면 정당화될 수 있었다.

한편 오키나와의 위상에도 변화가 있었다. 오키나와의 주권은

1972년 일본에 복귀한다. 그러나 동시에 오키나와는 여전히 미국의 대중국 군사적 전초 기지였다. 오키나와 운명의 실질적 결정자는 미국인 채로 남았다. 오키나와 주권의 일본 귀속은 일본의 경제 성장 등이 역할을 했지만, 미국이 동아시아에서 중국과 일정한 타협을 이루게 되면서 아시아 방위에 대한 아시아 동맹국들의 역할을 확대한다는 닉슨 독트린의 맥락에서 나온 것이었고, 또한 미일 동맹에서 일본의 위상과 역할을 제고하는 의미를 내포한 것이었다. 그러면서도 오키나와는 미일 군사 동맹 체제의 중대한 물적 토대의 하나로 남았다. 또 미국의 동아태 해양·군사 패권 체제의 핵심적인 기지로 남았다. 그런 의미에서 오키나와 역시 동아시아 대분단체제의 타협적 국면을 반영하면서 (일본과 미국 양국에 대한) 양속 체제의 성격을 띤다.

인도차이나는 1970년대 초 이후 전개되는 대분단체제의 타협적 국면의 원인이자 결과를 반영한다. 우선 베트남 전쟁이 미국에 초래한 군사적, 정치적, 경제적 위기는 미국이 중국에 대해 평화 공세를 펼친 가장 중요한 원인의 하나였다. 과거 한국 전쟁은 전후 미국의 재무장을 위한 국내 정치적 조건과 함께 국제적 동맹 네트워크를 성립시켰다. 이것은 미국의 전 지구적인 패권 체제의 주요한 계기의 하나로 작용했다. 반면에 베트남 전쟁은 미국 패권의 경제적, 군사적, 그리고 도덕적 및 국내 정치적인 기초에 심각한 위기를 초래했다. 닉슨 대통령과 키신저가 이 위기로부터 탈출하기 위해 추구한 선택이 소련 및 중국과의 데탕트였다. 그 중요한 목적의 하나가 소련과 중국의 협력을 얻어 북베트남을 평화 협상에 끌어들이는 것이었다. 그렇게 해서 인도차이나로부터의 명예로운 퇴장을 모색한 것이다.

1969년 7월 25일 리처드 닉슨은 괌에서 '베트남 전쟁의 베트남화'와 '아시아 안보의 아시아화'를 선언한 닉슨 독트린을 발표했다. 그 결과 1973년 1월 파리에서 「베트남 전쟁 종결을 위한 협정」이 체결된다. 미국은 철군하고, 베트남은 1975년 4월 공산주의로 통일된다. 이로써 인도차이나의 소분단체제는 해체된다. 이후 베트남은 미국뿐만 아니라 중국과도 긴장 국면에 들어가 전쟁까지 치르는 등 커다란 변화를 겪게 된다.

그러나 베트남의 공산화 자체는 적어도 두 가지 측면에서 동아시아 대분단체제의 유지에 기여하게 된다. 첫째, 한국 박정희 정권의 안보 불안을 촉발하여 한반도 소분단체제의 군사적 긴장을 심화시킨다. 동아시아에 대한 개입주의에서 한 걸음 물러나려던 미국은 동아시아 친미 국가들의 동맹 이탈로 미국 주도 안보 질서 자체가 붕괴할 것을 우려한 나머지 개입주의 유지로 돌아서게 된다. 둘째, 베트남 전쟁에서의 패배와 베트남의 공산화는 1949년 중국의 공산화로 시작된 미국의 아시아 대륙으로부터의 퇴장을 완성시킨다. 이 사태는 1949년 '중국의 상실'이 매카시즘을 위시한 격심한 정치적 반동을 몰고 왔던 것처럼, 1970년대 후반 미국의 정치와 사회 전반에서 강한 보수적 반동을 초래한다. 그것이 카터 행정부 후기의 신냉전주의이며 이 변화는 1980년대 레이건 행정부의 반공 보수주의의 기반이었다.

즉 베트남의 소분단체제는 대분단체제가 타협적 국면으로 전환되는 원동력이기도 했지만, 그 해체의 방식은 특히 미국에게 깊은 정치적 충격을 안겼다. 미국과 함께 일본 내면의 반공 보수주의는 재활성화되고, 동아시아의 다른 소분단체제들의 군사적 긴장은 다시 높아졌다. 한국 박정희 정권이 베트남 공산화를 배경으로 핵무기 개발을 기도한 것은 그 대표적인 것이었다. 그것은 마치 공산권이 붕괴된 1990년대에 고립된 북한이 핵무기와 미사일 개발 문제로 긴장을 주도하게 되는 상황의 예고편이라 할 만한 것이었다. 이러한 상황은 미중 관계 및 중일 관계의 개선을 상당 부분 상쇄하면서 동아시아 대분단체제의 내면적 긴장 상태를 유지시키는 작용을 했다.

인도차이나 사태를 배경으로 한반도에서 박정희 정권이 선도한 군비 경쟁에는 탄도 미사일 개발 경쟁도 있었다. 북한이 소련으로부터 스커드 미사일을 도입하여 자체 생산을 시작한 것은 1984년이지만, 남한은 그보다 5년 앞선 1979년에 탄도 미사일 개발을 완료한 것이다. 1990년대에는 공산권이 붕괴되면서 국제적 고립에 직면한 북한이 핵 프로그램과 탄도 미사일 개발로 한반도 소분단체제의 긴장과 동아시아 대분단체제 사이의 상호 작용이 이루어진다. 긴장 조성의 주체는 다르지만, 그 원형을 우리는 1970년대에서 목도할 수 있다. 이때 인도차이나의 완전한 공산화를 배경으로 남한은 핵무기와 탄도 미사일 개발을 선도하고, 한미 양국은 그로 인한 양국 관계의 긴장 속에서도 북한에 대한 공격적인 전쟁 계획을 수립하고 이를 반영한 합동 군사 훈련을 실시하면서 한반도 소분단체제의 긴장을 심화시켰다. 그로써 동아시아 대분단체제의 내면에도 깊은 연속성의 그늘을 드리웠다.

3 타협적 국면의 냉전기 대분단체제에서 미중 관계의 성격

미국은 1970년대에 제2차 인도차이나 전쟁에서 명예로운 후퇴를 위한 전술적 차원에서, 그리고 중소 분열을 이용한 소련 견제를 위해 중국과 접근하여 관계 정상화를 추구했다. 그러나 미국은 기본적으로 중국에 대해 타협과 봉쇄라는 두 가지 목표를 동시에 추구했다고 보아야 한다. 베트남 통제와 소련 견제라는 공동의 목표를 위해서 전술·전략적으로 중국과의 협력을 추구하되, 한반도 소분단체제에서 북한의 동맹 세력으로서의 중국은 엄연한 견제와 봉쇄의 대상이었다. 미국은 타이완에 관해 한편으로 중국의 주권을 인정했지만, 타이완에 대한 미국의 정치 군사적 영향권 유지는 미국의 동아태 패권 체제의 바로미터의 하나였다는 점도 유의해야 한다.

미국의 동아태 해상 패권 체제 유지를 위해서는 미일 동맹, 한미 동맹, 미국-타이완 간 실질적 군사 동맹 관계 견지가 필수적이었다. 이처럼 타이완과 한반도라는 소분단체제의 존재와 대중국 관계의 불안정성 자체로 말미암아 미국의 대중국 협력과 봉쇄의 이중적 성격은 불가피했다.

미국이 중국과 전술적·전략적 협력을 추구한 시기에도 미국의 동아시아 전략의 기축은 엄연히 미일 동맹 제일주의였다. 중국은 국면에 따라 협력의 대상이 되기도 했지만, 어디까지나 이질적인 이념과 정치 사회 질서를 가진 심오한 경계 대상이었을 뿐 아니라, 일본과의 동맹에 바탕을 둔 지정학적 통제 대상이었다.

흔히 1970년대 초 미중 화해 이후의 미국·중국·소련의 삼각관계를 "중국과 미국 사이의 전략적 동반자 관계에 의한 소련 견제"라고 요약한다. 그러나 그보다 정확한 것은 '이이제이(夷以制夷)'일 것이다. 미일 동맹의 관점에서 중국을 이용해 소련을 견제하고, 소련에 의

거해 중국을 견제하는 것이 이로운 전략임은 분명하지만, 중국도 소련도 미국과 일본에게 '이(夷)'라는 상황은 근본적인 변화가 없었다. 지정학적 긴장의 축이 이원화된 것에 다름 아니었다.

7 1990년대 이래 대분단체제의 변화와 지속
― 세 차원의 긴장과 그 현주소

소련과 동구 공산권의 붕괴로 전 지구적 차원에서 중국 공산주의는 고립되었다. 미국에게 중국은 대소련 견제를 위한 전략적 파트너로서의 의미를 상실한다. 중국 공산주의의 정치적·이데올로기적 고립은 중국의 개방과 세계 자본주의 경제에의 통합 전략 추진의 근본 배경의 하나였다. 1992년 덩샤오핑의 남순강화(南巡講話)와 시장화를 포함한 경제적 개혁 개방 가속화 결정은 그의 창의였고, 왕후이의 지적처럼 현대 중국의 역사적 실천에서 나온 반성과 자기 수정이었다고 할 것이다. 그러나 당시의 전 지구적 조건에서 생산력이 초보 단계에 머물렀던 중국이 취할 수 있는 유일한 선택을 덩샤오핑과 그의 동료들이 수용한 것에 다름 아니라는 해석도 가능하다.

미국과 일본에게 중국은 잠재적 거대 시장이었다. 20세기 전반기 제국체제에서 미일 연합의 대전제였던 대중국 경제적 경영이라는 공동의 목표는 변화된 형태로 부활한다. 이 상황은 미일 관계 경쟁과 균열의 요소도 될 수 있었다. 그러나 제국체제에서와 달리 중국은 반식민지가 아니라 정치 군사적 통일성과 경제력을 가진 거대한 실체였

천하체제, 제국체제, 대분단체제

다. 그런 점에서도 중국은 경제적 통합과 협력의 대상인 동시에 봉쇄와 통제의 대상으로서 지속된다.

1 지정학적 긴장의 변화와 연속성

냉전 체제의 기축이었던 미소 양극 질서는 그 한 축인 소련과 공산권의 붕괴로 해체되었고, 그것은 유럽 질서에서 냉전 구조의 완전한 해체로 이어진다. 전 지구적 차원에서 미소 간의 권력 균형이 소련의 일방적인 붕괴로 인해 미국 중심의 단극적 질서(unipolar moment)의 상황이 벌어진 것이다.

그런데 동아시아 대분단 기축의 지정학적 균형에서는 정반대의 현상이 벌어진다. 미국 헤게모니의 약화와 중국의 지정학적 부상이다. 이것은 새뮤얼 헌팅턴이 '문명충돌론'을 제기한 역사적 배경의 하나이기도 했다. 미국인들의 지정학적 인식에서 미국·서양과 나머지 세계(the West and the Rest) 사이의 대립의 본질이 미소 대립을 중심에 둔 경제 사회 질서·이데올로기의 이질성의 문제로부터, 미중 관계를 중심에 둔 문명적 차원의 이질성의 문제로 옮아가는 전환기적 상황에 대한 미국 지식인 사회의 예민한 반응이었던 것이다. 그만큼 미국이 이제 대결해야 할 근본적인 지정학적 숙제로서 중국이 부상한 것이었다.

유의할 것은 중국의 부상으로 인해서 동아시아에서 지정학적 긴장의 중심축이 소련과 미일 동맹이었던 것에서 중국과 미일 동맹으로 단순 이행한 것은 아니라는 점이다. 소련과 미일 동맹 사이에, 그리고 중국 대륙과 미일 동맹 사이로 지정학적 긴장이 이원화되어 있었던 상태에서 소련의 퇴장 이후에는 동아시아의 지정학적 긴장의 축이 미일 동맹 대 중국으로 단순화되는 동시에, 소련의 퇴장만큼이나 중국의 부상 속도가 빨라서 소련 붕괴로 인해 상당 부분 해체되었던 지정학적 긴장이 빠르게 재충전되었던 것이다.

특히 2000년대 들어서 중국의 부상이 본격화하면서 동아태 지역에서 미일 동맹과 중국 사이의 지정학적 긴장은 구체적인 모습을 띠기 시작했다. 미국과 일본이 현상 유지 세력이라면, 중국은 기존의 안보 질서에서 일정한 수정을 추구할 수밖에 없는 세력이다. 한 가지 문제는 둘 사이의 세력 균형의 변동이 상당히 빨라서 관련 사회들과 국가 권력이 평화적으로 관리해 낼 수 있을지 아무도 확신할 수 없다는 것이다. 미국은 상대적인 쇠퇴를 겪고는 있으나 여전히 세계 유일의 초강대국의 지위를 유지하고 있다. 더욱이 일본과의 동맹을 견지하고 있다. 그런 만큼 미국이 동아태 지역에서 구축하고 있는 안보 질서와 그 구체적인 내용으로서의 동아태 지역에 대한 미국의 해상 패권은 강력한 실체를 갖고 있다. 그러나 중국의 힘도 누구의 예상보다 급속하게 성장했다. 그것은 거의 자연스럽게 중국의 내면적인 자아 개념, 즉 '자아 정체성'을 확장시켰다. 중국의 '영토적 자기 영역 개념'이 확대되고 있는 것은 그 표현이다. 동아태 지역에서 미일 동맹의 기득권인 해상 패권과 직접적으로 대치할 수 있는 접점이 확대되고 있고, 그 접점들에서의 긴장이 심화되는 것은 어쩌면 자연스러운 추세라고 해야 한다.

이런 추세로 인해서 동아시아의 대분단체제는 탈냉전과 무관하게 지속되고 있다. 중국 대륙의 통일 국가가 갈수록 더 부강해지는 현

천하체제, 제국체제, 대분단체제

실 속에서, 미국은 동아시아 전략의 핵심을 미일 동맹 견지와 강화에 두어 왔다. 케네스 월츠와 새뮤얼 헌팅턴, 존 미어샤이머 같은 많은 현실주의 이론가들과 로스 먼로를 비롯한 신보수주의 집단 등 많은 지식인들은 중국이 결국 미국 패권에 도전하게 될 것으로 전망해 왔다. 모든 강대국은 필연적으로 패권을 추구한다고 가정하는 '공격적 현실주의'의 대표적 이론가인 존 미어샤이머가 미국에 제안하는 대책은 중국의 부상을 방해하고 억제하기 위한 '예방적 봉쇄'의 전략이다. 모든 현실주의자들이 이에 동의하는 것은 물론 아니다. 중국의 미래 향에는 미국의 대중국 인식과 전략이 중요한 변수라는 시각도 있다. 즈비그뉴 브레진스키는 중국이 미국의 적이 되는 것은 미국이 중국을 적으로 여기고 중국을 봉쇄하는 전략을 추구할 때 '자기 충족적 예언'이 될 것이라고 주장한 바 있다. 클린턴 행정부와 또 달리 부시 행정부가 중국을 전략적 경쟁자(peer competitor)로 규정한 데 이어, 오바마 행정부가 이른바 '아시아 재균형' 정책을 공식화함에 따라 중국에 대한 미국의 우려와 경계가 자기 충족적 예언이 될 가능성은 더 높아질 수 있다.

미중 간에는 불행하게도 둘 사이의 지정학적 경쟁이 개연성을 넘어 필연성으로 전환될 수 있는 근본 문제가 있다고 할 수 있다. 대만 문제가 그것이다. 미국은 대만에 대한 영향권 유지를 동아태 지역 패권자로서의 자신의 위상을 유지하느냐 상실하느냐라는 결정적인 바로미터로 보는 경향이 강하다. 미국에게 대만은 태평양을 미국의 호수로 유지하느냐의 문제의 관건인 것이다. 대만의 독립성 유지를 돕는 것은 일본에게도 동아태 지역에 대한 중국의 도전을 억지한다는 의미를 갖는다. 1970년대 이후 미국이 중국을 전략적 동반자로 간주하던 약 20년간 미국은 대만 문제에 대해 '전략적 모호성' 정책을 취했다. 모호성 전략이란 미국이 대만을 향해 이렇게 말하는 것을 뜻했다. "미국은 대만의 방위를 도울 수 있지만, 반드시 그렇게 하겠다는 공약을 제공하지는 않는다."

그러나 전략적 동반자 관계가 해소된 1990년대 초반 이후 미국은 전략적 모호성에서 '전략적 명료성(strategic clarity)' 정책으로의 전환을 시사하는 움직임을 보였다. 1995~1996년의 타이완 해협의 미사일 위기와 그에 대한 미국의 대응 방식은 그러한 추세와 연관되어 있다. 한편으로 미국의 대만 정책은 여전히 전략적 모호성의 요소도 담고 있다. 미국은 베이징 정부와 타이페이 정부의 통일 투쟁에서 궁극적인 중재자를 자임하지 않는다는 점에서 근본적으로 모호성 정책을 유지한다. 그런 전제하에서 미국은 한편으로 '하나의 중국' 정책을 견지하는 동시에 대만의 방위를 지원하는 정책의 유연성을 취할 수 있었다. 그러나 모호성 정책은 미국 안에서 레이건 정부 이래 꾸준히 도전받았는데, 특히 1995~1996년의 대만 미사일 위기 이후 명료성 정책으로 크게 선회하는 모습을 보인다. 낸시 터커는 미국의 전략적 명료성 정책이 강화될수록 이 해협에서 미중 간 군사적 충돌의 위험이 높아질 수 있다고 우려한다. 유사시 미국의 선택지는 좁아지고 유연성이 제약될 것이기 때문이다.

중국에게 대만은 주권적 및 민족적 정체성이라는 심오한 심리적·정치적 의미를 갖는 동시에 동아태 지역에 대한 미일 동맹의 일방적 해상 패권 체제를 극복하는 문제이기도 하다. 미국 하원은 2000년 「대만안보향상법」을 압도적으로 통과시켰다. 클린턴 행정부가 이 법안의 상원 상정을 막아서 법으로 확정되지는 않았지만, 이 사건은 미국 권력 집단 안에서 대만에 대한 전략적 모호성 정책의 정치적 토대가 약화되고 있음을 보여 주는 증거였다. 2001년 미국은 '4개년 방위전략 검토(QDR 2001)'에서 대만 등을 포함하는 '동아시아 연해 지역'이라는 새로운 범주를 미국의 4대 '핵심 지역'의 하나로 첨가했다. 21세기 미국의 동아시아 전략에서 대만에 대한 미국의 태도는 더 분명해진 바 있는 것이다. 2005년 3월 중국이 「국가분열금지법」을 통과시킨 것은 대만 민진당(民進黨) 정부의 독립 지향성과 함께 미국의 대만에 대한 전략적 명료성 정책으로의 전환 추세에 대한 대응이라고 볼 수 있다. 대만 문제를 둘러싼 중국과 미일 동맹 사이의 긴장은 잠재적인 수준에 그치는 것이 아니라 두 진영의 군사 전략과 군비 경쟁 체제의 한 결정적인 추동력으로 이미 작용하고 있다.

중국은 특히 2010년 이래 미국이 '아시아 재균형 전략'을 내세우면서 아시아의 동맹 체제를 재활성화함으로써 중국을 봉쇄하려 하고 있다고 인식한다. 이에 대응해 시진핑은 "아시아인을 위한 아시아의 신안보 체제" 건설을 촉구하는 운동을 전개하기 시작했다. 중국은 또한 미국에 대해 '신형 대국 관계'를 구축하자고 제안해 왔다. 미국인들은 이 개념이 미중의 동등한 지위를 강조하는 개념이라고 파악한다. 오바마 행정부는 이 제안에 동의를 표하지 않았는데, 그 이유는 그럴 경우 중국이 동중국해와 남중국해에서 제기하고 있는 다양한 영유권 주장들에 미국이 정당성을 부여하게 될 것을 우려하기 때문이다.

미일 동맹의 기득권이라 할 해상 패권과 중국의 확장하는 자아 정체성 사이의 긴장은 중국과 일본의 전략 개념들의 충돌에도 투영되어 있다. 1991년 덩샤오핑의 이른바 '24문자 지시'에는 도광양회(韜光養晦, 능력을 숨긴다)가 포함되어 있었고, 또 같은 시기에 그가 내린 '12문자 지시'라는 것에도 "적은 강하고 아군이 약하면 방어를 위주로 한다.(強敵我弱, 以守爲主)"라는 내용이 들어 있었다. 다분히 방어적 자세였던 셈이다. 그러나 1980년대 초부터 이미 덩샤오핑 휘하의 당시 중앙군사위원회 부주석 류화칭(劉華淸)의 지휘하에 작성된 '해군 건설 장기 계획'은 2010~2020년에 '약진 후기(躍進後期)'를 달성하여 '제2열도선(第二列島線)'을 완성한다는 청사진을 담고 있었다. 그 안에 속하는 해역에 대한 제해권을 확보하고, 항공모함을 건조한다는 것이다. 이어 2040~2050년에는 서태평양, 인도양에서 미 해군에 대항할 수 있는 해군을 건설한다는 장대한 구상이었다. 아마코 사토시(天兒慧)는 2010년을 전후해 중국이 보여 준 공세적 태도는 그러한 장기적 구상의 맥락과 연관이 있으며, 결코 간과할 수 없는 대외 정책 기조의 변화를 내포한 것일 수 있다고 이해한다.

그런가 하면 일본 정부는 2000년대에 들어 미국과 함께 이른바 '가치 지향적 외교'를 강조하면서, 그에 바탕을 둔 '자유와 번영의 호(arc of freedom and prosperity)'라는 개념을 제시했다. 2006년 당시 외상이었던 아소 다로는 그것을 "민주주의, 자유, 인권, 법치, 그리고 시장 경제"에 대한 가치의 공유에 기초한 외교라고 정의했다. 그가 설명하는 자유와 번영의 호(弧)를 형상화해 보면, 미일 동맹의 강화를 전제로 하는 가운데, 동북아시아에서 출발하여 동남아시아, 인도, 카

천하체제, 제국체제, 대분단체제

프카스(Caucus) 등의 중앙아시아, 중유럽과 동유럽, 유럽 연합, 그리고 발틱 국가들을 하나로 연결하는 거대한 지정학적 고리가 성립한다. 결과적으로는 중국과 러시아라는 두 유라시아의 대륙 세력을 포위하는 모양새를 띠게 된다.

중국의 제1열도선 및 제2열도선과 일본이 미국과의 동맹 견지를 전제로 앞세우는 '자유와 번영의 호'는 미일 동맹과 중국의 지정학적 전략 개념들 사이의 내면적 긴장을 예증한다. 또한 중국의 확장하는 자아 정체성과 동아태 지역에서 미일 해상 패권 사이의 긴장과 깊이 연결된다. 동아시아·태평양 지역에서 미일 동맹과 중국 사이의 지정학적 긴장은 미국의 '사활적 이익(vital interests)' 혹은 '핵심지역(critical areas)' 개념과 중국이 말하는 '핵심 이익(core interests)' 사이의 긴장이 본격적으로 중첩되기 시작하는 것에서도 확인할 수 있다. 중국이 말하는 '핵심 이익'은 영토적 주권 영역으로서 미국을 비롯한 국제 사회의 간섭의 위협이 있는 지역을 가리킨다. 대만, 티베트, 남중국해 등이 중국이 명시하는 대표적인 핵심 이익 지역이다. 중국이 아직은 전후 세계 질서에서 미국이 주도하는 국제 체제의 압박으로부터 수세적 입장에 처해 온 사정을 반영하는 개념이라 할 수 있다. 반면에 미국은 '사활적 이익'이라는 개념을 갖고 있다. 이것은 미국의 영토 주권의 경계를 훨씬 뛰어넘는 자신의 패권적 영역에 관계된 개념이다. 팍스 아메리카나를 지탱하는 세계의 주요 전략적 요충을 가리키는 것이다.

앞서 언급한 대로 미국의 세계 전략은 2001년 QDR에서부터 동아시아를 동북아와 연해 지역으로 구분함으로써, 대만에서 남중국해를 거쳐 벵골 만에 이르는 아시아 대륙의 동남 해안 지대를 미국이 새롭게 주목해야 할 사활적 이익 지역으로 범주화했다. 이러한 미국의 사활적 이익 지역은 중국과 같은 잠재적 패권 경쟁 세력의 권력 투사는 제한하고 미국의 전 지구적인 패권적 권력 투사를 보장하는 세계의 핵심 지역들을 말한다.

중국의 '자아 정체성' 확장과 동아태 지역의 미일 동맹 해상 패권 사이의 긴장은 미국이 자신의 패권 영역의 전략적 요충지들에 걸려 있다고 믿는 사활적 이익과 중국이 자신의 주권 영역이라고 간주하는 지역들에 부여하는 핵심 이익 개념의 중첩과 충돌에서 표상되고 있다. 대만과 남중국해를 둘러싼 미일 동맹과 중국의 긴장이 그런 곳임은 말할 것도 없다. 중국은 더 나아가 주권 영역을 넘어선 주변 지역에 대해서도 더 깊은 관심을 갖게 된다. 한반도가 그러한 지역의 대표적인 곳이라고 할 수 있겠는데, 이는 중국이 스스로를 보호하고 확장하는 데 결정적인 전략적 요충의 개념이 확장됨을 뜻한다.

중국의 힘이 더욱 성장하여 중국이 자신의 주권 영역이라고 간주하는 지역에 대한 국제 사회의 간섭을 받는 상황을 벗어나 팍스 시니카(Pax Sinica)를 구성하는 데 성공한다면, 중국 역시 자신의 주권 영역을 넘어서는 지역에 대한 패권적 권력 투사를 보장할 주요 지역들에 대해 '사활적 이익'이라는 개념을 부여하게 될 것이다.

2 정치 사회적 체제와 이념의 이질성 — 변화와 지속

1980년대에 들어 중국의 개혁·개방이 본격화하면서 동아시아 대분단체제에서 공산주의와 자본주의라는 정치 사회적 체제와 이념으

천하체제, 제국체제, 대분단체제

로 인한 긴장은 완화된다. 그러나 1980년대 말 이래 한국, 타이완, 필리핀 등은 민주화된 반면 톈안먼 사태로 중국의 정치 체제적 이질성이 재확인된다. 이로써 정치적 권위주의, 즉 국가 권력으로부터 개개인간의 자유와 그에 대한 정치적 억압의 문제는 동아시아 대분단체제에서 새로운 중요성을 띠면서 '정치 사회적 체제와 이념'의 이질성의 중심적 차원으로 자리 잡게 된다. 권위주의와 민주주의의 이질성이 또 다른 문명과 야만의 이분법으로 부상한 것이다. 결국 대분단체제를 떠받치는 차원의 하나인 '정치사회적 체제와 이념의 이질성'은 1989년 6월 4일 톈안먼에서 벌어진 사태로 인해 자본주의-공산주의 대립으로부터 민주주의-권위주의 대립의 차원으로 치환되었다.

미국은 중국과 관계를 정상화한 후인 1980년대에도 대만과 비공식적이지만 적극적인 관계를 유지했지만, 미국인 일반은 대만과의 관계에 관심이 없었다. 1989년 톈안먼 사태는 미국-대만 관계에 전기를 마련했다. 중국의 억압적 체제와 달리 새롭게 민주주의를 달성한 대만에 대한 미국의 관심과 연대 의식이 부활한 것이다. 이것은 1990년대에 대만이 '하나의 중국'을 거부하면서 독립을 공개적으로 추구하고, 이로 인해 대만 해협의 갈등이 미중 관계를 긴장시키는 배경의 하나가 된다.

보통 현실주의자들은 국내 체제의 성격이 그 나라의 국제 관계에 큰 영향을 미친다고 생각하지 않는다. 국내 체제의 중요성을 강조하는 것은 주로 자유주의적 국제정치이론에서이다. 그러나 교조적인 현실주의자들을 제외하면, 상당수 현실주의자들도 나라들의 국내 체제의 성격이 국제 관계에 의미 있는 차이를 만들어 낸다고 본다. 예컨대, 애런 프리드버그는 존 미어샤이머와 마찬가지로 미국과 중국의 '패권 경쟁'은 필연적이라고 보는 현실주의자에 속하지만, 미중 간 국내 정치 체제의 차이가 또한 미중 관계의 미래에 중대한 의미를 갖는다고 본다. 한 나라는 자유 민주주의 국가이고, 다른 하나는 권위주의 체제를 유지하고 있다는 사실은 두 나라 사이의 경쟁에 중요한 추가적 동력이 된다는 프리드버그의 지적은 타당성이 있다. 그의 주장처럼, 이데올로기적 간극은 "두 나라 사이에 불확실성을 줄여서 경쟁을 완화할 수 있는 조치들을 취하는 데 장애물이 되며, 상호 적대 의식과 불신의 원천이 된다."

물론 이러한 주장은 데이비드 샴보그가 지적하듯이, 민주주의 국가들끼리는 서로 싸우지 않는 반면 민주주의 국가와 독재 국가는 서로 싸우기 쉽다고 보는 자유주의 국제정치학 전통의 민주평화론과 상통한다. 그러나 이 글에서 필자가 중국과 미국에 관련하여 하는 얘기는 민주주의 국가와 독재 국가 사이의 갈등 여부에 관한 민주평화론에서 도출한 것은 아니다. 굳이 민주평화론에 의지할 필요도 없이, '정치 사회적 체제와 이념'에서 이질적인 사회들 사이에서 정치 사회적 및 이데올로기적 긴장이 갈등 촉진적 효과를 가질 수 있다는 것은 결코 특정한 이론에 구애되는 것이 아니다.

톈안먼 사태는 대분단 기축 관계에서 정치적·이데올로기적 긴장을 초래했지만, 타이완 해협의 소분단체제에도 깊은 충격을 주었다. 타이완에서 독립 추진 세력이 힘을 것은 그 결과였다. 양안 관계라는 소분단체제는 탈냉전 후에도 심각한 긴장을 겪는다. 이 긴장은 다시 대분단의 기축인 미중 관계를 긴장시키게 된다. 마침내 1995~1996년

천하체제, 제국체제, 대분단체제

의 타이완 해협의 미사일 위기가 벌어지는데, 그 원인은 톈안먼 사태와 결코 무관하지 않았다.

1990년대 중엽에 새뮤얼 헌팅턴은 21세기 세계 질서에서의 기본 갈등의 소재를 문명 충돌에서 찾고, 그 중요한 요소로 서양과 이슬람의 대립 못지않게 중국 문명과 서양 문명의 이질성과 그로 인한 긴장의 필연적 발전을 예견했다. 그때 헌팅턴이 염두에 둔 중국과 미국 사이의 문명적 이질성은 공산주의와 자본주의라는 경제 양식 차이는 이미 아니었다. 정치적 민주주의와 권위주의 사이의 문명적 긴장이 그 핵심을 이루는 것이었다.

1990년대는 그처럼 서양 중심의 시각에서 중국의 문명적 이질성을 개념화하는 헌팅턴류의 문명충돌론이 풍미했다면, 2000년대 들어서는 중국 지식인 사회가 중국 중심의 관점에서 문명 담론을 주도하려는 움직임을 보이기 시작했다. 2000년대에 들어 중국 지식인 사회는 '문명국가'론을 광범하게 수용하고 있는 것처럼 보인다. 이 담론은 정치적 민주주의와 권위주의의 구별, 그리고 그에 바탕한 문명과 야만으로의 차별화를 '서양적' 보편주의로 규정하는 경향을 띤다. 이 관점에서는 중국의 국가와 사회가 머물러 있는 권위주의 질서는 야만이 아니다. 다만 기준을 달리하는 '대안의 문명'일 뿐이다. 이로써 서양적 보편주의를 무력화하고, 중국의 정치 사회 질서를 하나의 문명적 대안으로 내세우는 것이다. 이러한 문명국가론은 주로 정치 사회적 체제와 이념의 차원에서 과거 공산주의-자본주의 사이의 냉전적 이념 대결을 대체한 문명론적 긴장을 충전시키는 한 요소가 될 수 있다.

중국 지식인들의 문명국가론은 헌팅턴의 문명충돌론을 포함한 서양 중심의 문명 담론을 반격하면서 새로운 문명의 기준에 대한 논의를 모색하는 움직임이라고 할 수 있다. 2000년대 들어 중국 학계에서 부각되고 있는 '천하' 개념을 중심에 둔 새로운 담론들, 예컨대 자오팅양의 '천하체계'론과 쉬지린(許紀霖)의 '신천하주의' 등도 중국적 문명 담론의 한 양상이다. 그런가 하면 2011년 "중국의 대두는 일반적인 국가의 대두가 아니라 5000년의 연면(連綿)과 끊어지지 않고 연계되어 있는 위대한 문명의 부흥이며, 인류 역사상 들어 본 적이 없을 정도의 초대형 문명국가의 대두인 것이다."라는 장웨이웨이(張維爲)류의 문명국가 담론도 부상해 왔다.

　　'진정한 민주'와 '정의로운 세계 질서'의 기준이 무엇인가에 대한 중국 지식인들의 공세적 문제 제기는 더 빈번해질 것이다. 서양적 보편주의를 대체하는 새로운 문명 기준을 제시함으로써, 정치 사회적 체제와 이념의 이질성에서 비롯되는 긴장을 중국 중심적으로 극복하려는 비전도 제시될 것이다. 이러한 논의는 표현과 양심의 자유를 비롯한 인간의 기본권 개념에 기초한 서구적 민주주의를 상대화하려 시도할 경우 중국판 '근대초극(近代超克)'론으로 빠질 가능성도 없지 않을 것이다.

　　중국 지식인들에 의한 이 같은 문명 담론, 특히 문명국가론과 천하 담론은 2000년대 들어 주로 일본이 주도해 온 '동아시아 공동체'론에 대한 대안 담론의 성격을 띠고 있다는 시각도 없지 않다. 중국의 문명국가론은 일본 주도의 동아시아 공동체론에 더 이상 연연하지 않겠다는 입장을 내포한 것으로 해석되는 것이다. 예를 들어 일본의

천하체제, 제국체제, 대분단체제

아마코 사토시는 중국의 문명국가론이 일본이 미국의 참여를 전제로 개진해 온 '동아시아 공동체' 논의를 대체하여 중국이 주도하는 독자의 아시아 신질서 구상으로 나아가는 논리적 기초로 작용할 것이라고 풀이한다.

　문명국가론이나 천하론은 주로 지식인 사회의 문명 담론이다. 더 직접적인 문제는 중국 국가 권력의 정치 이념과 미국의 정치 사회 사이에 존재하는 문명적 거리이다. 이 점은 데이비드 샴보그가 잘 포착했다. 그는 이렇게 말한다. "많은 관찰자들은 중미 관계가 냉전 종식으로 이제 이데올로기로부터 자유롭다고 주장한다. 그러나 나는 동의하지 않는다. 중국이 마오주의 이념을 폐기했을 수는 있다. 그러나 중국 공산당이 마르크스주의적 사회주의 또는 레닌주의적 권위주의를 버리지 않은 것은 분명하다. 중국 공산당은 대국주의 이념을 버리지 않은 것 또한 분명하다." 이것은 미국과 일본을 긴장시키는 중국 공산당의 정치적 정체성 문제이다. 반면에 베이징 또한 여전히 미국으로부터 직접적인 이데올로기적 위협을 인식한다. 샴보그는 후진타오 주석이 2011년 10월 제17차 중앙위원회의 제6차 전원회의에서 발언한 내용을 주목한다. "우리는 국제적인 적대 세력들이 중국을 서양화하고 분열시키기 위한 전략적 음모를 강화하고 있으며, 그들이 장기적으로 침투하려고 하는 주요 무대가 이념과 문화의 영역이라는 사실을 똑바로 인식해야 한다." 그런가 하면 미국인들은 반공주의를 견지하고 있고, 민주주의, 자유, 개인주의, 그리고 인권에 대한 생래적인 신념들이 미국의 대중국 인식과 정책의 저변을 이룬다.

　샴보그는 결국 자유주의에 바탕을 둔 미국적 예외주의와 전통적 동아시아 세계에서 문명과 질서의 중심을 자처해 온 중국적 예외주의 사이의 긴장과 정치 체제의 차이가 맞물리면서 두 나라 사이에 이데올로기적 대결이 지속되고 있다고 말한다. "두 나라 사이의 이데올로기적·정치적 분열은 항상 존재했지만, 더 큰 전략적 이익을 위해 자주 순화되곤 했다. 그러나 더 큰 전략적 공동 이익이 더 이상 존재하지 않는 오늘날은 이념적 및 정치적 차이들이 뒷전으로부터 미중 관계의 전면으로 돌아온 것이다."

3 역사 심리적 간극의 차원

전후 냉전 시기 대분단체제가 응결시켜 보존했던 동아시아 사회들 간의 역사 심리적 간극은 탈냉전과 함께 해소되기는커녕 오히려 더 첨예해진다. 탈냉전과 함께 역사 담론이 민간과 정부 차원에서 더 활성화되고 공론화되었다. 일본은 동아시아 대분단체제라는 두터운 장벽 안에서 냉전기 내내 역사 문제를 망각할 수 있었다. 당시 국제 사회에서는 공산주의 혁명 대 반공산주의가 지배적 담론이었고, 제국 시대의 과거사 문제는 결코 중심에 있지 않았다.

반면 탈냉전과 함께 동아시아의 다른 나라들에서는 응결되었던 역사 문제가 해방기를 맞았다. 혁명 대 반공의 담론 체계가 붕괴하고 그 지적 폐허 위에 역사 담론이 지배적 위치에 올랐다. 냉전에 들어 일본 정치 사회의 주역이 된 전후 세대의 일본인들은 거의 반세기를 망각하며 지냈던 역사 문제를 갑자기 맞닥뜨려야 했다. 그것은 그들에게 황당하고 생경한 문제였음에 틀림없었다.

이 같은 역사 인식의 이질성은 과거 냉전 시기 이념적 대립을 대체해 일본(미일 동맹)과 동아시아의 다른 국가들 사이에 무시할 수 없는 마음의 장벽을 드리웠다. 이 역사 심리적 차원의 간극이 탈냉전 후의 세계에서 과거 각 사회에서 공산주의와 반공주의를 대신해 새롭게 중요한 정치적 이념 자원으로 떠오른 민족주의와 결합하면서, 역사적 기억의 정치는 더 치열해진 것이다.

중국은 경제 성장이라는 업적주의가 한계에 직면할 수 있고, 공산주의가 지녔던 이념적 자원의 역할도 종식된 지 꽤 되었다. 중국 권력 엘리트는 대체 이데올로기 개발의 숙제를 안고 있다. 한편 일본은 오랜 경제 침체와 저성장 사회의 도래로 깊은 불안 의식에 시달리고 있다. 전통 시대 이래 일본의 정치 및 문화 전통에 자리 잡은 '동아시아 질서에서의 경계인적 의식'은 유서 깊다. 이러한 요인들은 대분단체제에 이미 내재한 역사 심리적 간극의 정치화를 해소하기보다는 더 심화할 가능성을 안고 있다.

1955년에서 1993년에 이르기까지 사실상의 일당 지배 체제를 구축한 일본 자민당의 주류 보수 세력은 청일 전쟁, 러일 전쟁 등 제국주의 전쟁의 도발, 그리고 타이완과 한국의 식민지화의 역사적 합법성을 주장함은 물론이고, '침략 전쟁'의 개념 자체를 부정하는 태도를 견지했다. 1993년 자민당 일당 체제의 붕괴, 그리고 탈냉전에 따라 중국을 포함한 동아시아와의 소통이 시작되면서 보수 세력을 포함한 일본 정치권은 역사 반성 문제를 본격적으로 고민하기 시작한다. 1993년 8월 '위안부' 동원의 강제성을 인정하고 사죄한 고노 요헤이(河野洋平) 관방장관의 '고노 담화'와 1995년 무라야마 도미이치(村山富市)가 이끄는 사회당 정권이 주도해 식민 지배에 대한 역사 반성을 공표한 '무라야마 담화' 등이 그런 움직임을 대표했다.

그러나 국내 일본 전문가들의 지적과 같이, 일본 보수 세력의 역사관을 견제하던 사회당이 1996년 몰락하면서 일본 정치 세력은 "총보수화"된다. 과거 군국주의 일본의 상징으로 여겨지던 히노마루(日の丸)와 기미가요(君が代)는 국기와 국가로 법제화된다. 평화 헌법 개정 문제를 다루기 위한 헌법조사회가 국회에 설치된 것도, 국제 공헌이라는 명분으로 군사적 역할의 확대를 추진하기 시작한 것도 모두 이 무렵이었다. 다른 동아시아 사회들의 역사 담론이 활성화된 것과 때를 같이하여 일본의 역사 담론은 보수적인 자기방어와 자기 합리화의 성격을 강하게 띠면서 더 거칠어지기까지 한다. 2000년대 아베 신조(安倍晋三) 정권이 역사 문제에 대해 취한 태도는 이 점을 잘 보여 준다. 수상 아베 신조와 그의 정권에서 문부과학상을 지낸 시모무라 하쿠분(下村博文)은 1997년 자민당 내 의원 연맹이 난징 대학살의 역사를 부정하는 책자를 발간했을 때 그 핵심 인물들이기도 했다. 아베 정권은 전시 여성의 성 노예화에 대한 제국 시대 일본 국가 권력의 책임을 인정했던 고노 담화를 2014년 6월 끝내 '검증'이라는 이름 아래 사실상 폐기하고 만다.

미국 안에는 일본의 역사의식을 비판하는 목소리도 많다. 그러나 미국의 동아시아 전략의 기본은 어디까지나 일본과의 연합을 통한 아시아 대륙의 통제와 경영에 있다. 일본의 역사 반성 거부로 인한 동아시아의 국가 간 긴장은 미국에게 한편으로는 부담스러울 수 있다. 그러나 기실 1990년대 후반부터 미일 동맹 체제 안에서 일본의 군사적 역할 확대를 촉구하고, 일본의 방위 역할 강화와 국제 공헌이라

천하체제, 제국체제, 대분단체제

는 명분을 앞세우며 일본 보수 세력의 평화 헌법 개정 내지 실질적인 '해석 개헌'을 국제 사회에서 정당화하고 뒷받침해 온 것이 미국이라는 것도 잊어서는 안 된다. 미일 연합에 기초한 아시아 대륙 경영이라는 더 유서 깊고 근본적인 미국의 지정학적 대전략에서는 일본의 역사 반성 거부로 인한 중일 간의 긴장 유지 자체도 반드시 불편한 것만은 아닐 수 있다.

1990년대 후반 이후 일본의 역사 인식의 재경직화가 일본의 군사적 역할 확대에 대한 미국의 희망과 긴밀히 결부되어 있었다는 사실은 동아시아 대분단체제 내부의 다차원적 긴장의 상호 작용이라는 측면에서도 주목할 점이다. 이 시기는 한반도의 소분단체제가 북한 핵과 미사일 문제로 긴장된 시점이었으며, 타이완 독립 문제로 타이완 해협에서 중국의 미사일이 발사되고 미국 해군이 중국과 대치하는 상황이 벌어지면서 미일 동맹과 중국 대륙의 지정학적 긴장이 부각되는 시기였는데, 이 무렵 일본의 역사 인식이 미국의 원격 지원을 받으며 보수적 원점으로 회귀하고 있었던 것은 우연이라 하기 어렵다.

8 경제적 상호 의존과 군사적 긴장은 왜 공존하는가

1 대분단체제론이 설명하고자 한 것

필자가 대분단체제론을 제기한 애당초의 동기는 경제적 통합과 상호 의존이 발전하는 탈냉전의 조건 속에서도 동아시아 질서는 왜 양극화된 적대적 동맹 체제가 해소되지 않고, 무절제한 군비 경쟁이 지속되고 있는가, 즉 경제 통합과 군사적 긴장이 계속 공존하는 역사적 조건은 무엇인가 체계적으로 해명하고자 하는 데 있었다. 이를 위해 무엇보다 한편으로는 동아시아의 고유한 지정학적 긴장의 구조, 정치 사회적 체제와 이념의 문제, 그리고 역사 심리적 간극의 문제가 결합하고 상호 작용하는 방식을 주목하였다. 또 한편으로는 그러한 긴장의 구조를 안은 대분단의 기축과 소분단체제들 사이의 지속성 있는 상호 작용 패턴을 문제 삼았다. 이로써 경제 영역에서 사회들의 상호 의존이 깊어 가는 조건에서도 그 이외의 조건들에서 군사적 긴장을 지속시키는 요인들에 대해 체제론적 설명을 시도했다.

2 시장 통합 —— 불균등 성장의 촉진과 질서의 불안정화

자유 무역을 통해서 여러 사회의 경제 활동이 거의 단일화된 시장을 통해서 이루어질 때, 그것은 물론 사회들의 통합을 촉진하여 질서를 안정시키는 효과가 있다. 그 시장에 통합된 사회들이 모두 그 시장 질서의 안정과 번영에 공동의 기득권을 가질 수 있기 때문이다. 그러나 동시에 그 시장은 질서의 불안정성도 또한 증가시킨다. 시장은 본래 동태적이고 불가 예측적인 성질을 갖고 있다. 시장은 사회들의 내적 질서도, 대외적 관계도 변화시키는 잠재력을 갖고 있다. 그러한 동태성과 불가 예측성이야말로 하나의 시장 안에 통합된 사회들의 관계에 긴밀성과 함께 치명적인 불안정을 유발할 수 있는 것이다.

레닌과 같은 마르크스주의자의 제국주의론과 이른바 구조적 현실주의자인 로버트 길핀과 같은 미국의 주류 국제정치학이 공통적으로 밝히고 있는 질서 변동의 근본 이유는 사회들 사이의 '불균등 성장'(혹은 불균등 발전)이다. 시장의 동태성과 불가 예측성은 조건이 상이한 사회들이 하나로 통합된 국제 시장에서 더욱 증폭된다. 그래서 국제 시장은 여러 나라들의 불균등한 성장 추세를 가속화하는 역할을 담당할 수 있다.

1980년대 이래 중국과 미국, 일본은 저마다의 필요에서 하나의 시장을 형성하는 데 노력했다. 중국은 선진 자본주의 사회들의 자본과 기술이 필요했다. 미국과 일본은 중국을 잠재적 시장으로서 주목했고, 다국적 기업들은 중국을 시장으로서뿐만 아니라 값싼 노동력의 공급처로 인식하여 중국에 대한 자본 수출에 열심이었다. 그래서 중국 경제는 세계 자본주의 경제에 통합되어 세계의 공장과 시장으로서의 역할을 수행하게 되었다. 중국의 고도성장은 이로써 가능했고 미국과 일본 및 유럽에 대한 중국의 상대적인 고도성장은 중국과 나머지 사이의 불균등 성장을 의미했다.

그 결과 중국은 한편으로 미국, 일본, 유럽이 주도하는 자유주의적 국제 경제 질서의 안정에 깊은 이해관계를 갖게 되었다. 그러나 다른 한편으로는 그로 인한 중국과 미국 등 서방 사이의 불균등 성장이 권력 균형에 변화를 초래하고, 그것은 질서의 동태성을 증폭시키고 있는 것이다.

유럽의 경우를 보아도 19세기 말 20세기 초 영국이 주도한 자유 무역 질서 속에 독일이 통합되면서 독일의 산업화와 성장이 촉진되었다. 그것은 독일 또한 영국 주도 자유주의적 국제 질서에 기득권을 갖게 만들었지만, 그로 인해 초래된 독일과 다른 사회들 사이의 불균등 성장은 유럽의 지정학적 균형을 변화시키면서 질서의 동태성과 불안정을 발전시켰다. 그렇게 성장한 독일의 국력과 그로 인한 불균등 성장의 상황은 국가들의 정치 군사적 선택, 즉 군사 동맹 체제의 구성 혹은 재구성과 군비 경쟁 양상에 깊은 영향을 미쳤다.

요컨대 시장 자체는 중립적이고 포용적일 수 있지만, 그 시장의 메커니즘의 작동은 국제 관계의 불균등 성장의 핵심적인 조건을 제공하며, 그로 인해 국제 관계의 변동과 정치 군사적 긴장을 초래할 수 있는 것이다. 시장은 그처럼 정상적인 작동을 통해서도 국제 관계의 변동과 동태성을 증가시킬 수 있으며, 어떤 요인으로 정상적인 작동이 붕괴되는 위기에 처할 때 더욱 심각한 형태로 불안정과 긴장을 초래할 수 있다. 시장이 정상적인 작동을 통해 국제 관계의 변동과 긴장을 초래한 예를 우리는 1차 대전에 이르는 유럽 질서에서 목도했고, 시장의 정상적 작동이 붕괴됨으로써 국제 관계의 파국이 준비되어 간 상황을 2차 대전에 이르는 세계 질서에서 목격했다.

3 미국과 중국의 경제적 상호 의존, 갈등의 억지와 촉진

1980년대 중국의 개혁·개방 이후 중국 경제 성장의 원동력의 하나는 미국이라는 크고 부유한 시장이었다. 중국이 공급한 저가 상품들 덕분에 미국인들은 저가로 대량 소비를 즐겼고, 중국의 달러 보유는 천문학적인 수준으로 축적된다. 중국은 이 달러로 세계 경제에서 가장 안전한 자산으로 간주되는 미국의 국채를 주로 매입했기 때문에 중국이 보유한 달러의 상당 부분은 다시 미국 경제에 투입되었다. 이 달러로 미국 사회는 소비 수준을 유지하는 동시에 경제적 위기를 극복하는 데에도 큰 도움을 얻을 수 있었다.

천하체제, 제국체제, 대분단체제

이런 구조에서 미국과 중국의 경제는 상호 의존적이다. 미국 경제가 위기에 처해서 달러 가치가 흔들리면 중국이 보유한 외환 가치나 중국 경제의 안정성도 위협받는다. 중국 경제가 흔들려서 달러를 수혈받기 위해서 중국이 보유한 미국 국채를 대량 매도하면 달러 가치는 폭락하고 미국 경제는 위기에 처할 것이다. 즉 공멸할 가능성이 높다. 그러므로 미국과 중국은 서로 갈등을 억지하기 위해 노력할 수밖에 없다. 또 서로 상대방의 갈등 억지 노력을 기대하고 나아가 당연시하게 된다. 바로 이러한 기대와 당연시는 정치 외교와 군사 안보 영역에서는 상호 절제 못지않게 상대방의 양보 가능성에 대한 과잉 기대를 낳고, 그 결과 상대방이 두려움으로 먼저 양보할 것을 기대하며 강경 대응을 지속하는 벼랑 끝 전략이나 치킨 게임을 벌일 수 있다.

20세기 초에 그랬던 것처럼, 강대국 지도자들은 세계화와 경제 통합의 결과로 높아진 경제적 상호 의존에 의해 전쟁의 발발 가능성은 낮다고 낙관하면서 군사 동맹 체제 강화와 군비 경쟁에 몰두했다. 공동 안보를 위한 제도적 장치를 마련하는 데에는 투자하지 않았다. 21세기 초의 시점에서 동아시아 질서는 그 같은 전철을 밟고 있는 것은 아닌가 깊이 생각할 필요가 있다.

9 대분단체제로부터 어떻게 출구를 개척할 것인가

오랜 평화와 심화되는 경제적 상호 의존이 초래하는 장기 평화의 환상으로 인해 적대적 동맹 체제와 무절제한 군비 경쟁이 내포한 위험성을 망각하는 비극적 조건을 생각해 본다면, 오늘날 동아시아 대분단체제 속에서 작동하는 사회들의 행동 패턴은 그로부터 얼마나 비켜나 있는가. 중국의 확장되는 자아 정체성과 미일 동맹 해상 패권의 기득권 사이에 긴장이 축적되고 저마다 열을 올리고 있는 군비 증강이 그 긴장의 축적을 실체화하고 있다. 그런 가운데 한반도는 또한 언제라도 발칸의 역할을 할 수 있는 상황이다. 이런 질서에서 긴장 폭발의 임계점은 어디에 있는 것일까.

동아시아 국제 관계의 긴장이 임계점에 더 가까이 가기 전에 대분단체제의 틀을 넘어서 공동 안보(共同安保, common security)로 나아갈 출구는 없는가. 있다면 어떤 방향을 바라보아야 하는가. 결코 쉽지 않은 구조적인 난제이다. 하지만 동아시아 국가들이 추구해야 할 변화 방향에 대한 일정한 개념을 모색해야 한다. 이 모든 시도의 전제는 동아시아 대분단체제는 복합적 긴장 구조와 중층적 분단의 구조를 내포한 만큼, 그 해체 역시 복합적이고 중층적인 요소들이 함께 고려되는 동시적 과정이지 않으면 안 된다는 것이다.

1 대분단체제의 기축 관계에서 지정학적·군사적 긴장을 넘어

동아시아 대분단체제에서 가장 근본적인 문제는 역시 이 질서가 내포한 양극화된 적대적 군사 동맹 체제의 위험성이다. 과연 그 위험성을 통제하고 최소화하기 위한 지역 질서 차원의 노력은 어디에서 시작될 수 있을 것인가.

제1차 세계 대전의 경험은 오늘의 동아시아 사회들에게 양극화된 적대적 군사 동맹 체제의 위험성을 직시할 것을 요구하고 있다. 동맹 체제의 점진적 탈군사화가 필요한 것이다. 이것은 구체적으로는 각 군사 동맹이 핵심 명분이 되는 위협을 함께 해소하고, 그 해소와 함께 군사 동맹의 사명을 다한 것으로 간주함을 뜻한다. 군사 동맹의 존재 이유인 군사적 위협의 평화적 해소를 앞당기기 위해 노력하고, 그 위협이 해소되면 해당 동맹은 해체 혹은 탈군사화를 추구한다는 얘기이다.

한미 동맹의 경우는 한반도 평화 체제 구축과 함께 사명을 다하고 해체하거나 탈군사화된 동맹으로 전환하는 것에 대한 비전이 논의될 필요가 있다. 미일 군사 동맹은 애당초 한국 전쟁으로 구체화된 유라시아 대륙의 공산주의 위협에 대한 대응이었다. 그런 만큼 북한의 군사적 위협이 해소되는 한반도 평화 체제의 구축과 함께 미일 동맹도 탈군사화를 모색해야 할 것이다. 다만 이것은 일방적으로 미일 동맹의 해체를 뜻하는 것은 아니다. 미국, 일본, 중국, 그리고 러시아 등 동북아 4대 강국과 남북한이 함께 참여하는 동아시아 공동 안보 질서를 구축하는 것이 가능한 상황을 말한다. 오로지 그런 조건에서만이 미일 동맹 해소가 일본의 독자적 핵무장으로 나아가는 사태를 막게 될 것이다.

한편 제2차 세계 대전의 경험도 유의해야 한다. 새롭게 부상하는 세력이 무력에 의한 팽창을 추구하는 위협에 직면했음에도, 팽창주의 국가의 주변에 있는 상대적인 약소국들에 대한 침략을 저지할 수 있는 시의적절한 국제적 연대가 구성되지 않을 때 위기는 발생한다. 현재 동아시아에서 중국 이외의 국가들이 공유하는 불안은 중국이 기존의 질서를 일방적인 무력으로 수정하려 할 경우에 관한 것임을 부정하기 어렵다. 이에 대한 적절한 세력 균형 장치가 필요할 수 있다. 그렇다고 중국이 2차 대전 이전의 독일과 같이 무력 팽창을 추구하지 않는 상황에서 중국을 군사적인 공동의 가상적으로 삼아 대중국 봉쇄를 위한 군사 동맹 체제를 구축하거나 유지하는 것은 부적절하다. 방치와 봉쇄형 군사 동맹 체제라는 양극단을 지양하고, 그 중용을 추구해야 한다. 그럼 그 중용은 어디에서 찾을 수 있는가.

필자의 판단으로 그 중용은 첫째, 중국과 미일 동맹의 잠재적 갈등의 접점에 있는 지역들의 '평화 지대화'에 대한 다자적인 제도적 투자에 있다. 동아시아 대분단선을 따라 존재하는 군사적 전초 기지들을 '평화 지대화'하는 노력이다. 구체적으로 말하면, 타이완 해협의 양안, 오키나와, 제주도의 남방 해역과 동중국해, 그리고 남중국해의 평화 지대화를 위한 모색이다. 또한 한반도의 서해 NLL 지역과 비무장 지대의 평화 지대화는 한반도 평화 체제 구축이라는 포괄적 해법을 통해 실현한다.

평화 지대화는 그 지대에 속한 땅에 대한 주권을 이웃 나라 혹은 추상적인 공동체에 헌납하는 것이 아니다. 그 지대에 속한 땅과 영해와 영공에서의 군사적 활동을 제한하는 공동 안보적 장치를 마련함으로써 그 지역의 탈군사화를 추구하는 것을 말한다.

동아시아 대분단선 위에 놓여 있는 지역들은 성격상 몇 개의 묶음으로 나눌 수 있다. 남중국해가 하나이고, 타이완 해협의 양안과 센카쿠·댜오위다오를 포함하는 오키나와 열도가 한 묶음이 될 수 있다. 제주도 남방 해역을 포함한 동중국 해역도 하나의 묶음으로 생각할 수 있다. 이곳은 한국, 중국, 일본의 경제 수역이 만나고 방공 식별 구역들이 겹치는 곳이다. 한반도 서해상은 중국과 한국의 심장부들의 전략적 접점이다.

남중국 해역은 중국과 타이완, 그리고 동남아시아 국가들이 공동으로 평화 지대를 구성하는 주체가 될 수 있을 것이다. 타이완 해협의 양안과 오키나와는 각각 중국과 미국 및 일본에 의해서 과잉하게 군사화되어 있는 지역이다. 타이완 해협의 양안의 일정한 범위를 비무장화하는 것을 중국이 주도하고, 센카쿠·댜오위다오를 포함하는 오키나와 해역을 일본과 미국이 주도하여 일정하게 비무장화 혹은 비군사화하는 노력이 필요하다. 제주도 남방 해역을 포함한 동중국해는 한국, 중국, 일본 등 삼국이 이 해역을 평화 지대화하는 비전을 개발할 필요가 있다. 그 비전의 한가운데에서 제주도가 중요한 역할을 할 수 있을 것이다. 한반도 서해상에서는 한국과 중국 사이에 궁극적으로 서해(황해)의 과잉 군사화를 예방하는 평화 지대화의 비전 개발 또한 요청된다.

이 해역들은 모두 미일 동맹의 해상 기득권과 중국의 확장하는 자아가 맞부딪치고 있는 곳이다. 그로 인한 긴장은 세월이 갈수록 가중될 수밖에 없다. 이 지역들에서의 평화 지대화 문제는 이상주의자들의 몽상이 아니라 현실적인 요청으로 다가올 날이 있을 것이다.

둘째, 동아시아 대분단의 기축 관계에 작동하고 있는 군비 경쟁에 효과적인 브레이크를 걸 수 있는 구체적인 군비 통제 어젠다를 개발해야 한다. 핵무기를 포함한 대량 살상 무기 확산과 연결되어 있는 미사일 방어망 구축이 당면한 동아시아 대분단체제의 군비 경쟁의 핵심 문제이다. 핵무기의 위협과 미사일 방어 체제의 문제를 함께 해결할 수 있는 일차적인 제도적 장치는 동북아 비핵무기 지대의 구축이라고 생각한다. 북한의 비핵화를 전제한 한반도와 일본을 비핵무기 지대로 만들고, 그 주변 3대 핵 보유국이 이 지대에서의 핵 활동과 핵 위협을 배제하고 소극적 혹은 포괄적 안전 보장을 제공하는 국제법적 장치를 구축하는 것이다. 이 지역의 비핵무기 지대화는 미사일 방어 체제 구축에 대한 군비 통제와 깊이 연결되어 있고, 그런 점에서 함께 다루어지지 않으면 안 될 것이다.

북한의 비핵화는 동북아 비핵무기 지대 구성의 전제이지만, 동북아 비핵무기 지대 구성을 위한 한국 및 일본과 핵 보유 3개국의 공동 노력이 북한의 비핵화를 촉진할 수 있는 조건이기도 하다. 미국 오바마 행정부는 「2010 핵 정책 검토(NPR 2010)」에서 비핵 국가에 대한 핵 선제 사용을 배제하는 '소극적 안전 보장(negative security assurance)'을 재확인하고, 새로운 핵무기를 제조하지 않겠다고 선언했다. 그러나 이 문서는 동시에 핵무기비확산조약(NPT) 체제에서 벗어난 나라들, 특히 북한은 예외로 특정함으로써, 북한에 대한 핵무기 선제 사용 가능성도 역으로 더욱 강조한 결과가 되었다. 뿐만 아니라 이 문서는 중국의 핵무기 정책에 강한 불만을 제기하면서, 미국은 이 지역에서 미사일 방어 체제 구축을 강화할 계획임을 분명히 했다. 중국의 핵무기가 수적으로는 작지만 중국이 핵무기 체계의 질적 양적 현대화를 계속하고 있고, 핵무기 관련 전략과 독트린에 투명성이 결여되어 중국의 전략적 의도를 신뢰할 수 없다는 것을 명분으로 내세웠다. 중국의 핵무기 정책이 미국의 미사일 방어망 구축 정책에 의해 영향을 받고 있다는 점은 무시한 것으로 볼 수 있다. 결국 미국은 동아시아에서는 북한과 중국에 대한 핵무기 선제 사용 옵션을 견지하는 동시에 다양한 형태로 미사일 방어 구축을 위한 노력을 가속화하려 하는 것으로 볼 수 있다.

이런 상황에서 중국의 핵무기 현대화와 미국의 미사일 방어 구축은 북한의 핵 무장과 함께 동북아시아가 함께 해결하지 않으면 안 되는 중차대한 숙제로 부상해 있다. 미국의 미사일 방어 구축 의지는 일본과 한국뿐 아니라, 최근 타이완에 대한 미사일 방어 체계 판매 노력으로 연결되고 있어서, 미중 사이의 군비 경쟁과도 직결되고 있다. 오늘날 대분단의 기축 관계와 소분단체제 모두에서 긴장을 심화시키는 대표적인 장치로 기능하고 있는 것이다. 바로 그렇기 때문에 북한의 비핵화, 동북아 비핵무기 지대화, 그리고 미사일 방어 체제에 대한 군비 통제의 동시적인 모색이 긴요하게 요청되고 있다.

결국 동아시아 대분단체제 전반의 출구 모색은 일차적 숙제인 북한 핵 문제의 포괄적 해결로서의 한반도 평화 체제 구축 문제로 직결된다. 2003년 미국이 제안해서 시작된 한반도 문제 해결을 위한 6자 회담은 2002년 북미 대화를 폐기한 미국이 9·11 이후 러시아와 중국까지 동참을 선언한 미국 주도의 전 지구적 대테러 연합을 배경으로, 북한에 대한 다자적 압박 외교를 위한 틀로서 마련한 장치였다. 하지만 미국의 대테러 전쟁의 응집력 약화와 함께 6자 회담은 미국 외교의 수단이라기보다는 어느새 미국의 독주를 견제하는 장치로 변했고, 그 틈바구니에서 북한의 핵 실험이 강행될 수 있었다. 어떻든 이렇게 성립한 6자 회담은 미국 일방의 독주가 아닌, 미일 동맹과 중국의 의견 조율 장치의 하나가 되고 있다. 이것은 이제 북한 핵 문제의 평화적 해결과 동북아 공동 안보 체제의 구성을 위한 제도적 자원으로 될 가능성을 갖고 있다.

향후 6자 회담은 동아시아 대분단체제의 지정학적 긴장을 해소하고 장차 이 지역에 공동 안보의 제도적 원형으로 기능할 수 있다. 그러기 위해서 이 회담의 틀이 보다 제도화될 때 6자 회담은 다음과 같은 단계적 역할을 할 수 있을 것이다.

첫째, 6자 회담은 남북한과 미국, 중국 등 한국 전쟁 당사국들이 한반도 평화 협정을 체결할 수 있도록 지원한다. 아울러 이 협정에 6개국의 협력이 필요한 사항인 '동북아 비핵무기 지대'를 위한 노력을 4개 협정 당사국이 협정 안에서 약속할 수 있도록 6자 회담을 통해 지원한다.

둘째, 동북아 공동 안보 체제의 첫걸음으로서, 한반도 평화 협정에서 약속한 동북아 비핵무기지 대화의 약속을 6자 회담을 통해서 구체적으로 협상하고 성사시킨다. 이와 함께 동북아 공동 안보 체제의 제도화와 공동 안보 기구의 설치를 추진한다. 이 기구의 설치는 한반도 평화 체제 구축 과정에서 함께 진행할 수도 있을 것이다.

셋째, 아세안과의 연계를 통해서 동아시아 공동 안보 체제를 확장할 수 있을 것이다. 남중국해의 평화 지대화 문제 등을 이를 통해서 실현할 수 있을 것이다.

2 정치 사회적 체제와 이념의 차이를 넘어

정치 사회적 체제와 이념의 차이로 인한 갈등과 긴장은 '민주주의 문명'의 근본적 표준이 무엇이냐에 대한 논쟁을 포함한다. 이에 대한 미국과 그 동맹국들의 '민주적 자본주의'의 관점을 대변한 것이 1990년대 새뮤얼 헌팅턴과 프랜시스 후쿠야마의 논리라면, 비슷한 시기 아시아에서 활발하게 제기되었던 '아시아적 가치'에 관한 논의가 중국 국가 권력의 관점에 가깝다고 할 수 있겠다.

필자는 이 문제에 대해서 두 가지 생각을 해 본다. 첫째 중국의 국가 권력이 시사하듯이 민주주의적 가치와 정치적 권위주의가 양립할 수 있다는 주장은 설득력을 갖기 어려울 것이다. 표현의 자유, 언론의 자유, 양심과 종교의 자유에 대한 심각한 제한을 정당화하는 '민주주의 문명'이란 존재하지 않는다고 생각된다. 그러한 자유를 제한하면서도 부국강병의 업적을 바탕으로 일정한 정치적 권위의 획득과 유지는 물론 가능할 것이다. 그러나 그 권위가 곧 민주주의의 가치와 부합한다고는 할 수 없다. 표현과 언론, 그리고 양심의 자유를 보장하는 민주주의로 나아가는 데 있어서 '중국적 경로(中國的 經路)'는 있을 수 있다. 그러나 '중국적 민주주의'가 따로 있을 수는 없다고 생각한다. 한국 박정희 정권이 내세운 '한국적 민주주의'가 민주주의는 아니었던 것과 마찬가지일 것이다. 국가의 부강과 민중의 복지가 우선이고 언론의 자유는 부차적이라고 하면, 그것은 권위주의적 복지 국가의 이념은 될 수 있어도 민주주의는 아니다. 중국의 민중과 사회가 궁극적으로 지향하는 정치 발전의 목적지도 민주주의일 것이다. 그것이 정치 사회적 차원에서의 대분단체제 극복의 중요한 바로미터가 될 것이라는 점 또한 부정할 수 없다.

다른 한편으로, 중국과 미국, 중국과 동아시아의 다른 나라들 사이에 존재하는 정치 체제의 차이를 '문명적 차원의 이질성'으로 규정하고, 그것을 근거로 중국을 타자화하는 담론도 경계해야 한다. 20세기 중국의 역사는 민중이 주체가 되는 민주를 향한 역동적인 역사적 실천의 과정이었다. 중국의 20세기는 어떤 사회보다도 역동적이고 심오한 사회 정치적 변동의 기록이었다. 1911년 공화주의 혁명을 했다. 1949년엔 공산주의 혁명을 관철했다. 1980~1990년대의 중국은 사회 경제 질서에서 자본주의 경제 혁명을 평화적인 방식으로 구현했다. 이로써 중국의 20세기는 지구 상의 어떤 사회보다 크고 복잡한 사회이면서도 세 가지의 전혀 성격이 다른 혁명들을 거대한 스케일로 실천에 옮긴 사회이다. 여기에 1989년 톈안먼의 유혈로 억눌리고 말았지만 그 이전 약 10년에 걸쳐 피어올랐던 자유주의적 반란(a liberal rebellion)을 미완의 혁명으로 부를 수 있다면, 중국은 거의 단 한 세기 안에 네 차례의 혁명을 실천 혹은 실험한 사회이다. 그야말로 격동의 역사였다. 20세기 이래 중국 사회는 혁명의 전시장이며, 중국인들은 혁명의 전문가들인 것이다. 장기적 시야에서 볼 때 그 사실이 웅변하는 것은 중국 사회의 동태적 성격이다. 인간 사회의 복잡성과 함께 그 역동성을 20세기 중국 사회만큼 여실히 보여 주는 사회를 찾기 어렵다.

그것이 곧 우리가 보편적으로 이해하는 민주주의로 직행하는 역정은 아니었다. 그러나 거대 중국 사회가 '민주'를 향해 나아가는 고뇌와 고투의 역정이었던 것은 명백하다. 그것은 민주주의를 향한 진보에 있어서 시간적 지체와 굴곡을 수반하는 '역사적 우회(歷史的 迂回)'라고는 할 수 있어도, 헌팅턴이 주장하는 것과 같은 문명적 이질성을 확인하는 역정은 결코 아니다. 동아시아의 미국 동맹국들이 민주주의 정치 시스템에 도달한 것은 역사적 안목에서 보면 지극히 최근의 일에 불과하다. 정치 사회적 체제와 이념에서 중국과 그 나머지 사이에 현재 존재하는 차이를 문명적 차이로 규정하는 '문명의 형이상학'과 그러한 정치적 문명론에 기초해 상대방을 타자화하는 것은 동아시아 대분단체제의 논리에 포로가 되는 것을 의미할 수 있다.

3 대분단체제의 역사 심리적 간극의 해소
─ 동아시아 역사 대화 방식의 전환

어떤 사회에도 자기 성찰적 역사 인식을 거부하는 세력은 있게 마련이다. 대부분의 사회에서 정치 사회적 주류를 형성하는 것은 보수 세력이다. 보수 세력이 공유하는 특징의 하나는 다른 사회들과의 관계에서 자기 성찰적 태도가 취약하다는 점이다. 독일도 일본도 마찬가지였다. 다만 독일의 경우 전후 처리 방식과 전후 유럽 질서가 독일에서 역사에 대한 몰반성적 세력이 주류가 되는 것을 막았다. 역사의 단절이 밖으로부터 강제되었던 것이다. 일본의 경우는 달랐다. 태평양 전쟁에도 불구하고 전후 미소 냉전과 중국의 공산화, 그리고 한국 전쟁은 동아시아 대분단체제를 신속하게 구성했고, 미국은 아시아 대륙 경영을 위해 맺었던 전전(戰前) 일본과의 지정학적 연합을 재빨리 복원했다. 이번에는 냉전주의적 반공 동맹이 미일 연합의 기반이었다. 이렇게 전후 동아시아 질서는 대분단체제로 귀결되면서, 전후 일본 지도층은 패전의 결과는 수용하면서도 역사 인식의 혁신은 거부할 수 있었다. 상징의 형식으로나마 존속한 천황제와 천황의 전범 면책은 일본의 역사 인식의 연속성을 제도적으로 뒷받침했다.

대분단체제 안에서 일본 지도층은 역사 인식의 철저한 수정을 기획하거나 실행할 필요가 없었다. 그래서 일본의 전후 세대는 자국의 역사에 대한 반성적 성찰의 기회를 제공받지 못했다. 일본의 전후 세대는 다른 동아시아 사회들과 소통하는 능력에서 중대한 핸디캡을 안고 성장한 결과가 되었다. 일본은 중국 등 아시아의 이웃 나라들에게 사죄의 관념보다는 과거 제국체제에서 그랬던 것처럼 아시아에 대한 또 하나의 '문명-야만'의 틀로 차별하고 적대하고 증오하도록 교육받았다. 미일 동맹의 메커니즘을 통해 일본은 역사에 대한 면죄부를 받았고, 반성할 필요도 없었다. 일본의 전후 세대에게는 자기 성찰적 교육이 필요했지만 그럴 수 있는 기회가 주어지지 않았다. 이러한 일본의 전후 세대에 대해서 독일인들에게 유럽인들이 요구했던 수준의 반성적 역사의식을 기대하는 것은 그런 의미에서 무리일 수밖에 없다.

결국 동아시아인들은 역사 심리적 간극과 관련하여 두 가지의 근원적인 딜레마 안에 갇힌 채 살아왔다. 첫째는 '반성하지 않는 일본'의 기원과 책임에 관련된 딜레마이다. '반성하지 않는 일본 사회'는 좁게 보면 일본이라는 특정 사회의 역사적 자기 성찰의 미숙, 즉 정신적 미성숙의 문제이다. 그러나 큰 맥락에서 보면 '동아시아 대분단체제의 구조적 속성'이다. 전후 동아시아 질서의 구성 과정과 그 안에서 일본의 위상은 전후 유럽 질서의 구성과 그 안에서 독일의 위치와 달랐다. 그 결과 유럽인들이 독일인들에게 기대할 수 있었던 반성적 역사의식의 기준을 일본에게 기대하는 것은 구조적으로 어렵다. 침략 전쟁과 전쟁 범죄에 책임이 있는 일본의 전전 세대는 이 질서 속에서

천하체제, 제국체제, 대분단체제

반성할 필요가 없었다. 오히려 냉전적 대결의 구도 속에서 일본은 '자유세계'라는 새로운 문명 표준의 동아시아적 보루이자 모델로 간주되었다. 즉 반성하지 않는 일본은 일본의 책임인 동시에 동아시아 대분단체제의 논리적 귀결이었다.

그 결과 동아시아의 다른 사회들이 일본의 전후 세대에게 역사 반성을 요구할 때는 필연적으로 두 번째 딜레마에 직면하게 된다. '반성을 거부하는 일본'은 말할 것도 없이 대분단체제 지속을 보장하는 장치이다. 일본이 더 성숙한 반성적 역사의식을 획득하지 않으면 대분단체제의 장기 지속 가능성과 잠재적 파괴력이 커지는 것은 자명하다. 따라서 주변 사회들은 일본에게 역사 반성을 요구할 수밖에 없다. 문제는 첫 번째 딜레마의 핵심으로 제기한 대로 동아시아 질서의 맥락에서 일본의 전후 세대는 그런 요구를 수용할 수 있는 능력도 준비도 갖추고 있지 않다는 사실이다. 구조적으로 불가능한 요구를 강요하는 것은 대분단체제의 긴장과 갈등을 해소하기보다는 지속시키는 장치로 기능한다. '반성적 역사의식이 미숙한 사회'에 그것을 강요하는 역사 논의는 대분단체제의 악순환의 한 고리로 역기능하는 것이다.

요컨대 동아시아 대분단체제의 해소를 위해서는 일본의 역사 반성이 필요하지만, 지금과 같은 동아시아의 역사 담론은 대분단체제의 지속성을 더 심화하는 역기능이 크다. 이 상황은 일본을 포함한 동아시아인 모두에게 불행한 일이다. 하지만 이 점을 직시하지 않으면 동아시아의 역사 담론은 이 지역의 대분단체제의 해소가 아니라 그것을 지속시키는 메커니즘으로 기능할 수밖에 없다. 이것이 오늘도 지속되고 있는 '동아시아 역사 반성 딜레마'의 본질이며, 대분단체제가 내장하고 있는 정신적 폐쇄 회로의 핵심이다.

그러므로 우리가 찾아야 할 출구는 대분단체제의 악화가 아닌 점진적 해체에 기여하는 방식의 역사 대화를 개발하는 것에 있다. 문제는 그런 방법이 있는가일 것이다. 그 방법을 찾기 위해선 동아시아에서 역사 대화 방식의 전환에 대한 사유가 필요하다. 그 사유의 전제는 적어도 다음 세 가지를 들 수 있다.

첫째, 책임의 인정과 보상의 요구는 반드시 동아시아 사회들 간 화해를 촉진하는 방식으로 모색되어야 한다는 점이다. 어려운 일이라 해도 가해자 사회의 국민도 함께 공감할 수 있는 방법을 모색해야 한다.

둘째, 가해자 사회와 국가가 진심과 자발성을 갖고 책임을 인정하고 보상하기까지 정치 외교적 압박이 아닌 다른 대안이 필요하다는 것이다. 그런 점에서 역사 대화와 반성의 문제를 각 사회의 국가 권력이 주도하는 상태에 대한 반성이 필요하다. 역사 담론이 국가 권력의 정치적·민족주의적 동원 수단으로 오해될 수 있는 여지를 최소화하는 역사 대화 방식이 모색되어야 한다.

셋째, 침략 전쟁과 전쟁 범죄의 진실 규명과 화해를 모색하는 방법에 관한 보다 보편적인 담론의 구조가 필요하다. 역사 반성이 특정한 국가와 특정한 사안들에 집중적으로 강요되는 것처럼 보일 때, 해당 사회가 그것을 편파적인 것으로 인식하고 반성을 거부할 가능성은 높아진다. 즉 특정한 침략 전쟁과 특정한 전쟁 범죄에 집중하기보다 20세기 동아시아에서 벌어진 모든 침략 전쟁과 모든 전쟁 범죄에 대한 보편적 비판의 규범 안에서 역사 대화가 추구되어야 하는 것이다.

이러한 세 가지 조건을 충족시키기 위해서 우리는 어떤 역사 대화 방식을 모색할 것인가. 지금까지 동아시아 사회들은 이 문제를 각국 정부와 사법부 그리고 시민사회에 맡겨 왔다. 이제 '역사의 반성과 화해를 위한 동아시아 진실연구위원회'를 구성하는 것이 필요하다고 생각한다. '진실위원회'가 아니고 '진실연구위원회'이다. 특정한 국가가 진실을 규명하여 판정하는 '진실위원회'와 달리, 동아시아의 많은 관련 사회들의 정부와 학계와 시민사회가 함께 연구하고 화해를 모색하는 다자간 포럼이라는 의미에서 '진실연구위원회'라고 함이 적절할 것이다. 주로 동아시아 국가들이 정부 차원에서 공동 기금을 조성하여 운영하고, 참가국들이 정부 차원에서 다른 정부들의 동의를 얻어 선정한 위원들로 구성하도록 한다. 참가국에는 일본, 중국, 남북한, 필리핀, 베트남 등 동아시아 국가들은 물론이고, 태평양 전쟁에 관계된 미국, 영국, 네덜란드, 프랑스, 그리고 한국 전쟁에 관계된 러시아도 일정한 형태로 참가할 수 있을 것이다.

연구위원회의 활동 영역은 불특정 기간에 걸친 첫 단계에서는 학술적 역사 대화로 한정한다. 학자에게만 한정한다는 것이 아니고, 정부와 시민사회의 참여도 학술적 발표의 형태로 이루어지도록 한다는 뜻이다. 20세기 동아시아에서 발생한 침략 전쟁과 전쟁 범죄에 관련된 모든 주제를 대상으로 한 연례적인 학술회의의 주관을 주요 임무로 한다. 학술회의 참가 자격은 특정한 동아시아 국가 혹은 특정한 NGO의 대표자로서가 아니라 국적을 불문한 하나의 인간으로서 참여하도록 한다. 동아시아인일 수도 있고 아프리카인일 수도, 유럽인일 수도 있을 것이다. 연구위원회의 위원들은 학술회의에서 발표되는 논문들의 내용에 관여할 수 없도록 하되, 각국 학자들로 구성된 '학술회의 발표 신청 논문 예비심사 소위원회'를 구성하여 발표 논문의 객관성 최소 요건을 심사하도록 한다. 또한 학술회의에서 발표된 논문들 중에서 출간(出刊) 대상은 위원 과반수의 동의를 얻는 것에 한정하도록 한다. 이 진실연구위원회는 또한 산하에 독립성을 갖는 '연구 성과 공유를 위한 소위원회'를 두되, 역시 순수한 학술적 의견 종합 기능을 부여하고, 일정한 합의가 가능한 한에서 연구 성과의 대체적인 종합을 모색할 수 있도록 한다. 학술적 종합은 물론 '합리적 종합'을 의미하며 만장일치를 요구할 필요는 없을 것이다.

학술회의는 여러 분과별로 진행하되, 침략 전쟁과 전쟁 범죄에 관한 보편적 개념과 규범을 논의하는 분과, 난징 학살에 관한 진실 규명과 화해 문제를 다루는 분과, 전시 여성의 성 노예화에 관한 진실 규명과 화해를 다루는 분과, 한국 전쟁 혹은 베트남 전쟁을 다루는 분과 등을 우선 생각해 볼 수 있겠다. 분과의 개설은 위원회 위원 과반수 혹은 3분의 2의 동의에 의하도록 하는 등의 규정을 둘 수 있을 것이다. 이 위원회의 사무국의 위치는 홍콩, 오키나와, 제주도, 혹은 인도차이나의 한 도시 가운데서 선정하고, 학술회의 개최 장소는 이 네 곳을 순회하도록 하는 것도 고려할 수 있을 것이다.

이런 연구위원회의 공동 운영을 통해서 동아시아 사회들은 다음의 결과를 얻을 수 있을 것이다. 첫째, 침략 전쟁과 전쟁 범죄의 문제들에 대한 진실 규명과 화해를 모색하는 방법에 관한 보편적인 담론의 구조를 만들어 간다. 둘째, 전쟁 범죄 담론이 국가 권력의 정치적 수단으로서 혹은 민족주의의 정치화 수단으로서 동원될 여지를 줄인

천하체제, 제국체제, 대분단체제

다. 셋째, 전쟁과 범죄에 관한 책임 인정과 화해의 방식에 관한 보다 보편적 설득력을 지닌 동아시아 공동의 인식과 담론의 구조를 형성해 감으로써, 미래의 동아시아 평화 공동체 구축의 인식론적 기초를 구성하는 데 중추적인 역할을 할 수 있을 것이다.

'동아시아 진실연구위원회'는 학술적 진실 규명과 연구 성과의 학술적 종합에만 전념한다. 진실연구위원회가 축적한 연구 성과를 동아시아 국가 정부들의 역사 반성과 화해 조치에 어떻게 반영할 것이냐를 결정하는 것은 다분히 외교적이고 정치적인 요소들을 포함한다. 그것은 별도의 정부 간(政府間, inter-governmental) 협의체를 구성하여 협의하고 결정하도록 한다. '역사 반성과 화해를 위한 동아시아 정부 간 협의회'는 학술적 접근 중심의 진실연구위원회와 달리 정부 간 기구로 구성한다. 이 기구는 동아시아 사회들의 정부 간 협의체이며, 이 협의체 안에서 각국은 진실연구위원회의 연구 및 논의를 바탕으로 하여 역사 반성과 화해를 위한 정부 차원의 행동과 조치를 논의한다. 이 협의체는 어떤 역사 반성의 안건에 관해서 만장일치의 결정을 추구하는 것은 아니다. 어떤 안건에 대해 진실연구위원회에 의해 연구의 '합리적 종합'이 이루어졌다고 판단될 경우, 이 협의체에 참여하는 각 정부는 그 연구 성과를 근거로 하여 다른 정부 대표에게 화해를 위해 요망하는 역사 반성의 행동과 조치를 권고할 수 있도록 한다. 권고하되 강요하지 않는다는 것을 기본 원칙으로 해야 하지 않을까 생각한다. 이 정부 간 협의체의 사무국은 진실연구위원회의 사무국과 같은 장소에 둘 수도 있을 것이다.

이처럼 '역사 반성과 화해를 위한 진실연구위원회'와 '역사 반성과 화해를 위한 동아시아 정부 간 협의회'를 동아시아 국가들이 함께 구성하여 운영하는 것은 적어도 다음 두 가지 의미를 갖게 될 것이다. 첫째, 역사 반성 문제를 관련된 국가 권력들 사이의 직접적인 정치적 대립의 문제로부터 한 걸음 분리시킨다. 역사 반성을 동아시아 국가 간의 정치 외교적 문제로서 접근하기보다, 동아시아 사회 공동의 역사적 성찰과 그에 기초한 역사 인식의 소통의 문제로 전환시킨다. 둘째, 침략 전쟁과 전쟁 범죄에 관련해 동아시아 사회들의 정부, 학계, 시민사회가 함께 그 역사와 미래 지향적 규범을 지속적으로 논의하는 공동체적 접근의 한 모델이 될 수 있을 것이다.

일본 제국주의의 역사적 범죄에 대해서뿐만 아니라, 한국 전쟁 모의에 대한 러시아와 중국 공산당의 참여와 그 역사적 범죄에 대한 비판적 논의를 제안하면, 일부 사람들은 그것이 적어도 부분적으로 일본 우익의 논리일 수 있다는 지적을 할 수 있다. 그러나 일본 우익의 그런 말과 우리가 하는 말은 두 가지 점에서 다르다. 첫째, 누가 말하느냐의 차이이다. 우리는 일본 제국주의와 중국의 전쟁 모의, 두 가지 모두에 의한 피해자이다. 둘째, 자기 중심적인 편파적 관점인가, 아니면 침략 전쟁과 전쟁 범죄 모두에 대한 보편적 비판에 입각한 관점인가의 차이이다. 일본 우익은 난징 대학살과 전시 여성의 국가 권력에 의한 성 노예화 문제에 대해 그 역사적 진실을 외면하고 부정한다. 그러면서 중국의 한국 전쟁 책임은 비판한다. 자기 성찰은 삭제해 버린 타자 비판에만 열중하는 것이다. 이와 달리 우리는 두 차례 모두에 의해, 즉 일본 제국주의에 의해서는 약 40년에 걸친 식민 지배의 고통을, 그리고 한국 전쟁에 의해서는 수백만의 인명이 희생을 당했다. 우

천하체제, 제국체제, 대분단체제

리는 일본의 침략 전쟁과 그것이 수반한 반인류적 범죄에 대해 명확한 인식과 비판 의식을 전제로 하고 있는 것이다.

동아시아 역사 대화의 방식의 전환에 대한 이 같은 제안을 동아시아의 국가 권력들이 제기할 가능성은 현실적으로 영에 가깝다. 처음의 제안은 동아시아의 진보적 시민사회들이 담당할 몫이다. 동아시아 시민사회들 사이에서 역사의 반성과 화해를 위한 역사 대화의 대안적 방식에 관한 공감대가 형성된 후에 동아시아의 정부들이 공감하고 실천에 나설 조건이 성립할 것이다. 동아시아 시민사회들 중에서도 최초의 제안은 아마도 한국의 진보적 시민사회가 적합할 것이라 생각된다.

우선 제국주의적 침략 전쟁과 전쟁 범죄의 가해자가 아니라 피해자인 사회에서 먼저 제안할 필요가 있을 것이다. 그렇지 않으면 대안적 역사 대화의 방식을 논의한 것 자체가 가해자의 논리로 왜곡될 수 있는 정치적 위험이 내재하기 때문이다. 그런 점에서 우선 한국 혹은 중국의 시민사회와 학계가 먼저 나설 필요가 있을 것이다. 그런데 중국의 경우 시민사회는 충분히 성숙되지 않았다. 국가 권력과 시민사회의 경계가 아직은 모호하기 때문이다. 중국의 경우는 시민사회에 앞서 학술계가 함께 공감할 수 있다면 좋을 것이다. 그러므로 한국의 진보적 시민사회가 제안하고, 이에 대해 중국 학계와 일본의 시민사회 및 학계가 공감대를 형성하는 것이 바람직하다고 생각된다. 이로써 동아시아의 시민사회와 학계가 공동으로 동아시아 국가들을 움직여 역사 반성과 화해를 위한 대안적 역사 대화를 모색하고 실천하도록 추동하는 것이 가능해질 수 있다고 생각한다.

10 글을 맺으며

탈냉전과 함께 경제적 상호 의존이 심화된 이후의 동아시아 대분단체제는 이를테면 이어도(離於島)와 같은 것이다. 거대한 암초로 된 이 섬은 기후가 온건한 평상시에는 보이지 않는다. 심한 파도가 쳐야만 비로소 자신을 드러내기에 별명이 '파랑도(波浪島)'이다. 마치 그와 같이 세계 질서 혹은 동아시아에 어떤 문제가 발생했을 때, 대분단의 골격도 그 실체를 드러내 그것이 내포한 잠재적 위험성을 현실화시킬 수 있다. 경제적 상호 의존의 심화와 함께 그 실체가 모호해 보일 수 있는 대분단체제의 존재 형태는 물에 잠긴 암초라고 해도 되겠다. 암초는 드러나게 보이지 않을 뿐, 존재하지 않는 것이 아니다.

지금 이어도로서의 동아시아 대분단체제는 지난 수년간 강풍을 맞으면서 비교적 뚜렷한 실루엣을 드러냈다. 앞으로 이 실루엣은 때때로 경제적 상호 의존과 '경제 공동체' 논의에 묻혀 시야에서 거의 사라지는 경우도 있을 것이다. 그렇다고 그것이 존재하지 않는 것은 아니다. 수심이 깊은 곳이라면 거대한 암초도 잘 보이지 않기 마련이다. 이 거대한 암초가 어느 순간 강풍에 떠밀리는 동아시아의 일견 평화스러운 일상을 깨뜨리기 전에 새 아시아를 위한 비전이 구체화되어야 한다.

그간 동아시아 공동체 담론은 지나치게 경제 공동체 중심의 기능주의적 논의로 흘러왔다. 공동 안보에 대한 관심은 사실상 뒷전에 있었고, 그만큼 공동 안보를 위한 구체적인 어젠다 역시 사실상 부재하다시피 하였다. 경제 공동체 중심의 논의는 경제 협력과 교류의 확대

천하체제, 제국체제, 대분단체제

가 곧 안보 영역의 공동체 구축으로 이어질 수 있다는 기능주의적 가정을 전제한다. 그러나 경제적 상호 의존성의 확대가 안보 영역에서의 협력 확대로 직결되는 것이 아님은 멀게는 제1차 세계 대전, 그리고 가깝게는 2010년 이후 동북아 국제 관계가 웅변해 주고 있다.

경제 공동체 구축을 위한 노력은 대단히 중요하다. 한일, 한미, 한중 사이에는 긴밀한 FTA 혹은 다른 형태로 사실상의 경제 공동체 관계가 형성될 수 있는 단계에 있다. 이와 달리 남북한 관계와 같이 경제 공동체적 협력과 상호 의존이 거의 없다시피 한 관계에서는 경제 공동체 형성을 위한 노력은 다른 모든 것의 출발점이 될 수 있다. 그런가 하면 남북 간에 경제 공동체 형성이 지체되고 있는 근본적이고 결정적인 이유는 안보 문제에서 공동 안보를 위한 진지한 노력이 실재하지 않기 때문이다. 결국 공동체 형성의 핵심은 경제 공동체의 문제라기보다는 공동 안보의 문제로 귀결된다. 공동 안보의 문제는 경제 영역에서의 협력의 결과로서가 아니라, 안보 영역 자체에 대한 직접적인 노력에 달려 있으며, 그 노력은 빠르면 빠를수록 좋다.

동아시아 대분단체제 안에서 대분단의 기축과 소분단체제 사이의 상호 유지적 상호 작용 패턴의 한가운데 있는 한반도는 그러한 노력이 가장 절실한 곳이다. 한반도 평화 협정과 동아시아 비핵무기 지대 구상은 북한 핵 문제의 평화적이고 궁극적인 해결의 틀을 담아낼 수 있는 그릇이라고 생각한다. 동시에 그것은 동아시아 공동 안보 모색의 긴요하고 적절한 출발점이라고 믿는다. 특히 평화 협정 체제로의 전환에 의한 한반도 평화 체제 구축은 정치범 수용소의 문제로 표상되는 북한의 열악한 인권 상황에 대해 하루속히 변화의 전기를 마런하는 데에도, 그리고 북한의 급변 사태로 인해 초래될 수 있는 새로운 형태의 한반도 분단 상황의 지속을 예방하는 데에도, 가장 확실하고 빠른 길이 될 것이라고 생각한다.

우리는 자주 북한의 정치와 사회에 대해 절망한다. 그러나 모든 역사는 역동적이다. 북한도 예외가 아니다. 지난 위기의 20년간 북한 사회는 그 위기로 인해 근본적인 변화의 역정에 들어섰다고 필자는 생각한다. 북한에서 국가는 더 이상 모든 인민의 경제생활을 책임질 수 없게 되었으며, 그만큼 사회에 대한 국가 권력의 통제력도 약화되었다. 억압 피라미드의 바닥에 있던 서민층 여성이 주도하는 풀뿌리 자본주의가 북한 경제의 절반 이상을 지탱하는 힘으로 성장해 있다. 전체주의적 국가의 경제 사회적 기반이 근본적으로 취약해지면서 북한은 새로운 변화에 열려 있는 상태가 된 것이다. 북한의 변화가 긍정적인 방향으로 그리고 평화적으로 진행될 수 있도록 하는 길은 남북한 사회가 그리고 남북한 관계가 함께 변화함으로써 북한의 변화를 평화적으로 추동하는 데에 있다. 그런 의미에서 한반도 평화 체제 건설은 한국의 국가 안보인 동시에, 북한의 인권 문제 해결을 위한 인간 안보이며, 동아시아 대분단체제의 해체에 결정적으로 기여할 수 있는 동아시아 공동 안보에의 열쇠이자 그 초석이 될 것이라고 믿는다.[1]

천하체제, 제국체제, 대분단체제

1 경계 짓기, 네트워크의 질서, 그리고 위험

1 Roberto Fernandez and Roger V. Gould, "A Dilemma of State Power: Brokerage and Influence in the National Health Policy Domain", *American Journal of Sociology*, Vol. 99, no. 6(1994), pp. 1455~1491.

2 닫힌 시스템의 가장 단순한 형태가 고정된 책상과 같은 구조물(framework)이나 태엽을 감은 후 시계와 같은 연속 동작(clockworks), 그리고 자기 조절 장치(cybernetic system) 등이다. 열린 시스템은 환경과 상호 작용하는 시스템으로, 세포 생물인 아메바, 식물, 동물, 인간, 사회 조직 등 모두 생명 현상과 관련이 있다. Kenneth E. Boulding, "General Systems Theory: The Skeleton of Science", *Management Science*, no. 2(1956), pp. 197~208.

3 John H. Holland, *Signals and Boundaries: Building Blocks for Complex Adaptive System*(The MIT Press, 2012).

4 Chris Argyris, *Reasoning, Learning and Action: Individual and Organizational*(San Francisco: Jossey—Bass, 1982).

5 예를 들면, 78명이 사망한 구포역 무궁화호 탈선 사고(1993. 3), 66명이 사망한 아시아나 항공기의 화원 반도 추락(1993. 7), 292명이 사망한 위도 서해 페리호 침몰(1993. 10), 32명이 사망한 성수대교 붕괴(1994. 10), 101명이 사망한 대구 지하철 공사장 폭발 사고(1995. 4), 502명이 사망한 삼풍백화점 붕괴(1995. 4) 등이 여기에 해당한다.

6 이재열, 「안전 관리의 사회조직론: 재해 발생의 원인과 처방에 관한 조직사회학적 검토」, 임현진 외, 『한국 사회의 위험과 안전』(서울대학교출판부, 2003).

7 천웨이핑(陳衛平)은 서양과 동양의 철학적 기반이 다르다는 점을 일곱 가지 측면에서 대비하고 있다. 자연관에 있어서는 서양의 원자론과 동양의 원기론이 대비된다. 이러한 차이는 다시 개체성과 총체성, 단절성과 연속성, 유형성과 무형성, 구조성과 공능성, 조합

성과 변화 생성성, 기계론과 변증론, 사변성과 직관성 등으로 이어진다. 陳衛平, 「中西哲學比較面面觀」(華東師範大學出版社, 1987), 천웨이핑, 고재욱 외 옮김, 「일곱 주제로 만나는 동서 비교 철학」(예문서원, 1999).

8 Richard E. Nisbett, *The Geography of Thought*(The Free Press, 2003), 리처드 니스벳, 최인철 옮김, 「생각의 지도」(김영사, 2004).

9 이러한 유형론은 이재열, 「민주주의, 사회적 자본, 사회적 신뢰」, 《계간사상》(1998년 여름호)에 제시한 것임.

10 장윤식, 「인격 윤리와 한국 사회」, 석현호 · 유석춘 엮음, 「현대 한국 사회 성격 논쟁: 식민지, 계급, 인격 윤리」(전통과 현대, 2001).

11 Robert Putnam, *Making Democracy Work: Civic Traditions in Modern Italy*(Princeton, NJ: Princeton University Press, 1993), 로버트 퍼트넘, 안청시 외 옮김, 「사회적 자본과 민주주의」(박영사, 2006).

12 Michael Piore and Charles Sabel, *The Second Industrial Divide*(Basic Books, 1984).

13 이재열, 「이태리 에밀리아형 생산 방식의 사회적 기원」, 《한국사회학평론》 4집(1998).

14 이하의 내용에 대해서는 이재열, 「민족 통합과 네트워크 접근법: 사회학적 시각」, 김용호 · 유재천 엮음, 「민족 통합의 새로운 개념과 전략 (상)」(한림대학교 민족통합연구소, 2002) 참조.

15 이러한 분석의 대표적인 사례는 한신갑, 「막힌 길 돌아서 가기: 남북 관계의 네트워크 분석」(서울대학교출판문화원, 2013)이 있다.

16 복잡계에 대한 간략한 소개로는 윤영수 · 채승병, 「복잡계 개론: 세상을 움직이는 숨겨진 질서 읽기」(삼성경제연구소, 2005); 장덕진 · 임동균, 「복잡계와 사회 구조」, 민병원 · 김창욱 엮음, 「복잡계 워크샵: 복잡계 이론의 사회과학적 적용」(삼성경제연구소, 2006), 35~83쪽; 한준, 「사회 현상의 다이내믹스」, 민병원 · 김창욱 엮음, 앞의 책, 93~111쪽 등을 참조.

17 A. L. Barabasi, *Linked: The New Science of Network*(Perseus, 2002), 앨버트 라슬로 바라바시, 강병남 · 김기훈 옮김, 「링크: 21세기를 지배하는 네트워크 과학」(동아시아, 2002).

18 Malcolm Gladwell, *Tipping Point: How Little Things Can Make a Big Difference*(Little, Brown and Company, 2000), 말콤 글래드웰, 임옥희 옮김, 「티핑 포인트」(이끌리오, 2000).

19 Ulrich Beck, *Risikogesellschaft: Auf dem Weg in eine andere Moderne*(Frankfurt am Main: Suhrkamp, 1986), 울리히 벡, 홍성태 옮김, 『위험사회: 새로운 근대(성)을 향하여』(새물결, 1997).

20 Charles Perrow, *Normal Accidents: Living with High-Risk Technologies*(Princeton: Princeton University Press, 1999).

21 카스텔스의 네트워크 사회론 3부작은 다음과 같다. Manuel Castells, *The Rise of the Network Society*(Blackwell, 2000), 마누엘 카스텔스, 김묵한 · 박행웅 · 오은주 옮김, 『네트워크 사회의 도래』(한울아카데미, 2003); Manuel Castells, *The Power of Identity*(Blackwell, 2000), 마누엘 카스텔스, 정병순 옮김, 『정체성 권력』(한울아카데미, 2008); Manuel Castells, *End of Millennium*(Blackwell, 2002), 마누엘 카스텔스, 박행웅 · 이종삼 옮김, 『밀레니엄의 종언』(한울아카데미, 2003).

22 이 부분의 서술은 다음의 내용에 의존했다. 송호근 · 이재열, 「연결망과 한국 사회의 변동」, 송호근 · 김우식 · 이재열 엮음, 『한국 사회의 변동과 연결망』(서울대학교출판문화원, 2006).

23 박경리 선생의 강연은 2003년 10월 31일부터 11월 1일까지 강원도 원주 소재 토지문화관에서 '탈중심 시대의 연결망: 전통과 현대는 화해 가능한가'라는 주제로 열린 이론사회학회의 세미나에서 이루어진 것이다.

2 인터넷과 SNS 시대 한국 사회의 여론과 지식인

1 지식인(Intellectuel) 이란 용어는 드레퓌스 사건 당시 《로로르(*L'aurore*)》 신문의 편집장이었고 후에 프랑스 수상을 지낸 조르주 클레망소(Georges Clemenceau)가 만들었다.

2 김병익, 『지성과 반지성』(민음사, 1974).

3 송건호, 『민족지성의 탐구』(창작과비평사, 1975).

4 주형일, 「랑시에르의 해방된 대중과 지식인」, 《언론과 사회》 21권 1호(2013), 45~73쪽.

5 천정환, 『대중 지성의 시대: 새로운 지식문화사를 위하여』(푸른역사, 2008).

6 노명우, 「네트워크 미디어 시대의 '대중 지식인'과 지적 대중의 결합체」, 《문화/과학》 통권 69호(2012), 272~281쪽.

7 에밀 뒤르켐과 더불어 19세기 말 프랑스 사회학계를 양분한 인물 중 한 명으로 미시사회학자이며 사회심리학 초석을 놓은 학자였지만 뒤르켐의 위세에 눌려 프랑스에서는 한

동안 잊혔다가 1960년대 들어서 들뢰즈에 의해 재평가되고 새로운 관심을 받게 되었다. 미국의 사회학에 영향을 주었고 엘리후 카츠(Elihu Katz) 같은 언론학자에 의해 커뮤니케이션의 2단계 가설 이론을 앞서서 상정한 이론가로 소개되기도 했다.

20세기 후반에 이르러 타르드를 재조명하는 작업이 사회학과 경제학 두 영역에서 활발하게 이루어지고 있다. 그의 경제심리학(psychologie économique), 모방의 법칙(lois de l'imitation)은 최근 인터넷 문화의 경제 원리를 설명하는 '주목의 경제학(Attention Economy)'과 마르크스주의나 기존의 경제학에서 외면했거나 설명하지 못했던 지식의 생산(production des connaissances) 영역에서 중요한 이론적 토대를 제공하고 있기 때문이다.

뒤르켐이 객관적으로 확인 가능한 사회적 사실을 연구 대상으로 보고 주로 개인과 사회에 가해지는 규제와 규범의 연구에 치중해서 20세기 주류 사회학의 전통의 토대를 만든 반면 타르드는 사회학적 연구 대상을 개별적 개인에서 출발하고 있다. 그는 사회적 작동의 기본 원리를 개체 간의 모방(imitation)에서 찾고 있다. 모방이란 개체들 간의 정신 사이에서 이루어지는 사진 같은 흔적이라는 의미이다.(의식적이건 무의식적이건, 의도적이건 아니건, 능동적이건 수동적이건) 즉 한 뇌의 음화판이 다른 뇌의 감광판에 의해 사진처럼 복제하는 방식으로 아이디어나 행동이 옮겨지는 것을 말한다. 모방은 개인적 독창성과 창의성(invention)을 일구어 내는 바탕이 되기도 한다. 살아 있는 두 개체 사이에 어떤 종류이건 사회적 관계가 있을 때 이런 의미의 모방이 일어난다. 커뮤니케이션 기술이 다양하고 효율적인 모방 수단을 보급하면서 발명과 모방의 과정이 이루어지는 범위와 한계가 확장되고 있는 것은 인류의 창의성 차원을 높이는 데 크게 기여한다.

타르드는 여론도 모방의 원리에 의해 설명한다. 여론이란 같은 나라, 같은 시대, 같은 사회의 사람들에게서 수많은 사본들로 복제되어 있는 판단들을 일시적으로 또 다소 논리적으로 모은 것이라고 말할 수 있다. 나아가 타르드는 모방의 이론에 기초해서 사회적 현상들을 통계를 통해 포착 가능한 것으로 만들어 낼 수 있음을 이론화했다. 여론에 대해서도 숫자로 해석해 내는 작업인 통계적인 수량화, 즉 수량화된 여론 조사의 가능성을 천명하고 있다. 프랑스에서는 타르드의 이론에 기초해서 스퇴젤(Jean Stoetzel)이 1938년 처음으로 여론 조사를 했고 연구소와 여론조사 전문지를 만들었다.

8 Ferdinand Tönnies, *Critique de l'opinion publique*(Gallimard, 2012).

9 Gabriel Tarde, *L'opinion et la foule*(Presses Universitaire de France, 1989).

10 이상길, 「공론장의 사회적 구성: 가브리엘 타르드의 논의를 중심으로」, 《한국언론학보》 47권 1호(2003), 14쪽.

11 Gabriel Tarde, op. cit, pp. 35~36.

12 Gabriel Tarde, *Les transformations du pouvoir*, Elibron Classics(BookSurge Publishing, 2001), p. 19.

13 펠릭스 포르(Felix Faure) 대통령에게 보내는 공개서한 형식의 이 칼럼은 당시 《로로르》의 편집장이었던 조르주 클레망소가 세계 역사에 남은 「나는 고발한다(J'accuse…)」라는 제목을 붙이고 신문 1면에 실었다. 주1에서 소개했듯이 클레망소는 드레퓌스 사건의 와중에 지식인이라는 용어를 최초로 만들기도 했다.

14 Richard Posner, *Public Intellectuals: A Study of Decline*(Cambridge, MA: Harvard University Press, 2002).

15 Jeffrey R. Di Leo, "Public Intellectuals, Inc.", *Symplokē*, Vol. 14, no. 1/2(2006), pp. 183~196.

16 Julien Benda, *La trahison des clercs*(Grasset, 1990).

17 기든스는 토니 블레어 수상의 싱크탱크 역할을 하며 '제3의 길'이라는 새로운 정치적 접근법을 이론화해서 블레어 정부의 통치에 기여했다.

18 월터 리프먼, 『여론/환상의 대중』(동서문화사, 2011).

19 양승목, 「언론과 여론: 구성주의적 접근」, 《언론과 사회》 통권 제17호(1997).

20 Pierre Bourdieu, "L'opinion publique n'existe pas", *Les Temps Modernes*(janvier 1973).

21 최한수 외, 『현대사회와 여론』(건국대학교출판부, 2000).

22 프랭크 뉴포트, 정기남 옮김, 『여론조사』(휴먼비즈니스, 2007).

23 Pierre Bourdieu, *Sur la télévision*(Liber Éditions, 1997).

24 전상인은 1960년대 지식 권력이 뚜렷이 형성되었으나 이 시대의 비판적 지식인들은 보수 우파적 속성에서 크게 벗어나지 못했다고 본다. 전상인, 『우리 시대의 지식인을 말한다』(에코리브르, 2006), 53쪽.

25 소설가 주인석은 이 시대의 모습을 그의 작품에서 다음과 같이 풍자적으로 그리고 있다. "나는 많은 시대를 살고 있다. 나는 식민지 반봉건적 사회에 태어나서, 제3세계 개발 독재 사회에서 교육받고, 예속적 국가 독점 자본주의 사회에서 젊은 날을 보냈으며, 이제 포스트모던 사회로 이민 가고 있다." 주인석, 『희극적인 너무나 희극적인』(열음사, 1992).

26 전상인, 앞의 책, 3장.

27 이원태 외, 「소셜 미디어 유력자의 네트워크 특성: 한국의 트위터 공동체를 중심으로」,

《언론정보연구》 48권 2호(2011); 장덕진, 「인터넷 세상의 여론 폭발: 네트워크의 관점에서」, 한국 인터넷 문화의 특성과 발전 방안 심포지엄 '인터넷@한국 사회, 한국 사회@인터넷' 발표문(2008. 11. 24, 서울프라자호텔 그랜드볼룸).

28 김남중, 「SNS 시대의 오피니언 리더」, 《국민일보》(2011년 6월 12일).

29 토크 콘서트를 기획한 공연 기획자 탁현민을 비롯해서 코미디언 김제동과 김미화, 영화배우 문성근과 김여진, 소설가 이외수와 공지영, 조국 서울대 교수, 정재승 카이스트 교수, 시사 평론가 진중권, 의사 박경철 등이 2010년대 트위터의 스타급 유력자들이다.

30 조화순, 「사이버 액티비즘과 숙의 민주주의의 가능성: 촛불집회 사이트 분석」, 한국정치학회 건국 60주년 기념 세미나 자료집(2008).

31 이하 《데일리뉴스와이드》 2012년 9월 5일자에서 참조, 인용.

32 김예란, 『말의 표정들』(문학과지성사, 2014), 2장 '감성 공론장: 느끼고 말하고 행하다', 50~99쪽.

33 수행성이란, 오스틴(John Austin)의 언어이론을 출발점으로 해서 데리다(Jacques Derrida), 버틀러(Judith Butler) 등이 정체성 연구의 새로운 시각으로 제시한 개념이다. 버틀러는 개인의 성 정체성은 사회가 정상적이라고 구성한 여성성과 남성성의 내용을 수행함으로써(이 내용은 물론 담론의 형태로 존재한다.) 구축되는 것이라 본다. 언어 행위에서 하나의 선언을 이루는 문장이 선언의 효과를 내는 것처럼, '남성', '여성'으로서의 일상적인 언어 사용, 행동 양식, 스타일 등의 반복된 수행이 젠더 소속감을 생산하고, 마치 개개인이 안정된 젠더 정체성을 가진 것과 같은 환상을 갖게 한다는 것이다. 이처럼 젠더가 언어와 행위 수행을 통해 이루어지고, 그것이 억압적인 정상성 담론을 생산하는 것이라면, 역으로 정상성 담론을 문제시하고 비판하고 변화시키는 수행의 반복적 실천을 통해 젠더 정체성을 해체할 수도 있게 된다. 이 같은 수행성은 사회 변화의 토대를 제공할 수 있다.

34 김수아, 「케이팝 아이돌의 성인 팬덤과 정체성 문제」, 박명진 엮음, 『두꺼운 언어와 얇은 언어』(문학과지성사, 2012), 53쪽, 290~321쪽.

35 홍석경, 「세계화와 디지털 문화 시대 여성 팬덤과 성 담론」, 앞의 책, 53~54쪽, 322~359쪽.

36 이기형·이영주·황경아·채지연·천혜영·권숙영, 「'나꼼수 현상'이 그려 내는 문화 정치의 명암: 권력-대항적인 정치 시사 콘텐츠의 함의를 맥락화하기」, 《한국언론정보학보》 통권 58호(2012년 여름호), 96쪽.

37 최선정, 「미네르바 신드롬과 '시민 지성'의 조건」, 박명진 엮음, 앞의 책, 33쪽,

360~397쪽.

38 최현정, 「젊은 층의 자조 섞인 유행어 '잉여인간'」, 《동아일보》(2009년 3월 10일).

39 안토니오 네그리, 정남영·박서현 옮김, 『다중과 제국』(갈무리, 2011).

40 천정환, 앞의 책.

41 연구 공동체인 '수유+너머', '다중네트워크센터(http://waam.net)', 인터넷 서평 카페 인 '비평고원(http://cafe.daum.net/9876)', 생물학 연구정보센터 사이트인 '브릭(Bric, http://www.ibric.org)' 등을 꼽을 수 있다.

42 김종목·손제민·장관순, 「민주화 20년, 지식인의 죽음: 1-4 지식인, 위기를 말하다」, 《경 향신문》(2007년 5월 1일).

43 김예란, 앞의 책.

44 박명진, 「권두논문: 오늘의 담론 세계」, 박명진 외, 앞의 책, 87~89쪽.

4 한국 사회에서의 행복의 자리

1 S. Parker, *The Sociology of Leisure*(Allen & Unwin, 1976), 스탠리 파커, 이연택·민 창기 옮김, 『현대사회와 여가』(일신사, 1995).

2 F. Emery and E. Trist, "The Causal Texture of Organizational Environments", *Human Relations*, Vol. 18, no. 1(1965), pp. 21~32.

3 R. Inglehart, *Cultural Shift in Advanced Industrial Society*(Princeton University Press, 1990).

4 김성동, 「인간의 행복에 대한 새로운 접근」, 《대동철학》 제41집(2007), 51~77쪽.

5 J. Locke, *An Essay Concerning Human Understanding*(Prometheus Books, 1995[1690]), 존 로크, 이재한 옮김, 『인간오성론』(다락원, 2009).

6 박성환, 「근대 사회의 행복 논리」, 『한국사회학회·한국문화관광연구원 공동 학술심포지 엄 자료집: 행복 사회와 문화 정책의 방향』(2009), 21~39쪽.

7 D. Kahneman et al. (eds.), *Well-Being: The Foundations of Hedonic Psychology* (Russell Sage Foundation, 1999).

8 김남두 외, 『아리스토텔레스 『니코마코스 윤리학』』, 《철학사상》 제3권 제9호(서울대학교 철학사상연구소, 2004) 별책.

9 E. Deci and R. Ryan, "The 'What' and 'Why' of Goal Pursuits: Human Needs and

the Self—Determination of Behavior", *Psychological Inquiry*, Vol. 11, no. 44(2000), pp. 227~268.

10 R. Easterlin, "Does Economic Growth Improve the Human Lot? Some Empirical Evidence", R. David and R. Reder (eds.), *Nations and Households in Economic Growth: Essays in Honor of Moses Abramovitz*(Academic Press, 1974).

11 R. Veenhoven, "Measures of Gross National Happiness", Paper Presented at OECD World Forum of Statistics, Turkey(2007. 6. 27~30); R. Costanza et al., "Beyond GDP: The Need for New Measures of Progress", Pardee Paper No. 4(Boston: Pardee Center for the Study of the Longer—Range Future, 2009).

12 F. Herzberg, *Work and the Nature of Man*(World Publishing, 1966).

13 M. Seligman, "Positive Psychology, Positive Prevention, Positive Therapy", C. Snyder and S. Lopez (eds.), *The Handbook of Positive Psychology*(Oxford University Press, 2006), pp. 3~12; D. Kahneman and B. Krueger, "Developments in the Measurement of Subject Well—being", *Journal of Economic Perspectives*, Vol. 20, no. 1(2006), pp. 3~24; D. Kahneman et al (eds.), *Well-being: The Foundation of Hedonic Psychology*.

14 임희섭, 「삶의 질의 개념적 논의」, 《한국행정연구》 제5권 제1호(1996), 1~14쪽; E. Diener, "Subjective Well—being", *Psychological Bulletin*, Vol. 75, no. 3(1984), pp. 542~575; J. Griffin, *Well-being: Its Meaning, Measurement, and Moral Importance*(Clarendon Press, 1986); E. Diener et al., "Factors Predicting the Subjective Well—being in Nations", *Journal of Personality and Social Psychology*, Vol. 69, no. 5(November 1995), pp. 851~864; E. Diener and R. Lucas, "Personality and Subjective Well—being", D. Kahneman et al. (eds.), *Well-being: The Foundation of Hedonic Psychology*, pp. 213~229.

15 J. Bentham, *An Introduction to the Principles and Morals of Legislation etc*(T. Payne and Son, 1789).

16 S. Drakopoulos, "The Influence of Hedonism on the Formation of Economic Theory", Ph.D. Dissertation, University of Stirling(1989).

17 M. Nussbaum and A. Sen, *The Quality of Life*(Oxford University Press, 1993).

18 T. Eyal et al., "When Values Matter: Expressing Values in Behavioral Intentions for the Near vs. Distant Future", *Journal of Experimental Social Psychology*, Vol. 45,

no. 1(2009), pp. 35~43; P. Pogany, *Values and Utility in a Historical Perspective*, Munich Personal RePEe Archive(Shenandoah Vally Research Press, 2012).

19 R. Veenhoven, op. cit.

20 김윤태, 「행복 지수와 사회학적 접근: 돈으로 행복을 살 수 있는가?」, 『한국사회학회 · 한국문화관광연구원 공동 학술심포지엄 자료집: 행복 사회와 문화 정책의 방향』(2009), 75~90쪽.

21 김문조 엮음, 『한국인은 누구인가: 38가지 코드로 읽는 우리의 정체성』(21세기북스, 2013), 서론.

22 최정호, 『복에 관한 담론: 기복 사상과 한국의 기층문화』(돌베개, 2010).

23 김우창, 『기이한 생각의 바다에서: 자기 형성과 그 진로, 인문과학의 과제』(돌베개, 2012).

24 김홍중, 『마음의 사회학』(문학동네, 2009).

5 담론과 전망

1 "근대적 사회 갈등은 사회, 경제, 정치 수단을 통해 완전한 시민적 참여를 제한하는 불평 등을 공격하고 시민권의 지위를 보다 풍요롭게 하는 권리의 창출에 관한 것이다." Ralf Dahrendorf, "Citizenship and social class", Martin Bulmer and Anthony M. Rees (eds.), *Citizenship Today: The Contemporary Relevance of T. H. Marshall*(London: Routledge, 1996), p. 37.

2 T. H. Marshall, *Citizenship and Social Class and Other Essays*(Cambridge: Cambridge University Press, 1950), p. 56.

3 Peter Wilby, "The power of stats, Oxford socialists: and why bankers are spooked by high inequality", *New Statesman*(2014. 10. 30), p. 9.

4 《조선일보》(2014년 10월 21일).

5 Stewart Lansley, *The Cost of Inequality: Why Economic Equality is Essential for Recovery*(London: Gibson Square, 2012), 스튜어트 랜슬리, 조윤정 옮김, 『우리를 위한 경제학은 없다』(서울: 비즈니스북스, 2012), 21쪽.

6 피케티의 『21세기 자본』으로 다소 빛이 가려졌지만, 한국의 독자들에게도 번역 소개된 대표적인 책으로는 다음과 같은 것이 있다. Joseph Stiglitz, *The Price of*

Inequality(London: Penguin Books, 2013); Robert Reich, *Aftershock: The Next Economy and America's Future*(New York: Vintage Books, 2013); Stewart Lansley, op. cit; Daniel Dorling, *Injustice*(London: Policy Press, 2010); Richard Wilkinson and Kate Pickett, *The Spirit Level*(New York: Penguin Books, 2010). 분석의 수준과 관심은 다르지만, 한국에서도 신광영과 이정우가 각각 사회학과 경제학의 관점에서 불평등에 관한 저서를 내놓았다. 신광영, 『한국 사회 불평등 연구』(서울: 후마니타스, 2013); 이정우, 『불평등의 경제학』(서울: 후마니타스, 2010).

7   Richard Wilkinson and Kate Pickett, op. cit, 리처드 윌킨슨 · 케이트 피킷, 전재웅 옮김, 『평등이 답이다: 왜 평등한 사회는 늘 바람직한가?』(서울: 이후, 2012); Daniel Dorling, op. cit, 대니얼 돌링, 배현 옮김, 『불의란 무엇인가: 사회 불평등을 지속시키는 다섯 가지 거짓말』(파주: 21세기북스, 2012).

8   Richard Titmuss, "Goals of Today's Welfare State", Perry Anderson et al., *Towards Socialism*(Ithaca, New York: Cornell University Press, 1966), p. 362.

9   Douglas Rae et al., *Equalities*(Cambridge, Mass: Harvard University Press, 1981); Richard Norman, *Free and Equal: A Philosophical Examination of Political Values*(Oxford: Oxford University Press, 1987); Amartya Sen, *Inequality Reexamined*(Cambridge, Mass: Harvard University Press, 1992); Amartya Sen, *The Idea of Justice*(Cambridge, Mass.: Harvard University Press, 2009) 등 참조.

10 한국의 부의 불평등, 자산 집중도에 대해서는 자료가 미흡해 아직 정교한 분석이 없는 실정이다.

11 《프레시안》(2014년 11월 12일), http://www.pressian.com/news/article.html?no=121702

12 OECD, Facebook 2014: Economic, Environmental and Social Statistics.

13 《경향신문》(2014년 9월 12일), http://bizn.khan.co.kr/khan_art_view.html?artid=201409121602481&code=920100&med=khan

14 OECD, *Society at a Glance 2014*, OECD Social Indicators(2014) 참조.

15 한국은 2012년, 나머지 국가들은 2000년대 중반 자료. OECD는 http://stats.oece.org/index.aspx; 한국은 김문길 외, 『2012 빈곤통계연보』, 한국보건사회연구원 연구보고서(2012). 피케티가 불평등의 핵심적 요인으로 지목하고 있는 자본 수익률(r)과 경제 성장률(g)의 차이(r−g)를 보더라도 한국 특유의 고도성장 기간이 포함된 1967년부터 2012년까지 한국의 자본 수익률 평균(8.9퍼센트)은 경제 성장률 평균(7.4퍼센트)을 훨

씬 웃돈다. 그 증가 추세는 2012년 이후에 더욱 뚜렷한데, 이는 임금 소득의 비중이 이자, 배당, 임대 소득 등 자본 소득 비중에 비해 현저히 줄고 있다는 의미일 것이다. 성장론자로 알려진 이진순의 「피케티의 '21세기 자본'과 한국 경제」, '피케티 신드롬과 한국 경제' 심포지엄(2014. 11. 4) 발표 논문 참조.

16 OECD, *Society at a Glance 2014*.

17 대체로 관료가 국가 복지의 주요 행위자로 등장하는 것은 복지 국가로의 진입 이후의 일이다. 그때 관료는 복지 국가의 직접적 이해 당사자(즉 복지 수혜자와 복지 전달자)로서 반복지 시도로부터 복지 국가를 지탱하는 저항 세력이라는 점에서 정치적 기능을 수행한다. 1980년대 이후 이른바 '복지 국가 위기론'이 왕성하게 거론되던 시절에 복지 국가의 축소 시도에 가장 강력하고도 조직적으로 저항했던 집단이 복지 공무원이 대종을 이루던 공공 부문 노조들이었던 데서 알 수 있듯이, 민주주의 국가에서 '복지 국가의 정치적 불가역성'이란 국가 복지의 수혜자와 전달자로서 관료가 동시에 유권자군의 대종을 형성한다는 사실과 무관치 않다. 관료 규모에 관한 자세한 통계 자료를 위해서는 김태일·장덕희, 「우리나라 공무원 규모의 국제 비교」, 『한국정책학회 학술대회 발표자료집』(2006) 그리고 강혜규, 「사회 서비스 부문의 쟁점과 정책 과제」, 《보건복지포럼》 제195호(한국보건사회연구원, 2013) 참조.

18 2012년 『행정안전통계연보』에 따르면, 2011년 12월 31일 현재 일반직과 기능직을 합친 중앙 공무원 14만 6801명 가운데 복지와 노동 관련 공무원은 1456명으로 비율로 보면 1퍼센트에도 미치지 못한다.

19 《조선일보》(2007년 11월 19일).

20 2012년 한국의 인구 10만 명당 29.1명의 자살률은 OECD 34개국 평균인 12.1명보다 17명이나 많으며 자살률이 가장 낮은 터키의 1.7명에 비하면 열일곱 배에 해당하는 수치이다. 특히 65세 이상 노인 인구의 자살자 수는 2000년을 100으로 했을 때, 2010년 OECD 평균이 105명인 데 반해 한국은 377명이다. 이현정, 「무엇이 한국인들을 죽음으로 내모는가: 타인 지향적 삶과 경멸의 문화」, 《지식의 지평》 17호(한국학술협의회, 2014), 72~75쪽.

21 Richard Wilkinson and Kate Pickett, op. cit.

22 고세훈, 『복지한국, 미래는 있는가』(서울: 후마니타스, 2009).

23 Daniel Dorling, op. cit.

24 Susan Sontag, *Regarding the Pain of Others*(New York: Picador, 2003), 수전 손택, 이재원 옮김, 『타인의 고통』(서울: 이후, 2004), 162~163쪽.

25 Zygmunt Bauman, *Does the Richness of the Few Benefits Us All?*(Cambridge: Polity Press, 2013), 지그문트 바우만, 안규남 옮김, 『왜 우리는 불평등을 감수하는가?』(파주: 동녘, 2013), 95쪽.

26 1980년대 미국의 경제학자 아서 래퍼가 제시한 래퍼 곡선(Laffer's Curve)은 감세가 오히려 세수를 증가시켜 재정 적자를 줄인다는 공급 측 경제 논리로 당시 레이건 정부의 재정 정책을 뒷받침했지만 실효를 거두지 못했다. 래퍼 곡선은 훗날 폴 크루그먼 등에 의해 'Laugher's Curve'라는 조롱을 받는다.

27 Robert Skidelsky and Edward Skidelsky, *How Much Is Enough?: Money and the Good Life*(New York: Other Press, 2012), 로버트 스키델스키 · 에드워드 스키델스키, 김병화 옮김, 『얼마나 있어야 충분한가』(서울: 부키, 2013), 299쪽.

28 A. Ziderman, *Manpower Training: Theory and Policy*(London: Macmillan, 1978).

29 Leo Panitch and Colin Leys, *Global Capitalism Vs. Democracy: Socialist Register 1999*(London: The Merlin Press, 1998), Preface, p. viii.

30 그럼에도 좌우의 정치인들이 이러한 훈련 복음(training gospel)을 지지하는 이유는 무엇인가? 빈펠트는 이렇게 냉소한다. 첫째, 그것은 긍정적 메시지를 전하지만, 내용은 없고, 행동으로 이어질 필요가 없기 때문에 정파를 넘은 광범위한 호소력을 지닌다. 둘째, 이미 모든 나라가 이모저모로 방대한 훈련을 실시하고 있기 때문에 구태여 새로운 조치를 취할 필요가 없다. 셋째, 세계화 시대에 필요한 훈련이 무엇인지 아무도 모른다. 넷째, 재정적 부담이 크기 때문에 쉽사리 회피될 수 있다. 다섯째, 차후에 필요한 기술에 대한 구체적 전망을 세울 수 없기 때문에 훈련 방안의 성패를 평가하는 일이 불가능하다. 시장은 성패를 사후에 평가하므로 훈련 구상이 반드시 행동과 지출로 연결될 필요가 없다는 것이다. 여섯째, 국가 책임이 특정 기술 제공에 한정되므로 실업 해소와 사실상 무관하고 훈련을 위한 지출로 인해 소비적 복지는 축소될 수밖에 없다. Manfred Bienefeld, "Capitalism and the Nation State in the Dog Days of the Twentieth Century", Leo Panitch and Ralph Miliband (eds.), *Between Globalism and Nationalism: Socialist Register 1994*(London: The Merlin Press, 1994), p. 113.

31 Ruth Levitas, *The Inclusive Society? Social Exclusion and New Labour*(London: Palgrave, 1998). 특히 7장 'From Equality to Inclusion' 참조.

32 이 절의 내용은 고세훈, 「공공성: 개념, 역사, 쟁점」, 《황해문화》 통권 84호(2014년 가을호) 일부(20~24쪽)를 수정, 보완한 것이다.

33 최장집, 『민주화 이후의 민주주의: 한국 민주주의의 보수적 기원과 위기』(서울: 후마니타

스, 2010).

34 Raymond Plant, *The Neo-Liberal State*(Oxford: Oxford University Press, 2010), p. 60.

35 David Marquand, *Decline of the Public: The Hollowing-out of Citizenship* (Cambridge: Polity Press, 2004), p. 28.

36 Karl Polanyi, *The Great Transformation: The Political and Economic Origins of our Time*(Boston, Mass.: Beacon, 1957), pp. 139~141.

37 R. H. Tawney, *Equality, with an Introduction by Richard M. Titmuss*(London: Unwin Books, 1964).

38 지그문트 바우만, 앞의 책, 79, 84쪽.

39 오웰의 '평등 없는 친밀성' 개념에 관해서는, 고세훈, 『조지 오웰: 지식인에 관한 한 보고서』(파주: 한길사, 2012), 제2장 참조.

40 Alasdair MacIntyre, *After Virtue*(Notre Dame, Indiana: University of Notre Dame Press, 1984), ch. 1. 한국어판으로는 알래스데어 매킨타이어, 이진우 옮김, 『덕의 상실』 (문예출판사, 1997).

41 인디고 연구소, 『희망, 살아 있는 자의 의무: 지그문트 바우만 인터뷰』(부산: 궁리, 2014), 208쪽.

42 아널드는 "평등을 선택하고, 탐욕을 떠나라."라고 외친다. R. H. Tawney, op. cit, p. 33에서 재인용.

43 John K. Galbraith, *American Capitalism: The Concept of Countervailing Power* (Boston: Houghton Mufflin, 1952); John K. Galbraith, *The Economics of Innocent Fraud: Truth for Our Time*(New York: Houghton Mufflin, 2004), ch. 9.

6 우리 시대 한국의 세계(사)적 향방

1 토머스 페인이 『상식』에서 최초로 언명한 선구적 혜안 이래 칸트와 토크빌이 강조한 공화적 평화(republican peace), 또는 민주적 평화(democratic peace)를 말한다. Thomas Paine, *Rights of Man, Common Sense, and Other Political Writings*(Oxford University Press, 1995), pp. 1~60; Immanuel Kant, *Perpetual Peace and Other Essays*, Ted Humphrey (trans.) (Hackett Publishing Company, 1983), pp.

106~143; Alex de Tocqueville, *Democracy in America*, George Lawrence (trans.) (London: Fontana Press, 1966, 1994).

2   Hannah Arendt, *The Promise of Politics*, Jerome Kohn (ed.) (New York: Schocken Books, 2005), pp. 5~39; Hannah Arendt, "Truth and Politics", *The Portable Hannah Arendt*, Peter Baehr (ed.) (Penguin Books, 2000), pp. 545~575.

3   Brett F. Woods (ed.), *Thomas Jefferson: Thought on War and Revolution— Annotated Correspondence*(New York: Algora Publishing, 2009), pp. 103~105.

4   아리스토텔레스, 천병희 옮김, 「정치학」(숲, 2009), 262쪽(1301b26); Aristotle, *Politics*, The Leob Classical Library, H. Rackham (trans.) (London: William Heinemann & Cambridge: Harvard University Press, 1932, 1944), p. 375; 공자, 김원중 옮김, 「논어」(글항아리, 2013), 299쪽.

5   Immanuel Kant, op. cit., pp. 106~143, 임마누엘 칸트, 이한구 옮김, 「영구 평화론」(서광사, 1992, 2008), 1~112쪽.

6   신채호는 이를 '태평세월 삼백년'으로 표현한 바 있다. 신채호, 최광식 역주, 「단재 신채호의 천고」(고려대학교출판부, 2004), 57쪽.

7   이삼성, 「동아시아의 전쟁과 평화1: 전통 시대 동아시아 이천년과 한반도」(한길사, 2009), 204~209쪽.

8   박명림, 「순응과 도전, 적응과 저항: 미국의 범위와 한미 관계 총설」, 역사비평편집위원회 엮음, 「갈등하는 동맹: 한미 관계 60년」(역사비평사, 2010), 238~275쪽.

9   Christopher Hemmer and Peter J. Katzenstein, "Why is There No NATO in Asia? Collective Identity, Regionalism, and the Origins of Multilateralism", *International Organization*, Vol. 56, no. 3(Summer 2002), pp. 575~607; Amitav Acharya, "Why Is There No NATO in Asia? The Normative Origins of Asian Multilateralism", Weatherhead Center for International Affairs, Working Paper No. 05-05(July 2005), pp. 1~50.

10   National Archives(NA), RG 242, 2009 7/31-1, 「쏘聯邦憲法」, 조공(朝鮮共産黨) 진남포시당부 선전부(날짜미상); NA, RG 242, 2009 7/31-2, 「쏘베트 사회주의 공화국 동맹 헌법초안」(날짜 미상), 등사판; NA, RG 242, 2010 5/131, 「쏘베트 사회주의 공화국 동맹 헌법」(평양: 개진사, 1946년 8월 25일); NA, RG 242, 2008 10/71-2, 「쏘베트 사회주의 공화국 련맹 헌법」(모스크바: 외국문서적출판부, 1947); NA, RG 242, 2009 1/104, 「쏘련은 가장 偉大한 國家이다」(평양: 북조선로동당 출판사, 1948); NA,

RG 242, 2006 15/29, 므 쁘 까레바, 『쏘련헌법해설』(평양: 민주조선사, 1949); NA, RG 242, 2009 2/54-1, 브 까르뻰스끼, 『쏘련의 사회구조와 국가구조』(모스크바: 외국문서적출판부, 1949); 스탈린, 『쏘베트 사회주의 공화국 연맹 헌법 초안에 대하여』(모스크바: 외국문서적출판부, 1949); NA, RG 242, 2006 16/86, 『루마니야 인민 공화국 헌법』 미간행 수고(手稿); NA, RG 242, 2006 16/80, 『불가리야 인민 공화국 헌법』 미간행 수고; NA, RG 242, 2006 16/85, 『유로슬라비야 인민 공화국 연방 헌법』 미간행 수고; NA, RG 242, 2006 15/55, 『신민주주의 국가들의 헌법: 유고슬라비아·알바니야·蒙古人民共和國』(북조선로동당중앙본부선전선동부, 1948년 2월); NA, RG 242, 2006 16/88, 『체코슬로바키아 공화국 헌법』 미간행 수고; NA, RG 242, 2006 16/90, 『알바니야 인민 공화국 헌법』 미간행 수고; NA, RG 242, 2006 16/91, 『越南民主主義 人民 共和國 憲法』 미간행 수고.

11 Carl Schmitt, *The Leviathan in the State Theory of Thomas Hobbes: Meaning and Failure of a Political Symbol*, George Schwab and Erna Hilfstein (trans.) (Westport, Connecticut: Greenwood Press, 1938, 1996), p. 48; Carl Schmitt, *The Nomos of the Earth in the International Law of the Jus Publicum Europaeum*, G. L. Ulmen (trans.) (New York: Telos Press Publishing, 1950, 2006), p. 296; Ernst Jünger, *The Peace*, Stuart Hood (trans.) (Hinsdale, Illinois: Henry Regnery Company, 1944, 1948), p. 24; Sigmund Neumann, "The International Civil War", *World Politics*, Vol. 1, no. 3(April 1949), pp. 333~350; Hannah Arendt, *On Revolution*(Penguin Books, 1963, 1965), p. 17.

12 정전 체제의 등장과 성격에 대한 체계적인 심층 분석에 대해서는 김학재, 『판문점 체제의 기원: 한국 전쟁과 자유주의 평화 기획』(후마니타스, 2015); 김명섭, 『전쟁과 평화: 6·25전쟁과 정전 체제의 탄생』(서강대학교출판부, 2015)을 참조.

13 내부 연립 연합과 대외 평화 건설 문제의 높은 상관성에 대해서는 현재 필자가 전후의 연합 점령 국가 11개를 사례로 독립된 심층 연구를 진행하고 있다.

14 2015년 연말 기준. 통일부, 「북한이탈주민 입국현황」, http://www.unikorea.go.kr/content.do?cmsid=3099

15 한국무역협회의 무역 통계(http://stat.kita.net) 각 년도 통계 참조.

16 박명림, 「21세기 초 한중-북중 관계와 한국 문제: 지각 변동의 방향, 지반, 원칙에 대해」, 박명림 엮음, 『한국의 대통령 리더십과 국가 관리: 동아시아 협력 전략·평화 공동체』(법현, 2014), 9~62쪽.

17 핀란드의 전후 평화 · 안보 정책에 대해서는, 김진호, 『약소국 적응정치론』(한국학술
정보, 2006); Tuomo Polvinen, *Between East and West: Finland in International
Politics, 1944-1947*, D. G. Kirby and Peter Herring (eds.) (trans.) (Minneapolis:
University of Minnesota Press, 1986); H. M. Tillotson, *Finland at Peace and War,
1918-1993*(Michael Russel, 1993); Jussi M. Hanhimaki, *Containing Coexistence:
America, Russia, and the "Finnish Solution", 1945-1956*(Kent, Ohio: Kent
State University Press, 1997): Timo Kivimäki, "Finlandization and the Peaceful
Development of China", *Chinese Journal of International Politics*, Vol. 8, no.
2(Summer 2015), pp. 1~28를 참조.

7 천하체제, 제국체제, 대분단체제

1 이 글은 아래와 같은 필자의 이전 글과 발표문에 기초한 것임을 밝힌다.

『제국』 (소화, 2014).

『동아시아의 전쟁과 평화 1: 전통 시대 동아시아 2천년과 한반도』(한길사, 2009).

『동아시아의 전쟁과 평화 2: 근대 동아시아와 말기 조선의 시대 구분과 역사 인식』(한길
사, 2009).

「천하체제, 제국체제, 대분단체제, 그리고 한반도」, 연세대 국학연구원 포럼(2014. 5. 30).

「동아시아 대분단체제와 출구 모색의 방향」, 한겨레–부산시 공동주최 부산 한중일 평화
포럼. (2014. 11. 19. 부산 호텔파라다이스).

「동아시아 국제 질서의 거시적 개념화: 천하체제, 제국체제, 그리고 대분단체제」, 한국정
치학회 2014 춘계학술회의(2014. 4. 26, 목포대학교).

「한국 전쟁과 내전: 세 가지 내전 개념의 구분」, 《한국정치학회보》 제47집 5호(2013).

「제국 개념의 동아시아적 기원 재고: 황국과 천조, 그리고 가외천황과 제국」, 《국제정치
논총》 제54집 4호(2014).

「제국과 식민지에서의 '제국': 20세기 전반기 일본과 한국에서 '제국'의 개념적 기능과
인식」, 《국제정치논총》 제52집 4호(2012).

「'제국' 개념과 19세기 근대 일본: 근대 일본에서 '제국' 개념의 정립 과정과 그 기능」,
《국제정치논총》 제51집 1호(2011).

「21세기 동아시아의 지정학: 미국의 동아태 지역 해양 패권과 중미 관계」, 《국가전략》

제13권 1호(2007년 봄호), 5~32쪽.

「미국 외교사학과 '제국' 담론의 전복: 신보수주의와 존 L. 개디스의 본질주의 외교사학」,
    《국제정치논총》 제46집 4호(2006), 33~60쪽.

「동아시아 국제 질서의 성격에 관한 일고: '대분단체제'로 본 동아시아」, 《한국과 국제정
    치》 제22권 4호(2006년 겨울호), 41~83쪽.

「동아시아: 대분단체제와 공동체 사이에서」, 《민주주의와 인권》 제6권 2호(2006),
    5~50쪽.

「동아시아 국제 질서의 성격과 미국의 동아시아 전략: '동아시아 대분단체제'의 구조와
    그 함의」, 2004년 한국정치학회 하계학술회의(2004. 6. 24~25, 대전 호텔스
    파피아), 자료집 VIII, 196~236쪽.

"Building a Peace Regime on the Korean Peninsula: A Three-Step Concept for
    Peace Process", *Asian Perspective*, Vol. 20, no. 2(Fall-Winter 1996), pp.
    117~164.

"The Structure of Great Divide: Conceptualizing the East Asian International
    Order", Paper presented at Conference 'Democracy, Empires and
    Geopolitics', organized by Academia Sinica, Taipei(December 10~12,
    2011).

"Beyond the East Asian Grand Division: Imagining an East Asian Peace Belt of
    Jeju-Okinawa-Taiwan Islands", Nam-Kook Kim (ed.), *Globalization
    and Regional Integration in Europe and Asia*(Farnham, England: Ashgate
    Publishing Company, 2009), pp. 161~179.

저자 소개

이재열

서울대학교 사회학과를 졸업하고 동 대학원에서 석사 학위를, 미국 하버드 대학에서 박사 학위를 받았다. 한림대학교를 거쳐 현재 서울대학교 사회학과 교수이며, 서울대학교 사회발전연구소장, 사회과학도서관장 등을 역임했다.

지은 책으로 『사회과학의 고급계량분석 원리와 실제』, 『당신은 중산층입니까』(공저), 『삶의 질과 지속 가능한 발전』(공저) 등이 있고 엮은 책으로 『한국 사회의 연결망 연구』, 『한국 사회의 변동과 연결망』, 『네트워크 사회의 구조와 쟁점』의 네트워크 사회 3부작 등이 있다.

박명진

서울대학교 불어불문학과를 졸업하고 프랑스 파리3대학에서 영상 커뮤니케이션으로 박사 학위를 받았다. 서울대학교 언론정보학과 교수로 있으면서 영상 커뮤니케이션, 기호학과 담론 분석 방법론을 가르쳤다. 방송통신심의위원회 위원장, 한국언론학회 회장, 서울대학교 부총장을 역임했으며 현재 서울대학교 명예교수이자 문화예술위원회 위원장이다.

지은 책으로 『비판적 커뮤니케이션 연구의 성과와 그 쟁점』, 『이미지 문화와 시대 쟁점』 등이 있고 엮은 책으로 『두꺼운 언어와 얇은 언어』, 『세계화와 미디어 연구(*De-Westernizing Media Studies*)』(공편) 등이 있다.

이태수

서울대학교 철학과를 졸업하고 동 대학원에서 석사 학위를, 독일 괴팅엔 대학에서 철학 박사 학위를 받았다. 그 후 서울대학교 철학과 교수로 재직하면서 인문대 학장, 대학원장, 교육부 대학정책실장, 한국철학회 회장 등 학내외 직무를 수행했다. 퇴임 후에는 인제대학교 인간환경미래연구원 원장, 한국학술협의회 이사장, 대법원 공직자윤리위원회 위원장을 역임했으며 현재 서울대학교 명예교수로 연구 생활을 계속하고 있다.

지은 책과 논문으로 『삶, 반성 그리고 인문학』(공저), 「인간: 미완의 기획」, 「세이렌과 무사」 등이 있다.

김문조

서울대학교 화학과를 졸업하고 고려대학교 대학원 사회학과를 거쳐 미국 조지아 대학에서 사회학 박사 학위를 받았다. 1982년부터 2015년까지 고려대학교 사회학과 교수로 재직하며 노동, 과학 기술, 문화, 현대 사상 분야의 연구에 주력해 왔으며, 현재 고려대학교 명예교수이다. 한국이론사회학회장, 한국과학기술학회장, 한국사회학회장 등을 역임했다.
지은 책으로 『과학 기술과 한국 사회의 미래』, 『한국 사회의 양극화』, 『융합문명론』, 『디지털 한국 사회의 이해』(공저) 등이 있다. 서울시 문화상(인문과학분야)을 수상했다.

고세훈

연세대학교 경제학과를 졸업하고 서울대학교 대학원과 미국 시라큐스 대학원에서 정치학 석사 학위를, 미국 오하이오 주립대에서 영국 노동당 정치를 주제로 정치학 박사 학위를 받았다. 1989년부터 고려대학교 공공행정학부 교수로 재직 중이다.
지은 책으로 『영국노동당사』, 『복지 국가의 이해』, 『국가와 복지』, 『복지 한국, 미래는 있는가』, 『영국 정치와 국가 복지』, 『조지 오웰: 지식인에 관한 한 보고서』 등이 있고 옮긴 책으로 『페이비언 사회주의』, 『존 메이너드 케인스』, 『기독교와 자본주의의 발흥』 등이 있다. 한국정치학회 학술상을 수상했다.

박명림

고려대학교에서 정치외교학과를 졸업하고 동 대학원에서 석사, 박사 학위를 받았다. 미국 하버드 대학 하버드-엔칭연구소 협동연구학자를 거쳐 프랑스 고등사회과학원과 독일 베를린 자유대학 초빙교수를 지냈다. 현재 연세대학교 지역학협동과정 교수 겸 중국 길림대학 객좌교수로 있다.
지은 책으로 『한국 전쟁의 발발과 기원』 1, 2, 『한국 1950: 전쟁과 평화』, 『역사와 지식과 사회』 등이 있다. 월봉학술상과 한국정치학회 학술상을 수상했다.

이삼성

고려대학교 정치외교학과를 졸업하고 서울대학교 정치학과에서 석사 학위를, 미국 예일 대학에서 정치학 박사 학위를 받았다. 통일연구원 연구위원, 가톨릭대학교 국제학부 교수, 일본 리쓰메이칸 대학 객원교수를 지냈으며 현재 한림대학교 정치행정학과 교수이다.

지은 책으로 『제국』, 『동아시아의 전쟁과 평화』(전2권), 『세계와 미국』, 『20세기의 문명과 야만』, 『한반도 핵 문제와 미국 외교』 등이 있다. 백상출판문화상(저작 부문)과 단재상, 한림대학교 학술상을 수상했다.

문광훈(머리말)

고려대학교 독어독문학과와 동 대학원을 졸업하고 독일 프랑크푸르트 대학에서 독문학 박사 학위를 받았다. 고려대학교 아세아문제연구소 연구교수를 역임했으며 현재 충북대학교 인문대학 독어독문학과 교수이다.

지은 책으로 김우창론인 『구체적 보편성의 모험』, 『김우창의 인문주의』, 『아도르노와 김우창의 예술문화론』과 대담집 『세 개의 동그라미: 마음-지각-이데아』 외에 『시의 희생자, 김수영』, 『정열의 수난』, 『숨은 조화』, 『영혼의 조율』, 『가면들의 병기창』 등이 있고 옮긴 책으로 사진집 『요제프 수덱』, 아서 쾨슬러의 소설 『한낮의 어둠』, 페터 바이스의 희곡 『소송/새로운 소송』 등이 있다.

8   문화의 안과 밖

시대 상황과 성찰

공동체의 삶

시대의 여러 문제

1판 1쇄 찍음 2016년 4월 22일
1판 1쇄 펴냄 2016년 4월 29일

지은이   이재열, 박명진, 이태수, 김문조, 고세훈, 박명림, 이삼성
발행인   박근섭·박상준
펴낸곳   (주)민음사

출판등록   1966. 5. 19. 제16-490호
주소   서울특별시 강남구 도산대로 1길 62(신사동)
             강남출판문화센터 5층(우편번호 06027)
대표전화   515-2000 | 팩시밀리   515-2007
홈페이지   www.minumsa.com

ISBN   978-89-374-5728-9 (94100)